W9-AHM-479

SECCIÓN OBRAS DE HISTORIA

HISTORIA CONCISA DE BRASIL

Traducción de
JUAN FERGUSON

BORIS FAUSTO

HISTORIA CONCISA DE BRASIL

FONDO DE CULTURA ECONÓMICA

MÉXICO - ARGENTINA - BRASIL - COLOMBIA - CHILE - ESPAÑA
ESTADOS UNIDOS DE AMÉRICA - GUATEMALA - PERÚ - VENEZUELA

Primera edición en portugués, 2001
Primera edición en español, 2003

Obra publicada com apoio do Ministério da Cultura do Brasil, Fundação Biblioteca Nacional y Departamento Nacional do Livro.

Obra publicada con apoyo del Ministerio de Cultura de Brasil, Fundación Biblioteca Nacional y Departamento Nacional del Libro.

Título original: *História concisa do Brasil*
ISBN de la edición original: 85-314-0592-0

D. R. © 2003, FONDO DE CULTURA ECONÓMICA DE ARGENTINA, S. A.
El Salvador 5665; 1414 Buenos Aires
e-mail: fondo@fce.com.ar / www.fce.com.ar
Av. Picacho Ajusco 227; 14200 México D. F.

ISBN: 950-557-555-6

Fotocopiar libros está penado por la ley.

Prohibida su reproducción total o parcial por cualquier medio de impresión o digital, en forma idéntica, extractada o modificada, en castellano o en cualquier otro idioma, sin la autorización expresa de la editorial.

IMPRESO EN LA ARGENTINA - *PRINTED IN ARGENTINA*
Hecho el depósito que marca la ley 11.723

Prólogo a la edición en español

Esta versión en español de *Historia concisa de Brasil* corresponde, en grandes líneas, al texto publicado en 2001 en portugués por la Editora de la Universidad de San Pablo.

Aunque los públicos de ambas ediciones no sean los mismos, pienso que entre ellos existe una gran afinidad, sobre todo en lo que se refiere al creciente interés por la comprensión de los rasgos de semejanza y diversidad del proceso histórico entre los diferentes países de América Latina. Además de eso, espero estar dirigiéndome a públicos semejantes ya que el texto se destina de un modo general a personas letradas, y no a un público especializado en la investigación y en la enseñanza de la Historia. Tomando en consideración esa circunstancia, intenté evitar, en la medida de lo posible, la terminología sociológica e incluso histórica, volviendo la lectura más accesible sin perjudicar el contenido.

Evidentemente, lo que el lector tiene entre sus manos no es "la Historia de Brasil" —objetivo totalizador que tal vez sea imposible de ser alcanzado—, sino "una Historia de Brasil", que parte de un determinado recorte para abordar la complejidad de más de 500 años de historia de la América portuguesa y del Brasil independiente. En ese recorte no desprecié la narrativa de los hechos, por más que ésta pueda parecer metodológicamente tradicional, ya que tengo la convicción de que los episodios no pueden ser dados por conocidos, ni en Brasil, ni menos aun en países de lengua española.

Por otro lado, concibo a la narrativa como el presupuesto indispensable para el análisis de procesos históricos relevantes. Son esos procesos los que constituyen la trama básica del libro, y espero que ellos abran el camino para la mejor comprensión de una formación histórica específica. Así, por ejemplo, le dedico particular atención a temas como la ocupación de Brasil y el contacto entre indios y portugueses; a la duradera institución de la esclavitud —de gran continuidad y que dejó marcas mucho mayores que en otros países de América Latina—; al sentido de la transición, hasta cierto punto pacífica, de la condición colonial hacia la de país independiente. Observo, de pasada, que el último tópico se relaciona con la discusión del carácter negociado de las grandes transiciones brasileras, desde la abolición de la esclavitud hasta el fin del régimen militar en años recientes.

Salvo por una u otra alusión imprescindible, el texto privilegia deliberadamente el abordaje sociopolítico y deja de lado toda una "otra historia" —la de las mentalidades en la larga duración, la del preconcepto, la de la producción literaria y artística, etcétera–. Eso no significa ignorar la importancia de estos objetos, sino reconocer que cada uno merece un tratamiento específico en su diversidad.

Desde el punto de vista cronológico, el énfasis del texto recae en el período moderno y contemporáneo, o sea, el que se inicia a partir del siglo XX. Dicha opción no implica la desvalorización de un pasado remoto, sino asumir la perspectiva de que los temas recientes tienen un interés mayor para el lector, además de permitir con mayor facilidad el análisis comparativo.

Por último, una palabra sobre las cuestiones interpretativas. El texto intenta, en pocas palabras, adoptar una línea de análisis coherente que, sin embargo, no adhiere a ningún modelo rígido. Al mismo tiempo, no se quiso imponer al lector una determinada interpretación, ignorándose otras distintas y contradictorias. De ese modo, siempre que es oportuno, se ofrecen otras versiones historiográficas de los hechos, y principalmente de los procesos históricos, dándole al lector elementos para que pueda formular su juicio.

Así, espero haber presentado un abanico interpretativo que evita argumentos de autoridad y que permite pensar la "Historia de Brasil" –así como cualquier otra historia–, como un objeto de lectura abierto, aunque no arbitrario, y tampoco reductible a un simple discurso sobre el pasado.

El lector dirá si los presupuestos del texto fueron alcanzados, sino en el todo, por lo menos en parte.

1. El Brasil colonial (1500-1822)

La expansión marítima y la llegada de los portugueses a Brasil

Desde temprano los brasileños aprenden, en casa o en la escuela, que Brasil fue descubierto por Pedro Álvares Cabral en abril de 1500. Ese hecho constituye uno de los episodios de la expansión marítima portuguesa, iniciada a principios del siglo XV.

¿Por qué un pequeño país como Portugal se lanzó de manera pionera a la expansión a comienzos del siglo XV, casi cien años antes de que Colón –enviado por los españoles– llegara a las tierras de América? La respuesta no es unívoca, y deben ser considerados diversos factores. Para comenzar, Portugal se afirmaba como un país autónomo en el conjunto de Europa, con tendencia a volcarse hacia el exterior. Los portugueses ya tenían una experiencia en el comercio de larga distancia que había sido acumulada a lo largo de los siglos XIII y XIV, y aunque no se comparasen todavía con venecianos y genoveses, llegarían a sobrepasarlos. Además, antes de que los portugueses asumieran el control de su comercio internacional, los genoveses habían invertido en su expansión, transformando a Lisboa en un gran centro del comercio genovés.

La experiencia comercial también fue facilitada por la relación económica de Portugal con el mundo islámico del Mediterráneo, adonde el avance de los intercambios se puede medir por la creciente utilización de la moneda como medio de pago. Sin duda, la atracción por el mar fue incentivada por la posición geográfica del país, próximo a la islas del Atlántico y a la costa de África. Dada la tecnología de la época, al partir desde los puertos portugueses o de aquellos situados en el sudoeste de España, era importante contar con corrientes marítimas favorables.

Pero hay otros factores de la historia política portuguesa tanto o más importantes que los ya citados. Portugal no fue ajeno a la crisis general del occidente de Europa. Sin embargo, la enfrentó en mejores condiciones políticas que los otros reinos. Durante todo el siglo XV Portugal fue un reino unificado y menos sujeto a convulsiones y disputas, a diferencia en este sentido de Francia, Inglaterra, España e Italia, todos envueltos en guerras y complicaciones dinásticas.

La monarquía portuguesa se consolidó a través de una historia que tuvo uno de sus puntos más significativos en la revolución de 1383-1385. La burguesía comercial de Lisboa se rebeló a partir de una disputa en torno de la sucesión al trono portugués. A esto le siguió una gran sublevación popular, la "revuelta del pueblo menudo", en palabras del cronista Fernão Lopes. La revolución era semejante a otros acontecimientos que agitaron el occidente europeo en la misma época, pero tuvo un desenlace diferente que las rebeliones campesinas aplastadas por los grandes señores en otros países. El problema de la sucesión dinástica se confundió con una guerra de independencia, cuando el rey de Castilla, apoyado por la gran nobleza lusitana, entró en Portugal para asumir la regencia del trono. En el enfrentamiento se afirmaron, al mismo tiempo, la independencia portuguesa y el ascenso al poder de la figura central de la revolución: don João, mestre de Avis, hijo bastardo del rey Pedro I.

Aunque algunos historiadores consideren a la revolución de 1383 como una revolución burguesa, en realidad ésta tuvo como resultado un refuerzo centralizador del poder monárquico. A su alrededor se fueron reagrupando los diversos sectores influyentes de la sociedad portuguesa: la nobleza, los comerciantes, la naciente burocracia. Éste es un punto fundamental en la discusión sobre las razones de la expansión portuguesa, ya que en las condiciones de la época era el Estado, o mejor, la corona, el que podía transformarse en un gran realizador, en caso de alcanzar las condiciones de fuerza y estabilidad necesarias para ello.

Por último, recordemos que a comienzos del siglo XV la expansión tenía correspondencia con los intereses de las clases, grupos sociales e instituciones que componían la sociedad portuguesa. Para los comerciantes, era la perspectiva de un buen negocio; para el rey, además de ser una buena forma de ocupar a los nobles y un motivo de prestigio, era la oportunidad de crear nuevas fuentes de recursos en una época en que los rendimientos de la corona habían descendido mucho; para los nobles y los miembros de la Iglesia, servir al rey o servir a Dios cristianizando "pueblos bárbaros" tenía como resultado recompensas y cargos cada vez más difíciles de conseguir en los estrechos marcos de la metrópoli; para el pueblo, lanzarse al mar significaba sobre todo emigrar, la búsqueda de una vida mejor, la fuga de un sistema social opresivo. De esa convergencia de intereses sólo quedaban fuera los empresarios agrícolas, para quienes la salida de mano de obra del país provocaba su encarecimiento.

De allí que la expansión se haya convertido en una especie de gran proyecto nacional al que todos, o casi todos, adherían y que atravesó los siglos.

Los impulsos para la aventura marítima no eran sólo comerciales. Hace cinco siglos existían continentes poco explorados o enteramente desconocidos, océanos enteros todavía no recorridos. Las llamadas regiones ignotas llenaban la imaginación de los pueblos europeos que veían en ellas, según el caso, reinos fantásticos, habitantes monstruosos o la sede del paraíso terrenal.

Así, por ejemplo, cuando Colón descubrió América, pensaba que en el interior de esa tierra a la que había llegado encontraría hombres de un solo ojo y otros con hocico de perro. Vio a tres sirenas saltar fuera del mar, decepcionándose con sus rostros: no eran tan bellas como las imaginara. En una de sus cartas se refería a las personas que, en dirección al poniente, nacían con cola. En 1487, cuando partieron de Portugal con la misión de descubrir el camino terrestre hacia las Indias, Afonso de Paiva y Pedro da Covilhã llevaban instrucciones de don João II para localizar el reino del preste Juan. La leyenda del preste Juan, descendiente de los reyes magos y férreo enemigo de los musulmanes, formaba parte del imaginario europeo por lo menos desde mediados del siglo XII. Ésta se construyó a partir de un dato real: la existencia de Etiopía, en el este de África, donde vivía una población negra que había adoptado una rama del cristianismo.

Los sueños asociados a la aventura marítima no deben ser interpretados como fantasías desdeñables que encubrían el interés material. Pero no hay duda de que este último prevaleció, en especial cuando los contornos del mundo fueron siendo cada vez más conocidos y las cuestiones prácticas de la colonización se pusieron a la orden del día.

Hay que destacar dos últimos puntos al analizar, de forma general, la expansión marítima portuguesa. Por un lado, representó una importante renovación de las llamadas técnicas de navegación. Cuando comenzaron los viajes lusitanos rumbo a Guinea, las cartas de navegación todavía no indicaban latitudes o longitudes, sino apenas rumbos y distancias. El perfeccionamiento de instrumentos como el cuadrante y el astrolabio, que permitían conocer la localización de un navío por la posición de los astros, representó una importante innovación. Con la construcción de la carabela, utilizada a partir de 1441, los portugueses también desarrollaron un mejor tipo de arquitectura naval. Para las condiciones de la época, era una embarcación leve y veloz, de pequeño calado, lo cual le permitía aproximarse bastante a tierra firme y evitar, hasta cierto punto, el peligro de encallar. La carabela fue la niña mimada de los portugueses, que la emplearon intensamente en los viajes a Brasil durante los siglos XVI y XVII.

El otro punto se refiere a un gradual cambio de mentalidad, notable en humanistas portugueses como Duarte Pacheco Pereira, Diogo Gomes y don João de Castro. Por medio de la valorización del conocimiento basado en la experiencia, la expansión marítima demostró cada vez más hasta qué punto estaban equivocadas las antiguas concepciones –por ejemplo, la descripción del mundo en la *Geografía* de Ptolomeo–. Con ello comenzó a ser puesto en duda el criterio de autoridad. O sea, el prestigio de un autor dejaba de ser garantía de la veracidad de sus afirmaciones.

El oro y las especias constituyeron los bienes más buscados en la expansión portuguesa. Es fácil percibir el interés por el oro. Éste era utilizado como moneda confiable y, a la vez, empleado por los aristócratas asiáticos en la decoración de templos, palacios y en la confección de ropas. Pero, ¿por qué el interés en las especias, o sea, en los condimentos?

El alto valor de los condimentos se explica por los límites de las técnicas de conservación existentes en la época y también por los hábitos alimentarios. La Europa occidental de la Edad Media fue "una civilización carnívora". A comienzos del verano en el campo, cuando los forrajes se acababan, se sacrificaban grandes cantidades de ganado. La carne era almacenada y precariamente conservada con la sal, el humo o simplemente secada por el sol. Esos procedimientos, usados también para conservar el pescado, dejaban los alimentos incomibles y la pimienta servía entonces para disimular la podredumbre. Los condimentos también representaban un gusto alimentario de la época, como el café, que mucho más tarde pasó a ser consumido en todo el mundo en gran escala. De esta manera, oro y especias fueron bienes muy buscados en los siglos XVI y XVII; pero había otros que también lo eran, como el pescado y la carne, la madera, los colorantes, las drogas medicinales y, poco a poco, un instrumento dotado de voz: los esclavos africanos.

Suele considerarse a la conquista de Ceuta, en el norte de África, en 1415, como el punto de partida de la expansión ultramarina portuguesa. La expansión metódica se desarrolló a lo largo de la costa occidental africana y en las islas del océano Atlántico. El reconocimiento de la costa occidental africana no se hizo de la noche a la mañana. Llevó cincuenta y tres años: desde el paso del cabo Bojador por Gil Eanes (1434), hasta el temido pasaje del cabo de Buena Esperanza por Bartolomeu Dias (1487). A partir de la entrada en el océano Índico fue posible la llegada de Vasco da Gama a la India, la soñada y fantástica India de las especias. Luego se llegó a China y Japón, donde la influencia portuguesa fue considerable, hasta el punto de que los historiadores japoneses denominan "siglo cristiano" al período comprendido entre 1540 y 1630.

Sin llegar a penetrar profundamente en el territorio africano, los portugueses fueron instalando en la costa una serie de factorías, que eran puestos de comercio fortificados. La corona portuguesa organizó el comercio africano estableciendo el monopolio real sobre las transacciones en oro –lo que obligaba a acuñar moneda en una *Casa da Moeda*–, y creando, hacia 1481, la *Casa da Mina* o *Casa da Guiné*, como una aduana especial para el comercio africano. De la costa occidental de África los portugueses llevaron pequeñas cantidades de oro en polvo, marfil –cuyo comercio se encontraba hasta entonces en manos de mercaderes árabes y se realizaba a través de Egipto–, la variedad de pimienta llamada *malagueta* y, a partir de 1441, principalmente esclavos. En un principio éstos fueron enviados a Portugal, para ser utilizados en trabajos domésticos y ocupaciones urbanas.

La historia de la ocupación de las islas del Atlántico es bastante diferente. Allí, los portugueses realizaron experiencias significativas de cultivo en gran escala empleando trabajo esclavo. Después de disputar –y perder– con los españoles la posesión de las islas Canarias, consiguieron establecerse en las otras islas: en Madeira hacia 1420, en las Azores alrededor de 1427, en las islas de Cabo Verde en 1460 y en la de Santo Tomé en 1471. En la isla de Madeira, dos sistemas agrícolas paralelos competían por el predominio económico. El tradicional cultivo de trigo atrajo a un número considerable de modestos campesinos portugueses, quienes tenían la posesión de sus tierras. Al mismo tiempo surgieron las plantaciones de caña de azúcar, basadas en el trabajo esclavo e impulsadas por mercaderes y agentes comerciales genoveses y judíos.

La economía azucarera acabó por imponerse, pero su éxito fue breve. La rápida decadencia se debió tanto a factores internos cuanto a la competencia del azúcar de Brasil y de Santo Tomé. En esta isla, situada en el golfo de Guinea, los portugueses implantaron un sistema de gran explotación agrícola de la caña de azúcar, con muchas semejanzas al creado en Brasil. Próxima a la costa africana, y especialmente a las factorías de San Jorge de la Mina y Axim, la isla contó con una abundante provisión de esclavos. Según una descripción de 1554, en ella existían ingenios que llegaban a tener de ciento cincuenta a trescientos cautivos. Santo Tomé siempre fue un puesto de comercio de esclavos llegados del continente para ser distribuidos en América y en Europa; precisamente ésa terminó siendo la actividad principal de la isla cuando, en el siglo XVII, la industria azucarera atravesó tiempos difíciles.

* * *

La primera nave de regreso del viaje de Vasco da Gama llegó a Portugal en julio de 1499 y produjo un gran entusiasmo. Meses después, el 9 de marzo de 1500, partía del río Trejo, en Lisboa, una flota de trece navíos –la más importante que hasta ese momento había salido del reino–, aparentemente con destino a las Indias y bajo el comando de un hidalgo de poco más de treinta años, Pedro Álvares Cabral. Después de pasar las islas de Cabo Verde, la flota tomó rumbo oeste, apartándose de la costa africana hasta avistar, el 21 de abril, lo que sería tierra brasileña. En esa fecha hubo apenas un breve descenso a tierra y sólo al día siguiente la flota anclaría en el litoral de Bahía, en Porto Seguro.

Desde el siglo XIX se viene discutiendo si la llegada de los portugueses a Brasil fue obra del azar, si fue producida por las corrientes marinas, o si ya había un conocimiento anterior del Nuevo Mundo y una especie de misión secreta para que Cabral tomase el rumbo del occidente. Todo indica que la expedición se destinaba efectivamente a las Indias. Esto no elimina la posibilidad de que navegantes europeos, sobre todo portugueses, hayan frecuentado la costa de Brasil antes de 1500.

Los indios

Cuando los portugueses arribaron a la tierra que llegaría a ser Brasil, encontraron a una población amerindia bastante homogénea en términos culturales y lingüísticos, que estaba distribuida a lo largo de la costa y en la cuenca de los ríos Paraná-Paraguay.

Admitida esta homogeneidad, podemos distinguir dos grandes conjuntos subdividiendo a esa población: los tupiguaraníes y los tapuias. Los tupiguaraníes se extendían por casi toda la costa brasileña, desde Ceará hasta la Laguna de los Patos, en el extremo sur. Los tupíes, también denominados tupinambás, dominaban la faja litoral del norte hasta Cananea, al sur del actual Estado de San Pablo; los guaraníes se localizaban en la cuenca Paraná-Paraguay y en la franja del litoral entre Cananea y el extremo sur del Brasil actual. A pesar de esta diversa localización geográfica, podemos hablar de un conjunto tupiguaraní, dada la semejanza de cultura y de lengua.

En algunos puntos del litoral la presencia tupiguaraní era interrumpida por otros grupos, como los goitacaces en el delta del río Paraíba, los aimorés en el sur de Bahía y en el norte de Espíritu Santo, o los tremembés en la franja entre Ceará y Marañón. Esas poblaciones eran llamadas tapuias, una palabra genérica usada por los tupiguaraníes para designar a los indios que hablaban otra lengua.

Resulta difícil analizar la sociedad y las costumbres indígenas porque se trata de pueblos con una cultura muy diferente de la nuestra, sobre la cual existían –y todavía existen– fuertes prejuicios. Esto se refleja, en mayor o menor grado, en los relatos escritos por cronistas, viajeros y sacerdotes, especialmente jesuitas.

En esos relatos existe una clara diferenciación entre indios con cualidades positivas y negativas, de acuerdo con el menor o mayor grado de resistencia opuesto a los portugueses. Los aimorés, por ejemplo, quienes se destacaron por su eficacia militar y por su rebeldía, siempre fueron presentados en forma desfavorable. Según las descripciones, por lo general, los indios vivían en casas, como hombres; los aimorés, en la selva, como animales. Los tupinambás se comían a los enemigos por venganza; los aimorés, porque gustaban de la carne humana. Cuando la corona publicó la primera ley prohibiendo la esclavización de los indios (1570), sólo los aimorés fueron excluidos específicamente de tal prohibición.

Hay también una falta de datos que no es consecuencia ni de la incomprensión ni del prejuicio, sino de la dificultad de su obtención. Por ejemplo, no se sabe cuántos indios habitaban el territorio de los actuales Brasil y Paraguay en la época en que los portugueses llegaron al Nuevo Mundo; los cálculos oscilan entre números tan diversos como dos millones para todo el territorio y cerca de cinco millones sólo para la región amazónica.

Los grupos tupíes practicaban la caza, la pesca, la recolección de frutos y la agricultura. Cuando se producía un relativo agotamiento del suelo, migraban de forma temporaria o definitiva hacia otras áreas. Para practicar la agricultura derrumbaban los árboles y realizaban la *queimada* –una técnica que luego fue incorporada por los colonizadores–. Plantaban porotos, maíz, zapallo y principalmente mandioca, cuya harina se convirtió en un alimento fundamental de la colonia. La economía era básicamente de subsistencia y destinada al consumo propio. Cada aldea producía para satisfacer sus necesidades, y eran escasos los intercambios de géneros alimentarios con otras aldeas.

Sin embargo, entre ellas existían contactos para el intercambio de mujeres y de bienes de lujo, como plumas de tucán y piedras para hacer *botoque*.* De los contactos resultaban alianzas en las que distintos grupos de aldeas se enfrentaban unos con otros. La guerra y la captura de enemigos –muertos en medio de la celebración de un ritual canibalístico– eran elementos integrantes de la sociedad tupí. Esas actividades

---

* El término *botoque* hace referencia a un adorno que utilizaban los indios y que consistía en una piedra (o un taco de madera plano) que se insertaba en orificios efectuados en la boca o en la oreja para tal fin. [N. del T.]

estaban reservadas a los hombres y de ellas dependían la obtención de prestigio y la renovación de mujeres.

Para los indios, la llegada de los portugueses representó una verdadera catástrofe. Venidos de muy lejos, con enormes embarcaciones, los portugueses –y en especial los sacerdotes– fueron asociados en la imaginación de los tupíes a los grandes chamanes que andaban por la tierra de aldea en aldea, curando, profetizando y hablando de una tierra de abundancia. Los blancos eran respetados, temidos y odiados al mismo tiempo, como hombres dotados de poderes especiales.

Por otro lado, al no existir una nación indígena sino grupos dispersos muchas veces en conflicto entre sí, los portugueses pudieron encontrar aliados indígenas que los ayudaron a luchar con los grupos que les ofrecían resistencia. Sin el auxilio de los tupíes de San Pablo, es muy probable que la villa de San Pablo de Piratininga hubiera sido conquistada por los tamoios durante sus primeros años de existencia. Todo esto no quiere decir que los indios no hayan resistido fuertemente a los colonizadores, especialmente cuando se intentó esclavizarlos. Una forma excepcional de resistencia consistió en el aislamiento, logrado por medio de continuos desplazamientos hacia regiones cada vez más pobres. Bajo límites muy estrechos, ese recurso permitió preservar una herencia biológica, social y cultural.

Los indios que se sometieron o que fueron sometidos sufrieron violencia cultural, epidemias y muertes. Del contacto con el europeo resultó una población mestiza que hasta hoy muestra su presencia silenciosa en la sociedad brasileña.

Sin embargo, la palabra catástrofe es la más adecuada para calificar, de manera general, el destino de la población amerindia. Millones de indios vivían en el Brasil de la época de la conquista, pero actualmente existen apenas entre 300 a 350 mil.

La colonización

El denominado descubrimiento de Brasil no provocó nada parecido al entusiasmo despertado por la llegada de Vasco da Gama a la India. Brasil aparece como una tierra cuyo marco geográfico y posibilidades de explotación eran desconocidos. Durante varios años se pensó que no era nada más que una gran isla. Hasta tal punto prevalecieron sus atracciones exóticas –indios, papagayos, araras–, que algunos informantes, especialmente italianos, le dieron el nombre de Tierra de los Papagayos. El rey don Manuel prefirió llamarla Vera Cruz y, enseguida, Santa Cruz. El nombre Brasil comenzó a aparecer en 1503. Éste ha sido asociado a la principal riqueza de la tierra en sus primeros tiempos: el palo brasil. Su centro, muy rojo, era usado como colorante, y la madera, de gran resistencia, era utilizada en la construcción de muebles y navíos. Es interesante recordar que las "islas Brasil" –o algo parecido– son una referencia imaginaria en la Europa medieval. En una carta-geográfica de 1367 aparecen tres islas de ese nombre esparcidas en el grupo de las Azores, en la latitud de Bretaña (Francia) y en la costa de Irlanda.

Las primeras tentativas de explotación del litoral brasileño se basaron en el sistema de factorías adoptado en la costa africana. Brasil fue arrendado por tres años a un
consorcio de comerciantes de Lisboa, liderado por el cristiano nuevo Fernão de Loronha
o Noronha, que recibió el monopolio comercial; según parece, a cambio de ello estaban
obligados a enviar seis navíos por año para explorar trecientas leguas (cerca de 2 mil
kilómetros) de la costa y construir una factoría. El consorcio realizó algunos viajes;
pero, aparentemente en 1505, cuando terminó el arrendamiento, la corona portuguesa tomó en sus manos la explotación de la nueva tierra.

En esos años iniciales, entre 1500 y 1535, la principal actividad económica fue la
extracción de palo brasil, obtenido principalmente mediante el intercambio con los
indios. Los árboles no crecían juntos en grandes áreas, sino que se encontraban dispersos.
A medida que la madera se fue agotando en el litoral, los europeos comenzaron a recurrir
a los indios para obtenerla. El trabajo colectivo, especialmente el derribamiento de árboles, era una tarea comunitaria en la sociedad tupinambá. De esta forma, el corte del palo
brasil podía integrarse con relativa facilidad a los padrones tradicionales de la vida indígena. Los indios proveían la madera y, en menor escala, harina de mandioca; ambas eran
intercambiadas por piezas de tejido, cuchillos, cortaplumas y bagatelas.

En un principio, Brasil estuvo muy relacionado con la India, ya sea como punto de
descanso en la ruta ya conocida, o como posible pasaje a un nuevo camino, que era
buscado principalmente por los españoles. Por ejemplo, al descubrir América en 1492,
con su llegada a las Antillas, Colón pensó que había alcanzado el mar de la China. La
posesión de la nueva tierra fue cuestionada por Portugal, lo que dio como resultado
una serie de negociaciones que desembocaron en el Tratado de Tordesillas (1494). El
mundo fue dividido en dos hemisferios, separados por una línea imaginaria que pasaba
370 leguas al oeste de las islas de Cabo Verde. Las tierras descubiertas al oeste de la línea
le pertenecerían a España; las que se situasen al este de la línea serían de Portugal.

Tal división se prestaba a controversias, pues nunca fue posible establecer con exac-
titud por dónde pasaba la línea de Tordesillas. Recién a fines del siglo XVII los holandeses
consiguieron desarrollar una técnica precisa de medición de longitudes. Así, por ejemplo, el delta del Amazonas, en el norte, o el del Río de la Plata, en el sur, vistos como
posibles rutas en el camino a las Indias por la vía de occidente, ¿estarían en territorio
portugués o español? Se sucedieron varias expediciones de ambos países a lo largo de la
costa brasileña en dirección al sur, hasta que un portugués al servicio de España, Fernando de Magallanes, atravesó el estrecho que hoy lleva su nombre y, navegando por el
océano Pacífico, llegó a las Filipinas (1521). Ese acto espectacular de navegación resultó, al mismo tiempo, una decepción para los españoles. El camino de las Indias por
occidente había sido encontrado, pero era demasiado largo y difícil, para ser económicamente ventajoso. Los ojos españoles se posaron entonces en las riquezas en oro y plata
que iban descubriendo en las tierras americanas bajo su dominio.

La mayor amenaza a la posesión portuguesa de Brasil no vino de los españoles,
sino de los franceses. Francia no reconocía los tratados de partición del mundo, sus-

tentando en su lugar el principio de *uti possidetis*, según el cual sólo era poseedor de un área quien la ocupase efectivamente. Los franceses entraron en el comercio del palo brasil y practicaron la piratería a lo largo de una costa demasiado extensa para que pudiese ser guarnecida por las patrullas portuguesas. En diversos momentos posteriores irán a establecerse en Guanabara (1555-1560) y en Marañón (1612-1615).

Consideraciones de tipo político llevaron a la corona portuguesa a la convicción de que era necesario colonizar la nueva tierra. La expedición de Martim Afonso de Souza (1530-1533) representó un momento de transición entre el antiguo y el nuevo período. Tenía por objetivo patrullar la costa, establecer una colonia por medio de la concesión no hereditaria de tierras a los pobladores que traía consigo (San Vicente, 1532) y explorar la tierra teniendo en cuenta la necesidad de su efectiva ocupación.

Existen indicios de que Martim Afonso todavía se encontraba en Brasil cuando don João III decidió la creación de las capitanías hereditarias. Brasil fue dividido en quince partes por medio de una serie de líneas paralelas al ecuador que iban desde el litoral hasta el meridiano de Tordesillas, y cada parte fue entregada a los denominados capitanes donatarios. Éstos constituían un grupo heterogéneo en el que había personas de la pequeña nobleza, burócratas y comerciantes, cuyos puntos en común eran sus lazos con la corona.

Entre los donatarios se encontraban el experimentado navegante Martim Afonso; Duarte Coelho, militar destacado en Oriente y sin grandes recursos, cuya historia en Brasil sería resaltada por el éxito en Pernambuco; Jorge Figueiredo Correia, escribano de la Fazenda Real y gran comerciante, asociado a Mem de Sá y a Lucas Giraldes, de la familia de los Giraldi, comerciantes y banqueros de origen florentino; Pero do Campo Tourinho, quien vendió sus propiedades en Portugal y partió a Brasil con seiscientos colonos, para luego ser denunciado a la Inquisición, por conflictos con esos mismos colonos, y embarcado de vuelta a Portugal. Antes de 1532, Fernão de Noronha recibió del rey la primera capitanía de Brasil: la isla de San João, que hoy lleva su nombre. En la lista no se incluía ningún representante de la alta nobleza, ya que por esa época los negocios en la India, en Portugal y en las islas atlánticas eran mucho más atractivos.

Los donatarios recibieron de la corona una donación por la que se convirtieron en poseedores de la tierra, pero no en propietarios. No podían vender o dividir la capitanía, correspondiéndole al rey el derecho de modificarla o incluso de extinguirla. La posesión daba a los donatarios extensos poderes, tanto en la esfera económica de recolección de tributos como en la esfera administrativa. La instalación de ingenios de azúcar, de molinos de agua, así como el uso de depósitos de sal, dependían del pago de derechos; correspondía también a los donatarios el cobro de una parte de los tributos debidos a la corona por la explotación del palo brasil, de los metales preciosos y de la pesca. Desde el punto de vista administrativo, tenían el monopolio de la justicia y autorización para fundar villas, donar sesmarías, reclutar colonos para fines militares y formar milicias bajo su comando.

La atribución de donar sesmarías dio origen a la formación de vastos latifundios. En Brasil, la sesmaría fue concebida como una extensión de tierra virgen, cuya propiedad era donada a un *sesmeiro*, quien tenía la obligación –raramente cumplida– de cultivarla en el plazo de cinco años y de pagar un tributo a la corona. Los derechos reservados para sí por la corona incluían el monopolio de las drogas y las especias, así como el cobro de una parte de los tributos. El rey incluso se aseguró el derecho de aplicar justicia cuando la pena fuese de muerte o seccionamiento de partes del cuerpo de personas de condición noble. Además de esto, podía nombrar una serie de funcionarios para garantizar que se recaudasen las rentas de la corona.

Al instituir las capitanías, la corona echó mano de algunas fórmulas cuyo origen se encuentra en la sociedad medieval europea. Es el caso, por ejemplo, del derecho concedido a los donatarios para obtener pagos por permitir la instalación de ingenios de azúcar, análogo a las "banalidades" pagadas por los labradores a los señores feudales. Sin embargo, aun en su forma original, las capitanías representaron esencialmente una tentativa de colonización transitoria y todavía vacilante, cuyo objetivo era integrar la colonia a la economía mercantil europea.

Exceptuando a las capitanías de San Vicente y Pernambuco, todas las otras fracasaron, en mayor o menor grado, por la falta de recursos, por los desentendimientos internos, la inexperiencia o debido a los ataques de los indios. No es casual que las más prósperas hayan combinado la actividad azucarera y una relación menos agresiva con las tribus indígenas. A lo largo de los años, la corona fue recuperando las capitanías a través de la compra. Al pasar a pertenecer al Estado, subsistieron como unidades administrativas pero cambiaron de carácter. Entre 1752 y 1754, el marqués de Pombal completó prácticamente el proceso de paso de las capitanías del dominio privado al dominio público.

* * *

La decisión tomada por don João III de establecer el gobierno general de Brasil ocurrió en un momento en que se estaban desarrollando algunos hechos significativos con relación a la corona portuguesa en el ámbito internacional. En primer lugar, surgían las primeras señales de crisis en los negocios de la India. Por otro lado, aunque el sueño de un imperio africano todavía no se hubiese extinguido, Portugal también había sufrido varias derrotas militares en Marruecos. Además, en el mismo año en que Tomé de Sousa fue enviado a Brasil como primer gobernador general (1549), se cerró el puesto comercial portugués de Flandes por ser deficitario. Por último, en contraste con lo que sucedía en tierras brasileñas, los españoles obtenían un creciente éxito en la explotación de metales preciosos en su colonia americana y, en 1545, habían descubierto la gran mina de plata de Potosí. Si todos esos factores pueden haber pesado en la decisión de la corona, debemos recordar que, internamente, el fracaso de las capitanías volvió más claros los problemas de la precaria administración de la América lusitana.

La institución del gobierno general representaría un paso importante en la organización administrativa de la colonia. Tomé de Sousa –un hidalgo con experiencia en África y en la India– llegó a Bahía acompañado de más de mil personas, incluso cuatrocientos desterrados, llevando con él extensas instrucciones por escrito. Las instrucciones revelan el propósito de garantizar la posesión territorial de la nueva tierra, su colonización y la organización de las rentas de la corona. Para dar cumplimiento a esas finalidades fueron creados algunos cargos; los más importantes eran el de oidor, a quien cabía administrar justicia; el de capitán mayor, responsable por la vigilancia de la costa; y el de proveedor mayor, encargado del control y crecimiento de la recaudación.

Sin embargo, en el siglo XVI Brasil no proporcionaba riquezas considerables a los cofres reales. Por el contrario, según cálculos del historiador Vitorino Magalhães Godinho, en 1558 la recaudación proveniente de Brasil representaba apenas alrededor del 2,5% de las rentas de la corona, mientras que al comercio con la India le correspondía el 26%.

Venían con el gobernador los primeros jesuitas –Manuel da Nóbrega y cinco compañeros–, con el objetivo de catequizar a los indios y disciplinar al escaso y mal reputado clero existente en la colonia. Posteriormente (1533), se creó el obispado de San Salvador, sujeto al arzobispado de Lisboa, lo que dio principio a un estrecho vínculo organizativo entre el Estado y la Iglesia. El comienzo de los gobiernos generales representó también la fijación de un polo administrativo en la organización de la colonia. Tomé de Sousa emprendió el largo trabajo de construcción de San Salvador, capital de Brasil hasta 1763.

El establecimiento de un gobierno general representó un esfuerzo de centralización administrativa, pero el gobernador general ni detentaba todos los poderes ni podía ejercer una actividad muy amplia en sus primeros tiempos. El lazo entre las capitanías era bastante precario y limitaba el radio de acción de los gobernadores. La correspondencia de los jesuitas da muestras claras de ese aislamiento. Así, en 1552, escribiendo desde Bahía a los hermanos de Coimbra, el padre Francisco Pires se queja de poder tratar solamente los asuntos locales porque "a veces pasa un año y no sabemos unos de los otros, por causa de los tiempos y de los pocos navíos que andan por la costa y a veces se ven más temprano navíos de Portugal que de las capitanías". Un año después, desde el interior de San Vicente, Nóbrega dice prácticamente lo mismo: "Más fácil es venir de Lisboa enviado a esta capitanía que de Bahía".

* * *

Después de las tres primeras décadas, marcadas por el esfuerzo de garantizar la posesión de la nueva tierra, la colonización comenzó a tomar forma. Como sucedió en toda América Latina, Brasil llegaría a ser una colonia cuyo sentido básico sería el de proveer géneros alimentarios y minerales importantes al comercio europeo. La política de la metrópoli portuguesa consistiría en incentivar el comercio en gran escala de unos pocos productos exportables, basado en la gran propiedad. Esa directiva debía contemplar los intereses de acumulación de riqueza en la metrópoli lusitana, representados por los grandes comerciantes, la corona y sus allegados. Como Portugal no tenía el control de los circuitos comerciales de Europa —que estaba en manos de españoles, holandeses e ingleses—, esta política acabó por favorecer también al conjunto de la economía europea.

La opción por la gran propiedad estuvo ligada a la presuposición de que era conveniente la producción en gran escala. Más allá de eso, los pequeños propietarios autónomos tendían a producir para su subsistencia, vendiendo en el mercado apenas un reducido excedente, lo que contrariaba los objetivos del emprendimiento mercantil.

Junto con empresa comercial y el régimen de gran propiedad destaquemos un tercer elemento: el trabajo forzoso. También en este aspecto la regla será común a toda América Latina, aunque con variaciones. En la América española imperaron diferentes formas de trabajo servil, mientras que en Brasil lo que predominó fue la esclavitud.

¿Por qué se recurrió a una relación de trabajo —odiosa a nuestros ojos—, y que parecía muerta, justamente en la época ponderada como la aurora de los tiempos modernos? Una respuesta sintética consiste en decir que ni había gran oferta de trabajadores en condiciones de emigrar como semidependientes o asalariados, ni el trabajo asalariado era conveniente para los fines de la colonización. Dada la disponibilidad de tierras no resultaría fácil mantener trabajadores asalariados en las grandes propiedades, ya que una cosa era la concesión de sesmarías y otra muy distinta su efectiva ocupación. Los trabajadores podrían intentar ganarse la vida de otra forma y crear así problemas de flujo de mano de obra a la empresa mercantil.

Pero, si la introducción del trabajo esclavo se explica resumidamente de esa forma, ¿por qué se optó preferentemente por el negro y no por el indio? La principal razón reside en el hecho de que el comercio internacional de esclavos, traídos de la costa africana, era en sí mismo un negocio tentador, y acabó por transformarse en el gran negocio de la colonia. Portugueses, holandeses y brasileños —éstos en la fase final de la colonia— se disputaron su control. De esta manera, el tráfico representaba una fuente potencial de acumulación de riqueza y no sólo un medio de proveer de brazos a la gran explotación agrícola de exportación. Debemos recordar que, con variaciones en el tiempo y en el espacio, hubo un tránsito de la esclavitud del indio a la del negro. Ese paso fue más breve en el núcleo central y más rentable de la empresa mercantil, o sea, en la economía azucarera, que estaba en condiciones de absorber el precio de compra del esclavo negro, que era mucho más elevado que el del indio; pero fue más largo en las regiones periféricas, como en el caso de San Pablo, que sólo a comienzos del siglo XVIII —con el descubrimiento de las minas de oro—, comenzó a recibir esclavos negros de forma regular y en número considerable.

Además de la atracción ejercida por el comercio negrero, la esclavización del indio se enfrentaba a una serie de inconvenientes relacionados con los fines de la colonización. Los indios tenían una cultura incompatible con el trabajo intensivo, regular y —peor aun— forzoso, tal cual lo pretendían los europeos. No eran vagos ni perezosos. Sólo hacían lo necesario para garantizar su subsistencia, lo que no se volvía muy difícil en una época de peces abundantes, frutas y animales. Mucha de su energía e imaginación era empleada en los rituales, celebraciones y guerras. Las nociones de trabajo continuo, o de lo que hoy llamaríamos productividad, les eran extrañas.

Podemos distinguir dos tentativas básicas de sujeción de los indios por parte de los portugueses. Una de ellas, realizada por los colonos, según un frío cálculo económico, consistió en la pura y simple esclavización. La otra fue intentada por las órdenes religiosas, principalmente por los jesuitas, por motivos que tenían mucho que ver con sus concepciones misioneras. Esta última consistió en un esfuerzo para transformar a los indios en "buenos cristianos" a través de la educación, reuniéndolos en pequeños poblados o aldeas. Ser un "buen cristiano" significaba también adquirir los hábitos de trabajo de los europeos, con lo que se creaba un grupo de cultivadores indígenas flexible a las necesidades de la colonia.

Las dos políticas no eran equivalentes. Las órdenes religiosas tuvieron el mérito de intentar proteger a los indios de la esclavitud impuesta por los colonos, dando origen así a numerosas fricciones entre colonos y religiosos. Pero igualmente éstos no tenían respeto por la cultura indígena. Al contrario, llegaban a dudar de que los indios fueran personas. Así, por ejemplo, el padre Manuel da Nóbrega decía que los "indios son perros en comerse y matarse, y son puercos en la manera de tratarse".

Los indios resistieron a las diversas formas de sujeción por medio de la guerra, la fuga y el rechazo al trabajo obligatorio. En términos comparativos, las poblaciones indígenas tenían mejores condiciones de resistir que los esclavos africanos. Mientras que éstos se veían frente a un territorio desconocido donde eran implantados a la fuerza, los indios se encontraban en su casa.

Otro factor importante para colocar en segundo plano la esclavización indígena fue la catástrofe demográfica. Los indios fueron víctimas de enfermedades como el sarampión, la viruela y la gripe, para las que no tenían defensa biológica. Entre 1562 y 1563 dos oleadas epidémicas, destacadas por su virulencia, mataron según parece a más de sesenta mil indios, sin contar las víctimas del interior. La muerte de la población indígena, que se dedicaba en parte a plantar géneros alimentarios, tuvo como resultado una terrible hambruna en el nordeste y la pérdida de mano de obra.

No es casual que a partir de la década de 1570 se incentivase la importación de africanos y que la corona, por medio de varias leyes, comenzara a tomar medidas para intentar impedir la mortandad y la esclavización desenfrenada de los indios. Las leyes contenían reservas y eran burladas con facilidad. Se esclavizaban indios a causa de "guerras justas", esto es, guerras consideradas defensivas; como punición por la práctica de la antropofagia; por medio de rescate, etcétera. El rescate consistía en la compra de indígenas prisioneros de otras tribus, que esperaban ser devorados en rituales antropofágicos. Recién en 1758 la corona determinó la liberación definitiva de los indígenas. Sin embargo, en lo esencial, la esclavitud indígena había sido abandonada mucho antes, por las dificultades señaladas y por la existencia de una solución alternativa.

Al recorrer la costa africana durante el siglo XV, los portugueses habían comenzado el tráfico de africanos, facilitado por el contacto con sociedades que, en su mayoría, ya conocían el valor mercantil del esclavo. En las últimas décadas del siglo XVI, el comercio negrero no sólo ya estaba razonablemente estructurado sino que además había demostrado que era lucrativo. Los colonizadores conocían las habilidades de los negros, sobre todo su rentable utilización en la actividad azucarera de las islas del Atlántico. Muchos esclavos provenían de culturas donde los trabajos con hierro y la cría de ganado eran usuales. De esta forma, su capacidad productiva era muy superior a la del indígena. Se calcula que durante la primera mitad del siglo XVII, en los años de apogeo de la economía del azúcar, el costo de adquisición de un esclavo negro era amortizado entre los trece y dieciséis meses de trabajo; y que aun después de una fuerte alza en el precio de los cautivos, luego del 1700, un esclavo se pagaba en treinta meses.

Los africanos fueron traídos del llamado "continente negro" a Brasil en un flujo de intensidad variable. Los cálculos sobre el número de personas transportadas varían mucho. Se estima que entre 1550 y 1855 entraron por los puertos brasileños cuatro millones de esclavos, en su gran mayoría jóvenes del sexo masculino.

La región de origen dependió de la organización del tráfico, de las condiciones locales en África y, en menor grado, de las preferencias de los señores brasileños. En el siglo XVI, Guinea (Bissau y Cacheu) y la Costa da Mina, o sea, cuatro puertos a lo largo del litoral de Dahomey, proveyeron el mayor número de esclavos. Desde el siglo XVII en adelante, las regiones situadas más hacia el sur de la costa africana —el Congo y Angola— se convirtieron en los centros exportadores más importantes, a partir de los puertos de Luanda, Benguela y Cabinda. Los angoleños fueron traídos en mayor cantidad en el siglo XVIII, correspondiendo según parece al 70% del total de esclavos llevados a Brasil durante ese siglo.

Se acostumbra a dividir a los pueblos africanos en dos grandes bloques étnicos: los "sudaneses" —predominantes en África occidental, en el Sudán egipcio y en la costa norte del golfo de Guinea— y los "bantúes" —del África ecuatorial y tropical, parte del golfo de Guinea, del Congo, Angola y Mozambique—. Esa gran división no nos debe hacer olvidar que los negros esclavizados en Brasil provenían de muchas tribus y reinos, con sus propias culturas, por ejemplo: los yorubas, jejes, tapas y haussás entre los "sudaneses" y los angolas, bengalas, monjolos y mozambiques entre los "bantúes".

Los grandes centros importadores de esclavos fueron Salvador y, en segundo lugar, Río de Janeiro, cada cual con su propia organización y fuertemente competitivos. En el litoral africano, los traficantes bahianos se valieron de una valiosa moneda de cambio: el tabaco producido en el Recôncavo —región que circunda a Salvador—. Estuvieron siempre más vinculados a la Costa da Mina, a Guinea y al golfo de Benín

–en este último caso desde mediados de 1770, cuando declinó el tráfico de la Costa da Mina–. Río de Janeiro recibió fundamentalmente esclavos de Angola y superó a Bahía a partir del descubrimiento de las minas de oro, el avance de la economía azucarera y el gran crecimiento urbano de la ciudad a comienzos del siglo XIX.

Sería erróneo pensar que mientras los indios se opusieron a la esclavitud, los negros la aceptaron pasivamente. Desde los primeros tiempos las fugas individuales o en masa, las agresiones contra los señores y la resistencia cotidiana formaron parte de las relaciones entre señores y esclavos. Los *quilombos* –establecimientos de negros que escapaban de la esclavitud por medio de la fuga, y que reconstituían en tierras americanas formas de organización social semejantes a las africanas– existieron por centenas en el Brasil colonial. El más importante de estos *quilombos* fue Palmares, conformado por una red de poblados situada en una región que hoy corresponde parcialmente al Estado de Alagoas. Formado a comienzos del siglo XVII, resistió a los ataques de portugueses y holandeses durante casi cien años, sucumbió en 1695.

Lo poco que se sabe sobre el *quilombo* de Palmares es referido apenas por algunas fuentes portuguesas que notifican la prisión y ahorcamiento de Zumbi, líder de los rebeldes en la última fase de su existencia. Con el paso del tiempo, Zumbi se transformó en el símbolo de la resistencia de los esclavos negros. Actualmente su figura está presente en todos los movimientos de afirmación de la población negra. Recientes investigaciones arqueológicas en la región donde existió el *quilombo*, sugieren la existencia de una comunidad socialmente diversificada que incluía no sólo a los negros ex esclavos sino también a blancos, perseguidos por la corona por razones religiosas o por la práctica de crímenes e infracciones menores.

A pesar de las diversas formas de resistencia, los esclavos africanos o afrobrasileños no consiguieron desorganizar el régimen de trabajo forzado hasta por lo menos las últimas décadas del siglo XIX. Bien o mal, se vieron obligados a adaptarse. Entre los distintos factores que limitaron las posibilidades de rebeldía colectiva debemos recordar que, al contrario de los indios, los negros eran desarraigados, separados arbitrariamente de su medio, para ser enviados a territorio extraño en levas sucesivas.

Por otro lado, ni la Iglesia ni la corona se opusieron a la esclavización del negro. Incluso órdenes religiosas como los benedictinos se contaban entre los grandes propietarios de cautivos. Para justificar la esclavitud africana se utilizaron varios argumentos. Se decía que se trataba de una institución ya existente en África, y que siendo así sólo se transportaban cautivos hacia el mundo cristiano adonde serían civilizados y salvados por el conocimiento de la verdadera religión. Además de eso, el negro era considerado un ser racialmente inferior. En el transcurso del siglo XIX "teorías científicas" reforzaron el prejuicio: el tamaño y la forma del cráneo de los negros, el peso de su cerebro, etcétera, "demostraban" que se estaba frente a una raza de baja inteligencia y emocionalmente inestable, biológicamente destinada a la sumisión.

Recordemos también el tratamiento dado al negro en la legislación. En este aspecto el contraste con los indígenas es evidente. Estos últimos contaban con leyes protectoras contra la esclavitud, si bien fueron poco aplicadas y con demasiadas reservas. El negro esclavizado no tenía derechos, incluso porque jurídicamente era considerado una cosa.

Desde el punto de vista demográfico, y aunque los números varíen, existen datos sobre una alta tasa de mortalidad de los esclavos negros –especialmente entre los niños y los recién llegados–, cuando se la compara, por ejemplo, con la población esclava en los Estados Unidos. Observadores de principios del siglo XIX calculaban que la población esclava declinaba a una tasa de entre el 5% al 8% al año. Datos recientes revelan que, en 1872, la expectativa de vida de un esclavo del sexo masculino al nacer giraba en torno de los 20 años, mientras que la de la población como un todo era de 27,4 años. Por su lado, un hombre cautivo nacido en los Estados Unidos hacia 1850 tenía una expectativa de vida de 35,5 años.

A pesar de esos elevados números no se puede afirmar que los esclavos negros hayan sido alcanzados por una catástrofe demográfica tan grande como la que diezmó a los indios. Aparentemente, los negros provenientes del Congo, del norte de Angola y de Dahomey –actual Benín– eran menos suceptibles al contagio de enfermedades como la viruela. De cualquier forma, aun con la prematura destrucción física de los negros, los señores de esclavos tuvieron siempre la posibilidad de renovar el contingente por medio de la importación. La esclavitud brasileña se volvió absolutamente dependiente de esa fuente. Con raras excepciones, no hubo tentativas de ampliar el crecimiento de la población esclava ya instalada en Brasil. La fertilidad de las mujeres esclavas era baja. Además, debido a las altas tasas de mortalidad, producto de las propias condiciones de existencia, criar a un niño por doce o catorce años era considerado una inversión de riesgo.

* * *

A lo largo de los siglos, la forma en que la corona portuguesa intentó asegurar las mayores ganancias de la empresa colonial se relaciona con las concepciones de la política económica mercantilista vigente en la época. En el ámbito de esa política, las colonias deberían contribuir a la autosuficiencia de la metrópoli, transformándose en áreas reservadas de cada potencia colonizadora en su competencia internacional con las demás. Para eso era preciso establecer una serie de normas y prácticas que alejasen a los competidores de la explotación de las respectivas colonias, constituyendo así el sistema colonial. El eje básico era el "exclusivo" metropolitano, o sea, la exclusividad del comercio externo de la colonia en favor de la metrópoli.

Se trataba de impedir que los navíos extranjeros transportasen mercaderías de la colonia –sobre todo para venderlas directamente en otros países de Europa– y que tampoco llegasen a la colonia mercaderías no producidas en la metrópoli, provenientes de esos países. En términos más simples: se buscaban deprimir, hasta donde fuese posible, los precios pagados en la colonia por sus productos para venderlos con mayor ganancia en la metrópoli. También se buscaba obtener mayores ganancias a través de la venta en la colonia, sin competencia, de los bienes importados por ella. El "exclusivo" colonial tuvo varias formas: arrendamiento, explotación directa por el Estado, creación de privilegiadas compañías de comercio que beneficiaban a determinados grupos comerciales metropolitanos, etcétera.

En el caso portugués, los preceptos mercantilistas no fueron aplicados en forma consistente. Curiosamente, la aplicación más consecuente de la política mercantilista sólo se dio a mediados del siglo XVIII, bajo el liderazgo del marqués de Pombal, cuando esos principios ya eran puestos en duda por el resto de Europa occidental. La corona abrió espacios en esos principios, principalmente debido a su limitada capacidad de imponerlos. No se trata sólo de la existencia del contrabando, pues éste era un quiebre puro y simple de las reglas de juego. Se trata sobre todo de la posición de Portugal en el conjunto de las naciones europeas. Los portugueses estuvieron en la vanguardia de la expansión marítima, pero no tenían los medios para monopolizar su comercio colonial. Ya en el siglo XVI las grandes plazas comerciales no se situaban en Portugal, sino en Holanda. Los holandeses fueron importantes socios comerciales de Portugal, transportaron sal, vinos portugueses y azúcar brasileño, a cambio de productos manufacturados, quesos, cobre y tejidos. También entraron en el tráfico internacional de esclavos.

Posteriormente, a lo largo del siglo XVII, la corona se vería obligada a establecer relaciones desiguales con una de las nuevas potencias emergentes: Inglaterra. A partir de esas condiciones, resultó que el "exclusivo" colonial lusitano varió de acuerdo con las circunstancias, oscilando entre la relativa libertad y un sistema centralizado y dirigido, combinado con concesiones especiales. En el fondo, esas concesiones representaban la participación de otros países en el usufructo de la explotación del sistema colonial portugués.

Sin recorrer todas las marchas y contramarchas, veamos algunos ejemplos. Hubo una fase de relativa libertad comercial desde 1530 hasta 1571, fecha en que el rey don Sebastião decretó la exclusividad de los navíos portugueses en el comercio de la colonia, coincidiendo esta medida con los años iniciales de la gran expansión de la economía azucarera. El período de unión de las dos coronas (1580-1640), cuando el rey de España ocupó también el trono de Portugal, se caracterizó por crecientes restricciones a la participación de otros países en el comercio colonial, en especial Holanda, en guerra entonces con España. Aun así, hay noticias de un tráfico regular y directo entre Brasil y Hamburgo (en Alemania) hacia 1590.

Luego del fin del período de unión de las dos coronas, con la proclamación de don João IV como rey de Portugal, se dio una breve fase de "libre comercio", con poca reglamentación y ausencia de control sobre el mercado colonial de importación. Pero en 1649 se organizó un nuevo sistema de comercio centralizado y dirigido por medio de flotas. Con capitales obtenidos principalmente de los cristianos nuevos, fue creada la Compañía General de Comercio de Brasil. La Compañía debía mantener una flota de treinta navíos armados para enviar convoyes de naves mercantes que salían y llegaban a Brasil dos veces por año, y usufructuaban a cambio el monopolio de las importaciones de vino, harina, aceite de oliva y bacalao en la colonia, además del derecho de establecer los precios para esos artículos. A partir de 1694, la Compañía fue transformada en un órgano gubernamental.

Sin embargo, la creación de la empresa no impidió concesiones hechas por Portugal a Holanda y especialmente a Inglaterra. En pocas palabras, la corona buscaba la protección política inglesa a cambio de ventajas comerciales. Un buen ejemplo de ello es el tratado impuesto por Cromwell en 1654, que garantizaba a los ingleses el derecho de negociar con la colonia brasileña, excepto en lo referente a los productos monopolizados por la Compañía General de Comercio. El sistema de flotas sólo fue abandonado en 1765, cuando el marqués de Pombal resolvió estimular el comercio y restringir el creciente papel de los ingleses. Eso se hizo por medio de la creación de nuevas compañías (Compañía del Gran Pará y Marañón, Compañía de Pernambuco y Paraíba), que representaron las últimas expresiones de la política mercantilista en Brasil.

* * *

Las dos instituciones básicas que por su naturaleza estaban destinadas a organizar la colonización de Brasil fueron el Estado y la Iglesia Católica. Una estaba ligada a la otra, ya que el catolicismo era reconocido como religión del Estado. En un principio hubo una división del trabajo entre las dos instituciones. Al Estado le cupo el papel fundamental de garantizar la soberanía portuguesa sobre la colonia, dotarla de una administración, desarrollar una política de poblamiento, resolver problemas básicos, como el de la mano de obra, y establecer el tipo de relación que debería existir entre metrópoli y colonia. Esa tarea suponía el reconocimiento de la autoridad del Estado de parte de los colonizadores que se instalaran en Brasil, sea por la fuerza, sea por la aceptación de esa autoridad, o por ambas cosas.

En ese sentido, el papel de la Iglesia se volvía relevante. Como tenía en sus manos la educación de las personas, el "control de las almas" era un instrumento muy eficaz para transmitir la idea general de obediencia y, más concretamente, de obediencia al poder del Estado. Pero el papel de la Iglesia no se limitaba a eso. Ella estaba presente en la vida y en la muerte de las personas, en los acontecimientos decisivos del nacimiento, casamiento y muerte. El ingreso en la comunidad, el encuadramiento dentro de los padrones de una vida decente, la partida sin pecado de este "valle de lágrimas", dependían de actos monopolizados por la Iglesia: el bautismo, la confirmación, el casamiento religioso, la confesión y la extremaunción en la hora de la muerte, y el entierro en un cementerio designado con la significativa expresión de "campo santo".

Como es sabido, en la historia del mundo occidental las relaciones entre Estado e Iglesia variaron mucho de país en país y tampoco fueron uniformes en el ámbito de cada país a lo largo del tiempo. En el caso portugués se dio una subordinación de la Iglesia al Estado a través de un mecanismo conocido como padronazgo real. El padronazgo consistió en una amplia concesión de la Iglesia de Roma al Estado portugués, a cambio de la garantía de que la corona promovería y aseguraría los derechos y la organización de la Iglesia en todas las tierras descubiertas. El rey de Portugal se reservaba el derecho de recoger el tributo debido por los fieles, conocido como diezmo, correspondiente a un décimo de las ganancias obtenidas en cualquier actividad. Correspondía también a la corona crear diócesis y nombrar obispos.

En teoría, muchos de los deberes de la corona tenían como resultado una mayor subordinación de la Iglesia, como es el caso de la obligación de remunerar al clero y de construir y celar por la conservación de los edificios destinados al culto. Para supervisar esas tareas, el gobierno portugués creó una especie de departamento religioso del estado, la Mesa de la Conciencia y Órdenes.

No obstante, el control de la corona sobre la Iglesia fue limitado, en parte por el hecho de que la Compañía de Jesús tuvo fuerte influencia en la corte hasta la época del marqués de Pombal (1750-1777). En la colonia ese control sufrió otras restricciones. Por un lado, era muy difícil enmarcar las actividades del clero secular, disperso por el territorio; por otro, las órdenes religiosas consiguieron alcanzar un mayor grado de autonomía. Franciscanos, mercedarios, benedictinos, carmelitas y principalmente jesuitas eran órdenes cuya mayor autonomía resultó de diversas circunstancias. Las órdenes obedecían a reglas propias de cada institución y tenían una política definida en relación con ciertas cuestiones vitales de la colonización, como la indígena. Además de eso, en la medida en que se volvieron propietarias de grandes extensiones de tierra y de emprendimientos agrícolas, no dependían de la corona para su subsistencia.

Cuando existía la oportunidad, algunos padres seculares intentaban huir del peso del Estado y del de la propia Iglesia por un camino individual. La presencia de sacerdotes se puede constatar también en prácticamente todos los movimientos de rebelión a partir de 1789, y se prolongó luego de la independencia de Brasil hasta mediados del siglo XIX. Sin embargo, sería un error atribuir a todo el clero esa característica de rebeldía, visible pero excepcional. En la actividad del día a día, discretamente y a veces con gran pompa, la Iglesia trató de cumplir su misión de convertir a indios y negros y de inculcar en la población la obediencia a sus preceptos, así como a los del Estado.

* * *

En la época de la colonización, el Estado portugués es un Estado absolutista. En teoría, todos los poderes se concentran en la persona del rey por derecho divino. El reino —o sea, el territorio, los súbditos y sus bienes— pertenece al rey, constituye su patrimonio. Se trata entonces de un Estado absolutista de carácter patrimonial. Eso no quiere decir que el rey no debiese tomar en cuenta los intereses de los diferentes estratos sociales —nobles, comerciantes, clero, personas del pueblo—, ni que gobernase solo. La preferencia por el uso de la expresión "corona" en vez de "rey" para designar el poder de la monarquía portuguesa es indicativa de esta última constatación. Si bien la palabra definitiva le correspondía al rey, en las decisiones tenía mucho peso una burocracia escogida por él, que formaba un cuerpo de gobierno. Incluso la indefinición de lo público y lo privado estuvo restringida por una serie de medidas, tomadas fundamentalmente en el ámbito fiscal, cuyo objetivo era establecer límites a la acción del rey. El "bien común" surgía como una idea nueva que justificaba la restricción a los poderes reales de imponer empréstitos o de tomar bienes privados para su uso.

El establecimiento de la administración colonial disgregó y debilitó el poder de la corona. Por cierto, era en la metrópoli donde se tomaban las decisiones centrales. Pero los administradores de Brasil tenían su propia esfera de atribuciones, debían improvisar medidas frente a situaciones nuevas y, muchas veces, quedaban en medio de las presiones inmediatas de los colonizadores y de las instrucciones emanadas de la lejana Lisboa.

La sociedad colonial

En el ámbito de la estructura social de la colonia, la distinción entre las diversas categorías estaba basada en un principio básico de exclusión, por lo menos hasta la Carta-ley de 1773. Tal principio era el de pureza de sangre. Impuros eran los cristianos nuevos, los negros (aun cuando fueran libres) y, en cierta medida, los indios y las diversas especies de mestizos. De ese principio racial derivaba la imposibilidad de ocupar cargos, recibir títulos de nobleza, participar de hermandades de prestigio, etcétera. La Carta-ley de 1773 terminó con la distinción entre cristianos antiguos y nuevos, lo cual no quiere decir que de allí en adelante se haya extinguido el prejuicio.

El criterio discriminatorio se refería esencialmente a las personas. En un nivel más profundo, existía un corte que separaba personas de no-personas, o sea, gente libre de esclavos, considerados jurídicamente como una cosa. La condición de libre o de esclavo estaba muy ligada a la etnia y al color, pues los esclavos eran negros (mayoritariamente), indios y mestizos. Existía toda una nomenclatura que se aplicaba a los mestizos, distinguiéndose los mulatos, los mamelucos, curibocas o caboclos, nacidos de la unión entre blanco e indio, y los cafuzos, producto de la unión entre negro e indio.

Sin embargo, conviene distinguir entre la eclavitud indígena y la negra. Desde el principio de la colonización hasta que se extinguió formalmente la esclavitud indígena, existieron indios cautivos y los llamados forros o administrados. Éstos eran indios que luego de la captura habían sido puestos bajo la tutela de los colonizadores. Su situación no era muy distinta de la de los cautivos. No obstante, a pesar de que, por lo general, la situación del indio era muy penosa, no se equiparaba a la del negro. La protección de las órdenes religiosas en las aldeas indígenas le impuso límites a la explotación pura y simple. La propia corona intentó establecer una política menos discriminatoria.

Así, por ejemplo, un edicto de 1755 llegó a estimular los casamientos mixtos de indios y blancos, los cuales ahora no tenían "infamia alguna". A los descendientes de esas uniones se les reservaban ciertos "empleos y honras" y se prohibía que fuesen llamados "caboclos" u otros nombres semejantes que pudieran reputarse como "injuriosos". Años más tarde, el virrey de Brasil mandó dar de baja del puesto de capitán mayor a un indio porque "se mostraba de tan bajos sentimientos que se casó con una negra, manchando su sangre con esta alianza y volviéndose así indigno de ejercer el referido puesto".

La presencia significativa de africanos y afrobrasileños en la sociedad brasileña también se puede constatar por los indicadores de población de finales del período colonial. En las cuatro mayores regiones –Minas Gerais, Pernambuco, Bahía y Río de Janeiro–, negros y mulatos representaban respectivamente cerca del 75%, 68%, 79% y 64% de la población. Sólo San Pablo tenía una población mayoritariamente blanca (56%). Los cautivos trabajaban en los campos, en los ingenios, en las minas y como criados de servicio en la "casa grande".* En las ciudades realizaban tareas penosas, ya sea el transporte de cargas, personas y excrementos malolientes, o bien en la industria de la construcción. También fueron artesanos, feriantes, vendedores ambulantes, mensajeros, etcétera.

Las relaciones esclavistas no se restringieron a un vínculo exclusivo entre el señor y el esclavo, sino que podían involucrar a otras personas. Además de cautivos alquilados para prestar servicios a terceros, en los centros urbanos existían los "esclavos de ganancia" –una figura común en el Río de Janeiro de las primeras décadas del siglo XIX–. Los señores permitían que los esclavos hicieran su "ganancia", prestando servicios o vendiendo mercaderías, y a cambio les cobraban una cantidad fija pagada por día o por semana. Los esclavos de ganancia fueron utilizados en pequeña y en gran escala, desde un único cautivo hasta treinta o cuarenta. Aunque la mayoría de ellos ejercía su actividad en la calle –cayendo incluso en la prostitución y la mendicidad con el consentimiento de sus señores–, también existieron peluqueros instalados en locales u obreros enmarcados en esa modalidad.

Ni siquiera entre los esclavos dejaron de existir distinciones. Algunas se relacionaban con el tipo de trabajo ejercido, pues era diferente servir en la "casa grande" o trabajar en el campo, así como ser esclavo en la gran propiedad agrícola o ser "esclavo de ganancia" en las ciudades. Otras distinciones se referían a la nacionalidad, al tiempo de permanencia en el país o al color de la piel. "Bozal" era el cautivo recién llegado de África, que ignoraba la lengua y las costumbres; "ladino" era el que ya estaba relativamente "adaptado", y hablaba y entendía portugués; "criollo" era el nacido en Brasil. El negro muy oscuro se ubicaba en un extremo y el mulato claro en el otro. Por lo general, los mulatos y criollos eran preferidos para las tareas domésticas, artesanales y de supervisión; a los oscuros, sobre todo a los africanos, les correspondían los trabajos más pesados.

---

* La "casa grande" era la residencia del señor en la plantación esclavista. [N. del T.]

* * *

Además de las distinciones dentro de la masa de los esclavos, debemos considerar que en el Brasil colonial hubo un gran número de africanos o de afrobrasileños libres o libertos. Datos correspondientes al final del período indican que cerca del 42% de la población negra o mulata pertenecía a esa categoría. Su condición era ambigua. Si bien eran considerados formalmente libres, en la práctica volvían a ser esclavizados de forma arbitraria, especialmente cuando el color de la piel y los rasgos denotaban a un negro. No podían pertenecer a la Cámara Municipal o a las prestigiosas hermandades legas, como la Tercera Orden de San Francisco. Es más, la libertad de un ex esclavo podía ser revocada por actitudes consideradas irrespetuosas para con su antiguo señor.

La esclavitud fue una institución nacional. Permeó a toda la sociedad condicionando su modo de actuar y de pensar. El deseo de ser dueño de esclavos y el esfuerzo necesario para obtenerlos, iba desde la clase dominante hasta el modesto artesano de las ciudades. Hubo señores de ingenio y propietarios de minas con centenares de esclavos, pequeños labradores con dos o tres de ellos, e incluso hogares con apenas un esclavo. El prejuicio contra el negro se extendió más allá del fin de la esclavitud y llegó, modificado, hasta nuestros días. Hasta la introducción en masa de trabajadores europeos en el centro-sur de Brasil, el trabajo manual fue socialmente despreciado como una "cosa de negro".

En teoría, las personas libres de la colonia fueron enmarcadas en una jerarquía de órdenes. La división social en órdenes —nobleza, clero y pueblo— era una característica del antiguo régimen. La transposición de ese modelo vigente en Portugal tuvo escaso efecto práctico en Brasil. Los títulos de nobleza eran ambicionados por la elite blanca, pero no existió una aristocracia hereditaria. Los hidalgos eran poco frecuentes, y la gente común con pretensiones de nobleza constituía la gran mayoría.

Eso no significa que la sociedad colonial estuviese compuesta sólo de señores y esclavos. Agricultores, pequeños labradores y trabajadores poblaban los campos; las escasas ciudades reunían vendedores ambulantes, pequeños comerciantes y artesanos. El cuadro no fue estático. La expansión del comercio internacional de esclavos dio origen a un importante sector de la elite, representado por los traficantes de Río de Janeiro y de Salvador. El descubrimiento de oro y diamantes en Minas Gerais, Goiás y Mato Grosso, a partir de principios del siglo XVIII, y la llegada de la familia real a Río de Janeiro, a comienzos del siglo XIX, fueron, cada uno a su manera, factores de diversificación social y de alteración de las relaciones entre el campo y la ciudad. En lo que respecta a la región minera y a los centros urbanos como Salvador y Río de Janeiro podemos hablar de la existencia de una burocracia administrativa, también de letrados y de gente dedicada a las llamadas profesiones liberales, especialmente a la abogacía.

* * *

Las diferentes actividades gozaban de una valoración desigual. La de mayor prestigio, sobre todo en los primeros tiempos, no era propiamente una actividad, sino "el ser señor de ingenio". En su obra *Cultura y opulencia de Brasil por sus drogas y minas*, escrita a principios del siglo XVIII, el padre Antonil expresaba en una famosa frase que "el ser señor de ingenio es título al que muchos aspiran porque trae consigo el ser servido y respetado de muchos. Y [...] bien se puede estimar en Brasil el ser señor de ingenio, cuanto proporcionalmente se estiman los títulos entre los hidalgos del Reino".

El comercio era considerado una profesión menos digna y, en teoría, los hombres de negocios estaban excluidos de las cámaras y de las honras. El hecho de que muchos de ellos fuesen cristianos nuevos agregaba otro elemento de discriminación. Los artesanos tampoco eran muy valorados, pues se consideraba al trabajo manual como una actividad inferior. Casi siempre sin representación en las cámaras, a veces conseguían hacerse oír a través del *juiz de fora*, magistrado profesional nombrado por la corona y que presidía la cámara en las mayores ciudades.

* * *

En la cima de la pirámide social de la población libre, junto a la elite de traficantes, se ubicaban los grandes propietarios rurales y los comerciantes dedicados al comercio externo. Éste era un cuadro típico del litoral del nordeste y más tarde del de Río de Janeiro. Dado que desempeñaban un papel estratégico en la vida de la colonia, los grandes comerciantes no sufrieron la discriminación impuesta en teoría a su actividad. Por el contrario, a partir de mediados del siglo XVII describieron una curva de ascenso social y político. Participaron cada vez más de las cámaras y hermandades de prestigio y ocuparon altos puestos en las milicias.

Entre los dos sectores de la cima hubo puntos de aproximación y de rivalidad. Por un lado, ellos constituían en conjunto las fuerzas socialmente dominantes de la colonia frente a la masa de esclavos y hombres libres de condición inferior. El ascenso económico de los comerciantes facilitó su ingreso a la elite colonial. Por medio del casamiento y de la compra de tierras, muchos comerciantes se volvieron también señores de ingenio en el nordeste, llegando algunas veces hasta el punto de borrar la diferencia entre los dos sectores.

Por otro lado, existían razones potenciales de conflicto. Los grandes comerciantes influían en los precios de los productos de importación y exportación, especialmente cuando conseguían ocupar puestos en las privilegiadas compañías de comercio organizadas por la corona. Además de eso, adelantaban recursos a los grandes propietarios rurales para financiar la siembra y la compra de esclavos y equipamientos, con una garantía de hipoteca sobre las tierras. En el área del nordeste, las cuestiones de deudas y las controversias sobre pedidos de moratoria fueron frecuentes. Las disputas se intensificaban cuando venían acompañadas de una división de origen entre señores rurales nativos y comerciantes portugueses.

Un ejemplo extremo de las divergencias fue la llamada Guerra dos Mascates, ocurrida en Pernambuco entre 1710 y 1711. La rivalidad entre dos ciudades –Olinda y Recife– reflejó en la superficie la desavenencia más profunda entre la vieja Olinda de los señores de ingenio y el Recife de los *mascates*, que poco tenían de *mascates*.* En realidad se trataba de grandes comerciantes, algunos de los cuales habían acrecentado su poder al obtener, en remates realizados por la corona, el derecho de cobrar impuestos.

* * *

La división de la sociedad directamente relacionada con el principio de pureza de sangre tenía aspectos religiosos. Por definición, los súbditos de la corona residentes en Brasil eran católicos. Pero los había más y menos católicos. A éste último grupo pertenecían los cristianos nuevos, judíos o sus descendientes, obligados a convertirse al cristianismo por decisión de la monarquía lusitana (1497). Sobre ellos pesaba la sospecha adicional de practicar en secreto la religión judía. Desde los primeros tiempos de la colonia los cristianos nuevos tuvieron un papel relevante como mercaderes, artesanos o señores de ingenio, ocupando también cargos civiles y eclesiásticos. A pesar de ese papel destacado y tal vez por eso mismo, los cristianos nuevos fueron discriminados y algunos de ellos llegaron a ser detenidos y muertos en manos de los inquisidores. Sin embargo, las persecuciones no tuvieron, comparativamente, la misma fuerza que las desencadenadas en la América española. La Inquisición no se instaló con carácter permanente en Brasil, y sus aterrorizantes visitas –a excepción de la realizada al Estado de Gran Pará entre 1763 y 1769– se dieron en la época en que la corona portuguesa estaba en manos de los reyes de España. El Santo Oficio inquisitorio visitó Bahía y Pernambuco entre 1591 y 1595, y volvió a Bahía en 1618.

* * *

Recordemos por último la división entre hombres y mujeres que se relaciona con el análisis de la familia. Debido sobre todo a la influencia de los estudios de Gilberto Freyre, la noción de familia en la colonia se ha vinculado tradicionalmente al modelo patriarcal: una familia extensa, constituida por parientes de sangre y afines, así como agregados y protegidos, bajo la jefatura indiscutible de una figura masculina. La familia patriarcal tuvo gran importancia, y llegó a marcar las relaciones entre sociedad y Estado. Pero fue característica de la clase dominante, y más propiamente de la clase dominante del nordeste. La familia extensa no existió entre la gente de condición social inferior, y las mujeres tendieron a lograr una mayor independencia cuando no tenían

---

* El término *mascate* designa a un buhonero o vendedor ambulante y de baratijas. Los antiguos señores de ingenio de Olinda lo utilizaban en forma despreciativa para referirse a los comerciantes portugueses de Recife. [N. del T.]

marido o compañero. Así, por ejemplo, en Ouro Preto (1804), sobre doscientos tres unidades domésticas, apenas noventa y tres estaban encabezadas por hombres.

Aun en relación con las familias de la elite, el cuadro de sumisión de las mujeres tiene excepciones. Bajo determinadas circunstancias, ellas desempeñaron un papel relevante en las actividades económicas. Eso ocurrió en la región de San Pablo, donde las mujeres –descriptas por un gobernador de la capitanía en 1692 como "hermosas y valientes"–, asumían la administración de la casa y de los bienes cuando los hombres se lanzaban a las expediciones del interior por varios años.

La gran mayoría de la población colonial vivió en el campo. Las ciudades crecieron lentamente y fueron dependientes del medio rural. En el siglo XVI, la propia capital de la colonia fue descripta por fray Vicente del Salvador como: "ciudad extraña, de casas sin moradores, pues los propietarios pasaban más tiempo en sus plantaciones rurales, acudiendo sólo en tiempo de las fiestas. La población urbana constaba de mecánicos que ejercían sus oficios, de mercaderes, de oficiales de justicia, de hacienda, de guerra, obligados a la residencia". En el siglo XVII, un padre jesuita se refiere a la pobreza de la pequeña San Pablo como resultado de la "constante ausencia de los habitantes porque fuera de la ocasión de tres o cuatro fiestas principales ellos se quedan en sus heredades o andan por bosques y campos, en busca de indios, en lo que gastan sus vidas".

Ese cuadro se modificó parcialmente por la creciente influencia de los grandes comerciantes –entre los cuales se incluía la elite de los traficantes de esclavos–, y por el crecimiento del aparato administrativo, que aumentaba la importancia de las ciudades. Hechos como la invasión holandesa y, sobre todo, la llegada de la familia real a Río de Janeiro también tuvieron importancia en el crecimiento de los centros urbanos.

* * *

En la historiografía brasileña existen dos interpretaciones básicas, radicalmente opuestas, acerca de las relaciones entre Estado y sociedad. Una de ellas ubica en el Estado el polo dominante. El origen de la dominación se encontraría en la formación del Estado portugués, que desde el siglo XIV se caracterizaba por la precoz centralización y por la vigencia de un cuerpo de leyes, y constituía así un Estado patrimonialista. En la colonia, la burocracia estatal habría reforzado su obra centralizadora, acentuando los mecanismos de poder y de represión. Sus brazos alcanzarían incluso al distante interior a través de caudillos y *bandeirantes*, quienes en última instancia actuaban en nombre del Estado.

La orientación opuesta, más antigua, considera que frente a un Estado colonial débil y sin expresión, se impone un sector de la sociedad. El polo dominante residiría en los grandes propietarios de tierras. Serían ellos quienes gobiernan, legislan, imparten justicia y guerrean contra las tribus del interior en defensa de las poblaciones que viven próximas a sus *fazendas*, que son como sus castillos feudales y cortes de sus señoríos.

Resulta imposible adoptar una u otra de estas interpretaciones debido a dos motivos básicos: primero, porque ellas se presentan como un modelo impuesto a espacios y momentos históricos distintos; segundo, porque al separar radicalmente Estado y sociedad se tiende a excluir la posibilidad de articulaciones entre los dos niveles.

Si comenzamos por la interpretación más antigua, podemos decir que la ausencia del Estado y el cumplimiento de sus funciones por grupos privados se dio en ciertas áreas dedicadas a la actividad ganadera, como en el interior del nordeste. Pero eso no alcanza para definir el cuadro más general de la colonia.

Por otro lado, el Estado portugués no concuerda con la idea de una máquina burocrática aplastante, traspuesta luego con éxito a la colonia. Dada la extensión de esta última, la distancia de la metrópoli y la novedad de los problemas a enfrentar, la tentativa de trasladar la organización administrativa lusitana a Brasil chocó con innumerables obstáculos. El Estado fue extendiendo su alcance a lo largo del tiempo –mejor dicho, a lo largo de los siglos–, y estuvo más presente en las regiones que constituían el núcleo fundamental de la economía de exportación. Hasta mediados del siglo XVII, la acción de las autoridades se ejerció con eficacia solamente en la sede del gobierno general y en las capitanías lindantes. En las otras regiones predominaron las órdenes religiosas –especialmente la de los jesuitas, considerada un Estado dentro del Estado– o los grandes propietarios rurales y los cazadores de indios.

Con el descubrimiento de las minas de oro y de diamantes, a comienzos del siglo XVIII, el Estado aumentó sus controles con el objetivo de organizar una sociedad en rápido crecimiento y de asegurarse el cobro de los tributos sobre las nuevas riquezas. Incluso allí, sólo el distrito Diamantino, instalado en Minas Gerais, encuentra correspondencia con la imagen de un Estado superpuesto a la sociedad y que cercena a todos los miembros que se resisten a su dominio.

Esto no quiere decir que resulte imposible establecer un padrón general de las relaciones entre Estado y sociedad en el Brasil colonial, respetando –claro está– las diferencias de tiempo y espacio. En primer lugar, casi siempre es posible distinguir entre la acción del Estado y los intereses dominantes de la sociedad, en especial cuando nos referimos a los niveles más altos de la actividad del Estado. La corona y sus delegados en Brasil asumieron el papel de organizador general de la vida de la colonia que no encontraba correspondencia necesaria con esos intereses. Así, por ejemplo, ciertas medidas tendientes a limitar la esclavización de los indios o a garantizar la provisión de géneros alimentarios por medio de la siembra obligatoria en las *fazendas*, fueron recibidas hasta con revueltas por los cazadores de indios y los propietarios rurales.

Pero Estado y sociedad no son dos mundos extraños. Por el contrario, existe entre ellos un doble movimiento que se caracteriza por la indefinición de los espacios público y privado: del Estado en dirección a la sociedad y de ésta en dirección al Estado. Si, por un lado, el Estado resulta invadido por intereses particulares; por otro, su acción no tiene límites claros que deriven de garantías individuales de los ciudadanos. Los rasgos del

Estado patrimonial lusitano –donde, en última instancia, todo es patrimonio del rey– se ajustan a los rasgos de la sociedad colonial, en la que la representación de clase, pensada como representación colectiva de un sector social, cede terreno a la solidaridad familiar.

La familia o las familias aliadas de la clase dominante surgen como redes formadas no sólo por parientes de sangre, sino por padrinos y afiliados, por protegidos y amigos. Para la corona, el Estado es un patrimonio regio y los gobernantes deben ser escogidos entre los hombres leales al rey. A su vez, los sectores dominantes de la sociedad tratan de abrirse camino en la máquina estatal o de recibir la gratitud de los gobernantes en beneficio de la red familiar.

Por distintos caminos, el resultado de todo ello es un gobierno que se ejerce según criterios de lealtad y no según criterios de impersonalidad y de respeto a la ley. Una conocida expresión resume la concepción y la práctica descriptas: "para los amigos todo, para los enemigos la ley".

Las actividades económicas

La vida económica de la colonia estuvo caracterizada por la diversidad regional.

En la franja litoral, el nordeste representó el primer centro colonizador y de urbanización de la nueva tierra. La situación actual del nordeste no es fruto de la fatalidad, sino de un proceso histórico. Esta región concentró las actividades económicas y la vida social más significativa hasta mediados del siglo XVIII; en ese período el sur fue un área periférica, menos urbanizada y sin vínculo directo con la economía exportadora. Hasta 1763 Salvador fue la capital de Brasil y su única ciudad importante por mucho tiempo. Aunque no haya datos seguros de población hasta mediados del siglo XVIII, se calcula que tenía 14 mil habitantes en 1585, 25 mil en 1724 y cerca de 40 mil en 1750, la mitad de los cuales eran esclavos. Esos números pueden parecer modestos, pero resultan muy significativos cuando se confrontan con los de otras regiones: San Pablo, por ejemplo, tenía menos de 2 mil habitantes en 1600.

La empresa azucarera fue el núcleo central de la actividad socioeconómica del nordeste. El azúcar tiene una larga y variada historia, tanto en lo que se refiere a su uso como a su localización geográfica. En el siglo XV todavía era una especie utilizada como remedio o condimento exótico. Libros de recetas del siglo XVI indican que estaba ganando lugar en el consumo de la aristocracia europea. Pronto dejaría de ser un producto de lujo y se convertiría en un bien de consumo de masas.

Durante las décadas de 1530 y 1540 la producción azucarera se estableció sólidamente en Brasil. En su expedición de 1532, Martim Afonso trajo consigo un perito en la manufactura del azúcar; así como a portugueses, italianos y flamencos con experiencia en la actividad azucarera de la isla de Madeira. Se plantó caña y se construyeron ingenios en todas las capitanías, desde San Vicente hasta Pernambuco. Uno de los objetivos centrales de la creación del gobierno general fue incentivar la producción en la abandonada capitanía de Bahía. Las instrucciones traídas por Tomé de Souza contenían una serie de normas destinadas a estimular la siembra y la molienda de la caña, concediendo —entre otras ventajas— la exención de impuestos por un cierto tiempo. Además de eso, y también por determinación regimental, el gobernador general construyó en Pirajá, cerca de Salvador, un ingenio de propiedad de la corona.

En la capitanía de San Vicente, Martim Afonso fue socio, junto con portugueses y extranjeros, de un ingenio que tal vez haya sido el mayor del sur de la colonia: San Jorge dos Erasmos, nombre derivado del alemán Erasmo Schetz, quien lo compró a los dueños originales. En Río de Janeiro también fue importante la producción de caña, especialmente en la región de Campos, pero hasta el siglo XVIII el principal producto obtenido era la *cachaça* y no el azúcar, y era utilizada sobre todo como moneda de cambio en el comercio de esclavos con Angola.

Los grandes centros azucareros de la colonia fueron Pernambuco y Bahía. Esa localización se explica por factores climáticos, geográficos, políticos y económicos. La región costera de ambas capitanías combinaba buena calidad de suelos y un adecuado régimen de lluvias. Además, estaban ubicadas más cerca de los centros importadores europeos y, a medida que Salvador y Recife se convertían en puertos importantes, contaban con una salida de la producción relativamente fácil.

* * *

La instalación de un ingenio constituía un emprendimiento considerable. Por lo general, abarcaba las plantaciones de caña, el equipamiento para procesarla, las construcciones, los esclavos y otros rubos, como ganado, pastos, carros de transporte, además de la casa grande. La operación de procesamiento de caña hasta llegar al azúcar era compleja. Ya en los primeros tiempos requería cierta capacidad administrativa y el uso de tecnología, perfeccionada a lo largo de los años. Se sucedían varios pasos, que comprendían la extracción del líquido, su purificación y purgación. La caña era molida por un sistema de tambores, impulsados por fuerza hidráulica y por animales. Debido a su mayor tamaño y productividad, los ingenios movidos por agua fueron conocidos como ingenios reales.

En el período colonial no fueron instaladas refinerías en Brasil ni en Portugal. El azúcar de Brasil era conocido como azúcar embarrado, ya que se utilizaba barro en su preparación. Esto no significa que fuese de mala calidad. Del azúcar embarrado se obtenía azúcar blanco —muy apreciado en Europa— y mascabo* de color pardo, considerado por esa época de calidad inferior. De esta manera, la técnica de obtener azúcar blanco empleando barro compensaba, en parte, la falta de refinerías.

---

* El "mascabo" es el producto que se obtiene cuando, luego de cocido el azúcar, se lo pasa directamente a los envases con su melaza. [N. del T.]

La instalación y la actividad de un ingenio eran operaciones costosas que dependían de la obtención de créditos. En el siglo XVI, buena parte de esos créditos provenían de inversores extranjeros —flamencos e italianos— o de la propia metrópoli. Posteriormente, en el siglo XVII, esas fuentes parecen haberse vuelto poco significativas. En Bahía, las dos principales fuentes de crédito llegaron a ser las instituciones religiosas y de beneficencia, en primer lugar, y los comerciantes en segundo lugar. Los comerciantes tenían una relación especial con los señores de ingenio, ya que financiaban las instalaciones, adelantaban recursos para montar el negocio y, debido a la posición que ocupaban, tenían facilidad para la provisión de bienes de consumo importados. Las cuentas entre las dos partes se resolvían luego de la zafra. En muchas ocasiones los comerciantes aceptaban recibir azúcar en pago de las deudas, pero a un precio inferior al de mercado. El tramo final del comercio azucarero se desarrollaba lejos de las manos de los locales e incluso de las de los portugueses. Los grandes centros importadores se ubicaban en Amsterdam, Londres, Hamburgo y Génova. Por mayores que fuesen los esfuerzos de Portugal en su intento de monopolizar el producto más rentable de su colonia americana, aquellos centros tenían un gran poder para fijar los precios.

Fue justamente en el ámbito de la producción azucarera donde se dio con mayor nitidez el paso gradual de la esclavitud indígena a la esclavitud africana. En las décadas de 1550 y 1560 prácticamente no había esclavos africanos en los ingenios del nordeste. La mano de obra estaba constituida por esclavos indios o, en menor escala, por indios provenientes de las aldeas jesuitas, quienes recibían un salario ínfimo. Tomando el ejemplo de un gran ingenio —el de Sergipe do Conde, en Bahía—, cuyos registros sobrevivieron hasta hoy, podemos tener una idea de cómo se dio la transición. En 1574 los africanos representaban apenas el 7% de la fuerza de trabajo esclava; en 1591 eran el 37% y, alrededor de 1638, los africanos y los afrobrasileños constituían la totalidad de la fuerza de trabajo.

Los cautivos realizaban un gran número de tareas, en especial, en los pesados trabajos del campo. Sin embargo, la situación de quien trabajaba en la molienda, en los fogones y en las calderas podía ser peor. Era frecuente que los esclavos perdiesen la mano o un brazo en la molienda. Fogones y calderas producían un calor insoportable y los trabajadores corrían el riesgo de sufrir quemaduras. Muchos cautivos eran entrenados desde muy temprano para ese tipo de trabajo, que también era considerado un castigo para los rebeldes. A pesar de todo —y de forma excepcional—, algunos esclavos conseguían ascender en la jerarquía de funciones, llegando a ser *banqueiros* —un auxiliar del maestro de azúcar— o, incluso, maestros. Éste era un trabajador especializado, responsable por las operaciones finales y, en última instancia, por la calidad del azúcar.

Varios señores de ingenio llegaron a tener poder económico, social y político en la vida de la colonia. Constituían una aristocracia de riqueza y poder, pero no una nobleza hereditaria del tipo de la que existía en Europa. Si bien el rey concedió títulos de nobleza por servicios prestados o mediante pagos, esos títulos no eran hereditarios. Sin embargo, no conviene exagerar la estabilidad social y la riqueza de los señores de ingenio, generalizando para el conjunto de una clase social lo que fue característica de apenas algunas familias. El negocio de la caña tenía riesgos, ya que dependía de la oscilación de los precios, de una buena administración y del control de la masa esclava. Los ingenios tuvieron mayor permanencia que sus señores. Existieron por centenas de años con los mismos nombres, pero cambiaron de manos varias veces.

¿Quiénes eran los señores de ingenio en los primeros tiempos? Algunas familias de origen noble o con altos cargos en la administración portuguesa, inmigrantes con posesiones, comerciantes que se dedicaban al mismo tiempo a la producción. Muy pocos eran hidalgos y no todos eran católicos de larga data. Los cristianos nuevos estuvieron bien representados entre los primeros señores de ingenio bahianos. En el período 1587-1592, de cuarenta y un ingenios, de los cuales se han podido identificar los orígenes de sus propietarios, doce pertenecían a los cristianos nuevos. Con el paso del tiempo y la realización de casamientos entre las mismas familias, los señores de ingenio se convirtieron en una clase homogénea. Sus miembros más prestigiosos trataron entonces de trazarse una genealogía que remontase sus raíces nobles a Portugal.

Entre los dos extremos de señores y esclavos se ubicaban los libertos y los trabajadores blancos que realizaban servicios especializados como artesanos (herreros, carpinteros, cerrajeros, etcétera) y como maestros de azúcar. El grupo más numeroso de hombres libres, cuyas actividades se ligaban al ingenio, era el de los plantadores de caña. Eran productores independientes que no poseían recursos para montar un ingenio propio. Si bien dependían de los señores, algunas veces conseguían tener algún poder de negociación cuando la producción de caña en los ingenios era escasa. En contadas ocasiones hubo mulatos o negros libertos que fuesen plantadores de caña. Una vez admitida esa exclusión parcial, es preciso aclarar que el poder económico del sector variaba mucho: desde los humildes cultivadores de pequeñas extensiones de tierra con dos o tres esclavos, hasta aquellos que poseían veinte o treinta cautivos y eran candidatos a señor de ingenio.

Sin entrar en los pormenores de los vaivenes del negocio azucarero, podemos distinguir algunas fases básicas de su desarrollo en el período colonial demarcadas por las guerras, por las invasiones extranjeras y por la competencia. Entre 1570 y 1620 hubo una coyuntura de expansión debida al crecimiento de la demanda europea y a la casi total falta de competencia. A partir de allí, los negocios se complicaron como consecuencia del comienzo de la Guerra de los Treinta Años en el continente europeo (1618) y, luego, a causa de las invasiones holandesas en el nordeste.

Aunque por lo general las invasiones tuvieron un efecto muy negativo, es necesario establecer algunas distinciones. La ocupación de Salvador (1624-1625) fue desastrosa para la economía azucarera del Recóncavo bahiano,* pero no para Pernambuco. A su vez, mientras Pernambuco sufría las consecuencias de las luchas, debidas a la

---

* Región que circunda Bahía de Todos los Santos, donde se localiza Salvador. [N. del T.]

nueva invasión holandesa entre 1630 y 1637, Bahía se benefició de la escasez del producto en el mercado internacional y del consecuente aumento de precios.

La competencia surgió en la década de 1630. Inglaterra, Francia y Holanda comenzaron la plantación en gran escala en las pequeñas islas de las Antillas, provocando así una serie de efectos negativos en la economía azucarera del nordeste. La formación de precios escapó todavía más de las manos de los comerciantes portugueses y de los productores coloniales de Brasil. La producción antillana, basada también en el trabajo esclavo, generó una elevación del precio de los esclavos e incentivó la competencia de holandeses, ingleses y franceses en el comercio negrero de la costa africana. La economía azucarera de Brasil ya nunca más volvería a los "viejos y buenos tiempos". Sin embargo, la renta de las exportaciones de azúcar siempre ocupó el primer lugar durante el período colonial. Aun en el auge de la exportación de oro, el azúcar continuó siendo el producto más importante, por lo menos dentro del comercio legal. Así, en 1760, del total del valor de las exportaciones, 50% correspondía al azúcar y 46% al oro. Además de ello, a fines del período colonial la producción tuvo un nuevo aliento, y no sólo en el área nordeste. Las medidas tomadas por el marqués de Pombal y una serie de acontecimientos internacionales contribuyeron a favorecer esa expansión. Entre esos acontecimientos debemos destacar la gran rebelión de esclavos ocurrida en Santo Domingo en 1791, que era una colonia francesa en las Antillas. Santo Domingo –gran productor de azúcar y de café–, quedó fuera de la escena internacional durante los diez años que duró la guerra. A comienzos del siglo XIX, los grandes productores de azúcar eran, por orden de importancia, Bahía, Pernambuco y Río de Janeiro. San Pablo comenzaba a surgir, pero todavía como un exportador modesto.

Desde el punto de vista económico y social el nordeste colonial no fue sólo el azúcar, ya que este producto generó una limitada diversificación de actividades. La tendencia a la especialización en el cultivo de caña tuvo como consecuencia una continua escasez de alimentos, incentivando así la producción de géneros alimentarios, especialmente la mandioca. Incluso la cría de ganado estuvo vinculada parcialmente a las necesidades de la economía azucarera.

* * *

Si bien el tabaco estuvo muy lejos de competir con el azúcar, se convirtió en la segunda actividad más importante destinada a la exportación. La gran región productora se localizó en el Recóncavo bahiano. Se producían varios tipos de tabaco, desde los más finos, exportados a Europa, hasta los más vulgares, que sirvieron como moneda de cambio en la costa de África. La viabilidad de la producción en pequeña escala permitió la existencia de un sector de pequeños propietarios, formado por antiguos productores de mandioca o por inmigrantes portugueses con pocos recursos. A lo largo de los años se incrementó la presencia de mulatos en el sector. Una muestra de cuatrocientos cincuenta labradores de tabaco bahianos entre 1684 y 1725 reveló que solamente el 3% eran mulatos, mientras que en un estudio semejante realizado al final del siglo XVIII el porcentaje había subido al 27%.

* * *

La cría de ganado comenzó en los alrededores de los ingenios, pero la tendencia a la ocupación de las tierras más fértiles para el cultivo de caña fue desplazando a los criadores hacia el interior. En 1701 la administración portuguesa prohibió la cría en una franja de tierra que, partiendo de la costa, se extendía por 80 kilómetros hacia el interior. Así, la ganadería fue responsable del avance en el "gran sertón".* Los criadores penetraron en Piauí, Marañón, Paraíba, Río Grande do Norte, Ceará y, desde el área del río San Francisco, llegaron a los ríos Tocantins y Araguaia. Fueron esas regiones, mucho más que el litoral, las que se caracterizaron por los inmensos latifundios, donde el ganado se extendía hasta perderse de vista. A fines del siglo XVII en el sertón bahiano existieron propiedades mayores que Portugal, no siendo extraño que un gran *fazendeiro* llegara a poseer más de 1 millón de hectáreas de tierra.

La unión ibérica y sus repercusiones en Brasil

Hubo un cambio de rumbo de la monarquía portuguesa que tuvo importantes consecuencias en la colonia. En medio de una crisis que dejó vacante el trono de Portugal, la nobleza y la gran burguesía lusitanas proclamaron como rey portugués a Felipe II de España, poniendo fin así a la dinastía de Avis (1580). La presencia de los Borbones de España en el trono de Portugal perduraría hasta 1640. Además de los estrechos lazos establecidos entre la nobleza española y la portuguesa, pesaron mucho en esa resolución intereses vinculados al mundo colonial. Con la unión de las dos coronas, la burguesía mercantil portuguesa esperaba tener un mayor acceso al mercado español en América, intercambiando plata por esclavos y alimentos.

En la práctica, la Unión Ibérica provocó el desconocimiento temporario del meridiano de Tordesillas, permitiendo así la penetración de avanzadas portuguesas en territorios situados en la región amazónica y en áreas que hoy forman parte de Brasil central, en dirección a Goiás y Mato Grosso.

Desde el punto de vista institucional, una de las medidas de mayor importancia del período fue la promulgación de las Ordenanzas Filipinas (1603), legislación que consolidó y amplió las leyes portuguesas. Las Ordenanzas tuvieron una dilatada vigencia en Brasil, al punto de que algunas de sus determinaciones sólo fueron revocadas por la entrada en vigencia del Código Civil (1917).

---

* De manera general, el término sertón hace referencia a las regiones interiores del Brasil alejadas del litoral. En el caso del nordeste, se trata de un vasto altiplano. [N. del T.]

La consecuencia más significativa de la unión de las dos coronas se produjo en el plano de las relaciones internacionales. El conflicto existente entre los Países Bajos y España derivó en la ruptura de relaciones entre aquéllos y Portugal, dando lugar a un período de abierta confrontación. En el ámbito del mundo colonial americano, la lucha se estableció en torno del control del comercio de azúcar y del tráfico de esclavos.

Fue en ese marco que se produjeron las invasiones holandesas a Brasil, que constituyeron el mayor conflicto político militar de la época colonial. Los holandeses comenzaron sus ataques saqueando la costa africana (1595) y la ciudad de Salvador (1604). Pero la Tregua de los Doce Años entre España y los Países Bajos (1609-1621) dejó a Portugal en una situación de relativa calma. El fin de la tregua y la creación de la Compañía Holandesa de las Indias Occidentales señalaron el cambio de situación. Dicha compañía, formada con capitales del Estado y de financistas particulares, tendría como principales blancos la ocupación de las zonas de producción azucarera en la América portuguesa y el control de la provisión de esclavos.

Las invasiones comenzaron con la ocupación de Salvador en 1624. Los holandeses tardaron poco más de veinticuatro horas en dominar la ciudad, pero prácticamente no consiguieron salir de sus límites. Los llamados hombres buenos se refugiaron en las *fazendas* próximas a la capital y organizaron la resistencia, a cargo de Matías de Albuquerque –nuevo gobernador escogido por ellos mismos– y del obispo don Marcos Teixeira. Valiéndose de la táctica de guerrillas y con ayuda de refuerzos llegados de Europa, consiguieron impedir la expansión de los invasores. Poco después, una flota compuesta de cincuenta y dos navíos y más de 12 mil hombres se unió a las tropas combatientes. Los holandeses se rindieron (mayo de 1625) luego de duros combates. Habían permanecido en Bahía por el lapso de un año.

El ataque a Pernambuco comenzó en 1630 con la conquista de Olinda. A partir de ese evento, la guerra puede ser dividida en tres períodos distintos. Entre 1630 y 1637 se llevó a cabo una guerra de resistencia, que finalizó con el establecimiento del poder holandés sobre toda la región comprendida entre Ceará y el río San Francisco. Para la visión lusobrasileña, la figura de Domingos Fernandes Calabar –nacido en Porto Calvo (Alagoas) y gran conocedor del terreno donde se trababan los combates–, se destacó negativamente. En efecto, Calabar se pasó de las fuerzas lusobrasileñas a las filas holandesas, volviéndose un eficaz colaborador de éstas, hasta ser detenido y ejecutado.

El segundo período del conflicto –entre 1637 y 1644–, se caracteriza por una relativa paz, relacionada con el gobierno del príncipe holandés Mauricio de Nassau. Su nombre está ligado a toda una serie de importantes realizaciones e iniciativas políticas. Con la intención de poner fin a la parálisis de la economía y establecer vínculos con la sociedad local, Nassau mandó otorgar créditos a los ingenios abandonados por sus dueños, quienes habían huido a Bahía. Se preocupó también de enfrentar las crisis de abastecimiento, por lo que obligó a los propietarios rurales a plantar el "pan del país" –o sea, la mandioca– en proporción al número de esclavos.

El príncipe –que era calvinista–, fue tolerante con los católicos y parece que también con los israelitas –a pesar de que existen controversias al respecto–. Los llamados criptojudíos, esto es, los cristianos nuevos que practicaban el antiguo culto a escondidas, fueron autorizados a profesarlo abiertamente. En la década de 1640 existieron dos sinagogas en Recife, y muchos judíos llegaron de Holanda. Cuando los holandeses se retiraron de Brasil, una de las cláusulas de la rendición autorizó a emigrar a los judíos que habían estado del lado de los flamencos. Se dirigieron entonces a Surinam, Jamaica y Nueva Amsterdam (Nueva York), o bien regresaron a Holanda.

Nassau favoreció la llegada de artistas, naturalistas y letrados a Pernambuco. Entre los artistas se encontraba Frans Post, pintor de los primeros paisajes y escenas de la vida brasileña. El nombre del príncipe también ha sido relacionado con las mejoras hechas en Recife, a la que los holandeses elevaron a la categoría de capital de la capitanía, en lugar de Olinda. Al lado del viejo Recife mandó construir la Ciudad Mauricia, con trazado geométrico y canales –una tentativa de reproducir tropicalmente la lejana Amsterdam–. Nassau regresó a Europa en 1644, debido a desavenencias con la Compañía de las Indias Occidentales.

El tercer período de la guerra, entre 1645 y 1654, se define por la reconquista. El fin del período de unión de las dos coronas no trajo la paz. El marco de las relaciones entre Portugal y Holanda, anterior al dominio español, se había modificado. Los vínculos pacíficos entre los dos países, previos a 1580, no serían restablecidos automáticamente. Los holandeses ocupaban ahora una parte del territorio de Brasil, del que no pretendían salir.

El principal centro de la revuelta contra la presencia holandesa se ubicó en Pernambuco, en donde se destacaron las figuras de André Vidal de Negreiros y João Fernandes Vieira –este último era uno de los propietarios más ricos de la región. A ellos se unieron el negro Henrique Dias y el indio Felipe Camarão. Después de algunos éxitos iniciales de los lusobrasileños, la guerra entró en un impasse, que se prolongó por varios años. Mientras los revoltosos dominaban el interior, Recife permanecía en manos holandesas. El impasse fue quebrado en las dos batallas de Guararapes, con la victoria de los insurrectos (1648 y 1649). Más allá de esos hechos, toda una serie de circunstancias complicó la situación de los invasores. La Compañía de las Indias Occidentales había entrado en crisis y nadie quería invertir sus recursos en ella. Además, existía en la propia Holanda un grupo favorable a la paz con Portugal, cuyo argumento principal era que el comercio de sal de Setubal resultaba básico para la industria pesquera holandesa y de mayor importancia que los dudosos lucros provenientes de la colonia ultramarina. Por último, el comienzo de la guerra entre Holanda e Inglaterra, en 1652, mermó los recursos para las operaciones militares en Brasil. Al año siguiente una escuadra portuguesa sitió Recife por mar, y se llegó por fin a la capitulación de los holandeses en 1654.

La historia de la ocupación flamenca es un claro ejemplo de las relaciones entre producción colonial y tráfico de esclavos. Luego de haber conseguido estabilizar razonablemente la industria azucarera en el nordeste, los holandeses trataron de garantizar el aprovisionamiento de esclavos controlando sus fuentes en África. En realidad hubo dos frentes de combate interconectados, aunque muy distantes geográficamente. En 1637 fueron ocupados varios puntos de la Costa da Mina. Con la ocupación de Luanda y Benguela (1641), en Angola, Nassau rompió la tregua que se había establecido entre Portugal y Holanda luego de la Restauración. Fueron las tropas lusobrasileñas comandadas por Salvador Correia de Sá las que reconquistaron Angola en 1648. No es casual que hombres como João Fernandes Vieira y André Vidal de Negreiros hayan estado al frente de la administración portuguesa de aquella colonia africana.

Los recursos obtenidos localmente para la guerra en el nordeste representaron dos tercios de los gastos en la fase de resistencia y casi su totalidad en la lucha de reconquista. Del mismo modo, mientras que en la primera fase de la guerra las tropas formadas por portugueses, castellanos y mercenarios napolitanos fueron ampliamente mayoritarias, en la segunda fase la superioridad numérica correspondió a los soldados de la tierra y, más aún, a la gente de Pernambuco. Lo mismo ocurrió con relación al comando militar. Los hombres pertenecientes a ese comando fueron responsables por la táctica de guerra móvil –la "guerra de Brasil", opuesta a la "guerra de Europa"–, de la que resultaron decisivas victorias sobre los holandeses.

Resaltar el papel de las fuerzas locales no significa que ellas conformaran un ejército democrático o un modelo de la "unión de las tres razas". Debido a su destacada posición, Calabar, que era mulato, fue conocido como "el gran traidor" de la primera fase de la guerra. Pero no se trató de un caso único. En realidad, los holandeses contaron siempre con la ayuda de gente de la tierra, sea entre los señores de ingenio y plantadores de caña o bien entre grupos poco o mal integrados al orden colonial portugués, como los cristianos nuevos, negros esclavos, indios tapuias, mestizos pobres y miserables. Si bien es cierto que los indios de Camarão y los negros de Henrique Dias se aliaron a los lusobrasileños, la movilización no alcanzó cifras muy altas. En 1648, por ejemplo, el contingente de Henrique Dias contaba con trescientos soldados, lo que equivalía al 10% del total de los hombres en armas y al 0,75% de la población esclava de la región.

La forma en que se expulsó a los holandeses favoreció el nativismo pernambucano. A lo largo de doscientos años –hasta la Revolución *Praieira* (1848)–, Pernambuco se transformó en un centro de manifestaciones de autonomía, de independencia y de abierta revuelta. Hasta la Independencia, el blanco principal del descontento era la metrópoli portuguesa; después de ella, predominó la afirmación de la autonomía provincial, muchas veces teñida de reivindicaciones sociales. A lo largo de los años el nativismo tuvo diversos contenidos, y varió de acuerdo a las coyunturas históricas y a los grupos sociales implicados. Sin embargo, se mantuvo como una referencia básica del imaginario social pernambucano.

La colonización de la periferia

Alejado del principal centro de vida de la colonia, el norte de Brasil llevó una existencia muy distinta de la del nordeste: la colonización se desarrolló lentamente, la integración económica con el mercado europeo fue precaria hasta fines del siglo XVIII y el trabajo forzoso indígena fue la nota dominante. Para simplificar la exposición nos referimos a la región como si fuese un todo homogéneo; pero no debemos olvidar las profundas diferencias existentes entre Marañón y Amazonia.

Hasta 1612, cuando los franceses se establecieron en Marañón al fundar San Luis, los portugueses no habían mostrado mayor interés en instalarse en la región. El temor a una pérdida territorial llevó a la expulsión de los franceses y, en 1616, a la fundación de Belén. Esta ciudad fue la base de una gradual penetración por el río Amazonas, que fue recorrido hasta el Perú en el viaje de Pedro Teixeira (1637). En 1690, los portugueses instalaron un pequeño puesto de avanzada donde hoy se localiza Manaus, en la boca del río Negro. En el norte del país la corona creó el Estado de Marañón y Gran Pará, estableciendo así una administración y un gobernador que se encontraban separados del Estado de Brasil. El Estado de Marañón tuvo existencia formal e intermitente hasta 1774.

La influencia indígena fue evidente, tanto en términos numéricos como culturales. En pleno siglo XVIII la lengua dominante era la "lengua franca", una variante del tupí. Debido a la escasez de mujeres blancas, y a pesar de los esfuerzos para enviar emigrantes de las Azores hacia San Luis, existió un intenso mestizaje de la población.

Si bien hubo problemas de escasez de moneda en todas las regiones de el Brasil colonial, en el norte ese fenómeno se dio de forma más acentuada. Hasta mediados del siglo XVIII fueron corrientes los trueques de productos o la utilización de paños de algodón o del cacao como moneda. Los intentos de implantar una agricultura exportadora basada en el azúcar y en el algodón no tuvieron éxito hasta las últimas décadas del siglo. Por esa época, Marañón se transformó rápidamente en una importante región productora de algodón, cuyas plantaciones se extendían hasta el nordeste. En conjunto, la producción del norte se basó en productos de la selva, las llamadas *drogas do sertão*, como la vainilla, la zarzaparrilla y especialmente el cacao local, recolectado por indios y mestizos a lo largo de los ríos y traído hasta Belén.

La importante presencia indígena en el norte lo convirtió en uno de los principales lugares de la actividad misionera de las órdenes religiosas, con los jesuitas a la cabeza. Se cree que hacia 1740 vivían en las aldeas jesuitas y franciscanas cerca de 50 mil indios. En ese marco se destacó la acción del padre Antonio Vieira, quien llegó a Brasil en 1653 como provincial de la Orden de los Jesuitas y desarrolló una intensa prédica para limitar los abusos cometidos contra los indios. Pero los conflictos entre representantes de la corona, colonizadores y religiosos fueron una constante de la región. Los jesuitas eran muy observados, ya que tenían un proyecto de aculturación y control de los indígenas distinto al de los colonizadores. Además, poseían extensas *fazendas* de ganado, plantaciones de algodón e ingenios, y participaban activamente del comercio de las drogas del sertón. Luego de enfrentarse a una serie de problemas, fueron expulsados de Marañón en 1684. A pesar de que consiguieron volver dos años después valiéndose del apoyo de la corona, el equilibrio entre misioneros y colonos continuaría siendo precario, y finalizó con la expulsión definitiva de los jesuitas en 1759.

Al escribir la primera *Historia de Brasil*, en 1627, fray Vicente del Salvador se lamentaba del carácter depredador de la colonización y del hecho de que hasta ese momento los portugueses se habían mostrado incapaces de poblar el interior de la nueva tierra, "arañando las costas como cangrejos". En gran medida esta última afirmación era verdadera, pero en algunas regiones comenzaba a ser cuestionada por los hechos, especialmente en el centro-sur del país.

La colonización de la capitanía de San Vicente comenzó por el litoral, con la siembra de caña y la construcción de ingenios. Pero esta actividad no fue muy lejos. Sea por la calidad del suelo o bien por la mayor distancia a los puertos europeos, lo cierto es que la producción de azúcar competía desventajosamente con la del nordeste.

El gran número de indios que habitaban el lugar atrajo a los primeros jesuitas a la región. A pesar de tener objetivos diferentes, sacerdotes y colonizadores se zambulleron en la gran aventura del interior: la subida de la Sierra del Mar, abriéndose camino a través de senderos indígenas hasta llegar a la meseta de Piratininga, a una altura de ochocientos metros. En 1554 los padres Nóbrega y Anchieta fundaron en la meseta el poblado de San Pablo —convertido en villa en 1561— e instalaron allí el colegio de los jesuitas. Al estar separados de la costa por una barrera natural, los primeros colonizadores y misioneros se volcaron cada vez más hacia el sertón, recorriendo caminos con ayuda de los indios y utilizando la red fluvial formada por el Tieté, el Paranaíba y otros ríos.

En los primeros tiempos existieron algunas semejanzas entre la región paulista y la periferia del norte: debilidad de la agricultura exportadora, fuerte presencia indígena, disputa entre colonizadores y misioneros por el control de los indios, escasez de moneda y utilización frecuente del trueque. Pero lo que se destacó significativamente fue la influencia indígena. El reducido número de mujeres blancas incentivó un extenso cruzamiento que dio origen al mestizo de blanco con indio, el mameluco. Hasta el siglo XVIII la lengua dominante era el tupí. Los portugueses de San Pablo adoptaron muchos de los hábitos y habilidades indígenas, y llegaron a usar tanto el arco y la flecha como las armas de fuego.

Debido a la diferencia de métodos y objetivos con respecto a la subordinación de los indios, resurgió el enfrentamiento entre misioneros y colonizadores. Así, por ejemplo, las decisiones del Papa y de la corona (1639-1640) que reiteraban los límites impuestos a la esclavización indígena, provocaron violentas reacciones en Río de Janeiro, Santos y San Pablo. Los jesuitas fueron expulsados de la región, y volvieron a San Pablo recién en 1653.

A pesar de las tempranas semejanzas con el norte, la región de San Pablo comenzaría a definir los rasgos particulares de su historia a partir de fines del siglo XVI. Al combinar las plantaciones de vid, de algodón y, sobre todo, de trigo con otras actividades, los pobladores se fueron internando profundamente en áreas desconocidas o poco exploradas de Brasil. Los criadores de ganado paulistas se dispersaron por el nordeste, y penetraron en el valle del río San Francisco hasta llegar a Piauí. En el sur, el actual Paraná –donde hubo ensayos de actividad minera– se convirtió en una extensión de San Pablo. El ganado se esparció por Santa Catarina, Río Grande do Sul y la Banda Oriental (Uruguay).

Las iniciativas individuales se combinaron con la acción de la corona, que estaba interesada en asegurar la ocupación del área y en extender cuanto fuera posible la frontera con la América española. Fueron inmigrantes traídos del archipiélago de las Azores y paulistas quienes fundaron Laguna, en Santa Catarina (1684). Algunos años antes (1680), los portugueses habían establecido la colonia del Sacramento en las márgenes del Río de la Plata, frente a Buenos Aires, pretendiendo con ello interferir en el comercio del Alto Perú –especialmente de la plata–, que transitaba por el río rumbo al exterior.

Las bandeiras y la sociedad paulista

El sello distintivo dejado por los paulistas en la vida colonial del siglo XVII fueron las *bandeiras*. Expediciones que en ocasiones llegaban a reunir miles de indios se lanzaron por el sertón, pasando allí meses o años, en búsqueda de metales preciosos e indígenas para esclavizar. No resulta difícil entender el motivo por el cual los indios cautivos participaban de esas expediciones, ya que la guerra –al contrario de la agricultura– era una actividad propia del hombre en las sociedades indígenas. El número de mamelucos y de indios siempre superó al de blancos. La gran *bandeira* de Manuel Preto y Raposo Tavares, por ejemplo, que atacó la región de Guaíra en 1629, estaba compuesta por sesenta y nueve blancos, novecientos mamelucos y dos mil indígenas.

Las *bandeiras* tomaron diversas direcciones: Minas Gerais, Goiás, Mato Grosso y las regiones donde se localizaban las aldeas de indios guaraníes organizadas por los jesuitas españoles. Entre ellas se destacaba el Guaíra, situado al oeste de Paraná, entre los ríos Paranapanema e Iguazú, región donde los bandeirantes emprendieron continuas campañas de saqueo, destrucción y captura de indios. Algunas *bandeiras* realizaban extensos viajes, en los cuales la atracción por una gran aventura se confundía con objetivos de tipo económico. Siendo ya un veterano, Raposo Tavares recorrió un itinerario de 12 mil kilómetros, entre 1648 y 1652: caminó en dirección al Paraguay hasta los contrafuertes de los Andes, siguió luego rumbo al nordeste, atravesando el actual Estado de Rondonia, para descender de inmediato por los ríos Madeira y Mamoré y, siguiendo el Amazonas, llegar finalmente a Belén.

Las relaciones entre los intereses de la corona y el bandeirismo fueron complejas. Hubo *bandeiras* que contaron con el estímulo de la administración portuguesa, y otras que no. De manera general, la búsqueda de metales preciosos, la captura de indios en determinados períodos y la expansión territorial eran compatibles con los objetivos de la metrópoli. Los bandeirantes también sirvieron a los propósitos represivos sobre las poblaciones sometidas en el norte y en el nordeste del país. En Río Grande do Norte, Domingos Jorge Velho y otro paulista, Matías Cardoso de Almeida, participaron del combate a la larga rebelión indígena conocida como Guerra de los Bárbaros (1683-1713). El mismo Domingo Jorge Velho condujo la campaña final de destrucción del *quilombo* de Palmares, en Alagoas (1690-1695).

Observadores jesuitas estimaron que sólo en las misiones de Paraguay se capturaron 300 mil indios. Esos números pueden ser exagerados, pero otras estimaciones también resultan elevadas. ¿Qué se hizo de esos indios? Los indicios más fuertes apuntan a que muchos fueron vendidos como esclavos en San Vicente y principalmente en Río de Janeiro, donde la producción de azúcar se desarrolló a lo largo del siglo XVII. Según datos de la Congregación de San Bento, de un tercio a un cuarto de la fuerza de trabajo de los ingenios benedictinos de Río de Janeiro estaba constituida por indios. También debemos tomar en cuenta la coyuntura de escasez de provisión de esclavos africanos entre 1625 y 1650, consecuencia de la intervención holandesa. No es una simple casualidad que esos años coincidieran con una activa acción de las *bandeiras*.

En años recientes se demostró que una parte considerable de los indios capturados fue utilizada en la propia economía paulista, especialmente en el cultivo de trigo. La práctica se concentró en el siglo XVII, ligándose también a las invasiones holandesas. Con la destrucción de la flota portuguesa, la importación de trigo se volvió precaria. Al mismo tiempo, la presencia de numerosas tropas extranjeras en el nordeste amplió las posibilidades de consumo. Frente a la caída de las reservas de indios y a la competencia del producto importado, el cultivo de trigo decayó y terminó por extinguirse con el fin de la guerra.

* * *

En sus andanzas por los sertones, los paulistas finalmente llegarían a realizar un viejo sueño de los colonizadores portugueses. En 1695, a orillas del río das Velhas, próximo a las actuales Sabará y Caeté, en el Estado de Minas Gerais, se produjeron los primeros descubrimientos importantes de oro. La tradición asocia esos primeros hallazgos al nombre de Borba Gato, yerno de Fernão Dias, conocido como "el cazador de esmeraldas". Durante los siguientes cuarenta años se encontró oro en Minas Gerais, Bahía, Goiás y Mato Grosso. Aunque de menor importancia económica, junto al oro surgieron los diamantes, descubiertos en Serro Frío, al norte de Minas, hacia 1730.

La explotación de metales preciosos tuvo efectos importantes en la metrópoli y en la colonia. La fiebre del oro provocó la primera gran corriente inmigratoria de Portugal a Brasil. Durante los primeros sesenta años del siglo XVIII llegaron de Portugal y de las islas del Atlántico cerca de 600 mil personas de la más diversa condición, en un promedio medio anual de 8 a 10 mil: pequeños propietarios, sacerdotes, comerciantes, prostitutas y aventureros de todo tipo.

Los metales preciosos aliviaron momentáneamente los problemas financieros de Portugal. A lo largo de varios años, el oro llegado de Brasil contribuyó a paliar el desequilibrio de la balanza comercial entre Portugal e Inglaterra, que se había vuelto un dato estructural a partir de comienzos del siglo XVIII. Los metales preciosos siguieron un circuito triangular: una parte quedó en Brasil, y dio origen a la riqueza relativa de la región de las minas; otra siguió hacia Portugal, donde fue consumida durante el largo reinado de don João V (1706-1750), especialmente en gastos de la corte y en obras, como el gigantesco palacio y convento de Mafra; finalmente, por vía directa –contrabando– o indirecta, otra parte fue a parar a manos británicas, y aceleró la acumulación de capitales en Inglaterra.

El auge de los metales preciosos afectó la economía azucarera del nordeste, que se encontraba en dificultades desde veinte años antes del descubrimiento de oro. Aunque no llegó a extinguirse, no hay duda de que fue afectada por los desplazamientos de población y, sobre todo, por el aumento del precio de la mano de obra esclava, condicionada a su vez por la ampliación de la demanda. En términos administrativos, el eje de la vida de la colonia se desplazó al centro-sur, especialmente a Río de Janeiro, por donde entraban esclavos y provisiones y salía el oro. En 1763 la capital del virreinato fue transferida de Salvador a Río. Ambas ciudades tenían aproximadamente la misma población (cerca de 40 mil habitantes), pero una cosa era ser la capital y otra distinta era ser apenas la principal ciudad del nordeste.

La economía minera generó cierta articulación entre áreas distantes de la colonia. Ganado y alimentos eran transportados de Bahía hacia Minas, estableciéndose un comercio en sentido inverso. Del sur no sólo llegó ganado sino también llegaron mulas, muy necesarias para la carga de mercancías. La famosa feria de Sorocaba, en el interior de San Pablo, se transformó en el paso obligatorio de los convoyes animales, que luego eran distribuidos principalmente en Minas.

* * *

La extracción de oro y diamantes en Brasil dio origen a una más amplia intervención reglamentaria de parte de la corona. El gobierno portugués realizó un gran esfuerzo por recaudar tributos. También tomó diversas medidas para organizar la vida en las minas y en otras partes de la colonia, sea en provecho propio, o bien para evitar que la fiebre del oro terminase en un caos. Con el objeto de reducir el contrabando y aumentar sus presupuestos, la corona estableció formas de recaudación de impuestos que variaron a lo largo de los años.

De manera general, existieron dos sistemas básicos: el del quinto y el de la capitación. El primero consistía en la determinación de que la quinta parte de todos los metales extraídos debía pertenecer al rey. El quinto de oro era deducido del oro en polvo o llevado a las casas de fundición en pepitas. La capitación –lanzada por la corona para obtener mayores rentas y sustituir al quinto– era mucho más amplia. En lo que respecta a los mineros, la capitación consistía en un impuesto cobrado por cada cabeza de esclavo de sexo masculino o femenino mayor de doce años, fuera productivo o no. Los buscadores de pepitas, o sea, los mineros sin esclavos, también pagaban el impuesto por cabeza, pero en este caso sobre sí mismos. Además, el tributo se cobraba sobre establecimientos como talleres, tiendas, alojamientos, mataderos, etcétera.

Otra preocupación de la corona fue la de establecer límites al ingreso de personas en la región de las minas. En los primeros tiempos de la actividad minera, la cámara de San Pablo requirió al rey de Portugal que las concesiones para explotación fueran adjudicadas solamente a los vecinos de la villa de San Pablo, a quienes se debía el descubrimiento del oro. Los hechos se encargaron de demostrar la inviabilidad de tal pretensión, dado el verdadero aluvión no sólo de portugueses sino de brasileños –sobre todo bahianos– que llegaban a la región de las minas. De allí resultó una guerra civil conocida como guerra *dos Emboabas* (1708-1709), que enfrentaba a los paulistas, de un lado, y a los extranjeros y bahianos del otro. Los paulistas no tuvieron éxito en su pretensión; pero consiguieron que se cree la Capitanía de San Pablo e Minas do Ouro (1709), separada de Río de Janeiro, y también la elevación de la villa de San Pablo a la categoría de ciudad (1711). En 1720, Minas Gerais se volvería una capitanía separada.

Si bien los paulistas no consiguieron obtener el monopolio de las minas, la corona tampoco permitió que éstas se transformasen en un territorio libre. No sólo intentó impedir el despoblamiento de Portugal, al establecer normas para la emigración, sino que también prohibió la entrada de frailes a las minas, enviando una orden real al gobernador de la capitanía en la cual se determinaba la prisión de todos los religiosos que estuviesen en ella "sin empleo o licencia" (1738). Los frailes eran sospechosos de contrabando desde las primeras explotaciones. Debido a la naturaleza de su profesión, también los orfebres eran muy vigilados y eran obligados a renunciar a ella bajo pena de ser expulsados de las áreas mineras.

Otros esfuerzos de la corona se orientaron en el sentido de impedir que hubiera un gran desequilibrio entre el área de las minas y de las diversas regiones del país. En este sentido, se prohibió la exportación interna de mercancías importadas de Portugal y se tomaron medidas para asegurarle al nordeste su provisión de esclavos, estableciéndose cuotas de entrada de cautivos en la región minera.

Para asegurar "la ley y el orden" la corona creó juntas de juicio y nombró oidores. Muchas veces, ellos fueron encargados no sólo de juzgar cuestiones sino también de supervisar la recaudación del quinto de oro, tarea que en principio debería corresponder al proveedor mayor. En 1719 llegaron a Minas Gerais, provenientes de Portugal, fuerzas militares profesionales: dos compañías de dragones que debían controlar a los esclavos, escoltar el transporte de oro y reprimir disturbios. Para enfrentar situaciones de emergencia también se crearon milicias, que eran lideradas por blancos y estaban integradas no sólo por blancos sino también por negros y mulatos libres.

La administración portuguesa no consiguió alcanzar plenamente sus objetivos básicos en la región minera. Las grandes distancias, la corrupción de las autoridades locales, la ubicación de esas mismas autoridades entre la corona y el mundo de la colonia, los conflictos sobre las atribuciones de los funcionarios fueron algunos de los factores que dificultaron la acción del gobierno portugués. Además, las directivas provenientes de Lisboa no formaban un todo coherente. Dudas, demoras y cambios de rumbo contribuían a distanciar las intenciones de la realidad.

* * *

La afluencia de personas de distinta condición hacia Minas Gerais no tenía origen sólo en Portugal. A partir de la llegada de los paulistas, acompañados de sus esclavos indígenas, se produjo una migración desde distintas partes de Brasil. Nació así una sociedad heterogénea, formada no sólo por mineros sino también por negociantes, abogados, sacerdotes, *fazendeiros*, artesanos, burócratas y militares. Muchas de esas figuras tenían sus intereses estrechamente vinculados a los de la colonia, y no es casual que fuera en Minas donde tuvieron lugar toda una serie de revueltas y conspiraciones contra las autoridades coloniales. Aunque los sectores más ricos de la población fuesen, en ocasiones, dueños de *fazendas* y de minas en lugares distantes, la vida social se concentró en las ciudades, que eran centros de residencia, de negocios y de las fiestas conmemorativas. Era en las ciudades donde surgían notables manifestaciones culturales en el campo de las artes, las letras y la música. La prohibición del ingreso de las órdenes religiosas en Minas incentivó el surgimiento de asociaciones religiosas legas: las Hermandades y las Órdenes Terceras. Fueron éstas las que patrocinaron la construcción de las iglesias barrocas mineras, donde se destacó la figura del mulato Antonio Francisco Lisboa, el *Aleijadinho*, hijo ilegítimo de un constructor portugués y de una esclava.

En la base de la sociedad estaban los esclavos. Realizaban el trabajo más duro, que era el de las minas, en especial cuando el oro del lecho de los ríos comenzó a escasear y tuvo que buscarse en galerías subterráneas. Entre los esclavos fueron frecuentes enfermedades como la disentería, la malaria, las infecciones pulmonares y las muertes por accidente. Existen estimaciones de que la vida útil de un esclavo minero no pasaba de siete a doce años. Las continuas importaciones de esclavos atendieron a las necesidades de la economía minera, incluso para sustituir a la mano de obra inutilizada. A pesar de la crisis del azúcar, entre 1720 y 1750 creció el número de cautivos exportados a Brasil. Los datos de población de la capitanía de Minas, recogidos en 1776, muestran la abrumadora presencia de negros y mulatos. De cerca de 320 mil habitantes, los negros representaban alrededor del 52%; los mulatos, el 26% y los blancos, el 22%.

A lo largo de los años se produjo un intenso mestizaje de razas, creció la población de mujeres —que en 1776 era cerca del 38% del total— y surgió un fenómeno cuya interpretación genera controversias: el gran número de manumisiones; o sea, de liberación de esclavos. Para que se tenga una idea de su importancia conviene señalar que, mientras que en los años 1735-1749 los libertos representaban menos del 1,4% de la población de descendencia africana, alrededor del año 1786 pasaron a constituir cerca del 41% de esa población y el 34% del total de habitantes de la capitanía. La hipótesis más probable para explicar la magnitud de esas proporciones —que superan, por ejemplo, a las de Bahía— es que para muchos propietarios la progresiva decadencia de las actividades mineras volvió secundaria o económicamente inviable la posesión de esclavos.

A causa del oro, la sociedad minera está asociada a la idea de riqueza. Contemplada de cerca, la riqueza evidencia muchas limitaciones. Para comenzar, debemos distinguir entre el período inicial de la corrida del oro y la fase que le siguió. En el período inicial, esto es, en la última década del siglo XVII y a comienzos del siglo XVIII, la búsqueda de metales preciosos —sin el apoyo de otras actividades— generó falta de alimentos y una inflación que alcanzó a toda la colonia. El hambre llegó a límites extremos y fueron abandonados muchos campamentos. Con el correr del tiempo, el cultivo de plantaciones y la diversificación de las actividades económicas transformaron este cuadro de privaciones. La sociedad minera pudo acumular riquezas, cuyos restos se encuentran en las construcciones y en las obras de arte de las actuales ciudades históricas.

Sin embargo, esas riquezas quedaron en manos de unos pocos: las de un grupo dedicado no sólo a la incierta extracción de oro sino también a los diversos negocios y oportunidades que se formaron en torno de ella, incluso el de la contratación de servicios con la administración pública. Bajo ese grupo, la amplia capa de la población libre estaba constituida por gente pobre o pequeños funcionarios, empresarios o comerciantes, con limitadas posibilidades económicas. Si bien es cierto que la sociedad minera fue más abierta y compleja que la del azúcar, no por eso dejó de ser —en su conjunto— una sociedad pobre. El período de apogeo del oro se ubicó entre 1733 y 1748, comenzando a partir de ese momento la decadencia. A comienzos del siglo XIX la producción aurífera ya no tenía el menor peso en el conjunto de la economía brasileña. El retroceso de la región de las minas fue muy nítido; para comprobarlo basta recordar que aquellas ciudades de vida intensa se transformaron en ciudades históricas, con todo su sentido de estancamiento. Ouro Preto, por ejemplo, tenía 20 mil habitantes en 1740 y apenas 7 mil en 1804.

Pero el retroceso no alcanzó a toda la capitanía de Minas Gerais. En ésta no todo era actividad minera. Aun en los tiempos de gloria del oro, la *fazenda* minera podía llegar a combinar el laboreo aurífero con la ganadería, el ingenio de azúcar y la producción de harina. Gracias a la ganadería, a los cereales y más tarde a la manufactura, Minas no retrocedió totalmente. Por el contrario, a lo largo del siglo XIX conseguiría expandir esas actividades y mantener un constante flujo de importación de esclavos. La provincia minera representaba una curiosa combinación de régimen esclavista con una economía que no era de *plantation* y que tampoco estaba orientada principalmente al mercado externo.

Un balance de la economía colonial. El mercado interno

A partir de la obra de Caio Prado Júnior, la mayoría de los historiadores consideró que el sentido más profundo de la colonización quedaba expresado en los objetivos de la metrópoli portuguesa de convertir a Brasil en una colonia de explotación. El objetivo principal consistiría en organizar la economía colonial de tal forma que la producción en gran escala para la exportación generara ganancias y acumulación de capitales en la metrópoli.

Nadie duda de que la intención de la corona portuguesa haya sido ésa; pero trabajos recientes comenzaron a poner en duda el hecho de que tal intención se haya alcanzado. Por lo menos uno de los sectores vitales de la colonia no se adecuó a ese marco: el de los grandes traficantes de esclavos. Estudios como los de Manoel Florentino y João Luis Fragoso demostraron que, a partir del siglo XVIII, los traficantes de Río de Janeiro constituyeron un grupo muy poderoso, compuesto mayoritariamente por brasileños o portugueses radicados en la colonia. Basándose fundamentalmente en las ganancias obtenidas en el sector inmobiliario, estas personas formaron una extensa red de negocios que incluía la provisión de esclavos y diversas actividades relacionadas al tráfico, como la compra de mercaderías en puertos de Asia, que luego eran intercambiadas por esclavos en la costa de África. Los trabajos de la historiadora Kátia Mattoso señalan la existencia de un cuadro semejante en Salvador.

En forma paralela a la tendencia que demuestra la posición dominante que fueron adquiriendo los habitantes de la colonia en el llamado comercio de las almas, se retomó también una línea de interpretación histórica —cuyo mayor representante en el pasado fue Capistrano de Abreu— que centra su atención en las actividades económicas relacionadas al mercado interno. En esta línea, los trabajos de Jorge Caldeira fueron los que llevaron más lejos la tesis del significado relevante del mercado interno y, en consecuencia, la de la separación cada vez mayor de la colonia con respecto a la metrópoli.

El autor recuerda la importancia de la producción *gaúcha* (ganado, carne seca, trigo, mulares enviados a la feria de Sorocaba, en el interior de San Pablo), el caso —ya señalado— de Minas Gerais en el período de decadencia de la explotación minera, el abastecimiento interno de esclavos provenientes de los puertos, etcétera, y concluye que Brasil ya caminaba por su propia cuenta mucho antes de lo imaginado.

Las investigaciones recientes tuvieron el gran mérito de demostrar que la economía de el Brasil colonial no puede ser entendida como una sucesión de ciclos —ciclo del azúcar, del oro, etcétera—, sino que tenía características mucho más complejas. Es importante insistir también en el significado del comercio de esclavos, que dio origen a un sector social que llegó a ser más relevante que el de los grandes propietarios rurales.

Sin embargo, es conveniente tener cuidado y no ir demasiado lejos. La economía de exportación, que muchas veces impulsó actividades ligadas al mercado interno, fue un eje vital de la colonia. Y no sólo de ella, sobre todo cuando se recuerda el papel central que desempeñó la economía del café desde mediados del siglo XIX hasta alrededor de 1930.

La crisis del sistema colonial

Las últimas décadas del siglo XVIII se caracterizan por una serie de transformaciones del mundo occidental, tanto en el plano de las ideas como en el plano de los hechos. El Antiguo Régimen –o sea, el conjunto de monarquías absolutas imperantes en Europa desde comienzos del siglo XVI, a las que estaban ligadas determinadas concepciones y prácticas– entró en crisis. El pensamiento ilustrado y el liberalismo comenzaron a implantarse y a ganar terreno a partir de los filósofos franceses y de los economistas ingleses.

Las transformaciones del mundo occidental estuvieron marcadas por algunos hechos significativos. En 1776, las colonias inglesas de América del Norte proclamaron su independencia. A partir de 1789, la Revolución Francesa puso fin al Antiguo Régimen en Francia y sus repercusiones alcanzaron a toda Europa, incluso por la fuerza de las armas. Al mismo tiempo, se producía en Inglaterra una revolución silenciosa que, si bien no tenía una fecha precisa, era tanto o más importante que las mencionadas: la Revolución Industrial. La utilización de nuevas fuentes de energía, la invención de máquinas utilizadas principalmente en la industria textil, el desarrollo agrícola y el control del comercio internacional fueron factores que transformarían a Inglaterra en la mayor potencia mundial de la época.

En su búsqueda de ampliación de los mercados, los ingleses fueron imponiendo al mundo el libre comercio y el abandono de los principios mercantilistas, al mismo tiempo que protegían su propio mercado y el de sus colonias con tarifas proteccionistas. En sus relaciones con la América española y portuguesa, contribuyeron a un resquebrajamiento cada vez mayor del sistema colonial por medio de acuerdos comerciales, del contrabando y de la alianza con los comerciantes locales.

El mundo colonial también se vio afectado por otro factor importante: la tendencia a limitar o acabar con la esclavitud, puesta en evidencia por las mayores potencias de la época: Inglaterra y Francia. En febrero de 1794, la Francia revolucionaria decretó el fin de la esclavitud en sus colonias; Inglaterra haría lo mismo en 1807. Sin embargo, en el caso de Francia, Napoleón revocó la medida en 1802.

* * *

El marco internacional no dejó de afectar las relaciones entre la corona portuguesa y su mayor colonia. A mediados del siglo XVIII Portugal se había convertido en un país atrasado en relación con las grandes potencias europeas. Dependía de Inglaterra, de la que, a cambio, recibía protección frente a Francia y a España. Aun así, la monarquía lusitana intentaba mantener el sistema colonial y, al mismo tiempo, limitar la creciente presencia inglesa en Brasil.

Un hecho importante de ese período lo constituye el ascenso al trono de don José I, en 1750. No precisamente por el rey, sino por su ministro Sebastião José de Carvalho e Melo, futuro marqués de Pombal. Hasta su designación en el ministerio, con más de cincuenta años de edad, Pombal había tenido una carrera relativamente oscura como representante de Portugal en Inglaterra y diplomático en la corte austríaca. Su obra —realizada a lo largo de varios años (1750-1777)— representó un gran esfuerzo para tornar más eficaz la administración portuguesa e introducir modificaciones en la relación metrópoli-colonia. La reforma consistía en una peculiar mezcla de lo viejo y lo nuevo, explicable por las características de Portugal. Combinaba el absolutismo ilustrado con un intento de aplicación consecuente de las doctrinas mercantilistas. Esa fórmula general se concretó en toda una serie de medidas. Aquí vamos a resaltar aquellas que afectaron más de cerca a Brasil.

En sintonía con las concepciones mercantilistas, Pombal creó dos compañías centrales de comercio: la Compañía General de Comercio del Gran Pará y Marañón (1755) y la Compañía General de Pernambuco y Paraíba (1759). La primera de ellas tenía por objeto desarrollar la región norte, ofreciendo precios atractivos para las mercaderías producidas allí que luego eran consumidas en Europa, como el cacao, el clavo, la canela y ahora también el algodón y el arroz, transportadas en forma exclusiva por naves de la propia compañía. También introdujo esclavos negros que, dada la pobreza regional, en su gran mayoría fueron reexportados a las minas de Mato Grosso. La segunda compañía intentó reactivar el nordeste, dentro de la misma línea de acción.

Si bien la política de Pombal perjudicó a aquellos sectores comerciales de Brasil que fueron marginados por las compañías centrales de comercio, no tuvo por objeto perseguir a la elite colonial. Por el contrario, ubicó a los miembros de esa elite en los órganos administrativos y fiscales del gobierno, en las magistraturas y en las instituciones militares.

En gran medida, el programa económico de Pombal se vio frustrado debido a que la colonia entró en un prolongado período de depresión económica que se extendió desde mediados del siglo XVIII hasta fines de la década de 1770. Las principales causas de la depresión fueron la crisis del azúcar y, a partir de 1760, la caída en la producción de oro. Al mismo tiempo que caían las rentas de la metrópoli, crecían los gastos extraordinarios, destinados a reconstruir Lisboa —destruida por un terremoto en 1755—

y a sostener las guerras contra España por el control de la extensa región que iba del sur de San Pablo al Río de la Plata.

Pombal intentó restringir el contrabando de oro y de diamantes e incluso trató de mejorar la recaudación de tributos. En Minas Gerais el impuesto de capitación fue sustituido por el antiguo quinto de oro, con la exigencia de que debía rendir por lo menos cien arrobas del metal al año. Luego de una serie de quiebras, la corona se encargó de explotar directamente las minas de diamantes (1771). Al mismo tiempo intentó volver a la metrópoli menos dependiente de las importaciones de productos industrializados, incentivando la instalación de manufacturas en Portugal y en el mismo Brasil.

Una de las medidas más controvertidas de la administración de Pombal fue la expulsión de los jesuitas de Portugal y sus dominios, junto con la confiscación de sus bienes (1759). Esta medida puede ser comprendida en el marco de los objetivos centralizadores de la administración portuguesa y en su interés por impedir el establecimiento de áreas de actuación autónomas de parte de las órdenes religiosas, cuyos fines eran distintos de los de la corona. Además de los jesuitas, en 1760 fueron expulsados de la región los mercedarios –segunda orden en importancia en la Amazonia–, a los que también se les confiscaron sus propiedades. Pero sin duda el blanco principal fue la Compañía de Jesús, acusada de formar "un Estado dentro del Estado".

Según Pombal, la consolidación del dominio portugués en las fronteras norte y sur de Brasil pasaba por la integración de los indios a la civilización portuguesa. Desde su perspectiva, si no se contaba con una población nacida en Brasil e identificada con los objetivos lusitanos, no sería posible asegurar el control de las vastas regiones semidespobladas. De allí la adopción de una serie de medidas en relación con los indígenas. La esclavitud de los indios fue suprimida en 1757, muchas aldeas de la Amazonia fueron transformadas en villas bajo administración civil y la legislación incentivó los casamientos mixtos entre blancos e indios. Esa política de asimilación chocaba con el paternalismo jesuita y fue uno de los puntos centrales del conflicto.

Al mismo tiempo, los jesuitas españoles eran acusados de fomentar una rebelión indígena para oponerse a la entrega a los portugueses del territorio situado en la región de los Siete Pueblos de las Misiones de Uruguay: la llamada Guerra de los Guaraníes, que duró desde 1754 hasta 1756. Pero tampoco podemos olvidar que las extensas propiedades de la Compañía de Jesús se habían vuelto un objeto codiciado por algunos miembros de la elite colonial y aun por la propia corona.

La mayoría de las propiedades urbanas y rurales confiscadas a los jesuitas fueron rematadas en subastas públicas por grandes *fazendeiros* y comerciantes. Sus iglesias más grandes pasaron a manos de aquellos obispos que no pertenecían a las órdenes religiosas. Muchos de los colegios de la Compañía se transformaron en palacios de gobernadores o en hospitales militares. En conjunto, hubo un gran despilfarro, especialmente de bienes culturales, como las bibliotecas, que eran consideradas cosas de poco valor.

La expulsión de la orden dejó un hueco en la ya de por sí modesta educación de la colonia. La corona portuguesa, al contrario de la española, siempre temió la formación de una elite letrada en sus dominios coloniales. Ya en el siglo XVI, España creó varias universidades en América: la de Santo Domingo en 1538; la de San Marcos, en Lima y la de la Ciudad de México, en 1551. Nada de eso ocurrió en la América lusitana durante el período colonial. Lo mismo sucedió con la imprenta, que también surgió en las mayores ciudades de la América española durante el siglo XVI. Exceptuando un taller gráfico abierto en 1747 en Río de Janeiro –y cerrado rápidamente por una orden real–, la imprenta sólo aparecería en Brasil durante el siglo XIX, con la llegada de don João VI.

La corona tomó algunas medidas para intentar remediar los problemas surgidos en el área educativa con la expulsión de los jesuitas. Con el fin de sostener la enseñanza promovida por el Estado se estableció un impuesto especial: el subsidio literario. El obispo de Pernambuco creó el seminario de Olinda, que se volcó parcialmente a las ciencias naturales y la matemática. Y también surgieron pequeños clubes de intelectuales en Río de Janeiro y en Bahía.

Las medidas de Pombal contra las órdenes religiosas formaban parte de una política de subordinación de la Iglesia al Estado portugués. Sin embargo, este último trató de evitar los conflictos directos con el Papa. A su vez, la Iglesia aceptó la expulsión de los jesuitas. Incluso más: en 1773 el papa Clemente XIV disolvió la Compañía de Jesús, convencido de que traía más problemas que ventajas. La orden de los jesuitas sólo volvería a existir en 1814.

* * *

La gran controversia entre los historiadores portugueses, a favor o en contra de Pombal, llevó a la percepción de un corte profundo entre esta época y la que le siguió: el reinado de doña María I. Un indicio de esa visión lo constituye la propia expresión *viradeira*,* que es empleada para definir el período posterior a la muerte de don José –en 1797– y a la caída de Pombal. Muchas cosas cambiaron: las compañías de comercio fueron liquidadas y a la colonia se le prohibió mantener fábricas o manufacturas de tejidos, excepto las de paño rústico de algodón para el uso de los esclavos. Ese hecho y la represión de los integrantes de la Inconfidencia Minera dejaron una imagen muy negativa de la época que siguió a la caída de Pombal en la historiografía brasileña.

No obstante, es cierto que entre los años 1777 y 1808 la corona continuó intentando realizar reformas para adaptarse a los nuevos tiempos y salvar el colonialismo mercantilista. Al contrario de su predecesor, el reinado de doña María I y del príncipe regente don João se benefició de una coyuntura favorable a la reactivación de las actividades agrícolas de la colonia: la valorización y la expansión de la producción de azúcar fueron favorecidas por la insurrección de esclavos en Santo Domingo, como

---

* Expresión que indica un viraje o cambio radical. [N. del T.]

hemos visto anteriormente. Además, ganó fuerza un nuevo cultivo: el algodón, desarrollado por la compañía de comercio de Pombal e incentivado por la guerra de independencia de los Estados Unidos, transformó Marañón en la zona más próspera de la América portuguesa durante algún tiempo.

Movimientos de rebeldía y conciencia nacional

Al mismo tiempo que la corona lusitana mantenía una política de reforma del absolutismo, en la colonia surgían varios intentos de independencia y conspiraciones contra Portugal. Si bien todos estaban relacionados con las nuevas ideas y los hechos que se daban en la esfera internacional, también reflejaban la realidad local. Incluso podemos afirmar que se trató de movimientos de revuelta regional y no de revoluciones nacionales. Ése fue el trazo común de diversos episodios como la Inconfidencia Minera (1789), la Conjuración de los Sastres (1798) y la Revolución de 1817 en Pernambuco.

¿En qué momento los miembros de la sociedad colonial nacidos en la colonia –junto con algunos portugueses residentes en ella– comenzaron a pensar a Brasil como una unidad distinta de Portugal? En otras palabras, ¿en qué momento había surgido la conciencia de ser brasileño?

No hay una respuesta única para una pregunta de esa naturaleza. La conciencia nacional se fue definiendo a medida que ciertos sectores de la sociedad de la colonia comenzaron a tener intereses distintos de los de la metrópoli, o a identificar en ésta la fuente de sus problemas. Lejos de constituir un grupo homogéneo, esos sectores abarcaban desde grandes propietarios rurales hasta artesanos o soldados mal pagados, pasando por bachilleres y letrados. Tampoco tenían en común la misma ideología. Sus fuentes inspiradoras eran las "ideas francesas" o el liberalismo de la revolución americana. Pero los sectores dominantes trataban de limitarlas y eran muy prudentes en lo relativo al tema de la abolición de la esclavitud, que podía perjudicar sus intereses. Por el contrario, para los sectores dominados la idea de independencia venía acompañada de intenciones igualitarias de reforma social.

La Guerra *dos Mascates* en Pernambuco (1710), las rebeliones que se dieron en la región de Minas Gerais a partir de la revuelta de Felipe dos Santos en 1720 y, principalmente, las conspiraciones y revoluciones ocurridas en los últimos decenios del siglo XVIII y en los dos primeros del siglo XIX, han sido señaladas con frecuencia como ejemplos de afirmación de la conciencia nacional. Si bien resulta posible sostener que los eventos citados apuntan en esa dirección, debemos recordar que hasta la independencia –y aun después– la conciencia nacional pasa por la conciencia regional. Los rebeldes del período se definen como mineros, bahianos, pernambucanos y, en algunos casos, como pobres, tanto o más que como brasileños.

La llamada Inconfidencia Minera (Minas Gerais, 1789) fue la manifestación de rebeldía más importante ocurrida en Brasil. Su importancia no deriva del hecho material sino de la construcción simbólica de que fue objeto. El movimiento tuvo relación directa con el agravamiento de los problemas de la sociedad regional de aquel período. Al mismo tiempo, sus integrantes se vieron influidos por las nuevas ideas que surgían en Europa y América del Norte. Muchos miembros de la elite minera circulaban por el mundo y estudiaban en Europa. Éste fue el caso, por ejemplo, de un ex estudiante de Coimbra –Joaquim José da Maia–, quien ingresó en la Facultad de Medicina de Montpellier, en Francia, en 1786. En aquel año tuvo contactos con Thomas Jefferson, por entonces embajador de los Estados Unidos en Francia, y le solicitó apoyo para una revolución que, según él, se estaría preparando en Brasil. Uno de los participantes de la Inconfidencia –José Alvares Maciel– se formó en Coimbra y vivió en Inglaterra durante un año y medio. Allí aprendió técnicas fabriles y discutió con negociantes ingleses las posibilidades de apoyo a un movimiento por la independencia de Brasil.

La mayoría de los inconfidentes constituyeron un grupo de la elite colonial formado por mineros y *fazendeiros*, sacerdotes envueltos en negocios, funcionarios y abogados de prestigio y un militar de alto rango. Todos ellos tenían vínculos con las autoridades coloniales de la capitanía y, en algunos casos, ocupaban cargos en la magistratura.

José Joaquim da Silva Xavier era, en parte, una excepción. Perjudicado por la prematura muerte de sus padres –que dejaron siete hijos–, había perdido sus propiedades debido a las deudas e intentado, sin éxito, dedicarse al comercio. En 1775 ingresó a la carrera militar con el puesto de alférez, correspondiente al primer grado del cuadro de oficiales. En las horas libres ejercía el oficio de dentista, de donde le vino el apodo algo despreciativo de Tiradentes (saca dientes).

En las últimas décadas del siglo XVIII la sociedad minera había entrado en un período de decadencia, marcado por la continua caída de la producción de oro y por los intentos de la corona portuguesa de garantizar la recaudación del quinto. Al mismo tiempo, el nexo entre la elite local y la administración de la capitanía sufrió un serio golpe con la llegada a Minas del gobernador Luís da Cunha Meneses, en 1782. Cunha Meneses marginó a los miembros más importantes de la elite para favorecer a su grupo de amigos. Aunque no perteneciera a la elite, el propio Tiradentes se vio perjudicado debido a que el comando del destacamento militar que patrullaba perdió la estratégica ruta de la sierra de la Mantiqueira, puerta de entrada a las minas.

La situación se agravó con el nombramiento del vizconde de Barbacena para sustituir a Cunha Meneses. Barbacena recibió instrucciones del ministro portugués Melo e Castro para garantizar la recepción del tributo anual de cien arrobas de oro. Para poder completar esa cuota, el gobernador podía apropiarse de todo el oro existente y, si eso no era suficiente, aun podía decretar la *derrama*, un impuesto que debía ser pagado por cada habitante de la capitanía. Incluso recibió instrucciones para investigar a los deudores de la corona y los contratos realizados entre la administración pública y los particulares. Las instrucciones pendían como una amenaza general sobre la capitanía y, más directamente, sobre el grupo de elite, en el que se localizaban los mayores deudores de la corona.

Incentivados por el próximo lanzamiento de la *derrama*, los inconfidentes comenzaron a preparar el movimiento de rebelión en los últimos meses de 1788. Pero no llegaron a poner en práctica sus planes. En marzo de 1789 Barbacena decretó la suspensión de la *derrama*, mientras se denunciaba a los conspiradores. A ello le siguieron varias detenciones en Minas y la de Tiradentes en Río de Janeiro. El extenso proceso se realizó en la capital de la colonia y terminó recién el 18 de abril de 1792. Tiradentes y otros reos fueron condenados a la horca. Pero algunas horas después, una carta de clemencia de la reina doña María transformaba todas las condenas en expulsión de Brasil, con excepción del caso de Tiradentes. Éste fue ahorcado en la mañana del 21 de abril de 1792, protagonizando una escena típica de las ejecuciones del Antiguo Régimen. Entre los elementos de ese cuadro se incluían la presencia de la tropa, los discursos y las aclamaciones a la reina. Le siguió luego el despedazamiento del cuerpo y el corte de la cabeza, que fue exhibida en la plaza principal de Ouro Preto.

¿Qué pretendían los inconfidentes? La respuesta no es sencilla, pues deriva en gran parte de lo que dijeron los reos y los testigos en el proceso abierto por la corona, en el que se decidía –literalmente– una cuestión de vida o muerte. Aparentemente, la intención de la mayoría era la de proclamar una república, tomando como modelo la constitución de los Estados Unidos. El Distrito Diamantino sería liberado de las restricciones que pesaban sobre él, los deudores de la corona serían perdonados y la instalación de manufacturas se vería incentivada. No habría ejército permanente. En vez de eso, los ciudadanos deberían portar armas y servir en la milicia nacional cuando fuera necesario. El punto más interesante de las diversas medidas propuestas se refiere a la esclavitud. Divididos entre la coherencia ideológica y sus intereses, los inconfidentes optaron aparentemente por una vía intermedia: defender la liberación de los esclavos nacidos en Brasil.

La Inconfidencia Minera es un ejemplo de la forma en que ciertos acontecimientos históricos, de alcance aparentemente limitado, pueden tener impacto en la historia de un país. Como hecho material, el movimiento de rebeldía no llegó a concretarse; además, sus posibilidades de éxito eran casi nulas. En este sentido, tuvo mayor importancia la Revolución de 1817, que partiendo de Pernambuco se difundió por una gran área del nordeste. Pero la relevancia del movimeinto deriva de su fuerza simbólica: Tiradentes se transformó en un héroe nacional y las escenas de su muerte, el descuartizamiento de su cuerpo y la exhibición de su cabeza pasaron a ser evocados con mucha emoción y horror en los bancos escolares. Eso no sucedió de la noche a la mañana, sino a través de un largo proceso de formación de un mito que tiene su propia historia. En un primer momento –mientras Brasil no alcanzó su independencia–, prevaleció la versión de los colonizadores. Una muestra de ello es la utilización en la época de la expresión: "Inconfidencia Minera", que –curiosamente– ha sido mantenida hasta hoy por la tradición. "Inconfidencia" es una palabra con sentido negativo y que significa "falta de fidelidad" o el "no cumplimiento de un deber", especialmente con relación al soberano o al Estado. Durante la época del Imperio, el episodio todavía resultaba incómodo, pues los conspiradores tenían poca simpatía por la forma monárquica de gobierno. Además, los dos emperadores de Brasil eran descendientes en línea directa de la reina doña María, responsable de la condena de los revolucionarios.

La proclamación de la República favoreció la proyección del movimiento y la transformación de la figura de Tiradentes en la de un mártir republicano. Pero evidentemente había una base real para que eso ocurriera. Existen indicios de que el gran espectáculo montado por la corona portuguesa para intimidar a la población de la colonia causó el efecto opuesto: mantuvo viva la memoria del acontecimiento y generó simpatía por los inconfidentes. La actitud de Tiradentes –que asumió toda la responsabilidad por la conspiración en cierto momento del proceso– y el sacrificio final facilitaron la mitificación de su figura inmediatamente luego de proclamada la República. El 21 de abril se convirtió en un día feriado, y cada vez fue más frecuente la representación pictórica de Tiradentes con rasgos semejantes a los de las imágenes más populares de Cristo. De esta forma, logró convertirse en uno de los pocos héroes nacionales que ha sido reverenciado como mártir no sólo por la derecha y la izquierda, sino también por el pueblo común.

* * *

La independencia de Brasil no llegaría por un corte revolucionario con la metrópoli, sino a través de un proceso del que derivaron algunos cambios y muchas continuidades en relación con el período colonial. La historia de ese proceso pasa por el traslado a Brasil de la familia real portuguesa y por la apertura de los puertos brasileños al comercio exterior, lo que puso fin al sistema colonial.

La guerra que emprendía Napoleón en Europa contra Inglaterra, a principios del siglo XIX, acabó por tener consecuencias para la corona portuguesa. Luego de controlar casi toda Europa occidental, Napoleón impuso un bloqueo al comercio entre Inglaterra y el continente. Para ese bloqueo, Portugal representaba un hueco que era preciso cerrar. En noviembre de 1807 tropas francesas cruzaron la frontera de Portugal con España y avanzaron en dirección a Lisboa.

El príncipe don João, quien regía el reino desde 1792 cuando su madre doña María fue declarada loca, decidió en pocos días a transferir la Corte a Brasil. Entre el 25 y el 27 de noviembre de 1807, un gran número de personas embarcaron en naves portuguesas rumbo a Brasil bajo la protección de la flota inglesa. Todo un aparato burocrático llegaba a la colonia: ministros, consejeros, jueces de la Corte Suprema, funcionarios del Tesoro, altos jefes del Ejército y de la Marina, miembros del alto clero. Con ellos venían también el tesoro real, los archivos del gobierno, una imprenta y varias bibliotecas que luego serían la base de la Biblioteca Nacional de Río de Janeiro.

Al llegar, durante su breve paso por Bahía, don João decretó la apertura de los puertos de Brasil a las naciones amigas (28 de enero de 1808). Aun sabiéndose que en ese momento la expresión "naciones amigas" era equivalente a Inglaterra, el acto ponía fin a trescientos años de sistema colonial. Durante el mes de abril, ya en Río de Janeiro, el príncipe regente revocó los decretos que prohibían la instalación de manufacturas en la colonia, exceptuó de tributos la importación de materias primas destinadas a la industria, ofreció subsidios a las industrias de la lana, del hierro y de la seda, e incentivó la invención e introducción de nuevas máquinas.

La apertura de los puertos fue un acto históricamente previsible, pero al mismo tiempo impulsado por las circunstancias del momento. Portugal estaba ocupado por tropas francesas y el comercio no podía ser hecho a través suyo. Para la corona era preferible legalizar el intenso contrabando efectuado entre la colonia e Inglaterra y percibir los debidos tributos.

La principal beneficiaria de la medida fue Inglaterra. Río de Janeiro se convirtió entonces en el puerto de entrada de las manufacturas inglesas, cuyo destino no sólo era Brasil sino también el Río de la Plata y la costa del Pacífico. En agosto de 1808 ya existía en la ciudad un importante núcleo de ciento cincuenta a doscientos comerciantes y agentes comerciales ingleses. La apertura de los puertos favoreció igualmente a los propietarios rurales, productores de bienes destinados a la exportación (principalmente azúcar y algodón), quienes se libraron del monopolio comercial de la metrópoli. De allí en adelante sería posible venderle a cualquiera, sin las restricciones impuestas por el sistema colonial.

Inversamente, la medida provocó grandes protestas entre los comerciantes de Río de Janeiro y de Lisboa, incluso hasta el punto de que el príncipe don João tuvo que hacerles algunas concesiones. Por medio de un decreto de junio de 1808, el libre comercio fue limitado a los puertos de Belén, San Luis, Recife, Salvador y Río de Janeiro; el llamado comercio de cabotaje —realizado entre los puertos de la colonia— quedó reservado a los navíos portugueses; el impuesto sobre los productos importados, que había sido fijado en el 24% del valor, fue reducido al 16% en el caso de embarcaciones portuguesas. Sólo la última de estas decisiones tenía real importancia, pero igualmente pronto sería obsoleta.

La escalada inglesa por el control del mercado colonial brasileño culminó en el Tratado de Navegación y Comercio, firmado en febrero de 1810 luego de largas negociaciones. Esto dejaba poco margen de acción a la corona portuguesa: para recuperar el territorio metropolitano dependía del resultado de la guerra contra Napoleón; además, sus colonias quedaban protegidas por la escuadra británica. El Tratado de 1810 fijó en el 15% el valor de la tarifa a pagar por las mercaderías inglesas que eran exportadas a Brasil. Con ello, los productos ingleses quedaron en ventaja, incluso con relación a los portugueses. A pesar de que las dos tarifas fueron igualadas posteriormente, la ventaja continuó siendo enorme. Las mercaderías de un país como Portugal —atrasado con relación al conjunto del capitalismo europeo— no estaban en condiciones de competir en precio y variedad con los productos ingleses sin recibir una adecuada protección tarifaria. Salvo raras excepciones, también los propósitos industrializadores contenidos en las primeras medidas de don João se convirtieron en letra muerta.

Pero hubo un punto de la política británica que sí sería objeto de preocupaciones para los diferentes sectores dominantes de la sociedad colonial. Luego de haber obtenido los mayores beneficios con el comercio de esclavos; a partir de fines del siglo XVIII, Inglaterra comenzó a combatir la esclavitud. Por el Tratado de Alianza y Amistad, firmado junto con el Tratado de Navegación y Comercio de 1810, la corona portuguesa se obligaba a limitar el tráfico de esclavos en los territorios bajo su dominio, prometiendo –de forma algo vaga– tomar medidas para restringirlo. Algunos años más tarde, cuando las potencias vencedoras en la guerra contra Napoleón se reunieron en el Congreso de Viena (1815), el gobierno portugués firmó un nuevo tratado donde concordaba con el fin del tráfico al norte del ecuador. En principio, debería haber terminado así el tráfico de la Costa da Mina a Brasil. Incluso una cláusula adicional al tratado le concedió a Inglaterra el "derecho de visita" en alta mar de los navíos que fueran sospechados de transportar cautivos, autorizando también su aprehensión. Pero, contrariamente a lo dispuesto, ninguna de esas medidas consiguió impedir el tráfico, que resultó mayor en los comienzos de 1820 de lo que había sido a principios de siglo. De esta forma, se dibujaba en el horizonte una disputa entre el gobierno inglés y las autoridades y sectores sociales dominantes de Brasil, que se agudizaría en el período independiente.

El traslado de la sede de la monarquía portuguesa a Brasil cambió el marco de las relaciones internacionales en el contexto de América del Sur. La política externa de Portugal comenzó a ser decidida en la colonia, y se instaló en Río de Janeiro el Ministerio de Guerra y Asuntos Extranjeros. Además de realizar –a instancias de Inglaterra– una expedición a la Guayana Francesa, la corona concentró su acción en el área del Plata, específicamente en la Banda Oriental –actual Uruguay–, una región donde españoles y portugueses se habían enfrentado desde las últimas décadas del siglo XVII.

Don João VI realizó dos intervenciones, en 1811 y a partir de 1816, con el objetivo de anexar la Banda Oriental a Brasil. La derrota de Artigas –figura principal en la lucha por la independencia uruguaya– garantizó a los portugueses la posesión de la región y la incorporación de la Banda Oriental a Brasil en 1821, con el nombre de Provincia Cisplatina. Sin embargo, los conflictos en el Plata estaban lejos de haber terminado.

La llegada de la familia real desplazó el eje de la vida administrativa de la colonia a Río de Janeiro en forma definitiva, lo que cambió también la fisonomía de la ciudad. Entre otros aspectos, comenzó a esbozarse allí una vida cultural, con acceso a libros y una relativa circulación de ideas. En septiembre de 1808 se ofreció al público el primer periódico editado en la colonia; además, para atender a las demandas de la corte y a las de una población urbana en rápida expansión, también se abrieron teatros, bibliotecas, academias literarias y científicas. Basta decir que durante el período de permanencia de don João VI en Brasil se duplicó el número de habitantes de la capital, que pasó de cerca de 50 mil a 100 mil personas. Muchos de los nuevos habitantes eran inmigrantes, no sólo portugueses, sino también españoles, franceses e ingleses, que llegarían a formar una clase media de profesionales y artesanos calificados.

Además de ellos, llegaron a Brasil científicos y viajantes extranjeros como el naturalista y mineralogista inglés John Mawe, el zoólogo bávaro Spix, el botánico Martius, también bávaro, el naturalista francés Saint-Hilaire, todos ellos autores de trabajos que fueron fuente indispensable para el conocimiento de aquella época. En marzo de 1816, llegó a Río de Janeiro la misión artística francesa, que incluía entre otros al arquitecto Grandjean de Montigny –autor de proyectos de edificaciones urbanas– y a los pintores Taunay y Debret. Estos últimos dejaron dibujos y acuarelas que retratan los paisajes y costumbres de Río de Janeiro durante las primeras décadas del siglo XIX.

A pesar de su traslado a Brasil, la corona no dejó por ello de ser portuguesa y de favorecer los intereses portugueses en tierra brasileña. En este sentido, uno de los principales focos de descontento se encontraba en las fuerzas militares. Para proteger las principales ciudades don João mandó llamar tropas de Portugal y organizó el ejército, reservando los mejores puestos a la nobleza lusitana. Incluso aumentó el peso de los impuestos, porque la colonia ahora tenía que soportar sola los gastos de la corte y también los de las campañas militares que el rey promovió en el Plata.

Agréguese a lo anterior el problema de la desigualdad regional. El sentimiento que imperaba en el nordeste era el de que, con la llegada de la familia real a Brasil, el control político de la colonia había pasado de una ciudad extraña a otra, o sea, de Lisboa a Río de Janeiro. La revolución que estalló en Pernambuco en 1817 fundió ese sentimiento con varios disgustos derivados de las condiciones económicas y de los privilegios concedidos a los portugueses. La intentona abarcó amplias capas de la población: militares, propietarios rurales, jueces, artesanos, comerciantes y un gran número de sacerdotes, al punto de ser conocida como la "revolución de los padres". Llama la atención la presencia de grandes comerciantes brasileños ligados al comercio exterior, quienes comenzaban a competir con los portugueses en un área en gran medida controlada hasta entonces por éstos.

Otro dato importante de la Revolución de 1817 se encuentra en el hecho de que se difundió desde Recife al sertón, extendiéndose hacia Alagoas, Paraíba y Río Grande do Norte. El denominador común de esa especie de revuelta general de toda el área nordeste fue el sentimiento de abandono de la región, acompañado de un fuerte antilusitanismo. Sin embargo, los diferentes grupos sociales no tenían los mismos objetivos. Para las capas pobres de la ciudad, la independencia estaba asociada a la idea de igualdad. Por su parte, el principal objetivo de los grandes propietarios rurales era terminar con la centralización impuesta por la corona y tomar en sus manos el destino, si no de la colonia, por lo menos del nordeste.

Los revolucionarios tomaron Recife e implantaron un gobierno provisional basado en una "ley orgánica" que proclamó la República y estableció la igualdad de derechos y la tolerancia religiosa, pero que no tocó el problema de la esclavitud. Para conseguir apoyo se enviaron emisarios a las otras capitanías, e incluso se buscó el reconocimiento de los Estados Unidos, Inglaterra y la Argentina. Si bien la revuelta consiguió avanzar por el sertón, el ataque de las fuerzas portuguesas llegó inmediatamente después del bloqueo a Recife y el posterior desembarco en Alagoas. Las luchas se desarrollaron en el interior, revelando la falta de preparación y las desavenencias entre los revolucionarios. Finalmente, las tropas portuguesas ocuparon Recife en mayo de 1817. A eso le siguieron las prisiones y ejecuciones de los líderes de la rebelión. El movimiento, que había durado más de dos meses, dejaría una profunda marca en el nordeste.

* * *

Si hacia 1817 alguien hubiese afirmado que Brasil conseguiría su independencia luego de cinco años, habría estado haciendo un pronóstico de incierta concreción. La revolución pernambucana, confinada en el nordeste, había sido derrotada. En el marco del fin de la guerra en Europa, con la derrota de Napoleón en 1814, la corona tomaba medidas para integrar a Portugal y Brasil como partes de un mismo reino. Aparentemente, ya no existían razones para la permanencia de la corte en Brasil. Sin embargo, don João decidió permanecer en la colonia americana y, en 1815, elevó a Brasil a la condición de Reino Unido a Portugal y Algarves. Meses después, luego de la muerte de la reina, se consagraría como rey de Portugal, de Brasil y Algarves, asumiendo el título de don João VI.

La independencia se explica por un conjunto de factores, tanto internos como externos. Pero sin duda fueron los vientos traídos del exterior los que imprimieron a los acontecimientos un rumbo no previsto por la mayoría de los actores implicados, en una escalada que pasó de la defensa de la autonomía brasileña a la alternativa de la independencia.

En agosto de 1820 se desató en Portugal una revolución liberal inspirada en las ideas ilustradas. Los revolucionarios intentaron encontrar salida a una coyuntura de profunda crisis en la vida portuguesa. Crisis política, causada por la ausencia del rey y de los órganos de gobierno; crisis económica, derivada en parte de la libertad de comercio de la cual gozaba Brasil; crisis militar, resultado de la presencia de oficiales ingleses en los altos puestos del Ejército y del congelamiento de las promociones para los oficiales portugueses. En este sentido, basta recordar que durante la ausencia de don João, Portugal fue gobernado por un consejo de regencia presidido por el mariscal inglés Beresford. Después de la guerra, Beresford se convirtió en comandante del Ejército portugués.

La revolución portuguesa de 1820 tenía aspectos contradictorios. En un sentido, podía ser definida como liberal, ya que consideraba a la monarquía absoluta como un régimen superado y opresivo y trataba de revivir ciertos órganos representativos de la sociedad, como es el caso de las cortes. Pero al mismo tiempo, al promover los intereses de la burguesía lusitana e intentar limitar la influencia inglesa, pretendía que Brasil volviese a subordinarse por entero a Portugal.

A fines de 1820, los revolucionarios establecieron en Portugal una junta provisional para gobernar en nombre del rey y exigieron su regreso a la metrópoli. Con el propósito de redactar y aprobar una constitución, decidieron convocar a la elección de cortes en todo el mundo portugués. En Brasil se previó la creación de juntas gubernativas leales a la revolución en las distintas capitanías, que pasaban ahora a llamarse provincias.

Los militares descontentos comenzaron el movimiento de 1820 en Portugal. Las primeras repercuciones en Brasil se produjeron también entre los militares, incluso portugueses. Las tropas se rebelaron en Belén y en Salvador, instituyendo allí juntas gubernativas. En Río de Janeiro, las manifestaciones populares y de las tropas portuguesas obligaron al rey a reformular el ministerio, a crear juntas donde no existían y a preparar las elecciones indirectas para las cortes.

A esa altura de los acontecimientos, la línea divisoria pasaba por el regreso o no de don João VI a Portugal. En Río de Janeiro el retorno era defendido por la "facción portuguesa", formada por altos jefes militares, burócratas y comerciantes interesados en subordinar a Brasil a la metrópoli, si era posible dentro de los marcos del sistema colonial. Por razones contrarias a las citadas, se oponía al regreso el "partido brasileño", conformado por grandes propietarios rurales de las capitanías próximas a la capital, burócratas y miembros del Poder Judicial nacidos en Brasil. Agréguense a ellos los portugueses cuyos intereses habían comenzado a vincularse con la colonia: comerciantes adaptados a las nuevas circunstancias del libre comercio, inversores en tierras y propiedades urbanas, muchas veces ligados por lazos matrimoniales a las personas de la colonia. Hablamos de "partido brasileño" entre comillas porque la expresión no designa precisamente un partido, sino una corriente de opinión. Durante ese período, las articulaciones políticas se hicieron sobre todo a través de logias masónicas, cuyos miembros más extremos defendían la independencia.

La cuestión del regreso o no de don João VI pronto perdió sentido. Temiendo perder el trono en caso de no volver a Portugal, finalmente el rey se decidió por la vuelta. Se embarcó en abril de 1821 acompañado de 4 mil portugueses. En su lugar quedaba como príncipe regente su hijo Pedro, futuro don Pedro I. En los meses siguientes se hicieron las elecciones para designar la representación brasileña a las cortes. Casi todos los elegidos eran nacidos en Brasil. Entre ellos estaban algunos defensores radicales o ex radicales de la independencia, como Cipriano Barata (Bahía), Muniz Tavares (Pernambuco) y Antonio Carlos Ribeiro de Andrada (San Pablo), quienes habían participado en la Revolución de 1817.

Las cortes comenzaron a reunirse en enero de 1821, meses antes de la llegada de los diputados electos en Brasil. En éstas se tomaron una serie de medidas que produjeron un serio descontento en la colonia. Los gobiernos provinciales pasarían a ser independientes de Río de Janeiro, subordinándose directamente a Lisboa. Hubo un intento de

revocar aquellos acuerdos comerciales con Inglaterra que incumbían a la relación establecida entre los intereses ingleses y los de los grandes propietarios rurales y consumidores urbanos brasileños. Súmese a ello el hecho de que los líderes de la revolución liberal
agregaban leña al fuego con sus referencias despreciativas hacia la colonia. Para muchos
de ellos, Brasil era "una tierra de monos, de bananas y de negritos cazados en la costa de
África", que precisaba un perro guardián para entrar en orden.

Entre fines de septiembre y octubre de 1821, las nuevas medidas tomadas por las
cortes fortalecieron en Brasil la opción por la independencia, hasta allí apenas esbo-
zada. Se decidió transferir a Lisboa a las principales reparticiones que había instalado
en Brasil don João VI; también se destacaron nuevos contingentes de tropas hacia
Río de Janeiro y Pernambuco; pero sin duda el punto decisivo fue la determinación
de la vuelta a Portugal del príncipe regente.

El "partido brasileño" concentró sus esfuerzos con el objetivo de conseguir que don
Pedro permaneciera en Brasil. La decisión del príncipe de quedarse en el país, solemnizada
en el *dia do fico** (9/1/1822), representó la elección de un camino sin retorno. Los actos
del príncipe regente posteriores al *fico* fueron actos de ruptura. Las tropas portuguesas
que se rehusaron a jurar fidelidad a don Pedro se vieron obligadas a dejar Río de Janeiro.
A partir de allí se delineaba la posibilidad de creación de un ejército brasileño. don
Pedro formó un nuevo ministerio compuesto por portugueses, pero cuya jefatura quedó en manos de un brasileño: José Bonifacio de Andrada e Silva.

Los hermanos Andrada –Antonio Carlos, Martim Francisco y José Bonifacio–
fueron figuras centrales de la política brasileña de aquellos años, en especial, el último de ellos. José Bonifacio provenía de una de las familias más ricas de Santos, donde
su padre se dedicaba a la exportación de azúcar. Estudió en Coimbra y permaneció
en Europa entre 1783 y 1819. Ocupó importantes cargos administrativos en Portugal y fue profesor universitario en Coimbra. En marzo de 1821, ya de regreso a
Brasil, fue convocado para presidir la junta provisional de San Pablo. No resulta fácil
caracterizar el pensamiento de José Bonifacio. Defendía ideas progresistas en el campo social, como la supresión gradual del tráfico de esclavos y de la esclavitud, una
reforma agraria y la libre entrada de inmigrantes al país. Políticamente era un liberal
conservador, adversario de las "andrajosas banderas de la sucia y caótica democracia",
como afirmó en cierta ocasión. Consideraba que la forma monárquica de gobierno
era la más adecuada para Brasil, aunque sustentada por una representación ciudada-
na restringida a las capas dominantes e ilustradas.

A lo largo de los acontecimientos que llevaron a la independencia, se definieron
con cierta claridad las corrientes conservadoras y radicales del "partido brasileño". En
el marco de los años anteriores a la independencia, la corriente conservadora defendía una mayor autonomía de Brasil con relación a Portugal y asumió la idea indepen-
dentista sólo en un momento posterior. Según los conservadores, la forma de gobier-

* *Dia do fico* significa día del "me quedo". [N. del T.]

no más deseable era una monarquía constitucional con representación limitada, que actuara como garantía del orden y de la estabilidad social. Es más fácil definir la corriente radical, pues en ella se incluían desde los monarquistas, preocupados por garantizar una mayor representación popular y diversas libertades –especialmente la de imprenta–, hasta los llamados "extremados", para quienes la independencia se asociaba a la idea de república, de voto popular y, en algunos casos, de reforma de la sociedad.

Luego de la resolución de convocar a una constituyente, se aceleraron las decisiones que apuntaban a una ruptura, aun cuando todavía se invocara el propósito de "unión con Portugal". Comenzó a exigirse la adhesión a la causa de la unión y la independencia de Brasil como un requisito de utilidad para el servicio público; se recomendó a los gobiernos provinciales que los empleados llegados de Portugal no tomaran posesión de sus cargos. En agosto de 1822, el príncipe regente decretó que las tropas llegadas de la metrópoli serían consideradas como enemigas; primero Gonçalves Ledo y luego José Bonifacio dirigieron manifiestos a las naciones amigas.

La idea de una ruptura definitiva se vio favorecida por la llegada de despachos de Lisboa que revocaban los decretos del príncipe regente, ordenando nuevamente su regreso a la capital del reino y además acusando a los ministros de traición. La princesa doña Leopoldina y José Bonifacio enviaron rápidamente las noticias al príncipe, quien se encontraba de viaje camino a San Pablo. Alcanzado el 7 de septiembre de 1822 en las márgenes del riacho Ipiranga, don Pedro profirió el llamado Grito de Ipiranga, formalizando la independencia de Brasil. El 1° de diciembre, con apenas veinticuatro años, el príncipe regente era coronado emperador y recibía el título de don Pedro I. Brasil se volvía independiente aunque manteniendo la forma de gobierno monárquica. Más aún, el nuevo país tendría en el trono a un rey portugués.

Brasil a fines del período colonial

Desde el punto de vista territorial y poblacional, ¿qué era Brasil recién independizado?

A partir de comienzos del siglo XVIII, la extensión geográfica de la colonia ya no tenía nada que ver con la incierta línea de Tordesillas. La expansión de las *bandeiras* paulistas hacia el oeste, así como la de los ganaderos y las fuerzas militares hacia el sudoeste, ampliaron de hecho las fronteras del país. El avance minero desde el siglo XVIII dio un empujón más, de modo que el aspecto territorial de Brasil ya se aproximaba bastante al actual.

Quedaba por reconocer en el derecho a las nuevas fronteras, una cuestión que debía ser definida principalmente con España. Eso se dio a través del Tratado de Madrid, firmado entre las coronas portuguesa y española, en el que se reconoció el principio de *uti possidetis*, que beneficiaba a los portugueses. Hubo allí una excepción referida a las fronteras del sur. Portugal renunció a la colonia del Sacramento, que había fundado en el Río de la Plata, cerca de Montevideo. A cambio, recibió un área en la margen izquierda del río Uruguay: el llamado Territorio de las Siete Misiones, ocupado por indios y jesuitas.

A pesar del acuerdo, no cesaron las controversias respecto de las fronteras del sur. Un acuerdo fechado en 1761 anuló el Tratado de Madrid. Seguidamente, el Tratado de San Idelfonso (1777) restituyó a los españoles las Siete Misiones. Por su parte, los portugueses mantuvieron sus pretensiones sobre Colonia del Sacramento, base estratégica para el contrabando de la plata traída de Bolivia y de Perú por el río Paraná.

Aun con la delimitación de las fronteras, vastas regiones del país estaban prácticamente inexploradas u ocupadas por indios que no tenían contacto con los colonizadores. No existen números confiables sobre la población de Brasil a fines del período colonial. Las cuentas realizadas a pedido de la corona frecuentemente excluían a los menores de siete años, a los indios y algunas veces hasta a los esclavos. Se calcula que en 1819 Brasil tenía cerca de 3,6 millones de habitantes, concentrados en las provincias de Minas Gerais, Río de Janeiro, Bahía y Pernambuco, en ese orden de importancia. El sur del país era todavía una región periférica.

Desde el punto de vista racial, los datos existentes para las principales provincias sugieren que los blancos representaban menos del 30% del total de la población.

En términos muy generales, ése era el aspecto que presentaba Brasil a fines del período colonial en lo que se refiere a territorio y población. Sus habitantes ya no se arrastraban como cangrejos por el litoral, pero todavía se concentraban —cerca del 74%— en torno de los principales puertos exportadores y en el interior de las capitanías costeras de Río de Janeiro, Bahía, Pernambuco y Paraíba.

2. El Brasil monárquico (1822-1889)

La consolidación de la independencia y la construcción del Estado

La consolidación de la independencia se produjo en pocos años. Las tropas portuguesas resistieron en la Provincia Cisplatina, de donde acabaron por retirarse en noviembre de 1823. Comenzaría allí una larga guerra por la independencia uruguaya, pero ahora contra los brasileños y no contra los portugueses. Otro núcleo de conflicto se localizó en Bahía, donde los brasileños terminaron por derrotar a los portugueses.

En el plano internacional, los Estados Unidos reconocieron la independencia en mayo de 1824. Informalmente, ya era reconocida por Inglaterra, que estaba interesada en garantizar el orden en la antigua colonia portuguesa. De esta forma preservaba sus ventajas comerciales en un país que, en ese momento, ya era su tercer mercado externo. El reconocimiento pleno sólo se retrasó porque los ingleses intentaron conseguir que Brasil aceptara el inmediato fin del tráfico de esclavos. Pero estuvieron presentes de forma directa o indirecta en la consolidación de la independencia y sirvieron también de mediadores para el reconocimiento de la nueva nación por Portugal.

Esto sucedió finalmente en agosto de 1825, por medio de un tratado en el que Brasil concordaba en compensar a la metrópoli por la pérdida de la antigua colonia con 2 millones de libras y en no aceptar la unión de cualquier otra colonia. La necesidad de indemnizar a la corona portuguesa dio origen al primer empréstito externo, contraído en Londres por Brasil. La segunda cláusula citada, en apariencia extraña, se explica por el hecho de que ciertos intereses brasileños ligados al comercio de esclavos estaban fuertemente implantados en algunas regiones de la costa de África. Cuando llegaron a Angola las noticias de la separación, surgieron allí panfletos impresos en Brasil que invitaban a Benguela a adherir a la "causa brasileña". La prevención portuguesa no carecía de fundamento.

* * *

En la historiogarfía brasileña es habitual contraponer la relativa facilidad de la independencia de Brasil con el complejo proceso de emancipación de la América española. Se acentúa también el hecho de que, mientras Brasil permaneció unido, la América española se fragmentó en varias naciones. Las dos observaciones están interrelacionadas. Sin embargo, en nuestra exposición vamos a optar por separarlas, ya que la forma por la cual se mantuvo la unidad territorial se volverá más clara luego del análisis de los acontecimientos ocurridos entre 1822 y 1840.

Para comenzar, cabe preguntarse si esa tradición historiográfica todavía puede sostenerse, pues no le faltan objeciones. Sus críticos señalan que la independencia, bajo la forma de unión en torno a Río de Janeiro, fue consecuencia de la lucha y no de un consenso generalizado. En esa lucha fueron vencidos los movimientos provinciales autonomistas y aquellos que defendían la vigencia de la unión con Portugal, como sucedió en Pará.

Las objeciones tienen el mérito de llamar la atención sobre el hecho de que el tránsito a la independencia de Brasil no fue pacífico. Pero no consiguen invalidar la constatación de que, una vez admitido el uso de la fuerza y las muertes que ésta provocó, la consolidación de la independencia se hizo en pocos años y sin grandes pérdidas. Más aun, la emancipación de Brasil no implicó grandes alteraciones del orden social y económico existente o incluso de la forma de gobierno. Brasil fue una monarquía entre repúblicas, y constituyó un caso único en la historia de América Latina.

Una de las principales razones de esa relativa continuidad entre dos épocas se encuentra en la llegada de la familia real a Brasil y en la forma en que ocurrió el proceso de independencia. La apertura de los puertos estableció un puente entre la corona portuguesa y los sectores dominantes de la colonia, especialmente con aquellos que se concentraban en Río de Janeiro, San Pablo y Minas Gerais. Con la presencia del rey en Brasil, los beneficios que llegaron a la región fluminense incentivaron la expansión económica del área, que estaba ligada a los negocios del azúcar, del café y del tráfico de esclavos.

Ciertamente, gran parte del descontento con la corte no desapareció, pero éste era muy diferente a la insatisfacción que caracterizó a algunas regiones del nordeste, donde habían nacido las ideas republicanas. La elite política que promovía la independencia no tenía interés en propiciar rupturas que pusieran en peligro la estabilidad y continuidad de la antigua vida de la colonia. Resulta significativo recordar que los esfuerzos por la autonomía que desembocaron en la independencia se concentraron primero en la figura del rey y luego en la del príncipe regente. En los primeros años posteriores a la independencia, la monarquía se transformó en un símbolo de autoridad, aun cuando la figura del emperador fuese cuestionada.

La afirmación de que la independencia se llevó a cabo en poco tiempo y sin grandes desórdenes no nos debe llevar a sacar dos conclusiones equivocadas. La primera consistiría en decir que nada cambió, ya que Brasil pasaba de la dependencia inglesa vía Portugal a la dependencia directa de Inglaterra. La otra consistiría en suponer la existencia de una elite política homogénea, con una base social bien estructurada y portadora de un claro proyecto de directivas para la nueva nación.

La primera conclusión sería equivocada por varias razones. La nueva relación de dependencia –que se venía afirmando desde 1808 con la apertura de los puertos–, representaba mucho más que una simple sustitución de nombres, ya que implicaba un cambio en la forma de inserción de la antigua colonia en el sistema económico internacional. Además de ello, la independencia imponía la tarea de construcción de un Estado nacional que organizara el país y garantizara su unidad.

La segunda conclusión no resultaría más acertada dado que, aun dentro del núcleo que promovía la independencia –con José Bonifacio a la cabeza–, no existía un acuerdo sobre los lineamientos básicos que debería seguir la organización del Estado. Por el contrario, los años que corren entre 1822 y 1840 estarán marcados por una enorme fluctuación política, varias rebeliones e intentos antagónicos de organizar el poder.

* * *

Durante los primeros dos años posteriores a la independencia, el principal debate político del país se concentró sobre la aprobación de una constitución. Las elecciones para una Asamblea Constituyente ya estaban previstas meses antes de la independencia. Éstas se realizaron luego del 7 de septiembre, y la Constituyente comenzó a reunirse en mayo de 1823 en Río de Janeiro. De inmediato surgieron diferencias entre la asamblea y don Pedro –apoyado en un principio por su ministro José Bonifacio–, que giraron en torno de la delimitación de atribuciones del Poder Ejecutivo (en este caso, el emperador) y del Legislativo.

Los constituyentes no querían que el emperador tuviese el poder de disolver la futura Cámara de Diputados, ya que de esa manera podría convocar a nuevas elecciones cuando lo juzgase necesario. Tampoco querían que tuviese un poder de veto absoluto, o sea, el derecho de negarle validez a cualquier ley aprobada por el Legislativo. Para don Pedro I y los círculos políticos que lo apoyaban era necesario crear un Ejecutivo fuerte, capaz de enfrentarse a las tendencias "democráticas y disolventes", justificándose así la concentración de las mayores atribuciones en las manos del emperador.

Los tiempos eran de incertidumbre política. En julio de 1823, menos de un año después de la Independencia, José Bonifacio fue apartado del ministerio. Había quedado atrapado entre la crítica de los liberales y las insatisfacciones de los conservadores. Estos últimos no veían con buenos ojos la dirección personal que el ministro le imprimía al gobierno, y que les cerraba el acceso directo al trono.

La disputa de poderes tuvo como resultado la disolución de la Asamblea Constituyente, ordenada por don Pedro con el apoyo de la tropa. Varios diputados fueron detenidos, entre ellos los tres Andrada. A continuación se elaboró un proyecto de Constitución cuyo resultado fue el texto promulgado el 25 de marzo de 1824. Esa Constitución no era muy diferente de la propuesta que habían hecho los constituyentes antes de la disolución de la Asamblea. Pero hay una diferencia que debe ser destacada. La primera Constitución brasileña nacía de arriba para abajo, impuesta al "pueblo" por el rey; debiéndose entender por "pueblo" a la minoría de blancos y mestizos que podía votar y que tenía alguna participación en la vida política.

Una gran parte de la población estaba excluida de las normas constitucionales: los esclavos. No hay referencia a ellos, a no ser lateralmente cuando se habla de los libertos. Otro punto que debe tenerse en cuenta se refiere a la distancia manifiesta entre los principios enunciados y la práctica. Ciertamente, al organizar los poderes, definir las atribuciones y garantizar los derechos individuales, la Constitución representaba un avance. El problema es que su aplicación sería muy relativa, sobre todo en el campo de los derechos. A éstos se superponía la realidad de un país donde incluso el conjunto de la población libre dependía de los grandes propietarios rurales, donde sólo un pequeño grupo tenía instrucción y donde existía una tradición autoritaria.

La Constitución de 1824 estuvo vigente, con algunas modificaciones, hasta el fin del Imperio. Definió al sistema político como monárquico, hereditario y constitucional. El Imperio tendría una nobleza, pero no una aristocracia. O sea, habría nobles, debido a los títulos concedidos por el emperador; pero esos títulos no serían hereditarios, lo que hubiera dado origen a una "aristocracia de sangre". La religión católica romana continuaba siendo la religión oficial, permitiéndose apenas el culto particular de las otras religiones.

El Poder Legislativo fue dividido en Cámara y Senado, previéndose elecciones para ambas partes, aunque con diferencias esenciales. La elección para la Cámara era temporaria, mientras que la del Senado era vitalicia. En el caso del Senado, además, el proceso electoral se orientaba a elegir una lista triple por cada provincia, y el emperador podía elegir uno de los tres nombres electos. Esas restricciones hicieron que, en la práctica, el Senado fuese un órgano cuyos miembros eran nombrados por el emperador con carácter vitalicio.

El voto era indirecto y censatario. Indirecto, porque los votantes –análogos a la actual masa de electores– votaban en un cuerpo electoral, en elecciones llamadas primarias. Pero era ese cuerpo electoral el que finalmente elegía a los diputados. Por el principio del voto censatario votaban en las elecciones primarias los ciudadanos brasileños que tuviesen una renta anual de por lo menos 100 mil *reis* en concepto de bienes raíces, industria, comercio o empleo. Éstos eran los votantes que elegían al cuerpo electoral –o sea, a los electores–, entre personas que, además de cumplir con los requisitos señalados, debían poseer una renta de 200 mil *reis* y no ser libertos. Para ser diputado, el censo subía a 400 mil *reis* y era necesario profesar la religión católica. No hubo una referencia explícita a las mujeres pero en virtud de las normas sociales, ellas estaban excluidas de los derechos políticos. Curiosamente, hasta 1882 la práctica admitía el voto de un gran número de analfabetos, habida cuenta del silencio de la Constitución sobre el particular.

El país fue dividido en provincias, cuyo presidente era nombrado por el emperador. Se garantizaron los derechos individuales, entre ellos: la igualdad ante la ley, la libertad de culto (con las restricciones ya apuntadas), la libertad de pensamiento y la de expresión.

Un importante órgano de la estructura política era el Consejo de Estado, compuesto por consejeros vitalicios nombrados por el emperador y elegidos entre ciudadanos brasileños con una edad mínima de cuarenta años (que era una edad avanzada para la época), renta no inferior a 800 mil *reis* y que fuesen "personas de saber, capacidad y virtud". El Consejo de Estado debía ser escuchado en las "cuestiones graves y medidas generales de la administración pública", como la declaración de guerra, ajustes en los pagos o en negociaciones en las que el emperador se propusiese ejercer las atribuciones propias del Poder Moderador.

La idea de la institución de un Poder Moderador provenía del escritor francés Benjamin Constant, cuyos libros eran leídos por don Pedro y por muchos políticos de la época. Benjamin Constant defendía la separación entre el Poder Ejecutivo –cuyas atribuciones serían patrimonio de los ministros del rey– y el poder imperial propiamente dicho, llamado neutro o moderador. De esta manera, el rey no intervendría en la política y la administración cotidianas, pero tendría el papel de moderar las disputas más serias y generales, interpretando así "la voluntad y el interés nacional".

En Brasil, el Poder Moderador no fue claramente separado del Ejecutivo. De allí derivó una concentración de atribuciones en las manos del emperador. En base a los principios constitucionales del Poder Moderador, la persona del emperador fue considerada inviolable y sagrada, sin quedar sujeta a ninguna responsabilidad. Entre otras atribuciones, podía nombrar a los senadores, disolver la Cámara, convocar a elecciones para sustituirla y aprobar o vetar las decisiones de la Cámara y del Senado.

* * *

Las acciones de don Pedro I, al disolver la Constituyente y decretar una Constitución, simbolizaron el predominio del emperador y de los burócratas y comerciantes –muchos de ellos portugueses– que formaban parte del círculo de sus íntimos. En Pernambuco, esos actos echaron leña a un fuego que venía ardiendo desde 1817 e incluso antes.

En esa inquieta provincia tomó ímpetu la difusión de las ideas republicanas, antiportuguesas y federales. Como figura central de las críticas al Imperio se destacó fray Joaquim do Amor Divino: fray Caneca. El sobrenombre indicaba su origen humilde como vendedor de canecas en las calles de Recife cuando todavía era un niño. Educado en el seminario de Olinda –que era un centro difusor de las ideas liberales–, se convirtió en un intelectual erudito y en un hombre de acción. El disgusto provocado en la provincia por el nombramiento de un gobernador no deseado abrió el camino a una revuelta. El 2 de julio de 1824, su jefe visible, Manuel de Carvalho, proclamó la Confederación del Ecuador. Casado con una norteamericana y gran admirador de los Estados Unidos, Carvalho fue una figura curiosa. El mismo día de la aprobación de la Constitución de 1824 –o sea, antes de la rebelión–, envió un oficio al secretario de Estado norteamericano solicitándole el envío de una escua-

dra al puerto de Recife, que debía contrarrestar las amenazas a la libertad que derivaban de la presencia de navíos de guerra ingleses y franceses. En el oficio invocaba la
reciente doctrina que había fijado el presidente Monroe, contraria a la intervención
de potencias europeas en América.

Además de Pernambuco, la Confederación del Ecuador debería reunir bajo la
forma republicana y federal a las provincias de Paraíba, Río Grande do Norte, Ceará
y, probablemente, a Piauí y Pará. El levantamiento tuvo un contenido marcadamente
urbano y popular, diferenciándose así del amplio frente regional que caracterizó a la
Revolución de 1817, que había sido liderada por propietarios rurales y algunos comerciantes. La viajante inglesa María Graham –que estaba en Recife y mediaba para
intentar alcanzar un acuerdo entre las partes– comparó el ambiente del palacio gubernamental ocupado por los rebeldes con el de la Convención Nacional durante la
Revolución Francesa, aunque salvando las debidas distancias. Vio las dependencias
del palacio tomadas por elementos populares –verdaderos *sans-culottes*– de ojos desen-
cajados y oídos atentos a posibles traiciones y celadas.

La Confederación del Ecuador no pudo echar raíces y resistir militarmente el
ataque de las tropas del gobierno, y fue derrotada en varias provincias del nordeste
hasta acabar por completo en noviembre de 1824. El castigo a los revolucionarios fue
mucho más allá de las expectativas. Un tribunal manipulado por el emperador condenó a muerte a fray Caneca y a otros revolucionarios. El fraile fue llevado a la horca;
pero, ante las reticencias del verdugo en ejecutarlo, terminó siendo fusilado.

Las marcas dejadas por la Revolución de 1824 no se borrarían fácilmente. De
hecho, puede ser entendida como parte de una serie de rebeliones y revueltas ocurridas en Pernambuco entre 1817 y 1848, y que convirtieron a la provincia en un foco
generador de descontentos en el nordeste.

El recién creado Imperio brasileño heredó los problemas generados por la ocupa-
ción de la Banda Oriental. En 1825 una rebelión regional proclamó la separación de
Brasil y la incorporación del futuro Uruguay a las Provincias Unidas del Río de la Plata.
Ese hecho precipitó la guerra entre Brasil y Buenos Aires en diciembre de 1825.

La guerra fue un desastre militar para los brasileños –que fueron vencidos en Ituzaingó
(1827)– y una catástrofe financiera para las dos partes envueltas en ella. La paz fue
alcanzada con la mediación de Inglaterra, que estaba interesada en reanudar las transacciones comerciales habituales que el conflicto había interrumpido. El tratado de paz
que puso fin al enfrentamiento garantizó el surgimiento de Uruguay como país independiente y la libre navegación del Plata y sus afluentes. Este último punto era de
interés para las potencias europeas –especialmente Inglaterra–, así como para Brasil.
En el caso brasileño se conjugaron razones de tipo geopolítico y económico, ya que la
navegación fluvial era la principal vía de acceso a la región de Mato Grosso.

En el frente interno la guerra provocó el impopular y temido reclutamiento forzoso de la población. No obstante, para completar las fuerzas del ejército, el emperador decidió contratar tropas extranjeras. Reclutadas en Europa con la perspectiva de

convertirse en pequeños propietarios en Brasil, la gran mayoría de esas tropas estaba formada por personas pobres que no tenían formación militar profesional. Previsiblemente, no aportaron nada a la causa del Imperio durante la guerra. Por si esto fuera poco, en julio de 1828 se amotinaron en Río de Janeiro algunos cientos de desengañados mercenarios alemanes e irlandeses. La situación era muy grave y el gobierno se vio obligado a recurrir a la humillante protección de dos navíos ingleses y franceses.

Los gastos militares agravaron los ya existentes problemas económico-financieros. Si bien a lo largo de la década de 1820 aumentó considerablemente el volumen físico de algunos productos de exportación –como el café–, los precios del algodón, cuero, cacao, tabaco e incluso del propio café tendieron a caer. Las rentas del gobierno central eran insuficientes, ya que dependían en gran parte del impuesto sobre las exportaciones. En agosto de 1827, Inglaterra impuso un tratado comercial que mantenía la tarifa del 15% sobre la entrada de sus productos. Posteriormente, esa medida se extendió a las demás naciones.

Creado por don João VI en 1808, el Banco de Brasil comenzó a tener dificultades desde 1821 –cuando antes de partir hacia Portugal el rey retiró el oro que había depositado– y terminó cerrando en 1829. Don Pedro recurrió a la emisión de una gran cantidad de monedas de cobre, lo que dio origen a falsificaciones y al aumento del costo de vida, especialmente en los centros urbanos. Todavía no se utilizaba el término "inflación", pero se hablaba de algo parecido cuando se aludía a la "hinchazón" del medio circulante.

Fuera de la ciudad de Río de Janeiro, el papel moneda emitido por el Banco de Brasil y por el Tesoro tenía inconvenientes para ser aceptado. En 1829, el papel moneda circulaba en San Pablo a un 57% de su valor nominal. Por otro lado, a lo largo de la década de 1820 la moneda brasileña se desvalorizó de manera continua en relación con la libra inglesa. Si bien eso favoreció las exportaciones, al mismo tiempo encareció las importaciones de bienes de consumo, tan requeridos por las elites y por los nacientes sectores medios urbanos.

El descontento profundizó las fricciones entre brasileños y portugueses. Los portugueses, que controlaban buena parte del comercio al por menor, eran blanco privilegiado de los ataques nativos. Aunque la lucha política tenía relación con la división nacional, no se resumía a eso. En la época de don Pedro, la elite política se dividía entre liberales y absolutistas. Los absolutistas eran defensores del orden y la propiedad, garantizados por un emperador que deseaban fuerte y respetado. Temían que la "excesiva libertad" pusiese en riesgo sus privilegios y aceptaban –en nombre del orden– acciones imperiales contrarias a la legalidad. Al igual que los absolutistas, los liberales se encolumnaban tras la defensa del orden y la propiedad. Sin embargo, defendían la libertad constitucional como requisito de su realización y eran partidarios de las "novedades", especialmente de la gran novedad de ubicarse en oposición al gobierno y al propio monarca.

Sea por desconfiar del liberalismo, o por haber asumido cargos en la administración y recibido títulos honorarios –profusamente concedidos por el emperador–, lo cierto es que muchos miembros de la elite brasileña se alinearon junto a don Pedro. No obstante, con el devenir de los acontecimientos, los brasileños fueron adhiriendo cada vez más a las críticas liberales y los portugueses se apegaron a la figura del emperador. El sentimiento antilusitano tuvo un fuerte poder movilizador en la población urbana y en el Ejército. Flotaba en el aire la sospecha de que don Pedro intentaría volver a los tiempos del Reino Unido, sobre todo porque, con la muerte de don João VI en 1826, se abría la posibilidad de que él asumiera también el trono portugués debido a su calidad de primogénito.

El Ejército se fue alejando del Emperador. Su base, que se reclutaba en los sectores más pobres de la población urbana, estaba compuesta mayoritariamente por mulatos que sufrían con las malas condiciones de vida, el atraso en el pago de los sueldos y la disciplina impuesta. La cúpula estaba descontenta con las derrotas militares y con la presencia de oficiales portugueses en los puestos de comando.

Los hechos se precipitaron a partir de mediados de 1830. La caída de Carlos X en Francia y el comienzo de la Monarquía de Julio –tenida por liberal– repercutieron en Brasil y fueron objeto de discusión hasta en el Consejo de Estado. En marzo de 1831 subió la temperatura política de Río de Janeiro. El Emperador regresaba de un viaje a Minas Gerais, adonde había sido recibido con la mayor frialdad. Para demostrarle su apoyo, los portugueses decidieron realizar festejos promovidos por la sociedad secreta Columna del Trono. Hubo entonces una reacción de los brasileños que generó los primeros tumultos, que se prolongaron durante cinco días. A esto, siguieron intentos de formación de un nuevo ministerio y nuevas manifestaciones de protesta. Los comandantes militares brasileños de mayor prestigio –como los hermanos Lima e Silva, uno de ellos padre del futuro duque de Caxias– adhirieron a la revuelta. Finalmente, el 7 de abril de 1831, don Pedro fue forzado a abdicar en favor de su hijo, el futuro don Pedro II.

Si bien Brasil tendría ahora la posibilidad de consagrar a un rey nacido en el país, pasaría casi una década antes de que eso sucediera. El pequeño Pedro tenía apenas cinco años de edad cuando su padre abdicó al trono y partió rumbo a Inglaterra soñando con recuperar otro trono, el portugués, que ocupaba su hermano don Miguel.

* * *

El período posterior a la abdicación de don Pedro I se designa como Regencia porque el país fue regido por figuras políticas que actuaban en nombre del emperador hasta su mayoría de edad anticipada, en 1840. En un principio, los regentes eran tres; pero pasó a ser uno a partir de 1834.

El período regencial fue uno de los más agitados de la historia política de Brasil. En aquellos años, en los que estuvo en juego la unidad territorial del país, hubo ciertos temas que ocuparon el centro del debate político: la centralización o descentralización del poder, el grado de autonomía de las provincias y la organización de las fuerzas armadas. Las reformas que realizaron los regentes son un buen ejemplo de las dificultades que presentaba la adopción de una práctica liberal que intentara apartarse de los males del absolutismo. En el contexto brasileño, muchas de las medidas orientadas a flexibilizar el sistema político y a garantizar las libertades individuales generaron violentos conflictos entre las elites y favorecieron el predominio de los intereses de grupos locales. Gran parte de estas cuestiones no llegaron a resolverse en la época regencial, porque la monarquía centralizada recién pudo consolidarse hacia 1850, cuando cesaron las últimas rebeliones provinciales.

Para poder comprender las dificultades del período es necesario señalar un punto de suma importancia: la falta de consenso entre las elites en torno al orden constitucional más conveniente. Incluso tampoco había claridad sobre el papel del Estado en tanto organizador de los intereses generales dominantes. Para definir ese rol hubo ocasiones en las que fue preciso sacrificar los intereses específicos de un determinado sector social.

La tendencia política que resultó vencedora luego del 7 de abril fue la de los liberales moderados, quienes se organizaron, siguiendo la tradición masónica, en la Sociedad Defensora de la Libertad y la Independencia Nacional. Entre ellos había un alto porcentaje de políticos de Minas Gerais, San Pablo y Río de Janeiro. También existía una significativa presencia de sacerdotes y de algunos egresados de Coimbra. Muchos de ellos eran propietarios de tierras y de esclavos. Dentro de esta corriente se destacaron los nombres de Bernardo Pereira de Vasconcelos, magistrado minero educado en Coimbra; del padre Diogo Feijó, nacido en San Pablo y futuro regente; y de Evaristo da Veiga, responsable por la edición en Río de Janeiro de la *Aurora Fluminense*, el más importante periódico liberal de su tiempo.

En la oposición quedaban enfrentados los "exaltados", por un lado, y los absolutistas, por otro. Los "exaltados" defendían la Federación, las libertades individuales y, en algunos casos, la República. Los absolutistas, llamados *caramurus*,* luchaban por el regreso al trono de don Pedro I, contaban entre sus filas con muchos portugueses y tenían altos puestos en la burocracia, el Ejército y el gran comercio. Pero los sueños restauradores no duraron mucho tiempo, ya que don Pedro I murió en Portugal en 1834.

* * *

Las reformas del período regencial intentaron suprimir o reducir las atribuciones de algunos órganos de la monarquía, a la vez que trataron de crear una nueva forma de organización militar, disminuyendo para ello el papel del Ejército.

---

* Término utilizado por los indígenas para referirse a los primeros europeos que se establecían en territorio brasileño. [N. del T.]

En 1832 entró en vigor el Código de Proceso Criminal, que fijó normas para la aplicación del Código Criminal de 1830. El Código de Proceso Criminal otorgó mayores poderes a los jueces de paz, quienes ya eran elegidos en las localidades durante el reinado de don Pedro I, pero que ahora podían apresar y juzgar a personas acusadas de cometer pequeñas infracciones. Al mismo tiempo –y siguiendo ahora el modelo americano e inglés–, para juzgar la gran mayoría de los crímenes se creó la institución del jurado, así como también el *habeas corpus*, concedido a personas detenidas ilegalmente o cuya libertad estuviese amenazada.

Una ley de agosto de 1834 llamada Acto Adicional –porque hizo adiciones y alteraciones a la Constitución de 1824– determinó que el Poder Moderador no podía ser ejercido durante la Regencia. La misma ley también suprimió el Consejo de Estado. Si bien los presidentes de provincia continuaron siendo elegidos por el gobierno central, se crearon asambleas provinciales con mayores poderes, que sustituyeron a los antiguos consejos generales.

Además, se legisló sobre el reparto de las rentas entre el gobierno central, las provincias y los municipios. Las asambleas provinciales fueron autorizadas a fijar los gastos municipales y provinciales, e incluso podían crear impuestos necesarios para la atención de esos gastos, siempre y cuando no perjudicaran a las rentas que debían ser recaudadas por el gobierno central. Una de las atribuciones más importantes concedida a las asambleas provinciales fue la de nombrar y destituir a los funcionarios públicos. De ese modo, se ponía en manos de los políticos regionales un arma importante, tanto para obtener votos a cambio de favores, como también para perseguir enemigos.

Cuando comenzó el período regencial, el Ejército era una institución mal organizada, vista con gran desconfianza por el gobierno. El número de oficiales portugueses continuó siendo importante aun después de la abdicación de don Pedro. Sin embargo, la mayor preocupación era la base del Ejército, formada por personas mal remuneradas, insatisfechas y proclives a aliarse al pueblo en las revueltas urbanas.

Una ley de agosto de 1831 creó la Guardia Nacional, sustituyendo así a las antiguas milicias. Esta ley era una copia de otra francesa del mismo año. Teóricamente, se pretendía organizar un cuerpo armado de ciudadanos confiables, capaces de reducir los excesos del gobierno centralizado y, al mismo tiempo, las amenazas de las "clases peligrosas". En la práctica, se le encomendó mantener el orden en el municipio adonde era formada. En casos especiales, también fue convocada para enfrentar rebeliones fuera del municipio y para proteger las fronteras del país, bajo la dirección del Ejército.

La Guardia Nacional estaba compuesta, de forma obligatoria, por todos los ciudadanos con derecho al voto en las elecciones primarias que tuviesen entre veintiún y sesenta años. El alistamiento obligatorio en la Guardia Nacional redujo los cuadros del Ejército, pues quien perteneciese a ella era exceptuado del reclutamiento para servir en el Ejército. Hasta 1850, los oficiales subalternos de la Guardia Nacional eran elegidos por los propios integrantes de la corporación mediante una elección presidida por el juez de paz. Pero la realidad nacional y las necesidades de establecer una jerarquía se sobrepusieron al principio electivo. Las elecciones se transformaron en letra muerta y desaparecieron incluso antes de que la ley fuese cambiada.

* * *

Las revueltas del período regencial no se pueden encuadrar en un solo molde. Si bien todas tenían que ver con las dificultades de la vida cotidiana y las incertidumbres de la organización política, cada una de ellas fue consecuencia de realidades específicas, provinciales o locales. Muchas rebeliones se produjeron en las capitales más importantes y tuvieron como protagonistas a la tropa y al pueblo, sobre todo hasta mediados de la década de 1830. En Río de Janeiro hubo cinco levantamientos entre 1831 y 1832. Fue justamente en 1832 cuando la situación se volvió tan seria que el Consejo de Estado fue consultado acerca de las medidas que deberían tomarse para salvar al emperador niño, en caso de que la anarquía se apoderase de la ciudad y de que las provincias del norte se separasen de las del sur.

En contraste con esas revueltas, entre 1832 y 1835 se produjo la eclosión en Pernambuco de la *Guerra dos cabanos*. Éste fue un movimiento esencialmente rural, que también se diferenció de las anteriores insurrecciones pernambucanas por su contenido. Los cabanos agrupaban a pequeños propietarios, trabajadores del campo, indios, esclavos y, en un comienzo, a algunos señores de ingenio. En cierto sentido constituían una anticipación de lo que luego sería la revuelta *sertanera* de Canudos, a comienzos de la República. Lucharon por la religión y por el retorno del emperador contra los llamados "carbonarios jacobinos", haciendo una referencia crítica a los revolucionarios franceses y a las sociedades secretas liberales europeas del siglo XIX.

De esa forma, los sectores pobres de la población rural expresaban su descontento contra aquellos cambios que no entendían y que eran muy distantes de su mundo. Dados los objetivos explícitos de la revuelta, los cabanos contaron con el apoyo inusitado de los comerciantes portugueses de Recife y de los políticos restauracionistas de la capital del Imperio.

Luego de una guerra de guerrillas, los rebeldes fueron derrotados por Manuel de Carvalho Pais de Andrade, quien fuera –irónicamente– la misma persona que había proclamado en 1824 la Confederación del Ecuador y que ahora era presidente de la provincia.

Con posterioridad al Acto Adicional se sucedieron: la *Cabanagem* en Pará (1835-1840) –que no debe ser confundida con la *Guerra dos cabanos* en Pernambuco–, la *Sabinada* en Bahía (1837-1838), la *Balaiada* en Marañón (1838-1840) y la *Farroupilha* en Río Grande do Sul (1836-1845).

El surgimiento de tantas revueltas en este período puede parecer extraño, sobre todo cuando se recuerda que muchas de las antiguas quejas de las provincias se dirigían contra la centralización monárquica. Al final de cuentas, la Regencia intentaba otorgar alguna autonomía a las asambleas provinciales y también organizar la distribución de rentas entre el gobierno central y las provincias. Pero sucede que, al actuar en ese sentido, los regentes acabaron por avivar las disputas entre las elites regionales por el control de provincias cuya importancia iba en aumento. Además, el gobierno había perdido el aura de legitimidad que detentaba, en principio, cuando había un emperador en el trono. Algunos consejos equivocados al presidente de provincia hicieron el resto.

La *Cabanagem* estalló en Pará, una región débilmente ligada a Río de Janeiro. Allí, la estructura social no tenía la estabilidad de otras provincias, ni tampoco había una clase de propietarios rurales sólidamente establecida. Era un mundo de indios, mestizos, trabajadores esclavos o dependientes y de una minoría blanca formada por comerciantes portugueses y unos pocos ingleses y franceses. Esa minoría se concentraba en Belén, una pequeña ciudad de 12 mil habitantes, por la que encontraba salida la modesta producción de tabaco, cacao, caucho y arroz.

Un enfrentamiento entre grupos de la elite local acerca de la designación del presidente de la provincia abrió el camino a la rebelión popular. Fue proclamada entonces la independencia de Pará. Una tropa compuesta básicamente por negros, mestizos e indios atacó Belén y conquistó la ciudad luego de varios días de lucha. A partir de allí, la revuelta se extendió al interior de la provincia. En el fragor de la lucha, se destacó el liderazgo rebelde de Eduardo Angelim, un cearense de apenas veintiún años que había emigrado a Pará luego de una gran sequía ocurrida en Ceará en 1827. Angelim intentó organizar un gobierno, nombrando como secretario a un sacerdote −una de las pocas personas capaces de escribir de manera fluida−.

Los cabanos no llegaron a plantear una organización alternativa en Pará, concentrándose en el ataque a los extranjeros y masones, así como en la defensa de la religión católica, de los brasileños, de don Pedro II, de Pará y de la libertad. Aunque entre los cabanos había muchos esclavos, no fue abolida la esclavitud. Angelim incluso reprimió una insurrección de esclavos.

Luego del bloqueo de la entrada al río Amazonas y de una serie de largos y crueles combates, finalmente la rebelión fue vencida por las tropas legalistas. Belén terminó prácticamente destruida y la economía fue devastada. Se calcula que entre rebeldes y legalistas murieron 30 mil personas, o sea, cerca del 20% de la población estimada de la provincia.

La *Sabinada* es designada así por derivación del nombre de su líder principal, Sabino Antonio Barroso, periodista y profesor de la Escuela de Medicina. Desde la época de la Independencia, Bahía había sido teatro de varias revueltas urbanas, algunas de las cuales fueron realizadas por esclavos o contaron con su participación. La *Sabinada* contó con una amplia base de apoyo −incluyendo a personas de la clase media y del comercio de Salvador−, agrupada en torno de ideas federalistas y republicanas.

El movimiento buscó una salida de compromiso en relación con los esclavos, dividiéndolos en nacionales y extranjeros. Los cautivos criollos que hubiesen tomado las armas en defensa de la revolución serían liberados; el resto continuaría esclavizado. Los sabinos no consiguieron penetrar en el Recóncavo, donde se encontraban los señores de ingenio que apoyaban al gobierno. Luego del establecimiento de un cerco por mar y tierra a Salvador, las fuerzas gubernamentales recuperaron la ciudad con una larga lucha cuerpo a cuerpo que costó cerca de 1.800 muertos.

La *Balaiada* marañense comenzó a partir de una serie de disputas entre grupos de la elite local. Las rivalidades desembocaron en una revuelta popular. Ésta se concentró en el sur de Marañón, junto a la frontera con Piauí, un área de pequeños productores de algodón y de criadores de ganado. Al frente del movimiento estuvieron Raimundo Gomes, envuelto en la política local, y Francisco dos Anjos Ferreira, de cuyo oficio –hacer y vender *balaios*–* derivó el nombre de la revuelta. Ferreira adhirió a la rebelión para vengar la honra de una hija suya, que había sido violada por un capitán de la policía. Paralelamente, al frente de 3 mil esclavos fugitivos surgió un líder negro conocido como Cosme (que carece de apellido en los relatos históricos).

Los *balaios* llegaron a ocupar Caxias, segunda ciudad de la provincia. En sus pocas proclamas escritas constan vivas a la religión católica, a la Constitución, a don Pedro II y a la "santa causa de la libertad". No son evocados allí temas de naturaleza social o económica, pero es difícil imaginar que Cosme y sus hombres no estuviesen luchando por su libertad personal, fuese ella santa o no.

Las distintas tendencias existentes entre los *balaios* llevaron a desentendimientos internos. A su vez, la acción de las tropas del gobierno fue rápida y eficaz. Los rebeldes fueron derrotados a mediados de 1840. A ello le siguió la concesión de una amnistía que estaba condicionada a la reesclavización de los negros rebeldes. Cosme fue ahorcado en 1842. Al frente de las tropas imperiales figuraba un oficial que tuvo presencia constante en los enfrentamientos políticos y en las batallas del Segundo Reinado: Luis Alves de Lima e Silva, quien en la ocasión recibió el título de barón de Caxias.

A miles de kilómetros del norte y del nordeste, en Río Grande do Sul, estalló en 1835 la *Guerra dos farrapos* o *farroupilhas*. Las expresiones *farrapos* y *farroupilhas* son sinónimos que significan andrajosos, gente vestida con harapos. Los *farrapos gaúchos* recibieron este sobrenombre despreciativo de sus enemigos. Pero la verdad es que, si bien sus tropas podían ser *farroupilhas*, los dirigentes poco tenían de eso, pues representaban a la elite de estancieros y criadores de ganado de la provincia.

Desde los tiempos coloniales Río Grande do Sul era un caso especial entre las regiones brasileñas. Por su posición geográfica, formación económica y vínculos sociales, los *gaúchos* tenían muchos lazos con el mundo del Plata, en especial con Uruguay. Los jefes de grupos militarizados de la frontera –los caudillos–, que también eran criadores de ganado, tenían muchas relaciones en ese país. No sólo poseían tierras allí, sino que también se unían a muchas familias de la elite por medio del casamiento.

* El *balaio* es una cesta o canasta de mimbre. [N. del T.]

Por otro lado, y desde el punto de vista del destino de sus productos, la economía riograndense se vinculaba tradicionalmente al mercado interno brasileño. Era un centro de cría de mulas que tuvo un importante papel en el transporte de mercaderías en el centro y sur del país antes de la construcción de los ferrocarriles. En el período de renacimiento agrícola de las últimas décadas del siglo XVIII, llegaron colonos de las Azores que plantaron trigo, que era consumido sobre todo en Brasil. Cuando se produjo la independencia del país, este período de expansión triguera ya se había terminado debido a las plagas y a la competencia norteamericana.

Se generalizó entonces la cría de ganado, así como también la transformación de la carne bovina en charque (carne seca). El charque era un producto vital, destinado al consumo de la población pobre y de los esclavos del sur y centro sur. Los criadores de ganado y los charqueadores formaban dos grupos separados. Los criadores estaban establecidos en la región de Campaña, situada en la frontera con Uruguay. Los charqueadores habían instalado sus industrias en el litoral, en áreas de lagunas, donde se ubicaban ciudades como Río Grande y Pelotas. Además de trabajadores y dependientes, los criadores y charqueadores utilizaban mano de obra esclava.

Las quejas de Río Grande do Sul contra el gobierno central tenían larga data. Los *gaúchos* consideraban que, a pesar de la contribución de la provincia a la economía brasileña, ésta era explotada por medio de un sistema de pesados impuestos. Las reivindicaciones de autonomía e incluso de separación eran antiguas, y muchas veces incluían tanto a los conservadores como a los liberales.

La Regencia y el Acto Adicional no bastaron para reducir el descontento. Las provincias que no podían sostener todos sus gastos recibían recursos del gobierno central, en parte provenientes de otras provincias. Esto sucedía antes del Acto Adicional y continuó después de él. Río Grande do Sul enviaba fondos para cubrir los gastos de Santa Catarina y de otras regiones en forma permanente.

Sin embargo, la revuelta no consiguió unir a todos los sectores de la población *gaúcha*. Preparada por estancieros de la frontera y por algunas figuras de la clase media de las ciudades, obtuvo su principal apoyo de esos sectores. Los charqueadores, que dependían de Río de Janeiro —mayor centro de consumo brasileño de charque y de cueros— se alinearon con el gobierno central.

Además de las quejas ya señaladas, los estancieros tenían razones específicas de descontento. Pretendían terminar con la tasación de ganado en la frontera con Uruguay, o por lo menos reducirla, estableciendo la libre circulación de los rebaños que tenían en los dos países. A eso se sumaba el hecho de que ya poseían una organización militar basada en sus pequeños ejércitos particulares, en los que detentaban un liderazgo indiscutible, por lo que consideraban como una peligrosa novedad la creación de la Guardia Nacional con cargos electivos para los oficiales.

Los *farrapos* contaron con el apoyo de algunos oficiales del Ejército que habían llegado recientemente a Río Grande do Sul. En sus filas también se destacaron por lo menos dos docenas de revolucionarios italianos refugiados en Brasil, entre los cuales el más célebre era Giuseppe Garibaldi. La figura más importante del movimiento fue Bento Gonçalves, hijo de un rico estanciero y con dilatada experiencia militar en las guerras de la región. Éste organizó logias masónicas en la frontera y utilizó como alternativa para su correspondencia secreta el servicio postal de los masones.

La lucha fue larga y se basó en la caballería. Garibaldi y Davi Canabarro llevaron la guerra al norte de la provincia y asumieron temporariamente el control de Santa Catarina. En 1838, en la ciudad de Piratini –ubicada en la región *gaúcha* dominada por los rebeldes–, fue proclamada la República de Piratini, cuya presidencia estuvo a cargo de Bento Gonçalves.

La posición del gobierno central se caracterizó alternativamente por combates y concesiones a los rebeldes. Por su parte, el liderazgo de los *farrapos* estaba constituido por personas de la elite y la región donde luchaban tenía gran importancia estratégica para el Imperio. A principios de 1840, por ejemplo, el gobierno cedió a una de las principales exigencias económicas de los *farrapos*, y decretó una tasa de importación del 25% sobre la carne salada venida del Plata que competía con la nacional.

Un paso importante hacia el fin del conflicto tuvo lugar cuando Caxias fue nombrado presidente y comandante de armas de la provincia, en 1842. Él supo combinar hábilmente una política de ataque militar junto con medidas de apaciguamiento. Finalmente, en 1845, luego de lograr acuerdos con varios jefes rebeldes por separado, Caxias y Canabarro firmaron la paz. No era una rendición incondicional. A los revoltosos les fue concedida una amnistía general, sus oficiales se integraron en el Ejército de acuerdo con su grado militar y el gobierno imperial asumió las deudas de la República de Piratini.

No se puede afirmar con certeza que los *farrapos* desearan separarse de Brasil y formar un nuevo país junto con Uruguay y las provincias del Plata. Sea como fuere, un punto de acuerdo entre los rebeldes era hacer de Río Grande do Sul, por lo menos, una provincia autónoma, con rentas propias, libre de la centralización del poder impuesta por Río de Janeiro.

La revolución *farroupilha* forzó a Brasil a poner en marcha en la región del Plata una política exterior muy distinta de la tradicional. Durante años, Brasil se había visto obligado a no tener una política agresiva en el Plata, buscando acuerdos con Buenos Aires para poder así ocuparse de una revolución en sus fronteras. El fin de la *Farroupilha* reactivó las pretensiones brasileñas de mantener una fuerte influencia en Uruguay, junto con los temores de que un mismo poder controlase las dos márgenes del Río de la Plata. Esos temores se acrecentaban en la medida en que Juan Manuel de Rosas, al frente de Buenos Aires y de otras provincias argentinas, promovía una tentativa de consolidación del poder.

Se formó entonces una coalición antirrosista entre Brasil, la facción de los "colorados" –tradicionales aliados de Brasil en Uruguay– y las provincias argentinas de Corrientes y Entre Ríos, que se habían rebelado contra Rosas. La presencia brasileña fue dominante en la guerra iniciada en 1851, cuando don Pedro II ya había asumido el trono. Participaron del conflicto cerca de 24 mil soldados brasileños, reclutados principalmente en Río Grande do Sul. Una vez garantizado el control de Uruguay por los "colorados", las tropas rosistas fueron derrotadas en territorio argentino (Monte Caseros, febrero de 1852).

* * *

Mientras las rebeliones agitaban Brasil, se iban definiendo las tendencias políticas en el núcleo dirigente. Surgían los primeros esbozos de los dos grandes partidos imperiales: el conservador y el liberal. Los conservadores sumaban a magistrados y burócratas, una parte de los propietarios rurales –especialmente de Río de Janeiro, Bahía y Pernambuco– y a los grandes comerciantes, entre los cuales se contaban muchos portugueses. Los liberales agrupaban a la pequeña clase media urbana, algunos sacerdotes y a propietarios rurales de las áreas menos tradicionales, sobre todo de San Pablo, Minas Gerais y Río Grande do Sul.

Sin embargo, el sistema político todavía no se había.estabilizado. En las elecciones para la regencia única, realizadas en abril de 1835, el padre Feijó derrotó a su principal competidor, Holanda Cavalcanti, propietario rural de Pernambuco. Poco más de dos años después, en septiembre de 1837, Feijó renunció. Había sufrido presiones del Congreso y se lo acusó de no emplear la suficiente energía para reprimir a los *farrapos*, entre cuyos jefes se encontraba uno de sus primos.

En las elecciones siguientes triunfó Pedro de Araújo Lima, futuro marqués de Olinda, antiguo presidente de la Cámara y señor de ingenio en Pernambuco. La victoria de Araújo Lima fue el símbolo del "regreso". La palabra indica la acción de la corriente conservadora, deseosa de "regresar" a la centralización política y al refuerzo de la autoridad. En ese sentido, una de sus primeras leyes consistió en una "interpretación" del Acto Adicional (mayo de 1840), que retiró a las provincias muchas de sus atribuciones, especialmente en lo referido al nombramiento de funcionarios públicos.

El segundo reinado

Por una de esas paradojas corrientes en la política, no fueron los conservadores sino los liberales quienes aceleraron el ascenso al trono de don Pedro. Al ser superados por las iniciativas "regresionistas", promovieron en el Congreso la anticipación de la mayoría de edad del rey, valiéndose una vez más de una interpretación forzada del Acto Adicional. De esta forma, Pedro II asumió el trono de Brasil a los 14 años, en julio de 1840, cuando todavía era un adolescente.

Las medidas relacionadas con el "regreso" continuaron luego de 1840. Así, en 1841, fue restablecido el Consejo de Estado y se modificó el Código de Proceso Criminal. La totalidad del aparato administrativo y judicial volvió a las manos del gobierno central, a excepción de los jueces de paz. Aunque éstos perdieron importancia en favor de la policía.

En cada capital de provincia había ahora un jefe de policía nombrado por el ministro de justicia. En las parroquias y municipios se crearon los cargos de delegado y subdelegado.* A ellos les correspondía ahora asumir muchas de las funciones que antes se atribuían a los jueces de paz, incluso las de juzgar pequeñas causas criminales. De esta manera, la policía comenzaba a tener atribuciones que, en algunos casos, implicaban no sólo la investigación sino también el procesamiento y la aplicación de penas.

El proceso de centralización política y de refuerzo de la figura del emperador se complementó con otro de los objetivos centrales del "regreso": la reforma de la Guardia Nacional. El principio electivo, que nunca había funcionado en la práctica, desapareció por completo. Los oficiales comenzaron a ser elegidos por el gobierno central o por los presidentes de provincia, y se aumentaron las exigencias sobre las rentas necesarias para asumir los cargos. Se establecía así una jerarquía que garantizaba el reclutamiento de los oficiales en círculos más restringidos. A partir de allí, la competencia entre Guardia Nacional y Ejército daba paso a una división de funciones. A la Guardia Nacional le correspondería el mantenimiento del orden y la defensa de los grupos dominantes a nivel local, y al Ejército, el arbitraje de las disputas, la guarda de las fronteras y el mantenimiento de la estabilidad general del país.

* * *

Si bien los liberales obtuvieron beneficios de las medidas centralizadoras durante su paso por el poder, no todo sucedió de forma armónica. Durante los primeros años de la década de 1840, el gobierno imperial todavía carecía de una amplia base social de apoyo. En mayo y junio de 1842 hicieron eclosión revueltas liberales en dos provincias que hasta ese momento se habían visto poco afectadas por rebeliones –San Pablo y Minas Gerais– y luego el conflicto se extendió al Valle del Paraíba, en la provincia de Río de Janeiro. Los grandes propietarios rurales se dividieron y tomaron partido por ambos bandos. En Río de Janeiro el líder de los rebeldes era Joaquim de Sousa Breves, *fazendeiro* de café y también el hombre más rico de la provincia. Breves se oponía al gobierno por los intentos de éste de evitar la evasión impositiva ligada al café y por las medidas de combate al tráfico de esclavos.

Algunos años más tarde, en 1848, estalló en Pernambuco la Revolución *Praieira*. El nombre deriva de un diario liberal, el *Diário Novo*, cuya sede se ubicaba en la calle de la Praia, en Recife. El año de 1848 no fue un año cualquiera, ya que durante éste una serie de revoluciones democráticas sacudieron a Europa. En Olinda y Recife se respiraba un aire al que varios años atrás un autor anónimo –claro enemigo de las revoluciones– había calificado como "maligno vapor pernambucano". El vapor aho-

* Análogos a los cargos de comisario y subcomisario. [N. del T.]

ra estaba compuesto también por crítica social e ideas socialistas. Antonio Pedro de Figueiredo constituye un buen ejemplo de un crítico social tenaz. Desde las páginas de su revista *O Progresso* –publicada entre 1846 y 1848–, señaló entre los grandes males de la provincia a la estructura agraria, que favorecía la concentración de tierra en las manos de unos pocos propietarios, así como también al monopolio del comercio por parte de los extranjeros. Las ideas socialistas fueron difundidas por personas tan disímiles como Louis Vauthier –arquitecto francés contratado por el presidente de la provincia para embellecer Recife– y el general Abreu e Lima, quien años más tarde escribió un pequeño libro titulado *O Socialismo*. Claro que no se trataba del socialismo de Marx –poco conocido entonces aun en Europa–, sino del de Proudhon, Fourier y Owen.

Pero la Revolución *Praieira* no era una revolución socialista. Si bien fue precedida por manifestaciones contra los portugueses que provocaron varias muertes en Recife, su base rural estaba constituida por señores de ingenio ligados al partido liberal. La razón de su descontento tenía que ver con la pérdida del control de la provincia a manos de los conservadores. El núcleo urbano de los *praieiros* –en el que se destacaba la figura del viejo republicano Borges da Fonseca– defendió un programa favorable al federalismo, que impulsaba la abolición del Poder Moderador, la expulsión de los portugueses y la nacionalización del comercio al por menor, controlado en gran parte por ellos. Una novedad destacable fue la defensa del sufragio universal sin la exigencia de una renta mínima, aunque se mantenían entre las restricciones la edad mínima para votar y ser votado. Alrededor de 2.500 hombres atacaron Recife, pero fueron derrotados. Si bien la lucha guerrillera prosiguió hasta 1850, no causó mayores problemas al gobierno imperial.

* * *

La *Praieira* fue la última de las rebeliones provinciales. La integración de la provincia al orden imperial marcó también el fin del ciclo revolucionario en Pernambuco, que se había iniciado en tiempos de la guerra contra los holandeses.

Las elites imperiales venían tratando de formalizar reglas de juego político desde bastante antes de estallar la Revolución *Praieira*. El amplio acuerdo finalmente alcanzado contaba entre sus puntos básicos el refuerzo de la figura del emperador –por medio de la restauración del Poder Moderador y del Consejo de Estado– y un conjunto de normas escritas y no escritas. Estas últimas constituían lo que en forma deliberadamente vaga se designaba como "el espíritu del régimen". Comenzó a funcionar entonces un sistema de gobierno semejante al parlamentario; pero que, sin embargo, no se confundía con el parlamentarismo en el preciso sentido de la expresión. Para comenzar, la Constitución de 1824 no tenía nada de parlamentaria. Según sus mecanismos, el Poder Ejecutivo era liderado por el emperador y ejercido por ministros de Estado nombrados libremente por él. Durante el Primer Reinado y la

Regencia no hubo práctica parlamentaria. Ésta se fue delineando a partir de 1847, pero lo hizo de forma peculiar y restringida. En ese año, se creó a través de un decreto la figura del presidente del Consejo de Ministros, que era indicado por el emperador.

Esa figura política era la que formaba el ministerio, cuyo conjunto constituía el Consejo de Ministros o gabinete, encargado del Poder Ejecutivo. Dicho sistema obligaba al gabinete a contar con la confianza de la Cámara y del emperador para poder mantenerse en el gobierno. Se dieron casos en que la Cámara forzó la implementación de cambios en la composición del Consejo de Ministros. Pero el Poder Moderador le permitía al emperador detentar una suma tal de atribuciones que, aun en la fase que va de 1850 a 1889, es posible diferenciar claramente al sistema político imperial del parlamentarismo. Cuando la Cámara no apoyaba el gabinete de su preferencia, el emperador usaba las prerrogativas del Poder Moderador. En ese caso, disolvía la Cámara después de escuchar al Consejo de Estado y convocaba a nuevas elecciones. Dado que el peso del gobierno era muy grande en las elecciones, el emperador conseguía elegir una Cámara que estuviera en sintonía con el gabinete elegido por él.

Ese mecanismo permitió la sucesión de treinta y seis gabinetes en cincuenta años, con un promedio de duración de un año y tres meses. Aparentemente, eso sería un indicador de gran inestabilidad. Pero de hecho, y a pesar de las crisis, el sistema político permitió la alternancia en el gobierno de los dos principales partidos. Para el que quedaba en la oposición, cabía siempre la esperanza de ser llamado a gobernar. De esta forma, no fue necesario recurrir a las armas.

* * *

En la década de 1830 quedaron constituidos los dos grandes partidos imperiales: el Conservador y el Liberal. Pero, ¿existían diferencias ideológicas o sociales entre ellos? En el fondo, ¿no se trataba de dos grupos casi idénticos, separados apenas por rivalidades personales? Fueron muchos los contemporáneos que afirmaron eso. Al respecto, se hizo célebre una frase atribuida al político pernambucano Holanda Cavalcanti "Nada se parece más a un *saquarema* que un *luzia* en el poder". *Saquarema* era el sobrenombre dado a los conservadores durante los primeros años del Segundo Reinado, derivaba del municipio fluminense de Saquarema, donde tenía una *fazenda* uno de los principales jefes del partido, el vizconde de Itaboraí. A su vez, *Luzia* era el sobrenombre de los liberales, y aludía a la Villa de Santa Luzia, en Minas Gerais, donde comenzó la Revolución de 1842. La idea de la no diferenciación de los partidos parecería confirmarse también por el hecho de que fue frecuente el paso de figuras políticas de un campo al otro.

Al considerar esta cuestión debemos tener en cuenta que, en gran medida, la política del período —y no sólo de él— no se hacía para alcanzar grandes objetivos ideológicos. Llegar al poder significaba obtener prestigio y beneficios para sí mismo y para los allegados. En las elecciones no se esperaba que el candidato cumpliese con consignas programáticas, sino con las promesas hechas a sus partidarios. Conservadores y liberales utilizaron los mismos recursos para lograr sus victorias electorales, concediendo favores a los amigos y empleando la violencia con los indecisos y los adversarios. De esa forma, la división entre ambos tenía mucho de una disputa entre clientelas opuestas en búsqueda de ventajas o por las migajas del poder.

Al mismo tiempo, la política no quedaba reducida al mero interés pesonal, ya que la elite política del Imperio debía enfrentar −en un plano más amplio− los grandes temas de la organización del Estado, las libertades públicas, la representación y la esclavitud. Los distintos puntos de vista sobre esos temas, ¿tendrían su correlato en las divisiones partidarias? Y, si eso ocurrió, ¿qué significarían esas divisiones? Por merecer un tratamiento especial, dejaremos para más adelante el problema de la esclavitud y nos ocuparemos ahora de las otras cuestiones.

El tema de la centralización o la descentralización del poder dividió efectivamente a conservadores y liberales. Sin embargo, en la práctica esa división sólo fue relevante durante la década de 1830, cuando las dos tendencias todavía no llegaban a ser partidos. Las medidas relativas al "regreso" y la mayoría de edad de don Pedro −que habían sido promovidas por los mismos liberales− señalaron la victoria del modelo centralizador. De allí en adelante, ambos partidos adherirían a esa posición, a pesar de que los liberales insistiesen en defender la descentralización (de la boca para afuera).

El Partido Liberal levantó las banderas de la defensa de las libertades y de una mayor representación política de los ciudadanos. En esto hubo una evolución de las posiciones del partido. Así fue que recién a partir de la década de 1860 estos temas ganaron fuerza, junto con la reedición de las propuestas descentralizadoras. En 1870 se organizó el llamado Nuevo Partido Liberal, al que se sumaron conservadores como Nabuco de Araújo y Zacarias de Góis. En su programa se planteaba la elección directa en las grandes ciudades; el Senado temporario; la reducción de las atribuciones del Consejo de Estado; la garantía de la libertad de conciencia, de educación, de comercio y de industria; y la abolición gradual de la esclavitud.

Si existían ciertas diferencias ideológicas entre los dos partidos, cabe preguntarse cuál era su causa. Al analizar la composición de los ministerios imperiales, el historiador José Murilo de Carvalho llega a algunas conclusiones interesantes. Según él −sobre todo en las décadas de 1840 y 1850−, el Partido Conservador representaba una coalición de propietarios rurales y burócratas del gobierno, a la que se unió un sector de grandes comerciantes preocupados por las revueltas urbanas. Por su lado, el Partido Liberal reunía fundamentalmente a propietarios rurales y profesionales liberales.

Una importante diferencia tenía relación con la base regional de ambos partidos. Mientras que los conservadores contaban con mayor sustento en las provincias de Bahía y Pernambuco, los liberales eran más fuertes en San Pablo, Minas Gerais y Río Grande do Sul. El corazón de la política centralizadora defendida por los conservadores era la unión entre burócratas, entre quienes se destacaban los magistrados y los grandes propietarios rurales fluminenses.

Los dueños de la tierra fluminense –estrechamente vinculados a la corte por la geografía y por sus negocios– asumieron la concepción de un imperio estable y unificado, originaria de la burocracia parlamentaria. A su vez, el sector de propietarios rurales de Bahía y Pernambuco que pertenecía al Partido Conservador había vivido –y todavía estaba viviendo– la experiencia de las luchas por la autonomía regional con contenido popular. Ésta era la razón principal para dar su apoyo a la idea de un gobierno central investido de gran autoridad.

En un primer momento, las propuestas liberales de descentralización partieron de San Pablo y Río Grande do Sul, donde existía una tradición de autonomía de la clase dominante regional. En el caso de Minas Gerais, el liberalismo provenía tanto de los propietarios rurales como de la población urbana de las viejas ciudades surgidas con la explotación minera.

Por otro lado, la presencia de profesionales urbanos en el Partido Liberal tendría como consecuencia la incorporación de temas tales como una mayor representación y el énfasis en el papel de la opinión pública. Pero esa presencia sólo se volvió significativa a partir de la década de 1860, con el desarrollo de las ciudades y el aumento del número de personas con educación superior.

Por último, recordemos que hacia 1870, especialmente en San Pablo, las transformaciones socioeconómicas habían generado una clase basada en la producción cafetera, que asumió de forma consecuente uno de los principales aspectos de la descentralización: la defensa de la autonomía provincial. Al mismo tiempo, surgía una nueva convicción entre grupos de distinta base social, como esa burguesía cafetera y la clase media urbana: la certeza de que las reformas descentralizadoras y la ampliación de la participación política no podían generarse dentro del marco de la monarquía. Nacía así el movimiento republicano.

* * *

¿Por qué Brasil no se fragmentó y consiguió mantener la unidad territorial que venía de los tiempos de la colonia? Las rebeliones provinciales y las incertidumbres en torno a la forma de organizar el poder central indican que la unidad del país no estaba garantizada cuando se proclamó la Independencia. La unidad fue producto de la resolución de los conflictos por la fuerza o por la habilidad, así como del esfuerzo de los gobernantes para construir un Estado centralizado. Pero no cabe duda que, en ese proceso, la hipótesis de la separación de las provincias siempre fue menos probable que la de la permanencia de la unidad.

Dentro de la historiografía brasileña este tema es objeto de controversias, habiendo explicaciones antagónicas que enfatizan desde los elementos socioculturales hasta la naturaleza de las elites. Aun así no es imposible sintetizar esas explicaciones. Desde el punto de vista estructural, el sistema esclavista constituye el elemento explicativo fundamental. El interés por el mantenimiento de la esclavitud llevó a las provincias más importantes a desechar las alternativas de una separación del Imperio, ya que esto las debilitaría enormemente frente a las presiones internacionales antiesclavistas lideradas por Inglaterra. Al mismo tiempo, Inglaterra apoyó la unidad de un país que no sólo constituía su mayor mercado latinoamericano, sino que también se presentaba como una monarquía estable rodeada de repúblicas turbulentas.

A su vez, la formación de una elite homogénea –educada en la Facultad de Derecho de Coimbra y luego en las facultades de Olinda, Recife y San Pablo–, con una concepción jerárquica y conservadora, favoreció la implementación de una política cuyo objetivo era la construcción de un imperio centralizado. La circulación de esa elite por el país, que ocupó puestos administrativos en diferentes provincias, la integró al poder central y redujo su vinculación con los diferentes intereses regionales.

La estructura socieconómica y la esclavitud

La gran novedad de la economía brasileña de las primeras décadas del siglo XIX fue el surgimiento de la producción de café para la exportación. La introducción del cafeto en Brasil se debe a Francisco de Melo Palheta, quien en 1727 llevó a Pará las primeras semillas de la planta. Utilizado en el consumo doméstico, el café llegó a Río de Janeiro hacia 1760, mezclándose a los pequeños cultivos de quintas y huertas situados en los alrededores de la capital de la colonia.

Sin embargo, las condiciones requeridas para su primera gran expansión comercial se dieron en el extenso valle del río Paraíba, que atraviesa gran parte de Río de Janeiro y de San Pablo. El área era bien conocida y desde la época del auge minero estaba cruzada por algunos caminos y senderos que se dirigían a Minas Gerais; había allí tierra virgen disponible y un clima favorable. Además, y a pesar de que el transporte era precario, la proximidad del puerto de Río de Janeiro facilitaba la salida del producto y los contactos para la obtención de crédito, la compra de mercaderías, etcétera.

La instalación de las *fazendas** se dio según la forma tradicional de la gran propiedad, con la utilización de fuerza de trabajo esclava. Como lo demostraría luego el ejemplo de Colombia, no era imposible producir café exportable en pequeñas unidades productivas. Sin embargo, en el contexto de las condiciones brasileñas de acceso a la tierra y organización y provisión de la mano de obra, acabó por imponerse la gran propiedad.

La historia de la ocupación de las tierras siguió un padrón que venía del pasado y que se repetiría a lo largo de la historia de Brasil. Había muchas tierras inexploradas y una total indefinición de los límites de las propiedades. Los títulos de propiedad –en caso de que existieran– podían ser cuestionados, ya que, entre otras cosas, se superpo-

---

* En este contexto, *fazenda* hace referencia a la plantación esclavista, lo que indica una forma de organización de la producción más definida y homogénea que la hacienda. [N. del T.]

nían unos a otros. En un marco de ese tipo prevaleció la ley del más fuerte. El más fuerte era quien tenía condiciones para mantenerse en la tierra por la fuerza, desalojando a los poseedores sin recursos, contratando buenos abogados, sobornando jueces y legalizando así la posesión de las tierras.

Para instalar una *fazenda* de café, el *fazendeiro** tenía que realizar inversiones significativas que incluían la tala del bosque, la preparación de la tierra, la siembra, las instalaciones y la compra de esclavos. Además, si bien el cafeto es una planta perenne —o sea, la plantación no precisa ser renovada en el corto plazo—, las primeras cosechas sólo pueden recogerse luego de cuatro años. En un primer momento, los recursos para la instalación de una *fazenda* parecen haberse originado principalmente en el ahorro obtenido con la gran expansión del comercio, luego de la llegada de don João VI a Brasil. Con el correr del tiempo, las inversiones también provenían de las ganancias obtenidas con la propia producción de café y, a partir de 1850, de los capitales liberados por el fin del tráfico de esclavos.

Durante casi todo el período monárquico, el cultivo de café se realizó empleando técnicas bastante simples. Algunas de esas técnicas de uso del suelo —bastante depredatorias— existen hasta el día de hoy. La producción era extensiva, esto es, no había ningún interés o preocupación por la productividad de la tierra. Una vez agotado el suelo por la ausencia de abonos y de otros cuidados, se extendía el cultivo a nuevas áreas, quedando la antigua zona abandonada o destinada al cultivo de alimentos.

Los instrumentos de trabajo básicos de la gran explotación cafetalera fueron la azada y la hoz. Los esclavos se adaptaron a esas herramientas tradicionales del trabajador rural brasileño y las condiciones topográficas del valle del Paraíba favorecieron su uso. La utilización del arado por los *fazendeiros* de café recién se generalizaría hacia 1870, en las zonas nuevas de San Pablo.

Dejando a un lado los casos excepcionales, las tareas se desarrollaban de la siguiente manera. Una vez talado el bosque, se utilizaba parte de la madera y se quemaba el resto. El plantío se hacía por medio de mudas que, en los primeros tiempos, los *fazendeiros* ni siquiera alineaban. Siguiendo una costumbre antillana, entre las hileras de cafetos recién plantados se intercalaban cultivos de subsistencia, tales como poroto negro, maíz y mandioca. Esta práctica no sólo permitía la provisión de comida para los propietarios, sus dependientes y los esclavos, sino que además tenía la ventaja de proporcionar la sombra necesaria a las plantas en crecimiento.

El tratamiento dado al cafetal consistía tan sólo en carpir la tierra a su alrededor para eliminar las hierbas dañinas. Cuando el arbusto comenzaba a producir, los esclavos realizaban la cosecha manualmente. Se calcula que en las explotaciones fluminenses un esclavo trataba en promedio de 4 mil hasta 7 mil cafetos, lo cual no indica muchos cuidados. Las técnicas de producción y de beneficio eran preindustriales. Luego de ser embolsado con destino a la exportación, el transporte del café también se caracterizaba

---

* Es el propietario de la *fazenda*. [N. del T.]

por su precariedad. Antes de la construcción del ferrocarril, el transporte a los puertos era hecho por tropas de burros, a cargo de un guía y troperos esclavos. Las tropas recorrían los caminos que iban del valle a Río de Janeiro varias veces por año. A la ida cargaban la producción de la *fazenda* y a la vuelta traían provisiones como bacalao, charque, tocino y herramientas. Con el tiempo, los *fazendeiros* fueron comprando también muebles y piezas de lujo, como cristales y porcelanas.

Un personaje importante en la comercialización del café era el comisario. Ubicado en los puertos —en un principio en Río de Janeiro y luego también en Santos—, actuaba como intermediario entre productores y exportadores, al recibir la mercadería para venderla a los exportadores en el momento oportuno. El comisario proveía bienes de consumo e instrumentos al *fazendeiro* a cuenta de la mercadería que le era entregada o que le iba a ser entregada, y ganaba comisiones sobre el negocio. De esta forma se establecía una relación de confianza entre el *fazendeiro* y el comisario. Este último abría una cuenta corriente donde figuraban los créditos y débitos del otro. En ciertos casos la relación llegó hasta el punto de que algunos comisarios guiaran a sus clientes en la visita a la capital u orientaran a los hijos de éstos que iban a estudiar allí. Por lo general, productores y comisarios eran brasileños. Pero desde los primeros tiempos la exportación de café estuvo en manos de grandes organizaciones americanas e inglesas.

A pesar de que el hábito del consumo de café se había generalizado en Brasil, el mercado interno era insuficiente para absorber la producción en gran escala. La suerte de los negocios cafetaleros dependió del mercado externo, —al igual que en la actualidad—. El aumento de la producción de café fue paralelo a la ampliación de su consumo en las crecientes clases medias de los Estados Unidos y Europa. Aunque el café brasileño era exportado también a Alemania, los Países Bajos y Escandinavia, su principal consumidor eran los Estados Unidos.

En Inglaterra se había arraigado la costumbre de tomar té, por lo que nunca fue un gran consumidor de café. Lo poco que consumía llegaba de las colonias del Caribe, de América Central y del sur de Asia. Ese café entraba en el mercado inglés mediante el pago de impuestos reducidos, volviendo así menos viable el ingreso del café brasileño. Durante el siglo XIX y parte del siglo XX, ésa sería una importante característica de las relaciones internacionales de Brasil en el plano económico y financiero. Para conseguir créditos y empréstitos, el país dependía fundamentalmente de Inglaterra. En este sentido, su deuda externa estaba contraída fundamentalmente con los banqueros ingleses. Pero las transacciones comerciales con Inglaterra no proveían recursos suficientes para hacer frente a las importaciones de ese país y para atender a los compromisos de la deuda.

El aumento de la producción cafetalera y su importancia para el comercio exterior de Brasil pueden medirse por un simple dato. En la década de 1821-1830, el café correspondía al 18% del valor de las exportaciones brasileñas; ya en el decenio 1881-1890 había pasado a ser el 61% de ellos.

Desde el punto de vista socioeconómico, el complejo cafetalero abarcaba un conjunto de actividades que desplazó definitivamente el centro dinámico del país hacia el centro-sur. Fue en función del café que se equiparon los puertos, se crearon nuevos mecanismos de crédito, empleos y se revolucionaron los transportes. Ahora bien, eso no sucedió de la noche a la mañana. Existió un proceso relativamente largo de decadencia del nordeste y de fortalecimiento del centro-sur, que se volvió irreversible hacia 1870.

Los grandes *fazendeiros* del Valle del Paraíba no sólo recibieron beneficios del poder central, sino que también se halagó su vanidad con la concesión de títulos nobiliarios. La aventura del gran *fazendeiro* fluminense Joaquim de Sousa Breves –quien en 1842 se puso al frente de los rebeldes liberales– era cosa del pasado. A mediados del siglo XIX, el Imperio había conseguido una base de apoyo en los grandes comerciantes y propietarios rurales, entre quienes se destacaban los barones del café de la provincia de Río de Janeiro. Esta afirmación no debe ser entendida en el sentido de que esos sectores sociales se hayan apropiado del Estado, ya que entre éste y los grupos dominantes de la sociedad existían visibles diferencias. Un indicio de ello se encuentra en el hecho de que los presidentes de provincia eran efectivamente escogidos fuera de los marcos de la elite provincial. Ese procedimiento evitaba la pura y simple identificación del nombrado con los intereses regionales. De ese modo, el gobierno central mantenía una mayor independencia en cada provincia para realizar su política.

Lo esencial de los intereses dominantes se veía contemplado por el emperador y la burocracia imperial por medio de la promoción del orden general, el tratamiento gradual del problema de la esclavitud, etcétera. Pero al actuar así podían llegar a contrariar, en ocasiones, los puntos de vista de su base de apoyo. Un ejemplo de eso lo constituye la Ley de Vientre Libre, propuesta por el emperador a pesar de la oposición casi generalizada de los *fazendeiros*.

El núcleo de una visión estatista de Brasil estaba concentrado en los miembros vitalicios del Consejo de Estado. En la imagen que traza José Murilo de Carvalho, los consejeros del Imperio de Brasil entendían a éste como un sistema heliocéntrico, dominado por el sol del Estado, en torno del cual giraban los grandes planetas de lo que llamaban las clases conservadoras y, mucho más lejos, la miríada de estrellas de la gran masa del pueblo.

El Brasil es el café y el café es el negro. Esta frase, bastante común en los círculos dominantes de la primera mitad del siglo XIX, sólo en parte es verdadera. El Brasil no era sólo el café, como tampoco había sido sólo el azúcar. Además, la producción cafetalera continuaría en el futuro sin el aporte del trabajo esclavo. Pero no hay duda de que en ese período buena parte de la expansión del tráfico se debió a las necesidades de la labranza del café.

Luego de la Independencia, el gobierno brasileño se encontraba en una situación complicada. Exceptuando algunas voces aisladas, no sólo los grandes propietarios y traficantes sino también toda la población libre estaban convencidos de que el fin del tráfico de esclavos provocaría, a corto plazo, un colapso en la sociedad. No obstante, Inglaterra –de quien dependía el país– presionaba cada vez más en un sentido contrario. Las desavenencias y acuerdos que tenían Brasil e Inglaterra sobre la cuestión muestran que, a pesar de la dependencia brasileña, no todo podía ser resuelto rápidamente de acuerdo con los objetivos ingleses.

Durante la década de la Independencia aumentó el tráfico con relación al período anterior. Según las estadísticas oficiales, el promedio del ingreso anual de esclavos a Brasil fue de 32.700 cautivos en el período 1811-1820 y de 43.100 en el período 1821-1830. Asimismo, creció enormemente la concentración del ingreso de esclavos en los puertos al sur de Bahía, ocupando un lugar destacado Río de Janeiro. Esos puertos recibieron el 53% del total de esclavos importados entre 1811 y 1820 y el 69% del total, entre 1821 y 1830. La mayoría de los cautivos fue enviada a las plantaciones de café del Valle del Paraíba en Río de Janeiro. Por cierto, en esa fase de la economía cafetalera la importación de esclavos –y no su traslado de la región de Minas Gerais, como se pensaba antes– constituyó la principal fuente de aprovisionamiento de cautivos.

En 1826 Inglaterra consiguió que Brasil aceptara un tratado por el cual, a partir del tercer año de su ratificación, sería declarado ilegal el tráfico de esclavos de cualquier procedencia hacia Brasil. Inglaterra se reservó incluso el derecho de inspeccionar en alta mar a los navíos que fueran sospechosos de practicar el comercio ilegal. El acuerdo entró en vigor en marzo de 1827 y debía hacerce operativo a partir de marzo de 1830. Una ley del 7 de noviembre de 1831 intentó poner en marcha el tratado, previendo la aplicación de severas penas para los traficantes y declarando libres a todos los cautivos que entrasen a Brasil después de aquella fecha. La ley fue aprobada en un momento de caída temporaria del flujo de esclavos. Sin embargo, pronto el flujo volvió a crecer y las disposiciones de la ley no tuvieron aplicación práctica.

Los traficantes no sólo todavía no eran mal vistos por las capas dominantes, sino que también se beneficiaron de las reformas descentralizadoras hechas por la Regencia. Los jurados locales, controlados por los grandes propietarios, absolvían a los pocos acusados que iban a juicio. La ley de 1831 fue considerada como una ley "para que vea el inglés". Esa expresión, hoy fuera de moda, comenzó a ser usada de allí en adelante para señalar alguna actitud que sólo tiene apariencia pero que carece de validez.

Son varias las razones por las cuales los grupos dominantes mantenían el trabajo esclavo. Entre ellas destaquemos el hecho de que todavía no existía una alternativa viable al trabajo esclavo en la gran propiedad, así como también la falta de rebeliones generalizadas de esclavos. El Recôncavo y la ciudad de Salvador constituyen una excepción parcial a este último aspecto. La rebeldía de los esclavos se instaló en la región a comienzos del siglo XIX, y se incorporó a la vida cotidiana. Sin embargo, los negros nacidos en Brasil casi nunca estuvieron presentes en esos movimientos, lo que muestra sus límites. La revuelta más significativa se produjo en 1835 en Salvador, cuando se levantaron centenares de negros africanos –esclavos y libertos– adeptos de la religión musulmana. Los negros musulmanes eran conocidos como *malês*, de allí surge el nombre dado a la rebelión. El levantamiento de los *malês* fue reprimido con violencia, y ocasionó la muerte de cerca de setenta participantes. Mas de quinientos africanos sufrieron distintos tipos de violencias, desde la pena de muerte –un pequeño número– hasta la prisión, los azotes y la deportación.

La situación de Bahía era excepcional, pero incluso allí no hubo otras rebeliones significativas luego de 1835. En Río de Janeiro, donde existía una masa esclava superior al 40% de la población, no ocurrió nada semejante. Fueron muchos los factores que contribuyeron para ello: la represión, las esperanzas de obtener la libertad, las divisiones entre esclavos en mejor o peor situación, entre libertos y esclavos o entre criollos y africanos.

Inglaterra no se cruzó de brazos frente a la inacción del gobierno brasileño. Muchos navíos que transportaban esclavos fueron capturados. En 1846 debía terminar el acuerdo que concedía a Inglaterra el derecho de revista, y Brasil no estaba dispuesto a prorrogarlo. Frente a eso, el Parlamento inglés aprobó un acto que fue conocido en Brasil como "Bill Aberdeen", en referencia a lord Aberdeen, ministro de Relaciones Exteriores británico. El acto autorizó a la Marina inglesa a tratar como piratas a los navíos negreros, con derecho a aprehender a los implicados y juzgarlos en tribunales ingleses. En Brasil, el "Bill Aberdeen" fue blanco de ataques con fondo nacionalista. Incluso en Inglaterra se levantaron muchas voces airadas contra el papel de "guardián moral del mundo" que se atribuía ese país.

En septiembre de 1848 subió al poder en Brasil un gabinete conservador que fue presidido, a partir de 1849, por el marqués de Porto Alegre. El gabinete representaba una alianza de burócratas, magistrados y grandes propietarios, en especial los *fazendeiros* fluminenses del café. Eusébio de Queirós fue nombrado para el cargo de Justicia. Nacido en Angola e hijo de un juez lusoangolano, Eusébio de Queirós se había casado con una joven proveniente de una familia ligada a los negocios urbanos de Río de Janeiro. El Ministerio de Justicia envió entonces al Parlamento un proyecto de ley para que se tomasen medidas más eficaces contra el tráfico, reforzándose así la ley de 1831. Entre otros puntos, Brasil reconocía que el tráfico era equivalente a la piratería y que tribunales especiales juzgarían a los infractores. El proyecto se convirtió en ley en setiembre de 1850. Esta vez la ley "prendió". La entrada de esclavos en el país cayó de alrededor de 54 mil cautivos en 1849, a menos de 23 mil en 1850 y cerca de 3.300 en 1851, y prácticamente desapareció a partir de entonces.

¿Qué había sucedido entre 1831 y 1850? ¿Por qué motivo la segunda ley "prendió" y la primera no? La respuesta está relacionada con las condiciones presentes a fines de la década de 1840, cuando se agudizó la presión de Inglaterra. Basándose en el "Bill Aberdeen", la Marina inglesa no se limitó a capturar en alta mar a los navíos sopechosos de contrabandear esclavos, sino que además sus naves penetraron en aguas territoriales brasileñas amenazando incluso con el bloqueo de los puertos principales. La escalada británica provocó incidentes a lo largo de la costa; el más serio de ellos consistió en el intercambio de disparos entre un navío de la escuadra inglesa y el fuerte de Paranaguá, en Paraná. Frente a esas fuertes presiones, las posibilidades de resistencia del gobierno imperial eran muy reducidas. Tanto más cuanto que Brasil se veía amenazado en el sur por una invasión argentina y necesitaba de la protección inglesa.

De esta forma, el movimiento de afuera hacia adentro se convirtió en un dato esencial para la extinción del tráfico. Al mismo tiempo, a finales de la década de 1840 el mercado de esclavos brasileño se encontraba abastecido después de años de intensa importación. Con el objetivo de obtener recursos destinados a la compra de esclavos, los *fazendeiros* fluminenses habían hipotecado sus propiedades a los grandes traficantes. Éstos comenzaban a ser vistos ahora con resentimiento. El frente interno antibritánico se había quebrado.

Además, el gobierno central lanzó una fuerte acción represiva. Por ejemplo, cuando se produjo en Pernambuco uno de los últimos intentos de desembarcar esclavos, Nabuco de Araújo —ministro de Justicia entre 1853 y 1857— llegó a imponer la sustitución del presidente de la provincia.

Luego de que se tomaran medidas efectivas de combate al tráfico, la esclavitud estaba destinada a desaparecer. Los propietarios de esclavos brasileños nunca se habían preocupado por su reproducción, lo que los hizo dependientes del flujo de las importaciones. Estancadas las importaciones, el número de cautivos tendía a volverse insuficiente para prestar los distintos servicios a los que estaban destinados. Asimismo, desde el punto de vista ideológico y político, el fin del tráfico significaba también una divisoria de aguas. Si Brasil ilegalizaba la importación de esclavos, el mantenimiento de la esclavitud en el país perdía legitimidad. Pero a partir de allí surgían varias preguntas. ¿En qué plazo y de qué forma terminaría la esclavitud en Brasil? ¿Quién sustituiría a la mano de obra esclava?

Un principio de respuesta puede encontrarse en la Ley de Tierras, aprobada en 1850, dos semanas después del fin del tráfico. La ley intentó poner orden en la confusión existente en materia de propiedad rural: determinó que las tierras públicas no podrían ser donadas —como había sucedido con las antiguas *sesmarías*—, sino que serían vendidas; también estableció normas para legalizar la posesión de tierras e intentó obligar a registrar las propiedades. La legislación fue concebida como una forma de evitar el acceso de los futuros inmigrantes a la propiedad de la tierra. Las tierras públicas deberían ser vendidas a un precio lo suficientemente elevado como para excluir a los poseedores e inmigrantes pobres. Los extranjeros que tuviesen pasajes financiados para llegar a Brasil quedarían inhibidos para adquirir tierras antes de los tres años posteriores a su llegada. En síntesis, los grandes propietarios querían atraer inmigrantes para comenzar a sustituir a la mano de obra esclava, pero tratando de evitar que ellos se convirtiesen en propietarios. Sin embargo, la gran inmigración todavía estaba lejos. La opción ampliamente utilizada por los *fazendeiros* del centro-sur sería la de abastecerse de esclavos en el mercado interno, comprándolos en las regiones en decadencia.

La modernización y la expansión cafetalera

Para Brasil, el año 1850 no marcó solamente la mitad del siglo. Fue también el año del fin del tráfico de esclavos, de la Ley de Tierras, de la centralización de la Guardia Nacional y de la aprobación del primer Código Comercial. Este último traía innovaciones que, al mismo tiempo, integraban los textos dispersos que venían del período colonial. Entre otros puntos, definió los tipos de compañías que podrían ser organizadas en el país y reguló sus operaciones. Tal como había ocurrido con la Ley de Tierras, su punto de referencia era el fin del tráfico.

La liberación de capitales derivada del fin de la importación de esclavos dio origen a una intensa actividad de negocios y de especulación para los cánones de la época. Surgieron entonces bancos, industrias, empresas de navegación a vapor, etcétera. Gracias a un aumento en las tarifas de los productos importados que había sido decretado a mediados de la década anterior (1844), crecieron las rentas gubernamentales. En 1852-1853 éstas representaban el doble de lo que habían sido en 1842-1843.

En el plano político, liberales y conservadores llegaron a un acuerdo nacional provisional que tuvo expresión en el Ministerio de Conciliación (1853-1856), cuyo presidente fue el marqués de Paraná. De un modo u otro, el acuerdo se mantuvo en los ministerios siguientes hasta 1861.

Se esbozaban así los cambios necesarios para una modernización capitalista de las áreas más dinámicas del país; o sea, surgían las primeras tentativas para crear un mercado de trabajo, de tierras y de los recursos disponibles.

La modernización debía pasar por la mejora del precario sistema de transportes. A mediados del siglo XIX, transporte moderno era sinónimo de navegación a vapor y, principalmente, de ferrocarriles. Aun así, data de esa época el emprendimiento de caminos más importante de todo el siglo: la Estrada União e Indústria, construida por iniciativa de Mariano Procópio, y que ligaba Petrópolis, en la provincia de Río de Janeiro, a Juiz de Fora, en Minas Gerais. Comenzada en 1856, alcanzó Juiz de Fora recién en 1861 y tenía una extensión de 144 kilómetros. Era una vía pavimentada con piedra quebrada o *macadamizada*, como se decía en la época, pues el sistema había sido inventado por el ingeniero inglés Mac Adam. Impresionaba también por sus puentes metálicos y sus estaciones de caballos para una línea regular de diligencias que corría por ella. No obstante, la União e Indústria tuvo un costo muy alto y era de difícil mantenimiento. Pronto sería superada por la competencia del ferrocarril.

Las mayores iniciativas para la construcción de ferrocarriles derivaron de la necesidad de mejorar las condiciones del transporte de las principales mercaderías de exportación hacia los puertos más importantes del país. Era preciso superar los inconvenientes ocasionados por los precarios caminos y por las cargas a lomo de burro, que aumentaban los costos y dificultaban el tránsito adecuado de los productos.

Los emprendimientos más importantes del nordeste se concentraron en Pernambuco, donde la función básica era la salida de la zafra del azúcar. Surgieron allí empresas de capital inglés: la pionera Recife-San Fancisco, cuya construcción comenzó en 1855, y, ya en la década de 1880, la Great Western. En el centro-sur, el mayor objetivo de los ferrocarriles sería el del transporte del café, un problema que era cada vez más preocupante a medida que las plantaciones se alejaban de la corte, extendiéndose a la zona de la Mata en Minas Gerais y después al llamado Oeste Paulista.

Entre 1840 y 1880 la construcción de ferrocarriles y la navegación a vapor revolucionaron la economía inglesa, incrementando la producción de la industria pesada del hierro, del acero y del carbón. La acumulación de capitales hizo posible el otorgamiento de empréstitos y las inversiones en el exterior, que fueron preferentemente hacia el sector de los ferrocarriles. Así, muchas líneas ferroviarias se construyeron con recursos financieros, materiales, equipos y contratantes ingleses.

La economía cafetalera del Valle del Paraíba llegó a su apogeo alrededor de 1850. El problema del transporte se solucionó en gran medida con la construcción de la Estrada de Ferro Dom Pedro II, más tarde denominada Central do Brasil. La construcción comenzó en 1855 y a lo largo de los años fueron inaugurados sucesivos segmentos de la línea hasta que ésta finalmente llegó a Cachoeira, en territorio paulista, recién en 1875. Con posterioridad, una empresa organizada en San Pablo sería la encargada de unir Cachoeira con la capital de la provincia, completando así el enlace entre Río de Janeiro y San Pablo.

* * *

Mientras tanto, el café comenzaba a ser introducido en una nueva zona en el interior de San Pablo: el llamado Oeste Paulista. El cafeto llegó allí para sustituir parcialmente la producción de caña en las antiguas *fazendas*. Dentro del conjunto de la economía brasileña, San Pablo siempre se había caracterizado por ser un productor marginal de azúcar. La tendencia a la caída del precio de este producto, en contraste con el del café, impulsó el cambio de un cultivo por el otro. El éxito de la economía cafetalera del Oeste Paulista dependía fundamentalmente de la existencia de transportes y de un puerto que fuera viable para la exportación, pues Río de Janeiro quedaba muy lejos. La mayor dificultad consistía en atravesar la escarpada sierra del Mar y llegar al litoral. Este obstáculo fue vencido con la construcción del ferrocarril de Santos a Jundiaí por una compañía concesionaria inglesa –la San Pablo Railway Co. Limited (SPR)–, que comenzó a funcionar en 1868. Santos exportaba pequeñas cantidades del café plantado en el litoral paulista desde fines del siglo XVIII, pero la instalación del ferrocarril representó un hito en la consolidación de la ciudad como centro exportador.

La SPR tenía una concesión para extender la línea ferroviaria desde Jundiaí hasta Río Claro. Sin embargo, perdió interés en el tramo, alegando dificultades en el mercado de capitales de Londres. Es posible que en esta cuestión hayan prevalecido consideraciones de tipo estratégico, ya que prácticamente la compañía monopolizaba el acceso al puerto de Santos desde el interior. A partir de gestiones iniciadas en 1868, surgió entonces la Companhia Paulista de Estradas de Ferro, una empresa formada con capitales brasileños ligados a los negocios del café. A ella le siguieron la Mogiana, la Ituana y la Sorocabana. Esta última constituyó una excepción, ya que no se vinculaba al café sino a la producción algodonera que se desarrolló en el área de Sorocaba en la década de 1860.

Las economías cafetaleras del Valle del Paraíba y del Oeste Paulista siguieron trayectorias opuestas. A partir de las últimas décadas del Imperio hubiera sido posible constatar que, mientras la primera declinaba, la segunda seguía en franca expansión. Si bien ambas regiones se caracterizaban por practicar la agricultura extensiva, en el Oeste Paulista había una gran disponibilidad de tierras que permitía la contínua incorporación de nuevas áreas; por su lado, el Valle del Paraíba tenía límites geográficos muy precisos y no había mucho lugar por donde avanzar. En este último caso el resultado fue que las tierras, agotadas y erosionadas, bajaron su rentabilidad y perdieron su valor. En vísperas de la Abolición, las mayores inversiones de los *fazendeiros* de la región se concentraban en los esclavos, hecho que demuestra por sí solo el impacto que allí causó el fin del sistema esclavista.

Además de la disponibilidad de tierras, otros factores que convergieron para explicar la trayectoria ascendente del Oeste Paulista tienen que ver con el medio físico, la tecnología y el momento histórico. La gran meseta del interior de San Pablo reunía condiciones más favorables de suelo y de clima para el cultivo del café. Allí se encuentra la tierra violácea, de alta productividad, donde el rendimiento del cafeto podía llegar a los treinta años, mientras que en otras tierras no iba más allá de un cuarto de siglo. En realidad se trata de tierra roja, llamada *rossa* (roja) por los inmigrantes italianos. Aunque no debemos exagerar los avances tecnológicos, fue en el Oeste Paulista donde se introdujeron el arado y el despulpador. Esto significó una verdadera revolución en la técnica de descascaramiento de los granos.

Por último, recordemos el momento histórico. La acumulación de capitales en la nueva región se dio en una etapa de la vida del país donde era clara la necesidad de buscar alternativas para sustituir la fuerza de trabajo esclava. El área cafetalera del valle del Paraíba surgió más temprano, teniendo como horizonte el sistema esclavista. El fin del tráfico la sorprendió en su apogeo. A medida que declinaba la productividad, aumentaba la dificultad para encontrar una alternativa al problema de la mano de obra, cuestión que nunca pudo ser superada.

Se formaron así dos clases regionales con destinos divergentes. Los *fazendeiros* del valle apoyaron la monarquía y se fueron separando de ella al tiempo que se aprobaban medidas tendientes a la abolición gradual de la esclavitud. Ese proceso de alejamiento se completó en 1888 con la Abolición, aunque en ese momento los barones del valle del Paraíba ya no tenían un gran peso social y político.

* * *

La economía del Oeste Paulista dio origen a una nueva clase que se acostumbra a designar como burguesía del café. A partir de las últimas décadas del siglo XIX, la región de San Pablo comenzó un proceso de transformaciones tendientes a la conformación de una economía capitalista. Claro que eso no sucedió de un momento a otro. En ciertos aspectos, la introducción del capitalismo sólo se completó en años recientes. Pero a lo largo de varias décadas se activó un proceso de acumulación de capitales, de diversificación de la economía y de formación de un mercado de tierras, de producción y de consumo.

En un primer momento, la acumulación de capitales se dio a través de la producción cafetalera, combinándose con inversiones en tierras, en bancos y en el comercio. La expansión del café generó una red de núcleos urbanos que se convirtieron en centros de pequeña producción y de consumo, lo que dio comienzo a la diversificación de la economía. A partir de la década de 1880, la entrada en masa de inmigrantes impulsaría la formación de un mercado de producción, consumo y mano de obra.

Sería ingenuo pensar que los grupos sociales del valle del Paraíba y del Oeste Paulista conformaron sectores absolutamente distintos, representando uno lo "viejo" –la aristocracia decadente– y el otro lo "nuevo" –la burguesía emprendedora–. Los dos grupos partieron de presupuestos comunes y se diversificaron en razón de diferentes realidades del medio físico y social. Ambos practicaron la agricultura extensiva y utilizaron ampliamente la mano de obra esclava. Los *fazendeiros* paulistas no se volcaron al inmigrante porque creían en las virtudes o en la mayor rentabilidad del trabajo libre, sino porque la alternativa del esclavo iba desapareciendo y había que dar una respuesta al problema. En 1887, menos de un año antes de la Abolición, San Pablo figuraba en tercer lugar en cuanto a población esclava de las provincias con 107 mil cautivos, ubicándose en primer lugar Minas Gerais (192 mil) y en segundo Río de Janeiro (162 mil).

Luego de 1850 el aprovisionamiento de esclavos se realizó a través del tráfico interprovincial. De esta manera, las migraciones internas en Brasil comenzaron bajo la triste forma de la transferencia forzada de esclavos de una región a otra. Surgieron entonces nuevos traficantes y una nueva profesión: la del viajante comprador de esclavos, quien recorría las provincias convenciendo a los *fazendeiros* más pobres o a los habitantes de las ciudades para que le vendieran esclavos. El transporte de cautivos hacia las regiones cafetaleras no sólo se realizaba por mar. Muchos esclavos eran obligados a viajar por tierra –por el interior de Bahía y Minas Gerais, hasta llegar a las regiones del café–, posiblemente con el objetivo de escapar al pago del impuesto correspondiente en los puertos de embarque.

No existen datos seguros sobre el volumen del tráfico interprovincial. Estimaciones globales indican que, entre 1850 y 1888, de 100 mil a 200 mil cautivos fueron desplazados de las zonas azucareras del nordeste hacia el centro-sur. Entre 1864 y

1874, el número de esclavos que había en el nordeste cayó de 774 mil (45% del total de esclavos existentes en Brasil) a 435 mil (28% del total). En el mismo período, la población esclava de las regiones cafetaleras aumentó de 645 mil (43% del total de esclavos) a 809 mil (56% del total), y sólo en la provincia de San Pablo se duplicó el número de esclavos, pasando de 80 mil a cerca de 174 mil.

Con el aumento del precio de los cautivos como consecuencia del fin del tráfico, se exportaron grandes cantidades de ellos incluso desde zonas productoras tradicionales, como Bahía y Pernambuco. A partir de 1874 hubo una declinación de la población esclava en todas las regiones del país, acentuándose esa tendencia a partir de 1885. No obstante, la caída fue mucho más nítida en el nordeste que en el centro-sur. Entre 1874 y 1884 el promedio general de la caída fue del 19%, correspondiéndole 9% al centro-sur y 31% al nordeste. En ese período el sur también presentó una fuerte declinación de la población esclava, que mermó casi el 39%, con Río Grande do Sul a la cabeza.

El comienzo de la gran inmigración

La mayor o menor dependencia regional de la mano de obra esclava tuvo importantes repercusiones políticas en el tratamiento del fin de la esclavitud. Pero al mismo tiempo, la posibilidad y la habilidad para lograr una solución alternativa –caso típico de San Pablo– también desempeñaron un papel relevante.

La solución alternativa consistió en atraer a la mano de obra europea para que viniera a trabajar en las *fazendas* de café. ¿Por qué no se intentó transformar a los esclavos en trabajadores libres? O, también, ¿por qué no se incentivó la llegada de personas de las áreas pobres del nordeste?

La primera pregunta tiene una respuesta doble. Por un lado, el prejuicio de los grandes *fazendeiros* dificultaba o incluso impedía que ellos pudiesen imaginar un cambio del régimen de trabajo de la masa esclava; por otro lado, es dudoso que, luego de largos años de servidumbre, los esclavos estuviesen dispuestos a aceptar una situación no muy distinta de la que tenían. En este sentido, recordemos que los inmigrantes se vieron forzados a presionar a los *fazendeiros* para alcanzar una condición relativamente mejor a la de los esclavos, especialmente cuando todavía existía el régimen servil.

La respuesta a la segunda pregunta tiene un punto de contacto con la primera. El argumento racista que permeó la mentalidad de los círculos dirigentes del Imperio –basado en autores como Buckle y Gobineau– no sólo desvalorizaba a los esclavos y ex esclavos. Nacidos en el transcurso de la colonización portuguesa, los mestizos también eran considerados seres inferiores, y la única salvación para Brasil consistiría en europeizarse lo más rápido posible. Junto con ese factor cultural deben considerarse otros. Los señores de ingenio y los plantadores de algodón del nordeste se habían desprendido recientemente de la mano de obra esclava; siendo

así, no verían con buenos ojos la transferencia al centro-sur de una fuerza de trabajo que estaba bajo su control.

Es cierto que la sequía azotaba periódicamente algunos estados del nordeste, generando una masa de miserables. Sin embargo, muchos quedaron abandonados y
otros fueron reclutados para trabajar en la extracción de caucho en el norte del país o
en las plantaciones de cacao de Bahía. En los últimos años del siglo XIX, el sueño de
riqueza o, por lo menos, de una vida mejor, no se localizaba en el lejano centro-sur
sino en la Amazonia y en ciertas regiones del propio nordeste.

La historia de la inmigración en gran escala hacia las zonas cafetaleras de San
Pablo no se enmarca en la periodización de la historia política. Comienza en el Segundo Reinado, pero tiene un impacto mayor durante los años posteriores a la proclamación de la República. El estímulo a la llegada de inmigrantes pasó por algunos
ensayos y errores. La primera experiencia fue realizada en 1847 por Nicolau de Campos Vergueiro, antiguo regente del Imperio y *fazendeiro*, cuya fortuna provenía en
buena parte del comercio de importación de esclavos. Con recursos provenientes del
gobierno imperial, trajo inmigrantes alemanes y suizos para trabajar como aparceros
en sus *fazendas* y en otras del Oeste Paulista.

La experiencia generó innumerables conflictos. A pesar de provenir de aquellas
regiones de Europa alcanzadas por la crisis de alimentos, los aparceros no se conformaron con las condiciones de existencia que encontraron en Brasil. Estaban sometidos a una estricta disciplina que incluía la censura de la correspondencia y el impedimento de la movilidad en las *fazendas*. Finalmente, estalló una revuelta en 1856, en
la *fazenda* de Ibicaba, de la que era propietario Vergueiro. De allí en adelante terminaron los intentos de aparcería.

Los esfuerzos para atraer inmigrantes fueron retomados a partir de 1871, coincidiendo con la aprobación de la Ley del Vientre Libre. Esta vez la iniciativa partió del
gobierno provincial, además de los propietarios rurales. Una ley de marzo de 1871
autorizó al gobierno paulista a tomar dinero público para prestárselo a los *fazendeiros*
con el fin de introducir trabajadores agrícolas en las *fazendas*. Para atraer a los
inmigrantes, se previó una ayuda para los gastos del viaje. Comenzaba así para San
Pablo la inmigración subvencionada, esto es, la llegada de inmigrantes con ayuda
concedida por el Estado. La subvención varió a lo largo de los años, incluyendo el
hospedaje por ocho días en la capital, en un edificio construido por el gobierno, y
el posterior traslado a las *fazendas*.

Hasta los primeros años de la década de 1880, el número de personas que entraron
como inmigrantes en San Pablo fue pequeño. Entre 1875 y 1879 se registró el ingreso de
apenas 10.455 personas, una cifra muy por debajo de las necesidades de la producción
cafetalera. Los italianos –que habían comenzado a llegar poco a poco a partir de 1874–
no estaban conformes con las condiciones de vida que existían en Brasil, y muchos regresaron a su tierra. En 1885 el gobierno italiano divulgó un oficio en el que describía a San
Pablo como una región inhóspita e insalubre, desaconsejando la emigración a Brasil.

Las figuras más prominentes de la elite paulista reaccionaron ante ese estado de cosas ya que era un momento delicado, en el que se volvía evidente la desorganización del sistema esclavista. La Sociedad Promotora de la Inmigración, fundada por iniciativa –entre otros– de los hermanos Martinho Prado Jr. y Antônio da Silva Prado en 1886, tomó una serie de medidas a fin de atraer inmigrantes a las *fazendas* de café.

La entidad publicó folletos en portugués, alemán e italiano, señalando las ventajas de la inmigración a San Pablo. Hacía comparaciones favorables con relación a otros países receptores de inmigrantes cuya atracción era mayor, como los Estados Unidos y la Argentina. Entre otros males, no mencionaba la existencia de la esclavitud. Martinho Prado Jr. realizó un viaje al norte de Italia para estudiar la forma de atraer inmigrantes y se abrió en Génova una oficina de la Sociedad Promotora.

La llegada de inmigrantes en grandes cantidades resultó finalmente favorecida por diversos factores presentes a un lado y a otro del océano. La crisis en Italia, producto de la unificación del país y de las transformaciones capitalistas –y que cayó con más fuerza sobre la población pobre–, fue un factor fundamental. Al mismo tiempo, el pago del transporte y la posibilidad de alojamiento representaron, bien o mal, un incentivo concreto.

Hasta los primeros años del siglo XX, la mayoría de los inmigrantes que llegó a San Pablo estaba formada por trabajadores del campo o por pequeños propietarios rurales del norte de Italia –sobre todo de las regiones del Véneto y de Lombardía– quienes no tenían posibilidades de sobrevivir con el cultivo de su pedazo de tierra.

Durante los últimos años del Imperio, la emigración a San Pablo, de cualquier procedencia, saltó de 6.500 personas en 1885 a casi 92 mil en 1888. En este último año los italianos constituyeron casi el 90% del total. Significativamente, la cosecha de café de 1888 –posterior a la abolición de la esclavitud en mayo de ese año– se pudo realizar sin problemas de mano de obra disponible.

La guerra de Paraguay

Mientras el café seguía su marcha en el Oeste Paulista y las propuestas de abolición gradual de la esclavitud daban los primeros pasos, hubo un acontecimiento internacional que llegaría a marcar profundamente la historia del Segundo Imperio. Ese acontecimiento fue la guerra de Paraguay, que duraría más de cinco años: desde el 11 de noviembre de 1864 –cuando se llevó a cabo el primer acto de hostilidad– hasta el 1° de marzo de 1870.

Para situar correctamente el conflicto, debemos comenzar delineando los trazos más generales de las naciones que se vieron envueltas en él, así como su interrelación. El fin del colonialismo español, durante las primeras décadas del siglo XIX, fue también el del Virreinato del Río de la Plata en tanto unidad política. Luego de largos conflictos, ese ámbito territorial vio nacer a la Argentina, Uruguay, Paraguay y Bolivia. El surgimiento de la República Argentina se produjo después de muchas idas y vueltas, así como de guerras civiles en las que se enfrentaron las tendencias unitaria y federal.

Los unitarios representaban principalmente a los comerciantes de Buenos Aires, y defendían un modelo de Estado centralizado bajo el liderazgo de la capital del antiguo virreinato. A través del puerto de Buenos Aires, los sectores comerciales podrían asegurarse el control del comercio exterior argentino y la apropiación de las rentas provenientes de los impuestos aduaneros sobre las importaciones.

Los federales agrupaban a las elites regionales, a grandes propietarios, a pequeños industriales y a comerciantes más dedicados al mercado interno. Defendían un Estado descentralizado que les garantizara sus rentas y les evitara someterse al establecimiento de impuestos por parte de la burguesía comercial de Buenos Aires.

Uruguay surgió en 1828, luego de tres años de lucha entre argentinos, brasileños y partidarios de la independencia. Inglaterra, que tenía intereses comerciales y financieros en la cuenca del Plata, vio con buenos ojos la creación del país, ya que serviría para la estabilización del área. Sin embargo, la historia uruguaya del siglo XIX no tuvo nada de pacífica. Las facciones de "blancos" y "colorados" se disputaron el poder a hierro y fuego. Los "colorados", afines a las ideas liberales, estaban vinculados a los comerciantes y a las potencias europeas. Los "blancos", compuestos principalmente por propietarios rurales, heredaron la vieja tradición autoritaria española y veían con recelo los avances de las nuevas potencias europeas en el país.

Los habitantes de la antigua provincia de Paraguay descendían en gran parte de los indios guaraníes y no habían aceptado someterse a la burguesía porteña, comenzando a actuar de forma autónoma desde la década de 1810. Dicha autonomía no fue reconocida por los porteños, quienes desde 1813 prácticamente habían impedido el comercio paraguayo con el exterior. Así, bloquearon la vía de acceso natural al mar por la cuenca del Plata, que los paraguayos alcanzaban a través de la navegación de los ríos Paraguay y Paraná. El bloqueo llevó al líder paraguayo José Gaspar de Francia a aislar el país y a convertirse en su dictador vitalicio. El Estado expropió las tierras pertenecientes a la Iglesia y a un sector de la elite favorable al entendimiento con Buenos Aires, para convertirse así en el principal agente de la producción y del comercio.

La caracterización de Paraguay como un país de pequeños propietarios bajo el comando de un Estado esclarecido —bastante corriente en la historiografía de izquierda de la década de 1970— se refiere sobre todo a la época de Francia. Es verdad que implementó medidas excepcionales para el contexto de América del Sur. Pero definirlas como progresistas simplifica su contenido. En las tierras confiscadas, el gobierno organizó las Estancias de la Patria, explotadas por el propio Estado o por pequeños arrendatarios. En esas estancias se utilizaba mano de obra esclava o compuesta por prisioneros. La economía dejó de ser monetaria: tanto la renta de la tierra como los impuestos se pagaban en productos y no se utilizaba la moneda.

Luego de la muerte de Francia fue designado presidente Carlos Antonio López, quien finalmente proclamó la independencia de Paraguay en 1842. López intentó quebrar el aislamiento del país instalando un ferrocarril y estimulando el comercio exterior. Su hijo Francisco Solano López fue enviado a Inglaterra para comprar material de guerra y reclutar técnicos europeos que ayudaran en la modernización del país. Paraguay intentó crecer vinculándose gradualmente al mercado externo. También aumentó su interés por el control de la navegación fluvial de los ríos Paraguay y Paraná, así como por el libre acceso al puerto de Buenos Aires. Fue en ese marco que se produjo el ascenso al poder de Solano López, en 1862, luego de la muerte de su padre.

La posición de Brasil frente a sus vecinos a comienzos del siglo XIX puede resumirse de la siguiente manera. La mayor preocupación del gobierno imperial era la Argentina. Se temía que la unificación del país lo transformase en una república fuerte, capaz de neutralizar la hegemonía brasileña y de atraer a la inquieta provincia de Río Grande do Sul.

En lo que respecta al Uruguay, siempre existió allí una política de influencia brasileña. Los *gaúchos* tenían intereses económicos en Uruguay como criadores de ganado y no veían con buenos ojos las medidas de represión al contrabando en la frontera. Brasil se alineó junto a los "colorados", ya que la línea política de éstos era afín a sus intereses. El gobierno imperial incluso llegó a un acuerdo con ellos –en su calidad de adversarios de Rosas– por el cual se comprometió a proveerles una contribución mensual en dinero.

En la primera mitad del siglo XIX, las relaciones de Brasil con Paraguay dependían del estado de las relaciones entre Brasil y la Argentina. Cuando aumentaban las rivalidades entre estos dos países, el gobierno imperial tendía a aproximarse al Paraguay. Cuando las aguas se aquietaban, surgían entonces las diferencias entre Brasil y Paraguay. Las divergencias se concentraban en cuestiones referidas a la frontera y en la insistencia brasileña en garantizar la libre navegación por el río Paraguay, principal vía de acceso al Mato Grosso.

Si las posibilidades de una alianza Brasil-Argentina-Uruguay contra Paraguay parecían remotas, más todavía lo parecía una guerra. Pero eso fue lo que acabó sucediendo. La aproximación entre los futuros aliados comenzó en 1862, cuando Bartolomé Mitre llegó al poder en la Argentina luego de derrotar a los federales. El país fue reunificado bajo el nombre de República Argentina y Mitre resultó electo presidente. Comenzó entonces a implementar una política que era mirada con simpatía por los liberales brasileños, quienes habían asumido el gobierno en aquel mismo año. Se acercó también a los "colorados" uruguayos y se transformó en un defensor de la libre navegación de los ríos.

Esos aciertos dieron pie a las rivalidades entre Brasil y Paraguay. A pesar de que entre los dos países existía una competencia por los mercados de yerba mate, desde el punto de vista brasileño las disputas tenían un contenido básicamente geopolítico (fronteras, libre navegación de los ríos). Buscando quebrar de una vez el aislamiento de Paraguay y afirmar su presencia en la región, Solano López se alió a los "blancos" y a los adversarios internos de Mitre, los líderes de las provincias argentinas de Entre Ríos y Corrientes.

Lejos de actuar como instrumento de los intereses ingleses, el gobierno imperial comenzó la década de 1860 involucrándose en varios incidentes con Inglaterra que fueron conocidos como "cuestión Christie", nombre del embajador británico en Brasil. A comienzos de 1863, y luego de que la Marina británica anclada en Río de Janeiro capturase varios navíos mercantes brasileños, Brasil rompió relaciones con Inglaterra. El país vivió un clima de exaltación patriótica que se incrementó por las noticias sobre ciudadanos brasileños que estaban siendo objeto de violencias en el Uruguay, donde los "blancos" detentaban el poder. En septiembre de 1864, el gobierno del Imperio invadió Uruguay, con el objetivo de ayudar a poner en el gobierno a los "colorados".

López decidió entonces tomar la iniciativa. El 11 de noviembre de 1864 una cañonera paraguaya capturó en el río Paraguay a la nave brasileña *Marquês de Olinda*, luego de lo cual se rompieron las relaciones diplomáticas entre los dos países. Las operaciones de guerra comenzaron de forma efectiva el 23 de diciembre de 1864, cuando López lanzó una ofensiva contra Mato Grosso. A continuación, le pidió autorización a la Argentina para atravesar con sus tropas la provincia de Corrientes, con la intención de atacar a las fuerzas brasileñas en Río Grande do Sul y en Uruguay. La autorización fue negada.

Se especula mucho sobre las razones que habrían llevado a Solano López a comenzar un conflicto cuyo riesgo era el de provocar la unión de dos viejos rivales de Paraguay en su contra: Brasil y la Argentina. Aparentemente, López esperaba neutralizar las amenazas de sus poderosos vecinos y transformar al Paraguay en una fuerza con presencia dentro del juego político del continente. Para ello, contaba con una victoria en el desguarnecido Mato Grosso que llevase a Brasil a un acuerdo, y con el apoyo de los "blancos" uruguayos y de las provincias argentinas contrarias a Mitre.

Esas expectativas no se concretaron. La base de las provincias argentinas falló y en Uruguay el gobierno imperial forzó el ascenso al poder del "colorado" Venancio Flores. En marzo de 1865 Paraguay le declaró la guerra a la Argentina y el 1° de mayo de aquel año los gobiernos argentino, brasileño y uruguayo firmaron el Tratado de la Triple Alianza. El presidente argentino Mitre asumió el comando de las fuerzas aliadas.

El peso económico y demográfico de los tres países era muy superior al de Paraguay. Como suele suceder al comienzo de muchos conflictos, en Brasil y la Argentina se creía que la guerra sería un paseo. Pero no fue eso lo que sucedió. Contrariamente a sus adversarios, López estaba militarmente bien preparado para la guerra. No existen números seguros; pero, según parece, a comienzos de la guerra los efectivos de los ejércitos eran de 18 mil hombres en Brasil, 8 mil en la Argentina y mil en Uruguay; mientras que en Paraguay llegaban a 64 mil, sin contar una reserva de veteranos calculada en 28 mil hombres. Sin embargo, Brasil tenía una amplia superioridad naval para el combate en los ríos.

Las fuerzas de la Triple Alianza aumentaron con el correr de los años, predominando los brasileños, que representaban por lo menos dos tercios del total. Se calcula que, en una población masculina estimada en 4,9 millones en 1865, el número total de brasileños movilizados se ubicaba entre 135 mil y 200 mil. Las tropas fueron constituidas por el ejército regular, la Guardia Nacional y personas reclutadas mayoritariamente según los viejos métodos de reclutamiento forzado que venían de la época de la colonia. A pesar de eso, muchos de ellos fueron integrados en el cuerpo de los Voluntarios de la Patria.

Los señores de esclavos también cedieron cautivos para que lucharan como soldados. Una ley de 1866 concedió la libertad a los "esclavos de la Nación" que sirviesen en el ejército. La ley se refería a los africanos introducidos ilegalmente en el país luego del fin del tráfico y que, tras ser apresados, se encontraban bajo la custodia del gobierno imperial.

El Ejército brasileño se fue consolidando a lo largo de la guerra. Hasta ese momento, el Imperio contaba con un reducido cuerpo de oficiales profesionales y tenía muchas dificultades para ampliar sus efectivos militares. Para ser incorporado al Ejército no había servicio militar obligatorio sino un sorteo muy restringido. Los miembros de la Guardia Nacional –que eran la gran mayoría de la población blanca– estaban exceptuados de ese servicio. Hasta la Guerra de Paraguay, las campañas militares de Brasil en el Plata habían sido obra de la milicia *gaúcha*, pero ésta se mostró incapaz de enfrentar a un ejército moderno como el paraguayo.

Dentro de la historia de la propia guerra, los hechos militares de ambos bandos se confunden con imágenes de privaciones, de muertes en combate y por enfermedades, especialmente el cólera. A comienzos del conflicto (junio de 1865), la Marina brasileña destrozó a la paraguaya en la batalla de Riachuelo, en territorio argentino. Con eso, los aliados bloquearon al Paraguay, cerrando su única vía de acceso al exterior a través del río Paraná. Por temor a las fortificaciones enemigas instaladas a lo largo del río Paraguay –especialmente a aquellas ubicadas alrededor de Humaitá–, los aliados permanecieron inmobilizados por varios años frente al sistema defensivo terrestre de los paraguayos.

En el mes de julio de 1865, las fuerzas paraguayas instaladas en Corrientes invadieron Río Grande do Sul, pero fueron derrotadas poco después. A partir de noviembre de aquel año, el conflicto se desarrolló en territorio paraguayo, a excepción de Mato Grosso, que se había convertido en un frente de combate secundario. La mayor batalla campal de la guerra se libró en Tuyutí (mayo de 1866). A pesar de la derrota paraguaya, los aliados no consiguieron sacar provecho de la situación y posteriormente sufrieron un serio revés en Curupaití. El objetivo de esos combates era tomar la fortaleza de Humaitá.

El nombramiento de Caxias para comandar las fuerzas brasileñas, en octubre de 1866, fue un hecho de importancia en lo que respecta al rumbo de la guerra. Dicho nombramiento se debió a la presión del Partido Conservador, a la sazón en la oposición, que responsabilizaba a los liberales por las incertidumbres del conflicto. A comienzos de 1868, Caxias asumió también el comando de las fuerzas aliadas. Mitre se había visto obligado a regresar a Buenos Aires para enfrentar problemas de política interna, entre los que se destacaba la oposición de las provincias al envío de tropas a Paraguay. De allí en adelante Brasil continuó en el conflicto prácticamente solo.

Antes de atacar Humaitá, Caxias se concentró en la tarea de dotar al ejército de una infraestructura adecuada. Recién entonces pasó a la ofensiva. Humaitá capituló en agosto de 1868 y en enero de 1869 los brasileños entraron en Asunción. Enfermo, deseando la paz, ya que la continuación de la guerra respondía ahora solamente a una política de destrucción, Caxias se retiró del comando. Fue sustituido por el conde d'Eu, esposo de la princesa Isabel, heredera al trono imperial.

Luego de varios combates, las tropas brasileñas derrotaron a un último y pequeño ejército de paraguayos compuesto por ancianos, niños y enfermos. El 1° de marzo de 1870, Solano López fue finalmente cercado en su campamento y asesinado por los soldados brasileños.

Paraguay quedó arrasado por el conflicto, perdiendo porciones de su territorio a manos de Brasil y la Argentina, además de su propio futuro. El proceso de modernización se volvió una cosa del pasado y Paraguay se convirtió en un país exportador de productos de poca importancia. Los cálculos más confiables indican que pereció más de la mitad de la población paraguaya, la que cayó de un total aproximado de 406 mil habitantes en 1864 a 231 mil en 1872. La mayoría de los sobrevivientes eran ancianos, mujeres y niños.

Brasil terminó la guerra más endeudado con Inglaterra, ya que las relaciones diplomáticas entre los dos países habían quedado restauradas al comienzo de las hostilidades. Pero la mayor consecuencia del conflicto fue la afirmación del Ejército como una institución con perfil y objetivos propios. Las quejas contra el gobierno del Imperio, que venían de lejos, encontraron nueva expresión. Después de todo, con sus aciertos y errores, la lucha en el frente de batalla había sido sostenida por el Ejército. Mientras tanto, las elites civiles –los *casacas*, como pasaron a ser llamados despectivamente– habían quedado a salvo y, en ciertos casos, incluso se habían enriquecido con los negocios de aprovisionamiento de las tropas.

La crisis del segundo reinado

A partir de 1870 surgieron una serie de síntomas de crisis en el Segundo Reinado, como el comienzo del movimiento republicano y las fricciones del gobierno imperial con el Ejército y la Iglesia. Además, la dirección que había tomado el problema de la esclavitud generó desgastes en las relaciones entre el Estado y sus bases sociales de apoyo. Pero esos factores no tuvieron el mismo peso en la caída del régimen monárquico. Ésta se explica por un conjunto de razones donde se ubican las transformaciones socioeconómicas que dieron origen a nuevos grupos sociales, así como la receptividad a las ideas de reforma.

El fin de la esclavitud se fue alcanzando por etapas, hasta su final definitivo en 1888. Pero la mayor controversia en lo que respecta a las medidas legales no ocurrió en esa fecha, sino en 1871, cuando el gobierno imperial propuso la llamada Ley del Vientre Libre. La propuesta declaraba libres a los hijos de mujer esclava nacidos luego de la promulgación de la ley, quienes quedarían en poder de los señores de sus madres hasta la edad de ocho años. A partir de esa edad, los señores podían optar entre recibir una indemnización del Estado o utilizar los servicios del menor hasta que éste cumpliera veintiún años.

El proyecto fue elaborado por un gabinete conservador presidido por el vizconde de Río Branco, con lo cual se arrancaba de las manos de los liberales la bandera del abolicionismo. ¿Qué habría llevado al gobierno a proponer una ley que, a pesar de no tener nada de revolucionaria, le creaba problemas en las relaciones con su base social de apoyo?

La explicación más razonable radica en que la iniciativa se debió a una opción del emperador y de sus consejeros. Una vez terminada la guerra de Paraguay, los círculos dirigentes consideraban que Brasil era muy débil en su frente interno, ya que, a pesar de que no se registraran insurrecciones de esclavos, el país no podía contar con la lealtad de una gran parte de la población. Aun cuando afectase importantes intereses económicos, la resolución de la cuestión servil era vista como un mal menor frente a ese problema, así como también frente al riesgo potencial de revueltas de esclavos.

La clase social dominante, por el contrario, veía al proyecto como un grave riesgo que apuntaba en dirección a la subversión del orden. Liberar a los esclavos por medio de un acto de generosidad del señor llevaba a los beneficiados al reconocimiento y a la obediencia. Abrirles el camino de la libertad por la fuerza de la ley generaba en los esclavos la idea de un derecho, lo que llevaba al país a una guerra entre las razas.

Resultan muy reveladoras las posiciones que tomaron los diputados frente al proyecto finalmente aprobado. Mientras que los representantes del nordeste votaron mayoritariamente a favor de la propuesta (treinta y nueve votos a favor y seis en contra), los del centro-sur invirtieron esa tendencia (treinta votos en contra y doce a favor). En parte, eso reflejaba el hecho de que el tráfico interprovincial venía contribuyendo al fin de la dependencia del nordeste con relación a la mano de obra esclava.

La profesión de los diputados constituye otro dato importante. Gran parte de los representantes eran funcionarios públicos, especialmente magistrados. Ese grupo, que provenía mayoritariamente del nordeste y del norte, siguió la orientación del gobierno y votó junto con él. Desde el punto de vista partidario, no existió una nítida división del voto entre liberales y conservadores. Los diputados de los dos partidos votaron a favor o en contra del proyecto, según el caso. La ley de 1871 tuvo escasos efectos en la práctica. Los niños entregados al poder público fueron pocos y los dueños de esclavos continuaron usando sus servicios.

El movimiento abolicionista ganó fuerza a partir de la década de 1880, con el surgimiento de asociaciones, de periódicos y del avance de la propaganda en general.

Personas con distintas perspectivas y de diferente condición social comenzaron entonces a participar de las campañas abolicionistas. Entre las figuras de la elite se destacó Joaquim Nabuco, importante parlamentario y escritor procedente de una familia de políticos y grandes propietarios rurales de Pernambuco. Negros y mestizos de origen pobre, como José do Patrocínio, André Rebouças y Luis Gama, fueron también destacados partidarios del abolicionismo.

Patrocínio era hijo de un *fazendeiro* dueño de esclavos y de una negra vendedora de frutas. Fue propietario de la *Gazeta da Tarde* –periódico abolicionista de Río de Janeiro– y se hizo famoso por sus emocionados discursos.

El ingeniero Rebouças representaba el tipo opuesto: una figura retraída, profesor de botánica, cálculo y geometría en la Escuela Politécnica de la corte. Relacionaba el fin de la esclavitud con el establecimiento de una "democracia rural" y defendía la distribución de tierras entre los esclavos liberados y la creación de un impuesto territorial que forzase la venta y la subdivisión de los latifundios.

Luis Gama tiene una biografía de novela. Su padre pertenecía a una rica familia portuguesa de Bahía y su madre, Luísa Mahin, "era una negra africana libre que siempre rechazó el bautismo y la doctrina cristiana", según la orgullosa definición de su hijo. Gama fue ilegalmente vendido como esclavo por su empobrecido padre, fue enviado a Río y luego a Santos. Descalzo y hambriento, subió la Sierra del Mar junto a otros esclavos. Huyó de la casa de su señor, se hizo soldado y más tarde, en San Pablo, fue poeta, abogado y periodista.

A medida que crecía el abolicionismo, las provincias del norte perdían interés en el sistema esclavista, hasta el punto de que Ceará declaró unilateralmente el fin de la esclavitud en 1884. En ese marco, se aprobó en 1885 la "ley de los sexagenarios", también llamada Ley Saraiva-Cotegipe. Propuesta por un gabinete liberal presidido por el consejero Saraiva, la medida fue aprobada en el Senado cuando los conservadores volvieron al poder liderados por el barón de Cotegipe. En líneas generales, la ley concedía la libertad a los cautivos mayores de sesenta años y establecía normas para la liberación gradual de todos los esclavos mediante una indemnización. La ley, que fue pensada como una forma de frenar el abolicionismo radical, no alcanzó su objetivo.

Luego de una breve pausa ocurrida entre 1885 y 1888, la campaña abolicionista ganó nuevos ímpetus. El hecho más importante era ahora la desorganización del trabajo en las *fazendas* paulistas provocada por la fuga en masa de esclavos. Antônio Bento, hijo de una rica familia de San Pablo, lideraba a activistas que iban a las *fazendas* y a las ciudades del interior para incentivar actos de rebeldía. En poco tiempo, Santos se convirtió en un centro donde se daba amparo a los esclavos fugitivos. En ese ínterin la elite cafetalera paulista aceleró la puesta en marcha de la inmigración, al percibir que el sistema esclavista se desintegraba rápidamente.

En 1888 los únicos que adherían todavía a la esclavitud eran los representantes de las viejas zonas cafetaleras del valle del Paraíba, cuyas fortunas en decadencia se concentraban en los esclavos. Un último intento contemporizador fue el proyecto preparado por Antônio Prado, senador conservador de San Pablo vinculado al Oeste Paulista. Allí se preveía la inmediata liberación de los esclavos, pero sujeta a una indemnización y a la prestación de servicios durante tres meses, como una forma de asegurar la próxima cosecha. Frente a la oposición de los liberales, el presidente del Consejo, el conservador João Alfredo, decidió proponer la abolición sin restricciones. La iniciativa fue aprobada por la mayoría parlamentaria y sancionada por la princesa Isabel el 13 de mayo de 1888, cuando se encontraba ocupando la regencia del trono. De los nueve diputados que votaron en contra del proyecto, ocho representaban a la provincia de Río de Janeiro. En el Senado, el barón de Cotegipe lideró la débil resistencia lanzando una amenaza: "En poco tiempo se pedirá la división de tierras y el Estado podrá decretar la expropiación sin indemnización".

El destino de los ex-esclavos varió de acuerdo con la región del país. Por lo general, en el nordeste se transformaron en dependientes de los grandes propietarios. Marañón constituyó una excepción, pues allí los libertos abandonaron las *fazendas* y se instalaron en las tierras desocupadas como poseedores.

En el valle del Paraíba, los antiguos esclavos fueron aparceros en las *fazendas* de café en decadencia y más tarde pequeños chacareros o peones de ganado. En el Oeste Paulista, la fuga en masa fue una característica de los últimos años que antecedieron a la Abolición. Pero el flujo de negros hacia la ciudad de San Pablo y otras regiones duró, por lo menos, diez años. Asimismo, los centros urbanos como San Pablo y Río de Janeiro vivieron situaciones diversas. Mientras que en San Pablo los empleos estables fueron ocupados por trabajadores inmigrantes —relegándose a los ex-esclavos a servicios irregulares y mal pagos— en Río de Janeiro el panorama fue algo distinto. El trabajador negro tuvo allí oportunidades relativamente mayores, no sólo por la tradición de empleo de negros esclavos y libres en los talleres artesanales y manufacturas, sino también por el menor peso de la inmigración. Así, por ejemplo, en 1891 cerca del 30% de los trabajadores fabriles cariocas eran negros, al tiempo que, en 1893, el 84% de los empleos en la industria paulista era ocupado por inmigrantes.

En Río Grande do Sul, al igual que en San Pablo, se dio un proceso de sustitución de esclavos o de ex-esclavos por inmigrantes.

A pesar de las variaciones regionales, la abolición de la esclavitud no terminó con el problema del negro en el país. La opción por el trabajador inmigrante en las áreas regionales más dinámicas de la economía, así como las escasas oportunidades que se le abrieron al ex-esclavo en otras áreas, generaron una profunda desigualdad social de la población negra. En parte fruto del prejuicio, esa desigualdad acabó reforzando el propio prejuicio contra el negro. Éste fue considerado un ser inferior —sobre todo en las regiones de intensa inmigración—, útil cuando era sumiso, o de naturaleza peligrosa, cuando se lo veía como vago y propenso al crimen.

* * *

Pocos temas de la historia brasileña han sido tan discutidos e investigados como la esclavitud. Existen apasionadas controversias sobre los índices de mortalidad de esclavos durante la travesía del Atlántico, sobre las posibilidades de establecimiento de la familia esclava, sobre el significado de las manumisiones –o sea, la liberación de los cautivos anterior a 1888–, sobre la llamada brecha campesina, sobre la condición del esclavo en diversas situaciones de trabajo, etcétera.

La controversia permitió dar mayor validez a la constatación de que el sistema esclavista no estaba sostenido sólo por la violencia, aunque ésta fuese fundamental. Su amplitud, la diferenciación entre los esclavos, las expectativas –reales o imaginarias– de alcanzar la libertad, también contribuyeron a que tuviera una larga vida. En este sentido, dos temas merecen destacarse: el de la llamada brecha campesina y el de las manumisiones.

La existencia de una "brecha campesina" es sustentada por aquellos autores que, con Ciro Cardoso a la cabeza, destacan la importancia del sector dedicado al mercado interno en la economía brasileña colonial y del siglo XIX. La tesis parte de la constatación de que en las *fazendas* de caña y, sobre todo, de café, los esclavos tuvieron permiso para trabajar en quintas próximas a sus cabañas o en pequeñas parcelas de tierra y producir géneros alimenticios para su sustento o para la venta en el mercado. Ese permiso se habría ido generalizando hasta el punto de convertirse en una costumbre. De esta manera, se afirma que, al producir por cuenta propia para el mercado, el esclavo se convirtió también en un campesino, abriendo una brecha en el sistema esclavista. La constatación citada también enfatiza el hecho de que, a pesar de que el esclavo jurídicamente fuese una cosa, en la práctica concreta de las relaciones sociales acababa por tener ciertos derechos derivados de la costumbre.

El problema de la manumisión de esclavos se suscita por la existencia de un gran número de esclavos libertos en las colonias españolas y en Brasil, contrariamente a las posesiones inglesas y francesas. Ya tocamos el tema al tratar el Brasil colonial, especialmente cuando nos referimos al caso minero. De hecho, y a pesar de la precariedad de los números, constatamos que a fines del período colonial los libertos o libres representaban el 42% de la población de origen africano (negro o mulatos) y el 28% del total de la población brasileña, mientras que los esclavos correspondían al 38% de ese total. Según los datos del censo de 1872, los libertos o libres eran el 73% de la población de origen africano y el 43% de la población brasileña, correspondiendo a los esclavos el 15% de ese total.

Las manumisiones se daban cuando el esclavo (o un tercero) compraba su libertad, o cuando el señor decidía liberarlo. El hecho de que el mayor número de manumisiones mediante pago haya ocurrido en las ciudades indica que en ellas había más posibilidades de que el esclavo pudiera tener ganancias.

Una explicación fácil para los actos de liberación por iniciativa de los señores sería la de que solamente eran liberados los viejos y los enfermos, por motivos económicos. Sin embargo, algunos estudios ponen en duda esta hipótesis. Por ejemplo, una investigación que abarca 7 mil libertos de Salvador entre 1684 y 1785 reveló que el promedio de edad de los beneficiados era sólo de quince años.

Eso no quiere decir que entre las causas del gran número de manumisiones no deban contarse las consideraciones de tipo económico. Los estudios existentes sugieren que, comparando zonas económicas florecientes y en decadencia, era en estas últimas donde se producían manumisiones. Pero las razones afectivas pueden haber pesado fuertemente en los actos de liberación, pues en la división entre sexos se constata un nítido predominio de las mujeres. Así, en la ciudad de Río de Janeiro, las mujeres constituían el 64% de los manumitidos entre 1807 y 1831. Esa proporción es bastante alta, sobre todo si consideramos que había una mayor proporción de esclavos hombres que mujeres.

Por último, recordemos que los libertos no tenían una condición idéntica a la de la población libre. Hasta 1865, la manumisión mediante pago así como la gratuita podían ser revocadas por el antiguo señor simplemente alegando ingratitud. Además, tanto en el papel como en la práctica, en muchos casos la liberación era acompañada por una serie de restricciones, especialmente la de prestar servicios al dueño. La legislación posterior a 1870 incluso incorporó esa costumbre, determinando la libertad de niños y ancianos bajo ciertas condiciones.

Aunque sea posible encontrar libertos participando en acciones rebeldes de la población negra, esa categoría quedó ubicada en una posición intermedia entre libres y esclavos, siendo más próxima en términos sociales a los blancos pobres. De esta forma, las manumisiones consiguieron amortiguar el choque racial directo. Además, en condiciones de fuerte presencia de la población negra, los manumitidos tuvieron un papel importante en la preservación de la comunidad. El caso más típico es el de Bahía en el siglo XIX, donde los libertos aseguraron la existencia de una comunidad que combinó culturas africanas y europeas.

El republicanismo

A partir de fines del siglo XVIII, el republicanismo había estado presente en los dos movimientos por la Independencia, asociándose a la idea de revolución y a la de algún tipo de reforma de la sociedad. Esa concepción fue heredada por algunos de los miembros del movimiento republicano que surgió en Río de Janeiro en 1870. Hombres como Lopes Trovão –firmante del manifiesto republicano de 1870– y Silva Jardim –ya en los últimos años del Imperio– defendían la vía de una revolución popular para llegar a la República. La gran mayoría seguía la opinión de Quintino Bocaiúva, partidario de una transición pacífica de un régimen a otro, que incluso aguardara, si ello fuera posible, la muerte de don Pedro II.

Además de los militares, la base social del republicanismo urbano estaba constituida principalmente por profesionales liberales y periodistas, grupo éste que surgió como resultado del desarrollo de las ciudades y de la ampliación de la educación. Los republicanos de Río de Janeiro asociaban la República a una mayor representación política de los ciudadanos, a los derechos y garantías individuales, a la Federación y al fin del régimen esclavista.

La novedad de la década de 1870 fue el surgimiento de un movimiento republicano conservador en las provincias, que alcanzó su mayor expresión en 1873 con la fundación del Partido Republicano Paulista (PRP). Los cuadros del PRP provenían mayoritariamente de la burguesía cafetalera. El punto fundamental del programa del partido consistía en la defensa de la Federación, que aseguraba una amplia autonomía a las provincias. A pesar de que Tavares Bastos, uno de los grandes propulsores del federalismo, defendiese la idea de una monarquía federal, los republicanos de San Pablo se convencieron de que el Imperio sería incompatible con la Federación. La Federación significaría, entre otras cosas, el control provincial de la política bancaria y de la inmigración, así como la descentralización de las rentas.

El republicanismo paulista se diferenciaba del de Río de Janeiro por el mayor énfasis dado a la idea de Federación, por el menor interés en la defensa de las libertades civiles y políticas y por la forma de tratar el problema de la esclavitud. No es casual que, atento a su composición social, el PRP haya evitado tomar una posición clara acerca de la esclavitud –o incluso discutir el problema– hasta las vísperas de la Abolición. El descontento de los republicanos paulistas contra el gobierno central tenía que ver, entre otros puntos, con la baja representación de San Pablo en el Parlamento y en los órganos ejecutivos. También había reclamos por la forma de aplicación de las rentas gubernamentales. En este sentido, se señalaba que San Pablo, con su economía en expansión, contribuía cada vez más al presupuesto del Imperio sin recibir a cambio beneficios proporcionales.

A pesar de que era muy activo en la propaganda y en la edición de periódicos, el movimiento republicano de Río de Janeiro no consiguió organizarse como partido político. Hasta el fin del Imperio, los partidos republicanos que alcanzaron importancia significativa fueron los de San Pablo y Minas Gerais, especialmente el primero. En 1884, aliándose a los conservadores de la oposición, el PRP eligió para la Cámara de Diputados a Prudente de Moraes y a Campos Sales, quienes más tarde serían los dos primeros presidentes civiles de la República. Según estimaciones de 1889, un cuarto del electorado paulista (3.600 personas) era republicano, quedando sin embargo atrás de los liberales (6.600) y de los conservadores (3.900).

* * *

En la década de 1870 se tensaron las relaciones entre el Estado y la Iglesia. La unión entre "el trono y el altar", prevista en la Constitución de 1824, era en sí misma una fuente potencial de conflicto. Si bien la religión católica era la religión oficial, la propia Constitución le aseguraba al Estado el derecho de conceder o negar validez a los decretos eclesiásticos, siempre que se opusiesen a la Constitución.

El conflicto tuvo su origen en 1848, con las nuevas directivas del Vaticano durante el pontificado de Pío IX. El pontífice condenó "las libertades modernas" y trató de afirmar el predominio espiritual de la Iglesia en el mundo. En 1870, el poder del Papa fue reforzado cuando un concilio vaticano proclamó el dogma de su infalibilidad. Esa postura de la Iglesia tuvo repercusiones en varios países. En los Estados Unidos, por ejemplo, coincidió con el ingreso de un gran número de inmigrantes católicos irlandeses. En los círculos dirigentes protestantes se temía que los Estados Unidos se convirtiesen en un país católico. En Brasil, la política del Vaticano fomentó una actitud más rígida de los sacerdotes en materia de disciplina religiosa, así como también una afirmación de autonomía frente al Estado.

El problema surgió cuando el obispo de Olinda, don Vital, obedeciendo las disposiciones papales, decidió prohibir el ingreso de los masones a las hermandades religiosas. A pesar de su pequeño número, la masonería tenía influencia en los círculos dirigentes. El vizconde de Río Branco –quien presidía entonces el Consejo de Ministros– era masón. A partir de los desentendimientos, don Vital fue tratado como "funcionario rebelde", apresado y condenado, y luego también se ordenó la prisión y condena de otro obispo. La tempestad sólo amainó gracias a un arreglo (1874-1875) que implicó la sustitución del gabinete de Río Branco, la amnistía para los obispos y la suspensión papal de las prohibiciones aplicadas a los masones.

* * *

La participación de oficiales del Ejército en el gobierno fue significativa hasta la abdicación de don Pedro I. A partir de ese momento, decreció cada vez más. La presencia de la tropa en las agitaciones populares posteriores a la Independencia contribuyó a que la institución fuese mirada con desconfianza. Los liberales del período regencial, con Feijó a la cabeza, redujeron los efectivos militares y crearon la Guardia Nacional. Se argumentaba que un gran ejército permanente conduciría al surgimiento de pequeños Bonapartes, como ya sucedía en la Argentina y en México.

Por el contrario, la Marina recibió muchas atenciones, se la consideraba como una corporación digna, incluso porque había incorporado oficiales ingleses durante los años que siguieron a la Independencia.

A pesar de ese trato desigual, el cuerpo de oficiales del Ejército tuvo características de elite hasta 1850. Pero esa composición social cambió bastante en las décadas siguientes. La baja remuneración, las malas condiciones de vida y la lentitud de las promociones desalentaban la vocación militar de los hijos de las grandes familias. Aumentaron entonces los aspirantes a oficiales que eran hijos de militares o de burócratas.

Desde el punto de vista regional, la mayoría de los nuevos oficiales provenía de municipios del interior del nordeste y de Río Grande do Sul. Por lo general, los del nordeste procedían de familias tradicionales en decadencia, que no podían pagar el estudio de sus hijos. En Río Grande do Sul, una región fronteriza donde se concentraban contingentes militares, la carrera en el Ejército se presentaba como relativamente prestigiosa. Un índice de ello es el hecho de que, en 1853, el gobierno creó en aquella provincia una academia militar para oficiales de infantería y de caballería.

El cambio en la composición social del Ejército contribuyó a alejar a los oficiales de la elite política del Imperio, especialmente de los bachilleres formados por las facultades de derecho. Los "legistas" –como los llamaban los militares– sintetizaban la cultura inútil y la corrupción electoral, e impedían el desarrollo del país con su maraña de leyes y reglamentos.

En la década de 1850, durante un período de prosperidad, el gobierno tomó algunas medidas para reformar el Ejército. Una ley de septiembre de ese año transformó la estructura del cuerpo de oficiales, concediendo privilegios a aquellos que habían obtenido su diploma en la Academia Militar, especialmente en los ramos técnicos de la corporación. La Academia Militar, presente en la corte desde 1810, comprendía una currícula de ingeniería civil combinada con otra de estricta enseñanza militar. En 1858, el ministro de Guerra separó el curso de ingeniería del curso militar y lo transfirió a la Praia Vermelha,* donde permaneció hasta 1904.

Entre los oficiales habían surgido críticas al gobierno del Imperio ya desde los tiempos de la guerra de Paraguay. Esas críticas se referían tanto a cuestiones específicas de la corporación –como el criterio de las promociones o el derecho de casarse sin pedir consentimiento al ministro de Guerra–, como a otras más generales, relativas a la vida del país. Los jóvenes militares defendían el desarrollo de la educación y de la industria, la construcción de ferrocarriles y el fin de la esclavitud.

Con la reorganización de la Academia Militar posterior a la guerra, el Ejército quedó reforzado como corporación. Al intervenir en el área política, muchos oficiales comenzaron entonces a expresarse como militares, y no como militares que también eran políticos. Los ejemplos más notables, que marcan las diferencias entre dos generaciones, son los de Caxias y Floriano Peixoto. Caxias era una figura que indudablemente contaba con gran prestigio dentro del Ejército, pero era también uno de los líderes del Partido Conservador, al punto de haber llegado a la presidencia del Consejo de Ministros ya antes de la guerra de Paraguay. Floriano, por su parte, a pesar de tener conexiones con la cúpula del Partido Liberal –las que lo ayudaron a progresar en su carrera–, hablaba como militar y como ciudadano. Su lealtad básica era para con el Ejército.

Pensada en su origen como una institución de enseñanza militar, la Escuela Militar de la Praia Vermelha se convirtió, en la práctica, en un centro de estudios de matemática, filosofía y letras. Fue en su ámbito que los ataques al gobierno comenzaron a tener como blanco al propio régimen monárquico. Ganaba terreno la idea de la República. Para ello fue muy importante la influencia del positivismo, que tuvo una aceptación creciente luego de 1872, cuando Benjamin Constant se convirtió en profesor de la Escuela.

---

* Ubicada en el barrio de Urca, en la ciudad de Río de Janeiro. [N. del T.]

La doctrina comtiana tuvo gran influencia en América Latina, especialmente en países como México, Chile, la Argentina y Brasil. Ésta parecía capaz de poder dar una respuesta científica y dentro del orden al impasse político y social al que había conducido el liberalismo oligárquico. Al valorizar las innovaciones técnicas y la industria, atrajo especialmente a las elites emergentes que criticaban el conocimiento formal de los bachilleres en derecho.

En el caso brasileño, el positivismo contenía una fórmula de modernización conservadora centrada en la acción del Estado y en la neutralización de los políticos tradicionales, que repercutió con fuerza entre los militares. En este medio, la influencia positivista tuvo poco que ver con la aceptación ortodoxa de sus principios. Por lo general, los oficiales del Ejército absorbieron aquellos aspectos de la doctrina que estaban más ligados a sus percepciones. La dictadura republicana asumió la forma de la defensa de un Ejecutivo fuerte e intervencionista, capaz de modernizar al país, o simplemente la de una dictadura militar.

* * *

Exceptuando la abolición de la esclavitud, una de las medidas más importantes del Imperio en la década de 1880 fue la aprobación, en enero de 1881, de una reforma electoral conocida como Ley Saraiva. La reforma electoral estableció el voto directo para las elecciones legislativas, y acabó así con la distinción restrictiva entre votantes y electores. Se mantuvo, sin embargo, la exigencia de un nivel mínimo de renta –el censo económico– y, a partir de 1882, se introdujo el censo literario, esto es, el voto restringido a los alfabetizados. El derecho al voto se extendió a los no católicos, a los brasileños naturalizados y a los libertos.

Justificada como un instrumento de moralización de las elecciones y de ampliación de la ciudadanía, la Ley Saraiva se comenzó a aplicar con éxito en las elecciones de 1881. Las unanimidades parecían haber terminado, pues el Partido Conservador, aunque quedase en minoría, consiguió elegir una significativa bancada de cuarenta y siete diputados. Sin embargo, en los años siguientes volvieron los viejos vicios, los fraudes y las presiones sobre los electores. Se apagó así la esperanza de poder alcanzar la "verdad electoral", tan deseada en los medios urbanos y letrados del Imperio. Al mismo tiempo debemos notar que, al prohibir el voto del analfabeto en un país de analfabetos, la Ley Saraiva redujo drásticamente el cuerpo electoral. Así, por ejemplo, en las elecciones de 1872 los votantes representaban el 10,8% de la población del país. Dicho porcentaje cayó al 0,8% en las elecciones de 1886.

* * *

A partir de 1883 surgieron varios desentendimientos entre gobierno, diputados y oficiales del Ejército. Una de las fricciones más importantes ocurrió en 1884, cuando

el teniente coronel Sena Madureira –un prestigioso oficial amigo del emperador–
invitó a uno de los balseros que había participado de la lucha por la libertad de los
esclavos en Ceará a visitar la escuela de tiro de Río de Janeiro, de la cual era comandante. Transferido a Río Grande do Sul, Sena Madureira publicó un artículo en el
periódico republicano *A Federação* relatando el episodio de Ceará.

Junto con caso Sena Madureira se produjeron otros que generaron polémica en
los diarios. El ministro de Guerra firmó entonces una orden por la cual se prohibía a los
militares discutir cuestiones políticas o de la corporación a través de la prensa.

Los oficiales asentados en Río Grande do Sul realizaron una gran reunión en Porto
Alegre, protestando contra la prohibición del ministro. Deodoro da Fonseca, presidente de la provincia de Río Grande do Sul, se rehusó a castigar a los oficiales y fue llamado
a Río de Janeiro. Finalmente surgió una fórmula conciliadora favorable a los militares.
La prohibición fue revocada y el gabinete fue censurado por el Congreso.

A esa altura de los acontecimientos (junio de 1887), los oficiales organizaron el
Club Militar como una asociación permanente para la defensa de sus intereses, y fue
elegido como presidente Deodoro. En el mismo mes de la fundación del club, Deodoro
le solicitó al ministro de Guerra que el Ejército ya no fuese obligado a cazar a los
esclavos fugitivos. A pesar del rechazo del ministro en atender el pedido, eso fue lo
que terminó sucediendo en la práctica.

En junio de 1889, cuando crecían la insatisfacción militar y la propaganda republicana, el emperador convocó a un liberal para que formara el nuevo gabinete: el
vizconde de Ouro Preto. Éste propuso una serie de reformas que contribuyeron a
encender los ánimos, ya que nombró en la presidencia de Río Grande do Sul a un
enemigo personal de Deodoro.

Los contactos de algunos líderes republicanos paulistas y *gaúchos* con los militares
se venían dando esporádicamente desde 1887, y todos ellos tenían como telón de
fondo la intención de derrocar a la monarquía. El 11 de noviembre de 1889, un
grupo de figuras civiles y militares como Rui Barbosa, Benjamin Constant, Aristides
Lobo y Quintino Bocaiúva, se reunieron con el mariscal Deodoro para tratar de
convencerlo de que encabezase un movimiento contra el régimen. Los militares jóvenes se encargaron de difundir toda una serie de rumores que hablaban de la prisión
de Deodoro, de la reducción de los efectivos o incluso del fin del Ejército, lo que llevó
a Deodoro a decidirse por lo menos a derrocar a Ouro Preto.

En las primeras horas de la mañana del 15 de noviembre de 1889, asumió el
comando de la tropa y marchó hacia el Ministerio de Guerra, donde se encontraban
los líderes monarquistas. A ello siguió un episodio confuso, para el cual existen varias
versiones, y no se sabe a ciencia cierta si ese día Deodoro proclamó la República o si
solamente dio por derrocado al Ministerio. Sea como fuere, al día siguiente la caída
de la monarquía estaba consumada. Algunos días más tarde, la familia real partía
hacia el exilio.

La caída de la monarquía

El fin del régimen monárquico fue el resultado de una serie de factores de importancia desigual. En primer lugar, deben destacarse dos fuerzas con características distintas: el Ejército y un sector importante de la burguesía cafetalera de San Pablo, organizado políticamente en el PRP. El episodio del 15 de noviembre fue una iniciativa casi exclusiva del Ejército, que dio un pequeño pero decisivo empujón para acelerar la caída de la monarquía. Asimismo, la burguesía cafetalera le permitiría a la República contar con una base social estable, cosa que ni el Ejército ni la población urbana de Río de Janeiro podían asegurar por sí mismos.

También hay que considerar factores humanos. La enfermedad del emperador –atacado por la diabetes– apartó del centro del conflicto a un importante elemento estabilizador. Por su prestigio personal y el que derivaba del trono, Pedro II servía de amortiguador del descontento militar. Su ausencia puso a los oficiales del Ejército en confrontación directa con la elite imperial, con la cual tenían muchas reservas. A su vez, la elite mantuvo su creencia en el predominio de la autoridad civil, puesta de manifiesto, entre otros ejemplos, con el nombramiento de civiles para el Ministerio de Guerra en momentos en que la prudencia desaconsejaba esa práctica.

Otro problema era la falta de una perspectiva estimulante para un Tercer Reinado. A la muerte de don Pedro subiría al trono la princesa Isabel, cuyo marido, el conde d'Eu, era francés y un personje –como mínimo– muy discutible.

En el pasado era común atribuir también un papel importante en la caída de la monarquía a otros dos factores: la disputa entre la Iglesia y el Estado y la Abolición. Si bien es cierto que el primero contribuyó en alguna medida al desgaste del régimen, su importancia no debe ser exagerada. La caída de la monarquía se limitó a una disputa entre elites divergentes, ya que la Iglesia no tenía fuerte influencia ni entre los monarquistas ni entre los republicanos. Por el contrario, los positivistas se distanciaban de ella, fueran ortodoxos o no.

En cuanto a la Abolición, las iniciativas del emperador para terminar gradualmente con el sistema esclavista sin duda provocaron fuertes resentimientos entre los propietarios rurales, y no sólo entre ellos. Los *fazendeiros* de café del valle del Paraíba se desilusionaron con el Imperio, del que esperaban una actitud de defensa de sus intereses. Con ello, el régimen perdió su principal base de apoyo social. Pero el episodio de la Abolición, en sí mismo, no tuvo mayor importancia para el fin del régimen. En 1888, los barones fluminenses, únicos adversarios declarados de la medida, se habían convertido en una fuerza social poco significativa.

Economía y demografía

En el período que estamos considerando se realizaron los dos primeros censos generales de población, en 1872 y 1890. Admitiendo todos sus defectos, se puede afirmar que los censos comenzaron a presentar números más confiables que los que existían hasta entonces. De una población calculada en torno a 4,6 millones de personas –incluyéndose a 800 mil indios– en 1819, se llegó a 9,9 millones en 1872 y a 14,3 millones en 1890. Según los datos de 1872, Minas Gerais continuaba siendo la provincia más poblada, con aproximadamente 2,1 millones de habitantes y le seguía Bahía, con 1,38 millón. Pernambuco y San Pablo tenían poblaciones muy semejantes, en torno a 840 mil personas. Las alteraciones más importantes eran el ascenso de San Pablo y la caída de la provincia de Río de Janeiro, que pasó del segundo al quinto lugar.

Desde el punto de vista racial, los mulatos eran cerca del 42% de la población, los blancos el 38% y los negros el 20%. Creció así la población de blancos, estimada en menos de 30% en 1819. Esto se vincula al ingreso de inmigrantes. Un poco más de 300 mil de ellos entraron al país entre 1846 y 1875, con un promedio de 10 mil al año, la mitad de los cuales eran portugueses.

Los primeros datos generales sobre el nivel de instrucción muestran enormes carencias en esa área. En 1872, el índice de analfabetismo entre los esclavos alcanzaba el 99,9% y entre la población libre aproximadamente el 80%, subiendo a más del 86% cuando consideramos sólo a las mujeres. Los porcentajes son bastante elevados, incluso tomando en cuenta el hecho de que se refieren a la población total, esto es, que no excluyen a los niños que se encuentran en sus primeros años de vida. Se registró también que solamente el 17% de la población entre seis y quince años frecuentaba las escuelas. Existían apenas 12 mil alumnos matriculados en los colegios secundarios. Sin embargo, se calcula que el número de personas con educación superior llegaba a ocho mil.

Un verdadero abismo separaba a la elite letrada de la gran masa de analfabetos y de las personas con educación rudimentaria. Las escuelas de cirugía y otras ramas de la medicina surgieron en Bahía y en Río de Janeiro en ocasión de la llegada de don João VI. Esas escuelas, así como las de ingeniería, estaban vinculadas originariamente a instituciones militares. Desde el punto de vista de la formación de la elite, el paso más importante fue la fundación de las facultades de derecho de San Pablo (1827) y de Olinda/Recife (1828). De ellas salieron los bachilleres que, en su calidad de magistrados y abogados, formaron el núcleo de los cuadros políticos del Imperio.

Brasil continuaba siendo un país esencialmente agrícola. De las personas en actividad en 1872, el 80% se dedicaba al sector agrícola, el 13% a los servicios y el 7% a la industria. Notemos que en la categoría "servicios" más de la mitad se refiere a empleados domésticos. Se ve bien el carácter todavía incipiente de la industria, tanto más cuanto que en ese *item* está incluida la minería.

Con sus 522 mil habitantes en 1890, Río de Janeiro constituía el único gran centro urbano. La capital del Imperio concentraba la vida política, las diversiones y un gran número de inversiones en transportes, iluminación y embellecimiento de la ciudad. Le seguían Salvador, Recife, Belén y recién después San Pablo, con sus modestos 65 mil habitantes. Pero la ciudad, que se iba convirtiendo en el centro de los negocios cafeteros y atraía cada vez más inmigrantes, había comenzado un impulso de gran alcance, creciendo a una tasa geométrica anual del 3% entre 1872 y 1886, y del 8% entre 1886 y 1890.

Hacia 1870 se consolidó la tendencia de desarrollo económico del centro-sur y decadencia del nordeste. En gran medida, esto fue resultado del carácter diverso de los estímulos a la producción agrícola provenientes del exterior. En los países consumidores de café, creció enormemente el número de habitantes y su renta. Entre 1850 y 1900 la población de los Estados Unidos casi se triplicó, aumentando el hábito de tomar café en el mayor país consumidor de éste. Ese hecho, junto con otras circunstancias, les permitió a los productores absorber las fluctuaciones del precio, o sea, dada la expansión de la demanda, fue posible enfrentar eventuales pérdidas en los períodos en que caía el precio del café en el mercado internacional.

La principal actividad económica del nordeste no tuvo la misma suerte que el café, a pesar de que continuaba siendo relevante. El azúcar mantuvo el segundo lugar en las exportaciones brasileñas luego de ser superado por el café, a excepción del período 1861-1870, cuando fue aventajado por el algodón.

Pero la situación del azúcar brasileño en el mercado mundial no era nada fácil. El producto tenía dos fuertes competidores: el azúcar extraído de la remolacha, que comenzó a ser producido en gran escala a mediados del siglo XIX en Alemania, y el que provenía del Caribe, destacándose en especial el de Cuba. Al contrario de Brasil, la isla enfrentaba problemas de mano de obra. Sin embargo, la fertilidad de las tierras y los capitales disponibles –primero españoles y luego norteamericanos– le dieron a Cuba una posición de liderazgo en la producción y en la modernización de la industria azucarera. Otro factor que hay que recordar es la mayor proximidad de Cuba a los centros consumidores. Hacia 1860, el 70% de los ingenios cubanos usaban máquinas a vapor, mientras que sólo el 2% de los ingenios pernambucanos las utilizaban.

En el nordeste brasileño, los esfuerzos de modernización con ayuda gubernamental fueron lentos y con resultados muy limitados. No sorprende entonces que, hacia 1875, la participación de Brasil en el mercado mundial de azúcar cayese al 5%, aunque tradicionalmente fuese del 10%.

El cultivo del algodón se extendía por las provincias del norte y del nordeste desde la época de la colonia, concentrándose en Pernambuco, Marañón, Alagoas y Paraíba. Era producido por pequeños y medianos labradores, en combinación con cultivos de alimentos para la propia subsistencia y la venta en los mercados locales.

Desde comienzos del siglo XIX, la competencia del algodón americano comenzó a desplazar a la producción brasileña del principal mercado importador: la industria textil inglesa. La guerra civil en los Estados Unidos, entre 1861 y 1865, dio un repentino impulso a las exportaciones brasileñas, al punto de que el algodón figuró en el segundo lugar de las exportaciones en el decenio 1861-1870. Pero ésta fue una situación efímera a la que pronto siguió la decadencia. El impulso posterior de la producción algodonera estaría vinculado al mercado interno, con la expansión de las industrias textiles locales.

En la región amazónica comenzó a ganar importancia la extracción de caucho, que atrajo a la dispersa población local y a los trabajadores disponibles que se encontraban en el nordeste. La demanda mundial del producto surgió a partir de 1839, cuando Charles Goodyear perfeccionó el proceso de vulcanización. Gracias a él, el caucho se volvió resistente al calor y al frío, y en un principio fue utilizado en diversos productos como correas, mangueras, zapatos e impermeables.

Hasta 1850 las exportaciones brasileñas de caucho eran insignificantes. Crecieron a lo largo de los años, y figuraron en tercer lugar en la década de 1880 con el 8% del valor total de las exportaciones, porcentaje muy cercano al del azúcar (10%). En esa época comienza la gran expansión o el *boom* del caucho. No sólo aumentaron las exportaciones sino que también se formó un polo económico regional. Hasta ese momento los negocios se habían concentrado en las manos de un pequeño grupo de intermediarios portugueses y de algunas casas exportadoras extranjeras. Con la expansión surgió una red bancaria y aumentó el número de intermediarios y de casas importadoras de bienes de consumo, cuyo resultado fue el crecimiento de Belén y Manaus. Lo único que no mejoró fue la suerte del trabajador y del pequeño *seringueiro*.*

A pesar de que los Estados Unidos eran el principal país importador del café brasileño, hasta la década de 1870 Inglaterra figuró en primer lugar como destino de las mercaderías exportadas por Brasil. Entre 1870 y 1873 le correspondió a Inglaterra casi el 40% del valor de las exportaciones brasileñas, siguiéndole los Estados Unidos con el 29%. Si se toman los mismos años como referencia, comprobamos que Brasil importaba bienes principalmente de Inglaterra (53% del valor total), ubicándose en un lejano segundo lugar Francia (12%).

Tal como había sucedido durante la colonia, no toda la producción del país se destinaba a la exportación. Hubo distintas áreas que se dedicaron a la cría de ganado y de otros animales y a la producción de alimentos, tanto sea para la subsistencia como para la venta en el mercado interno. En estos aspectos se destacaron dos áreas: Minas Gerais y el sur del país, especialmente Río Grande do Sul.

El territorio minero se dividía en regiones muy diversas, débilmente integradas por deficientes vías de comunicación. La Zona de la Mata producía café y estaba vinculada a Río de Janeiro. El valle del río San Francisco era una zona de cría de ganado que tenía

---

* El *seringueiro* era el trabajador que extraía y recolectaba el látex de la planta. [N. del T.]

relaciones más estrechas con Bahía y Pernambuco que con el resto de la provincia. El sur de la provincia se vinculaba a San Pablo y a la capital del Imperio.

A pesar del aumento de la producción cafetalera –que era exportada por Río de Janeiro–, Minas Gerais no tenía un vínculo intenso con el mercado externo. La base de su economía consistía en la cría de animales y en el cultivo de alimentos. Según parece, los alimentos vegetales, como el maíz, el poroto negro y la harina de mandioca eran consumidos mayoritariamente en la provincia, mientras que los bovinos, los porcinos y sus derivados constituían el *item* más importante de las exportaciones hacia las otras regiones.

Hasta la Abolición, Minas Gerais fue la provincia con mayor población y con el mayor número de esclavos, aunque fuese superada proporcionalmente por la provincia de Río de Janeiro en cuanto al número de cautivos. Si bien la expansión del café absorbió un gran número de esclavos, la mayor concentración de éstos se dio en las regiones no cafetaleras de Minas. De esta forma, se mantuvo una característica que venía de la colonia, o sea, la combinación de relaciones esclavistas con una economía dirigida principalmente al mercado interno.

En el sur del país la producción para el mercado interno se vincula al sector tradicional de los criadores de ganado y al ingreso de inmigrantes. La atracción de inmigrantes fue allí más temprana que en San Pablo y tuvo características muy diferentes. Mientras que en San Pablo tenía por objetivo proveer de trabajadores a la gran explotación agrícola, en el sur estaba ligada a los planes de colonización basados en la pequeña propiedad.

Poco antes de la Independencia, y debido a razones socioeconómicas y militares, José Bonifacio y don Pedro realizaron los primeros esfuerzos para atraer colonos alemanes al sur, en especial a Santa Catarina y Río Grande do Sul. José Bonifacio esperaba estimular la formación de una clase media rural en Brasil.

En las cercanías de Porto Alegre surgió la colonia más exitosa de todas: la colonia alemana de San Leopoldo (1824). La colonización alemana se extendió por el nordeste de Santa Catarina, donde surgieron las colonias de Blumenau (1850), Brusque y doña Francisca, actual Joinville.

Los inmigrantes se dedicaron a la cría de cerdos, gallinas, vacas lecheras, así como al cultivo de papas, verduras y frutas que hasta entonces no existían en Brasil, como la manzana. También tuvieron un papel importante en la instalación de talleres y de establecimientos industriales. Partiendo de unos comienzos modestos, surgieron así las industrias de la grasa, de los lácteos, de la carne enlatada, de la cerveza y de otras bebidas.

La corriente alemana hacia el sur fue la causa de que esa colectividad figurara en el segundo lugar de la inmigración extranjera hacia Brasil entre 1846 y 1875. Sin embargo, la corriente comenzó a disminuir a partir de 1860. Esto se debió a una serie de razones entre las que se destaca el mal trato a los colonos, especialmente a los suizos y alemanes que habían participado en la experiencia de aparcería del senador Vergueiro, en San Pablo. En 1871, el unificado Imperio alemán suspendió el apoyo a la inmigración hacia Brasil. Los datos referidos a Río Grande do Sul muestran la diferencia entre dos épocas: de 1824 a 1870, los alemanes representaban alrededor del 93% de los inmigrantes recibidos, mientras que sólo eran el 15% los que entraron entre 1889 y 1914.

Después de 1870, el gobierno imperial alentó la llegada de colonos italianos a Río Grande do Sul. En su mayoría eran pequeños cultivadores procedentes del Tirol, del Véneto y de la Lombardía, que establecieron una serie de colonias, siendo Caxias la más importante. Además de seguir algunos caminos semejantes a los de los alemanes, la actividad económica de los italianos se especializó en el cultivo de la uva y en la producción de vino. De un total de 41 mil inmigrantes que ingresaron a Río Grande do Sul entre 1882 y 1889, 34 mil eran italianos.

La única semejanza entre la economía de los inmigrantes y la de los criadores de ganado residía en el hecho de que ambos producían para el mercado interno. En todo lo demás eran diferentes, desde la época de la ocupación de la tierra hasta la estructura de la propiedad. Los estancieros se concentraban –y todavía hoy se concentran– en la Campaña *gaúcha* y en territorio uruguayo, y son propietarios de grandes extensiones de tierra. Del ganado utilizaban el cuero, que era procesado en las curtiembres, y especialmente la carne. Ésta era consumida localmente o transformada en charque en las charqueadoras establecidas en la región del litoral. El charque se destinaba a la alimentación de la población pobre y esclava del centro-sur. De esta forma, los criadores y charqueadores *gaúchos* producían fundamentalmente para el mercado interno. Su constante dolor de cabeza tenía origen en la competencia de la carne del Plata, que era capaz de competir en mejores condiciones dentro del propio mercado brasileño.

A pesar del relativo avance de los transportes, en Brasil independiente persistió la escasa integración territorial y económica del país que databa de los tiempos coloniales. Tal como sucediera durante la colonia, la administración imperial centralizada estaba muy presente en las regiones próximas a la corte y en algunas capitales de provincia, pero se diluía en las áreas más distantes. Incluso en el ámbito de cada provincia existían regiones diversas y dispersas. La República terminó por asumir en su organización política esa impronta regional que estaba en la base del régimen federal.

3. La Primera República (1889-1930)

Los años de consolidación

El paso del Imperio a la República fue un episodio tranquilo. En contrapartida, los años posteriores al 15 de noviembre se caracterizaron por una gran incertidumbre. Los grupos que disputaban el poder tenían distintos intereses y divergían en sus concepciones sobre la forma de organizar la república. Los representantes políticos de la clase dominante de las principales provincias –San Pablo, Minas Gerais y Río Grande do Sul– sustentaban la idea de una república federal, la cual aseguraría un grado de autonomía considerable a las unidades regionales.

Sin embargo, se diferenciaban en lo relativo a otros aspectos de la organización del poder. Mientras que el PRP y los políticos mineros defendían el modelo liberal, los republicanos *gaúchos* eran positivistas. No son claras las razones por las cuales Río Grande do Sul –liderado por Júlio de Castilhos– se convirtió en la principal región de influencia del positivismo. Es posible que la tradición militar de la región haya contribuido para ello, así como el hecho de que los republicanos fueran allí una minoría a la búsqueda de una doctrina capaz de darles una fuerte cohesión. Ellos tendrían que imponerse a una corriente política tradicional, representada en el Imperio por el Partido Liberal.

Otro sector que debe ser considerado es el militar. Los militares tuvieron bastante influencia durante los primeros años de la República. El mariscal Deodoro da Fonseca se convirtió en el jefe del Gobierno Provisorio, mientras que algunas decenas de oficiales fueron elegidos para el Congreso Constituyente. Sin embargo, no constituían un grupo homogéneo, pues existían rivalidades entre el Ejército y la Marina: mientras que el Ejécito había sido el artífice del nuevo régimen, se veía a la Marina como vinculada a la monarquía.

Existían además diferencias personales y conceptuales que separaban a los partidarios de Deodoro da Fonseca de los de Floriano Peixoto. En torno del viejo mariscal se reunían los veteranos de la Guerra de Paraguay. Muchos de esos oficiales no habían asistido a la Escuela Militar y disentían con las ideas positivistas. Habían ayudado a derrocar a la monarquía "para salvar la honra del Ejército" y no poseían una visión muy elaborada de la república, a no ser la de que el Ejército debería tener un papel mayor del que había desempeñado durante el Imperio.

Aunque Floriano Peixoto no fuese positivista y hubiese participado también de la Guerra de Paraguay, los oficiales que se reunían a su alrededor tenían otras características. Eran jóvenes que habían frecuentado la Escuela Militar y que recibieron la influencia del positivismo. Concebían su inserción en la sociedad como la de solda-dos-ciudadanos, cuya misión era la de dar un sentido al rumbo del país. La República debería tener orden y también progreso. El progreso significaba la modernización de la sociedad a través de la ampliación de los conocimientos técnicos, del industrialis-mo y de la expansión de las comunicaciones.

A pesar de sus profundas diferencias, los grupos dentro del Ejército tenían en común un punto fundamental. No expresaban los intereses de una clase social, como era el caso de los defensores de la república liberal. Ante todo, eran los portavoces de una institución que formaba parte del aparato del Estado. Por la naturaleza de sus funciones y por el tipo de cultura desarrollada dentro de la institución, los oficiales del Ejército se consideraban adversarios del liberalismo, fueran positivistas o no. Para ellos, la república debía tener un Poder Ejecutivo fuerte o pasar por una fase dictato-rial más o menos prolongada. Desconfiaban de las autonomías provinciales, no sólo porque servían a los intereses de los grandes propietarios rurales, sino también por-que implicaban el riesgo de una fragmentación del país.

Temiendo que el mando personal de Deodoro da Fonseca se transformase en una semidictadura, los partidarios de la república liberal se apresuraron a garantizar la con-vocatoria a una Asamblea Constituyente. El nuevo régimen había sido recibido con desconfianza en Europa y, para garantizar el reconocimiento de la República y la ob-tención de créditos en el exterior, era necesario dar una forma constitucional al país.

En febrero de 1891 fue promulgada la primera Constitución republicana, que se inspiraba en el modelo norteamericano y consagraba la república federal y liberal. Los Estados —designación que tomaron las provincias de allí en adelante— fueron autorizados a ejercer diversas atribuciones, como las de contraer empréstitos en el exterior y organizar fuerzas militares propias: las fuerzas públicas de los estados pro-vinciales. Esas atribuciones interesaban a los grandes Estados, sobre todo a San Pa-blo. La posibilidad de contraer empréstitos en el exterior era vital para que el gobier-no paulista pudiese poner en práctica los planes de valorización del café.

Una de las atribuciones más importantes de los Estados exportadores —y, por lo tanto, de San Pablo— era la de establecer impuestos sobre la exportación de sus mer-caderías. De esa manera, se aseguraban una importante fuente de renta que posibili-taba el ejercicio de la autonomía. Los Estados también obtuvieron la facultad de organizar su propia justicia.

No obstante, el gobierno federal (la Unión) no quedó despojado de poderes. La idea de un ultrafederalismo, sostenida por los positivistas *gaúchos*, fue combatida por los militares y por los paulistas. Por diversas razones, esos sectores no querían correr el riesgo de una fragmentación del poder central. La Unión se reservó los impuestos de importación, el derecho de crear bancos emisores de moneda, la organización de las Fuerzas Armadas nacionales, etcétera. También tenía la facultad de intervenir en los Estados para restablecer el orden y mantener la forma republicana federal.

La Constitución inauguró el sistema de gobierno presidencialista. El Poder Ejecutivo –que anteriormente detentara el emperador–, sería ejercido por un Presidente de la República, electo por un período de cuatro años. Al igual que en el Imperio, el Poder Legislativo fue dividido en Cámara de Diputados y Senado, pero ahora los senadores dejaban de ser vitalicios. Éstos eran elegidos para un período de nueve años y en número fijo: tres senadores representando a cada Estado y tres representando al Distrito Federal, esto es, a la capital de la república.

Se instituyó un sistema de voto directo y universal, suprimiéndose el censo económico. Se consideraba electores a todos los ciudadanos brasileños mayores de veintiún años, excluyendo a ciertas categorías como analfabetos, mendigos y militares de carrera. La Constitución no hacía referencia a las mujeres, pero implícitamente se consideraba que ellas no podían votar. Con carácter de excepción, los primeros presidente y vicepresidente de la república serían elegidos por el voto indirecto de la Asamblea Constituyente, transformada en Congreso ordinario.

El texto constitucional consagró el derecho a la libertad, a la seguridad individual y a la propiedad para todos los brasileños y extranjeros residentes en el país. También se abolió la pena de muerte, por cierto muy poco aplicada durante el Imperio. Estado e Iglesia pasaron a ser instituciones separadas. De esta forma, Brasil dejaba de tener una religión oficial. Importantes funciones que hasta entonces habían sido monopolio de la Iglesia Católica fueron atribuidas al Estado: la República sólo reconocería el casamiento civil y los cementerios pasaron a las manos de la administración municipal. En ellos, existía ahora libertad de culto para todas las creencias religiosas. En 1893 una ley complementó esos preceptos creando el registro civil. Las medidas reflejaban la convicción laica de los dirigentes republicanos, la necesidad de allanar los conflictos entre el Estado y la Iglesia y el objetivo de facilitar la integración de los inmigrantes alemanes, que en su mayoría eran luteranos. Otra medida destinada a integrar a los inmigrantes fue la llamada gran naturalización. Por ella, se convertían en ciudadanos brasileños aquellos extranjeros que, encontrándose en Brasil el 15 de noviembre de 1889, no habían declarado su deseo de conservar la nacionalidad de origen dentro de los seis meses posteriores a la entrada en vigencia de la Constitución.

* * *

Aunque acogida con ciertos reparos en Inglaterra, la proclamación de la República fue acogida con entusiasmo en la Argentina y aproximó a Brasil de los Estados Unidos. El cambio de régimen tuvo lugar cuando se desarrollaba en Washington la I Conferencia Internacional Americana, convocada por iniciativa de los Estados Unidos. El representante brasileño en la conferencia fue sustituido por Salvador de Mendonça, un republicano histórico, quien coincidiría con muchos de los puntos de vista norteamericanos.

El claro desplazamiento del eje de la diplomacia brasileña de Londres hacia Washington se produjo con el ingreso del barón de Río Branco al Ministerio de

Relaciones Exteriores, en el que iba a permanecer por largos años (1902-1912) y a través de varios períodos presidenciales. La política de Río Branco no representó un alineamiento automático con los Estados Unidos, pero sí una fuerte aproximación cuyo objetivo era que Brasil conquistase el lugar de primera potencia latinoamericana.

Los buenos tiempos en las relaciones Brasil/Argentina habían quedado atrás, y los dos países entraron ahora en una abierta competencia militar. Para limitar la influencia Argentina, Brasil trató de ganarse la simpatía de las naciones menores, como Uruguay y Paraguay, así como también de aproximarse a Chile. Aun así, durante los últimos años de su gestión, Río Branco intentó implantar sin éxito un acuerdo estable entre la Argentina, Brasil y Chile, conocido como ABC.

En el período de Río Branco, Brasil definió cuestiones de límites con varios países de América del Sur, entre ellos Uruguay, Perú y Colombia. En la región amazónica, súbitamente valorizada por el caucho, un conflicto armado enfrentó a brasileños y bolivianos por la posesión de Acre. Gran parte del área estaba ocupada por migrantes brasileños, pero era considerada territorio boliviano. El Tratado de Petrópolis (1903) permitió alcanzar una solución negociada, por la cual Bolivia reconoció la soberanía brasileña en Acre a cambio de una indemnización de 2,5 millones de libras esterlinas.

* * *

El primer año de la República estuvo marcado por una fiebre de negocios y de especulación financiera derivada de las grandes emisiones y de la facilidad del crédito. De hecho, el medio circulante era incompatible con las nuevas realidades del trabajo asalariado y del ingreso en masa de inmigrantes. Así, se formaron muchas empresas, algunas reales y otras ficticias. Creció entonces la especulación en las bolsas de valores y subió enormemente el costo de vida. La moneda brasileña, que cotizaba en relación a la libra inglesa, comenzó a perder valor. Es posible que haya contribuido para ello el reflujo de los capitales británicos en América Latina luego de la grave crisis financiera en la Argentina (1890).

En plena crisis, el Congreso eligió a Deodoro da Fonseca para la Presidencia de la República y a Floriano Peixoto para la Vicepresidencia. El primero entró en conflicto con el Congreso al pretender reforzar el Poder Ejecutivo, tomando como modelo al extinto Poder Moderador. Cerró el Congreso, prometiendo la futura realización de nuevas elecciones y una revisión de la Constitución que fortaleciera al Poder Ejecutivo y redujera la autonomía de los Estados. El éxito de los planes de Deodoro da Fonseca dependía de la unidad de las Fuerzas Armadas, pero éste no era el caso. Ante la reacción de los florianistas, de la oposición civil y de sectores de la Marina, el presidente terminó renunciando (23-11-1891). Subió entonces al poder el vicepresidente Floriano Peixoto.

El mariscal Floriano Peixoto encarnaba una visión de la República que no se identificaba con las fuerzas económicas dominantes. Pensaba construir un gobierno estable, centralizado, moderadamente nacionalista y, sobre todo, basado en el Ejército y en la juventud de las escuelas civiles y militares. Esa visión entraba en conflicto con la de la llamada "república de los *fazendeiros*", liberal y descentralizada, que miraba con recelo el reforzamiento del Ejército y las manifestaciones de la población urbana de Río de Janeiro.

Sin embargo, en contra de cualquier previsión, el presidente Floriano Peixoto llegó a un acuerdo tácito con el PRP. Las razones básicas para ello fueron los riesgos reales, y a veces imaginarios, que corría el régimen republicano. La elite política de San Pablo veía en la figura de Floriano Peixoto la posibilidad más segura de garantizar la continuidad de la República. Peixoto, a su vez, percibía que sin el PRP no tendría base política para gobernar.

* * *

En los primeros años de la República, Río Grande do Sul era una de las regiones políticamente más inestables del país. Entre la proclamación de la República y la elección de Júlio de Castilhos para la presidencia del Estado, en noviembre de 1893, se habían sucedido diecisiete gobiernos del Estado provincial. Allí se enfrentaban, por un lado, los republicanos históricos adeptos al positivismo, organizados en el Partido Republicano Riograndense (PRR), y por otro, los liberales. En marzo de 1892, estos últimos fundaron el Partido Federalista y proclamaron como líder a Silveira Martins, quien durante el Imperio había sido una prestigiosa figura del Partido Liberal.

Las bases sociales de los federalistas se encontraban principalmente entre los estancieros de la Campaña, una región ubicada al sur del Estado, en la frontera con Uruguay. Este grupo constituía la elite política tradicional, cuyas raíces se hundían en el Imperio. Por su parte, los republicanos tenían sus bases en la población del litoral y de la Sierra, donde se encontraban muchos inmigrantes. Formaban una elite más reciente, que irrumpía en la política dispuesta a monopolizar el poder.

La guerra civil entre los dos grupos –conocida como Revolución Federalista– comenzó en febrero de 1893 y recién terminó más de dos años y medio después, durante la presidencia de Prudente de Moraes. La lucha fue implacable, con millares de muertos. Muchos de ellos no murieron en combate: fueron degollados luego de haber caído prisioneros.

Desde el comienzo del conflicto, Floriano Peixoto contó con el apoyo financiero de San Pablo y de su bien organizada milicia local. Paralelamente, fue decreciendo la influencia de los militares en el gobierno. El Ministerio de Hacienda estaba ocupado por Rodrigues Alves, proveniente de una familia paulista del Valle del Paraíba y antiguo consejero del Imperio, convertido ahora en partidario de la República. También estaban en manos del PRP la presidencia de la Cámara y del Senado.

El acuerdo tácito entre Floriano Peixoto y la elite política de San Pablo terminó cuando llegó el momento de la elección de su sucesor. Disponiendo de pocas bases de apoyo –entre las que se encontraban los bulliciosos pero poco eficaces jacobinos–, Peixoto no estuvo en condiciones de designar como sucesor a su candidato. Se impuso entonces el nombre del paulista Prudente de Moraes, elegido el 1° de marzo de 1894. El mariscal demostró su contrariedad por el hecho no asistiendo a la toma del mando. Según las crónicas, prefirió quedarse en su modesta casa, cuidando las rosas de su jardín.

A excepción del mariscal Hermes da Fonseca –electo presidente para el período 1910-1914–, la sucesión presidencial ya no contó más con la presencia de figuras del Ejército en la Presidencia de la República. Además, también declinó la actividad política de los militares como un todo. El Club Militar, que era el que coordinaba ese tipo de actividades, permaneció cerrado entre 1896 y 1901.

Durante el gobierno de Prudente de Moraes, se agudizó la oposición, ya existente en la época de Floriano Peixoto, entre la elite política de los grandes Estados y el republicanismo jacobino concentrado en Río de Janeiro. Los jacobinos contaban entre sus miembros a sectores de la baja clase media, algunos obreros y militares afectados por la carestía y las malas condiciones de vida. Pero sus motivaciones no eran sólo materiales. Creían en una república fuerte que fuera capaz de combatir las amenazas monarquistas, que para ellos se hallaban presentes por todas partes. Adversarios de la república liberal, también asumían la vieja tradición patriótica y antilusitana. Los "gallegos", en cuyas manos se encontraba gran parte del comercio carioca, eran blanco de violentos ataques. Los jacobinos apoyaron a Floriano Peixoto, transformándolo en bandera luego de su muerte, ocurrida en junio de 1895.

* * *

Los años del gobierno de Prudente de Moraes estuvieron marcados por un acontecimiento muy alejado de Río de Janeiro, pero que tuvo consecuencias en la política de la República. En 1893, en una *fazenda* abandonada del sertón norte de Bahía, se había formado una población conocida como campamento de Canudos. Su líder era Antônio Vicente Mendes Maciel, más conocido como Antônio *Conselheiro*. El *Conselheiro* había nacido en Ceará, y su padre era un comerciante que pretendía que fuera un sacerdote. Luego de haber tenido problemas financieros y complicaciones domésticas, ejerció diversas profesiones, como maestro y vendedor ambulante, hasta convertirse en beato: una mezcla de sacerdote y jefe de *jagunços*.*

Llevó una vida nómade atravesando el sertón, congregando al pueblo para construir iglesias, levantar muros de cementerios y seguir el camino de una vida ascética. Luego se estableció en Canudos, atrayendo a la población *sertanera* en un número que alcanzó entre los 20 mil y 30 mil habitantes.

La prédica del *Conselheiro* competía con la de la Iglesia. Un incidente sin importancia (en torno del corte de madera) llevó al gobernador de Bahía a tomar la deci-

---

* Se trata de matones al servicio de uno o más terratenientes. [N. de T.]

sión de dar una lección a los "fanáticos". Sorpresivamente, la fuerza punitiva bahiana fue derrotada. El gobernador apeló entonces a las tropas federales. La derrota de dos expediciones equipadas con cañones y ametralladoras –en una de las cuales murió su comandante– provocó una ola de protestas y de violencia en Río de Janeiro.

En un episodio que estuvo relacionado con las condiciones de vida del sertón y el universo mental de los *sertaneros*, los jacobinos veían la mano oculta de los políticos monarquistas. Esa fantasía era alimentada por el hecho de que el *Conselheiro* predicaba el retorno de la monarquía. Según él, la República sólo era cosa de ateos y masones, como lo comprobaban la introducción del casamiento civil y una supuesta interdicción de la Compañía de Jesús.

En agosto de 1897, una expedición de 8 mil hombres, dotada de modernos equipos y comandada por el general Artur Oscar, arrasó el campamento luego de un mes de lucha. La mayoría de sus defensores murieron combatiendo, y, cuando caían prisioneros, se los degollaba. Para los oficiales positivistas y los políticos republicanos fue una lucha de la civilización contra la barbarie. En realidad, la "barbarie" se encontraba de los dos lados, pero más aún en aquellos hombres instruidos que se habían mostrado incapaces de, por lo menos, intentar comprender a los *sertaneros*.

* * *

La consolidación definitiva de la república liberal-oligárquica se alcanzó cuando a Prudente de Moraes lo sucedió en su cargo otro paulista: Campos Sales (1898-1902). El movimiento jacobino se deshizo luego de que algunos de sus miembros se envolvieran en una tentativa de asesinar a Prudente de Moraes. Por su parte, la gran mayoría de los militares volvieron a los cuarteles.

Era el triunfo de la elite política de los Estados grandes, con San Pablo a la cabeza. No obstante ello, faltaban crear los instrumentos necesarios para que la república oligárquica pudiese asentarse sobre un sistema político estable. El rol preeminente que les fue atribuido a los Estados provocó, en algunos de ellos, luchas entre grupos rivales. En ese caso, se daba la intervención del gobierno federal, que utilizaba los controvertidos poderes que la Constitución federal había establecido para tal fin. Esa situación volvía incierto el control del poder en algunos Estados, a la vez que reducía las posibilidades de un acuerdo duradero entre la Unión y el conjunto de éstos. Agréguese a lo anterior el hecho de que el Poder Ejecutivo tenía dificultades para imponerse al Legislativo, tal como lo pretendía, aunque la Constitución expresase que "los poderes eran armónicos e independientes entre sí".

A partir de esas cuestiones, Campos Sales concibió un arreglo conocido como política de los gobernadores. Gracias a una alteración artificiosa del Reglamento Interno de la Cámara de Diputados, fue posible asegurar que la representación parlamentaria de cada Estado le correspondería al grupo regional dominante. Al mismo tiempo, se garantizó una mayor subordinación de la Cámara al Poder Ejecutivo. El propósito de la política de los gobernadores –sólo alcanzado de forma parcial– era el de eliminar las disputas facciosas en los Estados y, al mismo tiempo, reforzar al Poder Ejecutivo, considerado por Campos Sales como el "poder por excelencia".

En el plano financiero, la grave situación que se arrastraba desde los tiempos de la monarquía se volvió dramática. El gobierno republicano había heredado del Imperio una deuda externa que consumía anualmente gran parte del saldo de la balanza comercial. El cuadro se fue agravando en el transcurso de la década de 1890, con el aumento progresivo del déficit público. Muchos de los gastos estaban relacionados con los costos de las operaciones militares de aquel incierto período. El pedido de crédito externo fue un recurso utilizado frecuentemente y la deuda creció cerca del 30% entre 1890 y 1897, generando nuevos compromisos de pago.

Por otro lado, la expansión de las plantaciones de café a comienzos de la década permitió la recolección de grandes cosechas en 1896 y 1897. Pero la ampliación de la oferta del producto en el mercado internacional provocó una acentuada caída de precios y una reducción del ingreso de divisas. Al final de su gobierno, cuando se volvió clara la imposibilidad de continuar con el pago de la deuda, Prudente de Moraes inició conversaciones para llegar a un acuerdo con los acreedores internacionales. En Río de Janeiro hubo arreglos con el London and River Plate Bank, mientras que Campos Sales –presidente electo, pero que todavía no había asumido– viajaba a Londres para entenderse con la Casa Rotschild. Desde los tiempos de la Independencia, los Rotschild desempeñaban el papel de agentes financieros de Brasil en Europa.

Finalmente, en junio de 1898, ya bajo el gobierno de Campos Sales, se acordó un penoso *funding loan* (préstamo financiero) como una forma de conseguir una tregua y garantizar por medio de un nuevo empréstito el pago de los intereses y del conjunto de los préstamos anteriores. Brasil puso como garantía a los acreedores las rentas de la Aduana de Río de Janeiro, y se le prohibió contraer nuevos empréstitos hasta junio de 1901. También se comprometió a cumplir un duro programa de deflación, incinerando parte del papel moneda que estaba en circulación. De esta forma, el país escapaba de la insolvencia. Sin embargo, en los años siguientes pagaría un pesado tributo por éstas y otras medidas que le siguieron durante el gobierno de Campos Sales, lo que generó la caída de la actividad económica y la quiebra de bancos y de otras empresas.

Las oligarquías y los coroneles

La República dio forma concreta a la autonomía de los estados, expresando plenamente los intereses de cada región. En el plano político, esto se reflejó en la formación de partidos republicanos restringidos a cada Estado. Así, los intentos de organizar partidos nacionales fueron transitorios o fracasaron. Controlados por una elite reducida, los partidos republicanos decidían los destinos de la política nacional y establecían acuerdos para la nominación de candidatos a la Presidencia de la República.

¿Qué era lo que representaban las diversas oligarquías de los estados? ¿Qué significaba hablar en nombre de San Pablo, Río Grande do Sul o Minas Gerais, para quedarnos con los ejemplos más importantes? Si bien había un rasgo común en la forma por la cual esas oligarquías monopolizaban el poder político, también existían diferencias en sus relaciones con la sociedad. En San Pablo, la elite política oligárquica estuvo más cerca de los intereses dominantes vinculados a la economía cafetalera y, con el correr del tiempo, también a los de la industria. Lo cual no quiere decir que ella fuese un simple agente de esos grupos. La oligarquía paulista supo organizar eficientemente el Estado de San Pablo, de acuerdo con los intereses más generales de la clase dominante.

Tanto la oligarquía *gaúcha* como la minera –que controlaban respectivamente el PRR y el PRM– tuvieron bastante autonomía en sus relaciones con la sociedad. Inspirándose en una versión autoritaria del positivismo, el PRR se impuso como una máquina política fuerte que arbitraba los intereses de estancieros e inmigrantes en ascenso. La oligarquía minera tampoco fue la "niña de los mandados" de los cafetaleros y criadores de ganado. Además de tomar en cuenta a esos sectores de la sociedad, supo constituirse en una máquina de políticos profesionales cuya fuente de poder provenía en gran medida de sí misma, nombrando funcionarios, legalizando la posesión de tierras, decidiendo inversiones sobre educación, transportes, etcétera.

A primera vista, parecería que el dominio de las oligarquías podría haber sido quebrado por el conjunto de la población a través del voto. Sin embargo, el voto no era obligatorio y, por lo general, el pueblo entendía a la política como un juego entre los grandes o un intercambio de favores. Su desinterés aumentaba cuando los partidos regionales establecían acuerdos para las elecciones presidenciales lanzando candidaturas únicas, o cuando los candidatos de la oposición no tenían ninguna posibilidad de éxito. El porcentaje de votantes osciló entre un mínimo de 1,4% de la población del país (elección de Afonso Pena en 1906) y un máximo de 5,7% (elección de Julio Prestes en 1930).

Otro aspecto a resaltar es que los resultados electorales no reflejaban la realidad. El voto no era secreto y la mayoría de los electores quedaba sujeta a la presión de los jefes políticos, a quienes también trataba de agradar. La falsificación de actas, el voto de los muertos, de los extranjeros, etcétera, hacían que el fraude electoral fuera una práctica corriente. Por cierto, estas distorsiones no constituían una novedad, sino que simplemente representaban la prolongación de una situación que venía de la época de la monarquía.

A pesar de todo, la comparecencia electoral creció en términos comparativos con relación al Imperio. Si confrontamos las elecciones para la última legislatura del parlamento imperial (1886) con la primera elección para la Presidencia de la República, cuando votaron electores de todos los Estados (1898), verificamos que la participación electoral aumentó el 400%. Además, no todas las elecciones para presidente de la república consistieron en la simple ratificación de un nombre. La disputa fue in-

tensa en las elecciones de 1910, 1922 y 1930, cuando fueron elegidos Hermes da
Fonseca, Artur Bernardes y Júlio Prestes.

* * *

Es habitual designar a la Primera República como "república de los coroneles", haciendo referencia a los coroneles de la antigua Guardia Nacional, quienes eran en su
mayoría propietarios rurales con una base de poder local. El "coronelismo" representó una variante de una relación sociopolítica más general –el clientelismo–, que existía tanto en el campo como en las ciudades. Esa relación era resultado de la desigualdad social, de la imposibilidad que tenían los ciudadanos para utilizar sus derechos,
de la precariedad o inexistencia de servicios asistenciales del Estado e, incluso, de la
falta de una carrera del servicio público. Si bien todas esas características provenían
de los tiempos coloniales, fue la República la que creó las condiciones necesarias para
que los jefes políticos locales concentrasen una mayor cuota de poder. Esto fue consecuencia de la ampliación de la parte de los impuestos que correspondía a los municipios y de la elección de los intendentes.

Desde el punto de vista electoral, el "coronel" controlaba a los votantes en su área
de influencia. Para elegir a sus candidatos, cambiaba votos por favores tan variados
como un par de zapatos, una vacante en el hospital o un empleo de maestra. Pero la
escena política de la Primera República no era monopolio de los "coroneles". Existieron otros grupos que tuvieron un papel significativo en la conducción política y que
expresaban distintos intereses urbanos. Además, a pesar de que eran importantes
para el sostenimiento de la base del sistema oligárquico, los "coroneles" dependían de
otras instancias para mantener su poder. Entre ellas, se destacaba el gobierno de los
grandes Estados provinciales, que no era un mero agrupamiento de "coroneles". Aunque éstos proveían de votos a los jefes políticos del Estado correspondiente, también
dependían de ellos para poder proporcionarles a sus electores los beneficios espera-
dos, sobre todo cuando esos beneficios eran colectivos.

El "coronelismo" tuvo distintas características, de acuerdo con la realidad sociopolítica de cada región del país. Un ejemplo extremo del poder de los "coroneles" se
encuentra en áreas del interior del nordeste, en los alrededores del río San Francisco,
donde surgieron verdaderas "naciones de coroneles" con sus propias fuerzas militares.
Por el contrario, en los Estados más importantes, los "coroneles" dependían de estruc-
turas más amplias, o sea, de la máquina del gobierno y del Partido Republicano.

Las relaciones entre la Unión y los Estados

Comúnmente, la Primera República es conocida como la época del "café con leche".
La frase expresa la idea de que en ese período la política nacional era conducida por

una alianza entre San Pablo (café) y Minas Gerais (leche). Sin embargo, la realidad es más compleja. Para poder entenderla debemos observar de cerca las relaciones entre la Unión y por lo menos tres Estados muy distintos entre sí: San Pablo, Minas Gerais y Río Grande do Sul.

Sin pretender debilitar al gobierno federal, San Pablo trató de asegurar su propia autonomía, garantizada por las rentas de una economía en expansión y una poderosa fuerza militar. Pero los paulistas no podían darse el lujo de contar sólo con ellos mismos. Un claro ejemplo de ello lo constituye el papel que tenía la Unión en la definición de la política monetaria y cambiaria, que no sólo decidía el rumbo financiero sino que además repercutía en los negocios del café.

En el ámbito federal, los paulistas se concentraron en esos temas y en las iniciativas para obtener el apoyo del gobierno para los planes de valorización del café. De esa manera, a pesar de que la economía de San Pablo se hubiera diversificado durante la Primera República, su elite política actuó fundamentalmente según el interés de la burguesía del café, de la que eran originarios muchos de sus miembros.

La política de valorización del café constituye uno de los ejemplos más claros del papel que tuvo San Pablo dentro de la Federación, así como de las relaciones entre los diversos Estados. La producción cafetalera de San Pablo creció enormemente a partir de la década de 1890, generando problemas para la renta del cultivo del café. Esos problemas tenían dos fuentes básicas: por un lado, la gran oferta del producto hacía bajar el precio en el mercado internacional; por otro, la valorización de la moneda brasileña, a partir del gobierno de Campos Sales, impedía que la caída de los precios internacionales del producto fuera compensada por mayores ingresos en moneda nacional.

A comienzos de siglo surgieron en San Pablo varios planes de intervención gubernamental en el mercado cafetalero, cuyo su objetivo era garantizar la renta del cultivo del café. Finalmente, en febrero de 1906 se llegó a un acuerdo denominado Convenio de Taubaté, por haber sido celebrado en esa ciudad paulista. Los firmantes del acuerdo fueron los Estados de San Pablo, Minas Gerais y Río de Janeiro.

Los dos puntos básicos del convenio eran los siguientes: negociación de un empréstito de 15 millones de libras esterlinas para costear la intervención del Estado en el mercado, a través de la compra del producto a los cafetaleros a un precio conveniente; creación de un mecanismo destinado a estabilizar el cambio, impidiendo la valorización de la moneda brasileña. El gobierno debería comprar las zafras abundantes con recursos externos, y acopiar la mercadería para venderla en el momento oportuno en el mercado internacional. El plan se basaba en la idea correcta de la sucesión de buenas y malas cosechas, así como en la expectativa de que las compras gubernamentales reducirían la oferta de café, haciendo subir los precios.

Las resistencias que opuso al plan el gobierno federal y las reticencias de los demás Estados integrantes del Convenio llevaron al Estado de San Pablo a actuar por cuenta propia, asociándose entonces a un grupo de importadores de los Estados Unidos liderados por Hermann Sielcken. El financiamiento de ese grupo y los empréstitos bancarios obtenidos permitieron retirar el café del mercado. Sin embargo, era imposible mantener la situación por mucho tiempo sin obtener un financiamiento mayor a largo plazo.

Durante el segundo semestre de 1908, el presidente Afonso Pena obtuvo del Congreso la autorización para que la Unión fuese garante de un empréstito de hasta 15 millones de libras que pretendía contraer San Pablo. A partir de ese momento, el Estado de San Pablo pudo proseguir la operación de valorización entregando el control de ésta a los banqueros internacionales. En 1909 comenzaron a evidenciarse los primeros resultados del plan. Gracias a la retracción de la oferta provocada por el acopio y a la disminución del volúmen de las zafras, los precios internacionales del café comenzaron a subir y se mantuvieron en alza hasta 1912. El empréstito fue pagado en junio de 1913.

Hubo otras dos operaciones de valorización bajo responsabilidad de la Unión, hasta que en 1924 el presidente Artur Bernardes, preocupado por el presupuesto federal, abandonó la defensa del café y el Estado de San Pablo la asumió directamente y en forma permanente.

Este breve relato ilustra el tipo de relaciones que había entre San Pablo y la Unión. Los paulistas tuvieron medios para garantizar su autonomía y, hasta cierto punto, para llevar a cabo sus planes económicos aun sin contar con el apoyo del gobierno federal. Pero cuando se tomaban medidas de valorización del cambio, la política cambiaria de la Unión repercutía desfavorablemente en el cultivo del café paulista. Además, la garantía del gobierno federal podía llegar a ser imprescindible, o por lo menos podía facilitar la obtención de empréstitos en el exterior.

* * *

La posición de los políticos mineros era diferente. Representaban a un Estado que carecía de un polo económico dominante y que se encontraba fragmentado entre el café, el ganado y, hasta cierto punto, la industria. Además, Minas carecía del potencial económico de San Pablo y dependía de los beneficios de la Unión. Ese panorama llevó a que la elite política minera mantuviese cierta distancia de los intereses específicos del "café" y de la "leche", lo que favoreció la acumulación de su poder como políticos profesionales. Los mineros ejercían una fuerte influencia en la Cámara de Diputados, en la que tenían una bancada de treinta y siete miembros, mientras que los paulistas eran apenas veintidós. Esa proporción fue establecida con el censo de 1890. Luego del censo realizado en 1920, que demostró el gran crecimiento poblacional de San Pablo, los paulistas intentaron inútilmente obtener una revisión de aquella proporcionalidad.

Los políticos de Minas controlaron el acceso a muchos cargos políticos federales y tuvieron éxito en uno de sus principales objetivos: la construcción de ferrocarriles en territorio minero, que atendía a los intereses generales de su Estado. En los años veinte, casi el 40% de las nuevas construcciones ferroviarias federales se concentraron allí. Al mismo tiempo, buscaron proteger los productos de Minas que eran consumidos en el mercado interno, apoyando la valorización del café según las circunstancias.

* * *

La presencia de los *gaúchos* en la política nacional tuvo la peculiaridad de relacionarse con la presencia militar. Pero que hubiera aproximación no significaba que existiese una identidad entre los militares y el PRR. Entre 1894 y 1910, los *gaúchos* –así como también la cúpula del Ejército– estuvieron casi ausentes de la administración federal. Reaparecieron en ocasión de la elección del mariscal Hermes da Fonseca.

Existen varias razones para la citada afinidad. Desde los tiempos del Imperio, Río Grande do Sul concentraba en su territorio la mayor cantidad de efectivos del Ejército, que oscilaba entre un tercio y un cuarto del total nacional en tiempos de la Primera República. La III Región Militar –creada en 1919–, era un trampolín para la alta administración, ya que varios de sus comandantes llegaron al Ministerio de Guerra. La importancia del sector militar incentivó a los *gaúchos* de cierto nivel social a seguir la carrera de las armas, por lo que aportaron el mayor número de ministros de Guerra y de presidentes del Club Militar durante la Primera República.

Por otro lado, la intermitencia de la lucha armada en la región favoreció el contacto entre los oficiales y los partidos políticos. Así, por ejemplo, los vínculos de muchos oficiales con el PRR nacieron de la Revolución Federalista.

También contribuyeron a esa aproximación ciertos rasgos ideológicos y peculiaridades políticas. El principal rasgo ideológico fue el positivismo, cuya importancia se mantuvo de forma generalizada dentro del Ejército. Además de eso, la política económica y financiera defendida por los *gaúchos* republicanos tendió a coincidir con la visión del grupo militar. El PRR requería del gobierno federal una política conservadora de gastos y la estabilización de los precios, ya que la inflación creaba problemas al mercado de carne seca. Como ésta era consumida principalmente por las clases populares del nordeste y del Distrito Federal, cualquier reducción del poder adquisitivo de esas clases devendría en una retracción de la demanda. A pesar de las distintas motivaciones, esa perspectiva tendía un puente con los militares, quienes veían con buenos ojos la adopción de una política financiera conservadora.

Un eventual bloque de oligarquías del nordeste podría haber influido en la política nacional. Pero la formación de una coalición de Estados de la región se veía muy dificultada por conflictos de intereses. Así, por ejemplo, dado que los recursos obtenidos en cada Estado a través del impuesto de exportación eran escasos, los Estados competían entre ellos para obtener los favores del gobierno federal; también se envolvían en interminables disputas acerca del derecho de cobrar impuestos interestatales sobre las mercaderías que circulaban de uno al otro.

La unión de las oligarquías paulista y minera constituyó un elemento fundamental de la historia política de la Primera República. Dicha unión fue alcanzada con el predominio de una o de otra de las dos fuerzas, pero con el tiempo surgieron las discusiones y el gran desacuerdo final.

A pesar de la influencia militar, San Pablo quedó mejor posicionado en los primeros años de la República. Contando con el apoyo de los mineros, los paulistas lograron sus objetivos en la Constituyente y, de esta forma, abrieron camino a las presidencias civiles. Entre 1894 y 1902 fueron elegidos tres presidentes paulistas en forma sucesiva –Prudente de Moraes, Campos Sales y Rodrigues Alves–, hecho que no se repetiría nunca más. El predominio político de San Pablo durante esos años se explica no sólo por su importancia económica, sino también por la cohesión partidaria de su elite. La gran mayoría de la elite paulista dejó atrás rápidamente sus antiguas diferencias y cerró filas en torno del PRP.

La situación fue distinta en Minas Gerais, donde las divergencias entre los grupos sólo se apaciguaron en 1897, con la llamada segunda fundación del PRM. De allí en adelante creció cada vez más la presencia minera en la política nacional.

A pesar de que San Pablo y Minas Gerais habían conseguido mantener un acuerdo desde la época de Campos Sales, el desentendimiento entre ambos Estados en 1909 favoreció el retorno parcial de los militares y la vuelta definitiva de Río Grande do Sul a la escena política nacional. La campaña de 1909-1910 para la presidencia de la República fue la primera disputa electoral efectiva de la vida republicana. El mariscal Hermes da Fonseca –sobrino de Deodoro da Fonseca– fue elegido candidato con el apoyo de Río Grande, de Minas y de los militares. La candidatura de Rui Barbosa fue lanzada desde la oposición por San Pablo, en alianza con Bahía.

Rui Barbosa intentó atraer el voto de la clase media urbana, defendiendo los principios democráticos y el voto secreto. Así, dio a su campaña un tono de reacción contra la intervención del Ejército en la política. Criticó a los jefes militares y señaló a la Fuerza Pública estadual como modelo digno de ser seguido, contraponiéndola al Ejército. Aunque en ese momento la base política más importante de Rui Barbosa fuese la oligarquía de San Pablo, su campaña se presentó como la lucha de la inteligencia por las libertades públicas, por la cultura y por las tradiciones liberales, contra un Brasil inculto, oligárquico y autoritario. La victoria de Hermes da Fonseca produjo grandes desilusiones en el reducido grupo intelectual de la época.

La estrella de Río Grande do Sul comenzó a dar señales de vida en ocasión de las negociaciones que desembocaron en la candidatura del minero Afonso Pena (1906). A partir del gobierno de Hermes da Fonseca, el astro comenzó a brillar como estrella de tercera magnitud en la constelación del "café con leche". Este hecho condujo a que San Pablo y Minas Gerais evitasen nuevos desentendimientos. En 1913, en la ciudad minera de Ouro Fino, se estableció un pacto no escrito por el cual mineros y paulistas tratarían de alternarse en la presidencia de la República. Sin embargo, no desapareció la presencia *gaúcha* de la política nacional. Aunque no tuvo injerencia en las sucesiones presidenciales, la oligarquía *gaúcha* se irguió luego de 1910, manteniendo una fuerte presencia en los ministerios mientras que San Pablo tendía a atrincherarse en su Estado.

Por último, el incumplimiento de las reglas del juego de parte del presidente Washington Luís –quien indicó como su sucesor al paulista Júlio Prestes (1929)– se constituyó en un factor central de la ruptura política que tuvo lugar en 1930.

* * *

El análisis de los acuerdos entre las diversas oligarquías indica que el gobierno federal no fue un simple club de los *fazendeiros* del café. El poder central se definió como articulador de una integración nacional que, aunque frágil, no por ello era inexistente. Tenía que garantizarle al país una cierta estabilidad, conciliar diversos intereses, atraer inversiones extranjeras y atender las cuestiones ligadas a la deuda externa.

Pero los negocios del café fueron sin duda el eje de la economía del período. A lo largo de la Primera República, el café mantuvo largamente el primer lugar de las exportaciones brasileñas, con un promedio en torno al 60% del valor total. Al fin del período, representaba el 72,5% del promedio de las exportaciones. De él dependían el crecimiento y el empleo en las áreas más desarrolladas del país. También generaba la mayor parte de las divisas necesarias para las importaciones y para atender a los compromisos externos, especialmente los de la deuda.

Cualquiera que fuese el origen regional del presidente de la república, el gobierno federal no podía olvidar al sector cafetalero en el momento de formular su política. Pero el aspecto más significativo se encuentra en el hecho de que, incluso aquellos gobernantes que estaban supuestamente ligados a los intereses del café, no siempre actuaron como sus defensores. Curiosamente, tres presidentes provenientes de San Pablo –Campos Sales, Rodrigues Alves y Washington Luís– disgustaron al sector cafetalero o chocaron con él. Ese comportamiento, aparentemente extraño, se debe fundamentalmente al hecho de que el presidente de la república debía tener una preocupación por lo que creía eran los intereses generales del país. Esos intereses pasaban por la estabilización de las finanzas y por el acuerdo con los acreedores externos, especialmente con los Rotschild, principales agentes financieros de Brasil en el exterior.

Los cambios socioeconómicos

La inmigración en masa fue uno de los rasgos más importantes de los cambios socioeconómicos ocurridos en Brasil a partir de las últimas décadas del siglo XIX. El país fue uno de los principales receptores de los millones de europeos y asiáticos que llegaron a las Américas buscando oportunidades de trabajo y de ascenso social. A su lado figuran, entre otros, los Estados Unidos, la Argentina y Canadá.

Entre 1887 y 1930 entraron a Brasil cerca de 3,8 millones de extranjeros. El período de 1887-1914 concentró el mayor número de inmigrantes, con una cifra aproximada de 2,74 millones, cerca del 72% del total. Más allá de otros factores, esa concentración se explica por la fuerte demanda de fuerza de trabajo que requirió en aquellos años el cultivo del café. La Primera Guerra Mundial redujo mucho el flujo de inmigrantes. Luego del fin del conflicto constatamos una nueva corriente inmigratoria que se prolonga hasta 1930.

A partir de esa fecha, la crisis mundial iniciada en 1929, así como los cambios políticos que se dieron en Brasil y Europa, hicieron que el ingreso de inmigrantes como fuerza de trabajo dejase de ser significativo. La única excepción la constituyeron los japoneses, que entraron en mayor número durante el período 1931-1940.

Las regiones que recibieron mayor cantidad de inmigrantes fueron el centro-sur, el sur y el este. En 1920, vivía en esas regiones el 93,4% de la población extranjera. Dentro del conjunto se destacaba San Pablo, pues concentraba la mayoría de todos los residentes extranjeros del país (52,4%). Esa preferencia se explica por las facilidades concedidas por el Estado (pasajes, alojamiento) y por las oportunidades de trabajo que ofrecía una economía en expansión.

Al considerar el período 1887-1930, vemos que los italianos eran el grupo más numeroso, con 35,5% del total, seguidos de cerca por los portugueses (29%) y los españoles (14,6%). Pero también se dió el caso de que algunos grupos relativamente poco numerosos en términos globales fueran cualitativamente importantes.

El caso más significativo es el de los japoneses, quienes se asentaron sobre todo en San Pablo: en 1920, el 87,3% de ellos vivían en ese Estado. El primer grupo llegó a Santos en 1908, con destino a las *fazendas* de café. A pesar de las dificultades que hubo para fijar a los japoneses en las *fazendas*, la administración paulista concedió subsidios a la inmigración japonesa hasta 1925. Con la interrupción de la corriente inmigratoria europea debida a la Primera Guerra Mundial, surgió el temor de que "faltasen brazos para la agricultura". A partir de 1925, el gobierno japonés comenzó a financiar los viajes. En esa época, los japoneses ya no eran enviados a las *fazendas* de café. Aun cuando ellos se establecieron en el campo por más tiempo que cualquier otra etnia, lo hicieron como pequeños propietarios, y tuvieron un papel significativo en la diversificación de las actividades agrícolas.

Otros grupos minoritarios importantes fueron los sirio libaneses y los judíos, que tuvieron ciertas características comunes. Al contrario de los japoneses, italianos y españoles, desde su llegada se concentraron principalmente en las ciudades. Asimismo, ambos constituyeron una inmigración espontánea, no subsidiada, pues la ayuda gubernamental sólo era concedida a quien fuese destinado a las *fazendas*.

Los italianos se dirigieron principalmente a San Pablo y a Río Grande do Sul. En 1920, el 71,4% de los italianos residentes en Brasil vivían en el Estado de San Pablo, representando el 9% de su población total. A lo largo de los años, variaron las regiones de procedencia. Hasta el cambio de siglo predominaron los italianos del norte, mientras que a partir del siglo XX llegaron en mayor cantidad los que provenían del sur, sobre todo calabreses y napolitanos.

Los italianos fueron la etnia que proveyó la mano de obra para el cultivo del café. Entre 1887 y 1900, el 73% de los inmigrantes que ingresaron al Estado de San Pablo eran italianos, si bien no todos se dedicaron a la agricultura. La pobreza de estas personas queda evidenciada por el hecho de que los subsidios ofrecidos por el gobierno paulista constituían una gran atracción para ellos. Cuando surgían problemas en este aspecto repercutían de inmediato en la magnitud de la corriente inmigratoria.

Las malas condiciones de recepción de los recién llegados llevaron a que el gobierno italiano tomara medidas contra el reclutamiento de inmigrantes. Esto sucedió, provisoriamente entre marzo de 1889 y julio de 1891. En marzo de 1902, una decisión de las autoridades italianas conocida como "decreto Prinetti" –por el nombre del ministro de Relaciones Exteriores de Italia– prohibió la inmigración subsidiada a Brasil. De allí en adelante, quien quisiese emigrar a Brasil podía hacerlo libremente, pero sin obtener pasajes u otras pequeñas facilidades. Esta medida surgió como consecuencia de las crecientes quejas que los italianos residentes en Brasil les presentaban a sus cónsules sobre la precariedad de sus condiciones de vida, situación que se veía agravada por la crisis del café. Aunque es posible que la mejora del panorama socioeconómico de Italia también haya influido en esa decisión.

Si bien la corriente inmigratoria italiana no se interrumpió, el "decreto Prinetti", la crisis del café y la situación en el país de origen contribuyeron a reducirla. Al observar la entrada y salida de inmigrantes de distintas nacionalidades por el puerto de Santos, verificamos que en varios años el número de salidas resultó mayor que el de las entradas. Así, por ejemplo, en 1900, en plena crisis del café, entraron cerca de 21 mil inmigrantes y salieron 22 mil. En 1903, luego del "decreto Prinetti", entraron 16.500 inmigrantes y salieron 36.400. Al año siguiente también se registró un saldo negativo.

Durante el período 1901-1930, el origen étnico de los inmigrantes que llegaron a San Pablo se volvió más equilibrado. La proporción de italianos cayó al 26%, seguidos por los portugueses (23%) y por los españoles (22%). La inmigración portuguesa se concentró en el Distrito Federal y en San Pablo. Aun si se la compara con los Estados, la capital de la República albergaba al mayor contingente de portugueses. Una característica de la inmigración portuguesa fue justamente la de haberse concentrado mayoritariamente en las ciudades. En 1920 había 65 mil portugueses en la ciudad de San Pablo, representando el 11% de la población total; los números ascendían a 172 mil en Río de Janeiro, correspondiendo en ese caso al 15% de la población. Esto no significa que los inmigrantes portugueses no se hayan dedicado al cultivo del café o a la agricultura en general. Pero fueron más conocidos por su papel en el pequeño y gran comercio, así como en la industria, sobre todo en Río de Janeiro.

Entre 1887 y 1914 se produjo la mayor corriente de inmigrantes españoles. Pero durante el período hubo una diferencia: mientras que de 1887 a 1903 los italianos predominaron holgadamente sobre los españoles, éstos los superaron entre 1906 y

1920. Aparte de los japoneses, los inmigrantes que más se concentraron en el Estado de San Pablo fueron los españoles: en 1920 el 78% de ellos residían allí. En ciertos aspectos, la inmigración española tuvo algunos rasgos semejantes a la japonesa. Al igual que había ocurrido con los nipones, llegaban sobre todo familias con varios hijos y no hombres solteros. Otro punto en común entre ambas colectividades fue una dilatada permanencia en las actividades agrícolas y la preferencia por residir en pequeñas ciudades del interior y no en la capital de San Pablo.

No existen dudas sobre la movilidad ascendente de los inmigrantes en las ciudades, como lo prueba su éxito en actividades comerciales e industriales en Estados como San Pablo, Río Grande do Sul, Paraná y Santa Catarina. El caso del campo es más complejo. Durante los primeros años de la inmigración masiva, fueron sometidos allí a duras condiciones de existencia, derivadas de la situación general de maltrato a los trabajadores en el país, donde éstos casi eran equivalentes a esclavos. Testimonian ese cuadro general el gran número de inmigrantes que regresaron a sus países de origen, las protestas dirigidas a los cónsules y las medidas tomadas por el gobierno italiano.

Con el correr del tiempo, muchos inmigrantes consiguieron escalar posiciones dentro de la sociedad. Algunos pocos se convirtieron en grandes *fazendeiros*. La mayoría adquirió la condición de pequeño y medio propietario, abriéndole así el camino a sus descendientes para que llegasen a ser figuras centrales de la agroindustria paulista. El censo agrícola realizado en San Pablo en 1934 reveló que el 30,2% de las tierras estaban en manos de extranjeros, correspondiéndole el 12,2% a los italianos, el 5,2% a los españoles, el 5,1% a los japoneses, el 4,3% a los portugueses y el resto a otras nacionalidades. Esos números reflejan sólo una parte del ascenso de los inmigrantes; ya que, lógicamente, los propietarios de tierras descendientes de extranjeros fueron considerados brasileños.

* * *

Durante las últimas décadas del siglo XIX y hasta 1930, Brasil continuó siendo un país predominantemente agrícola. Según el censo de 1920, de 9,1 millones de personas en actividad, 6,3 millones (69,7%) se dedicaban a la agricultura; 1,2 millón (13,8%) a la industria y 1,5 millón (16,5%) a los servicios.

El rubro "servicios" engloba actividades urbanas de baja productividad, como los servicios domésticos remunerados. El dato más revelador lo constituye el crecimiento del número de personas en actividad dentro del área industrial, quienes según el censo de 1872 no sobrepasaban el 7% de la población activa. Recordemos, sin embargo, que muchas "industrias" no pasaban de ser pequeños talleres.

El predominio de las actividades agroexportadoras durante la Primera República no fue, pues, absoluto. No sólo hubo una significativa producción agrícola destinada al mercado interno, sino que además la industria se fue estableciendo paulatinamente. El Estado de San Pablo se ubicó a la cabeza de un proceso de desarrollo capitalista caracterizado por la diversificación agrícola, la urbanización y el desenvolvimiento industrial. El café continuó siendo el eje de la economía y constituyó la base inicial de ese proceso. Un punto importante que permitió garantizar la producción de café fue la fórmula encontrada para resolver el problema de la mano de obra y la estabilización de las relaciones de trabajo: el primer aspecto se resolvió con la inmigración, el segundo, con el "colonato".

El "colonato" vino a sustituir a la fracasada experiencia de la aparcería. Los colonos, o sea, la familia de trabajadores inmigrantes, eran responsables por el mantenimiento del cafetal y por la cosecha, y recibían básicamente dos pagos en dinero: uno anual, por el cuidado de varios miles de cafetos, y otro en la cosecha. Este último pago variaba de acuerdo con el resultado de la tarea, en términos de la cantidad recogida. El *fazendeiro* proveía el alojamiento y pequeños lotes de tierra donde los colonos podían producir cultivos de subsistencia. El "colonato" se distinguía de la aparcería, entre otras cosas, porque no había un reparto de la ganancia por la venta del café. Por otro lado, tampoco se trataba de una forma pura de trabajo asalariado, ya que implicaba otros tipos de retribución.

En el caso de las plantaciones nuevas –que eran objeto de los llamados contratos de formación–, los colonos plantaban café y cuidaban de la planta durante un período de cuatro a seis años, pues por lo general los cafetos comenzaban a producir luego del cuarto año. Los formadores prácticamente no recibían salarios, pero sin embargo podían dedicarse a la producción de cultivos de subsistencia sembrados entre las hileras de cafetos nuevos. Dado que este tipo de relación laboral era la preferida de los colonos, se infiere de ello que la producción de subsistencia abarcaba no sólo el consumo de los trabajadores sino también la venta a los mercados locales.

Si bien el "colonato" consiguió estabilizar las relaciones de trabajo, no eliminó los problemas entre colonos y *fazendeiros*. Fueron constantes las fricciones individuales e incluso las huelgas. Además, los colonos no eran esclavos y por lo tanto efectuaban una intensa movilidad espacial que los hacía desplazarse de una *fazenda* a la otra, o hacia los centros urbanos en búsqueda de otras oportunidades. Sin embargo, la oferta de mano de obra inmigrante y las posibilidades de ganancia abiertas con el "colonato" consiguieron garantizar, de manera general, la producción cafetalera y la relativa estabilidad de las relaciones de trabajo en el cultivo de café.

Al mismo tiempo que la producción cafetalera tendía a aumentar, se producía en San Pablo una diversificación agrícola ligada al mejoramiento de la situación de los inmigrantes. Estimulada por la demanda de las ciudades en crecimiento, se expandió la producción de arroz, poroto negro y maíz. A comienzos del siglo XX, San Pablo importaba esos productos de otros Estados, destacándose el arroz de Río Grande do Sul. Hacia la Primera Guerra Mundial, el Estado se había vuelto autosuficiente en esos *items* y comenzaba a exportarlos. Al comparar los promedios de 1901-1906 con los de 1925-1930, constatamos que la producción de arroz creció casi siete veces; la de poroto negro, tres veces y la de maíz, dos veces.

También se introdujo el algodón. Hacia 1919 San Pablo se convirtió en el mayor Estado productor del país, con aproximadamente un tercio del total. De esta forma quedaba asegurado el aprovisionamiento de materia prima para la industria textil. Además, el cultivo combinado de café y algodón –con mayor énfasis en el café– resultó providencial para los *fazendeiros*. En 1918, cuando la helada devastó las plantaciones de café, muchos de ellos se salvaron de la ruina gracias a la producción algodonera.

* * *

Aunque todas las ciudades crecieron, el salto más espectacular lo dió la capital del Estado de San Pablo. La razón principal de ese impulso se encuentra en la corriente de inmigrantes espontáneos y de otro tipo que intentaron abandonar las actividades agrícolas. La ciudad ofrecía un campo abierto al artesanado, al comercio ambulante, a los pequeños talleres instalados en el fondo de la casa, a los constructores autodenominados "maestros italianos" y a los profesionales liberales. Una opción más modesta era emplearse en las nuevas fábricas o en el servicio doméstico. La capital paulista también era el centro distribuidor de los productos importados, ya que enlazaba la producción cafetalera, el puerto de Santos y la sede del gobierno. Allí se encontraban las casas matrices de los mayores bancos y los principales empleos burocráticos.

A partir de 1886, San Pablo comenzó a crecer a un ritmo acelerado. El gran impulso se produjo entre 1890 y 1900, período en que la población paulista pasó de 64 mil a 239 mil habitantes, registrando un crecimiento del 268% en diez años, a una tasa geométrica del 14% anual.

En 1890, San Pablo era la quinta ciudad brasileña, después de Río de Janeiro, Salvador, Recife y Belén. A comienzos de siglo llegaría al segundo lugar, aunque todavía se encontrara muy lejos de los 688 mil habitantes de la capital de la república. En comparación con Río de Janeiro, San Pablo continuaba siendo apenas la capital de una gran provincia.

* * *

El crecimiento industrial debe ser considerado desde una perspectiva geográfica más amplia que abarque varias regiones, especialmente Río de Janeiro y San Pablo.

Las pocas fábricas que surgieron en Brasil a mediados del siglo XIX estaban dedicadas principalmente a la producción de tejidos de algodón de baja calidad, que eran consumidos por la población pobre y por los esclavos. Bahía fue el primer centro de las actividades del ramo, y reunía en su suelo cinco de las nueve fábricas que existían en el país en 1866. Hacia 1885 la producción industrial se había desplazado hacia el centro-sur. Si bien Minas Gerais contaba con el mayor número de unidades fabriles, era en el Distrito Federal donde se concentraban las fábricas más importantes. En 1889

la capital detentaba el 57% del capital industrial brasileño, a excepción de la agroindustria del azúcar. La instalación de fábricas en la capital de la república se debió a
varios factores. Entre ellos se destacan la concentración de capitales, la existencia de
un mercado de consumo de proporciones razonables y la utilización de la energía a
vapor, que sustituyó a la fuerza hidráulica de los antiguos talleres.

A pesar de haberse esbozado durante la década de 1870, el crecimiento industrial
paulista data del período posterior a la Abolición. El origen de ese desarrollo reconoce
dos fuentes interrelacionadas: el sector cafetalero y los inmigrantes. La segunda de ellas
no se encontraba presente sólo en San Pablo, sino también en otras áreas de inmigración, especialmente en Río Grande do Sul.

Los negocios del café permitieron sentar las bases del primer impulso industrializador debido a varias razones: en primer lugar, al estimular las transacciones en moneda y el crecimiento de la renta, se creó un mercado para los productos manufacturados; en segundo lugar, al promover la inversión en ferrocarriles, se amplió e integró
ese mercado; en tercer lugar, al desarrollar el comercio de exportación e importación,
se estimuló la creación de un sistema de distribución de productos manufacturados;
en cuarto lugar, al promover la inmigración, se aseguró la oferta de mano de obra.
Por último, a través de las exportaciones, el café generaba los recursos para que se
importara maquinaria industrial.

Los inmigrantes se ubican en los dos extremos de la industria: como dueños de
empresas y como operarios. Además, varios de ellos fueron técnicos especializados.
La historia de los trabajadores extranjeros es parte de la historia de los inmigrantes
que vinieron a "hacer la América" y que vieron cómo se deshacían sus sueños en la
nueva tierra. Tuvieron un papel fundamental en la industria manufacturera de la capital de San Pablo, donde, en 1893, el 70% de sus integrantes eran extranjeros. Si bien
los números relativos a Río de Janeiro son menos significativos, aun así correspondían al 39% del total en 1890.

Fueron diversos los caminos por los cuales los inmigrantes lograban alcanzar la
condición de industrial. Algunos partían casi de la nada, beneficiándose de las oportunidades que abría el capitalismo en formación en San Pablo y en Río Grande do
Sul. Otros, veían oportunidades en la industria porque habían sido primero
importadores. Esa posición no sólo les facilitaba los contactos necesarios para importar maquinaria, sino que también era una fuente de conocimiento para saber dónde
se encontraban las posibilidades de inversión más lucrativas dentro del país. Los dos
mayores industriales italiano de San Pablo comenzaron como importadores.

Si analizamos el valor de la producción industrial vemos que, en 1907, el Distrito
Federal se ubicaba al frente del resto de los Estados con el 33% del total, seguido por
San Pablo con el 17% y Río Grande do Sul con el 15%. En 1920, el Estado de San
Pablo pasó al primer lugar con el 32% de la producción, mientras que el Distrito
Federal había caído al 21%, quedando en tercer lugar Río Grande do Sul, con el
11%. Nótese que estamos comparando Estados con una ciudad. En términos de

ciudades los datos son imprecisos. De cualquier forma, es cierto que San Pablo superó a Río de Janeiro en algún momento entre 1920 y 1938.

Los principales ramos industriales de la época fueron el textil, en primer lugar, seguido por el de la alimentación, incluyendo aquí bebidas y vestido. Por la concentración del capital invertido en ella y por el número de obreros que utilizaba, se puede afirmar que la industria textil tenía un verdadero carácter fabril, sobre todo la de tejidos de algodón. Muchas de ellas llegaron a tener más de mil trabajadores. Hacia la Primera Guerra Mundial, el 80% de los tejidos que se consumían en el país ya eran nacionales, lo que evidencia una mejora de su calidad. A pesar de ese avance relativo de la producción industrial, se carecía de una industria de base (cemento, hierro, máquinas y equipamientos). De ese modo, gran parte del impulso industrial dependía de las importaciones.

Es común referirse a la Primera Guerra Mundial como un período de incentivo a la industria, generado por la interrupción de la competencia de los productos importados. Pero la década de 1920 fue tan significativa como el conflicto europeo, pues en esa época comenzaron a evidenciarse intentos de superar los límites de la expansión industrial. Surgieron entonces dos empresas importantes que recibieron incentivos del gobierno: en Minas Gerais se instaló la Siderúrgica Belgo-Mineira, que comenzó a producir en 1924; en San Pablo lo hizo la Companhia de Cimento Portland, cuya producción se inició en 1926. Al mismo tiempo, basándose en la experiencia y las ganancias acumuladas durante el período de la guerra, los pequeños talleres de reparaciones se fueron transformando en industrias de máquinas y equipos.

¿El Estado facilitó o dificultó el crecimiento industrial? La principal preocupación del Estado no era la industria sino los intereses agroexportadores. No obstante, no se puede afirmar que el gobierno haya adoptado un comportamiento antiindustrialista. La tendencia al largo plazo de las finanzas brasileñas –en el sentido de la caída de la tasa de cambio– tuvo efectos contradictorios con relación a la industria. La desvalorización de la moneda encarecía la importación de bienes de consumo y restringía de esa forma la competencia. Pero, al mismo tiempo, encarecía la importación de las máquinas de las que dependía el parque industrial. En ciertos períodos hubo protección gubernamental a la importación de maquinaria, al reducirse las tarifas de la aduana. En algunos casos, incluso, el Estado concedió préstamos y exención de impuestos para la instalación de industrias de base. Resumiendo, si bien el Estado no fue un adversario de la industria, estaba lejos de promover una política de desarrollo industrial en forma deliberada.

* * *

Durante de la Primera República se acentuó la diversificación económica en Río Grande do Sul, especialmente la que se destinaba al propio Estado y al mercado interno nacional. Los protagonistas de esa diversificación fueron los inmigrantes que se instalaron como pequeños propietarios en la región serrana y que se expandieron desde allí hacia otras regiones. En el sector agrícola se destacó en primer lugar la producción de arroz, seguida por el maíz, los porotos y el tabaco.

Tal como sucedía en otras partes del país, la industria textil lideraba las inversiones de capital del sector industrial, seguida por la de bebidas. En esta última se destacaba la producción de vino que, si bien databa del período colonial, había ganado nuevo impulso con la llegada de inmigrantes italianos y alemanes.

La instalación de frigoríficos representó una verdadera transformación en los precarios procesos de conservación de carne y posibilitó su almacenamiento. En 1917 se establecieron en el Estado las empresas norteamericanas Armour y Wilson. Un intento de mantener un frigorífico por parte de criadores de ganado *gaúchos* fracasó por falta de recursos. La empresa fue vendida al Frigorífico Anglo en 1921.

Todas esas iniciativas ocurrieron en un contexto de relativa decadencia de la ganadería, de la carne seca y principalmente de los cueros. En 1890 el charque y el cuero representaban, en conjunto, cerca del 55% del valor de las exportaciones. En 1927 no pasaban del 24%, los cueros cayeron del 37% a un número cercano apenas al 7% de las exportaciones. En ese año, la grasa quedó en primer lugar (20%), seguida del charque (18%) y del arroz (13%), tomados individualmente.

Aunque tanto en San Pablo como en Río Grande do Sul haya habido una diversificación de las actividades económicas, San Pablo tuvo como eje de las suyas la agricultura de exportación, mientras que Río Grande do Sul se desarrolló casi enteramente en función del mercado interno.

* * *

La Amazonia vivió un efímero sueño de riqueza gracias al caucho. A partir de 1880 su producción, que se venía desarrollando desde algunas décadas atrás, tomó gran impulso. Contribuyeron a ello la verdadera manía por la bicicleta que se desató en los años 1890, así como la gradual popularización del automóvil a partir de comienzos del siglo.

Durante la época de su apogeo, el caucho ocupó cómodamente el segundo lugar de los productos exportables brasileños, y alcanzó su punto máximo entre 1898 y 1910. En ese período figuró en torno al 26% del valor de las exportaciones, superado apenas por el café (53%) y ubicándose muy lejos del producto siguiente, el cuero, con sólo el 4%.

El auge del caucho fue responsable de una importante migración hacia la Amazonia. Se calcula que entre 1890 y 1900 la migración neta hacia la región fue de cerca de 110 mil personas. La mayor parte de ellas provenían de Ceará, un Estado periódicamente azotado por la sequía.

En Belén y Manaus, la economía del caucho trajo como consecuencia el crecimiento de la población urbana y la mejora de las condiciones de vida de, por lo menos, un sector de ésta. La población de Belén casi se duplicó entre 1890 y 1900, pasando de 50 mil a 96 mil personas. Las dos ciudades más grandes de la Amazonia contaron con líneas eléctricas de tranvías, servicio de teléfono, agua entubada e iluminación eléctrica en las calles, cuando en muchas ciudades todo esto constituía un verdadero lujo. Sin embargo, esos cambios no condujeron a una modificación de las miserables condiciones de vida de los *seringueiros* que extraían el caucho en el interior. Tampoco llevaron a una diversificación de las actividades económicas que fuese capaz de sostener el crecimiento en una situación de crisis.

Y la crisis llegó, arrolladora, en 1910, y su síntoma fue una fuerte caída de precios. Su causa principal era la competencia internacional. El caucho de Brasil siempre había sufrido la competencia del que se exportaba de América Central y de África; el que, sin embargo, era de calidad inferior. Las plantaciones de ingleses y holandeses en sus colonias de Asia cambiaron ese panorama. Ese caucho no sólo era de buena calidad y bajo costo, sino que también podía extenderse por una área mayor. Mientras tanto, se volvía cada vez más costoso extraer caucho nativo en las distantes regiones de la Amazonia.

En 1910, el caucho asiático representaba poco más del 13% de la producción mundial; ya en 1912 había subido al 28% y en 1915 llegaba al 68%. Los intentos de plantar caucho en la Amazonia no tuvieron éxito, y eran frecuentes las plagas. Un ejemplo fue la experiencia realizada por la compañía Ford a fines de la década de 1920 –Fordlandia–, que terminó en un inmenso fracaso.

* * *

Durante la Primera República, las relaciones internacionales de Brasil sufrieron cambios significativos en el plano económico financiero. La mayoría de los empréstitos e inversiones continuó originándose en Inglaterra; los Estados Unidos también mantuvieron su posición de principal mercado para el más importante producto brasileño de exportación, el café. Sin embargo, con el correr de los años, hubo una tendencia a intensificar las relaciones con los Estados Unidos, que se volvió más nítida a partir de 1920. Desde la Primera Guerra Mundial, el valor de las importaciones provenientes de aquel país había superado al de las importaciones de Gran Bretaña.

En 1928 Brasil era el país con mayor deuda externa de América Latina, con cerca de 44% del total, seguido por la Argentina con 27% y Chile con 12%. Se calcula que en 1923 el pago de la deuda consumía el 22% de los ingresos por exportaciones. La deuda tenía su origen en las necesidades de mantenimiento del Estado, en el financiamiento de la infraestructura de puertos y ferrocarriles, en la valorización del café o simplemente en los intentos de cubrir la deuda existente.

En las últimas décadas del Imperio, las inversiones extranjeras se concentraron en los ferrocarriles. En la República, esas inversiones tendieron a pasar a un segundo plano y fueron superadas por el capital inicial de las compañías de seguros, empresas de navegación, bancos y empresas generadoras y distribuidoras de energía eléctrica.

Los servicios básicos de las mayores ciudades estuvieron en manos de compañías extranjeras. El caso más notable fue la Light&Power, empresa canadiense fundada en Toronto en 1899. Ésta comenzó actuando en San Pablo y, a partir de 1905, lo hizo en la capital de la república. La empresa Light desplazó de la ciudad de San Pablo a una empresa local de tranvías y también tomó el control de la provisión y distribución de energía eléctrica. El impulso industrializador de la ciudad estuvo estrechamente asociado a sus inversiones en infraestructura.

En lo que respecta a la economía exportadora, hubo pocas inversiones extranjeras en la producción. Pero éstas igualmente estuvieron presentes de varias formas: financiaban la comercialización, controlaban parte del transporte ferroviario y prácticamente toda la exportación, el transporte marítimo y el seguro de las mercaderías.

No existen datos seguros sobre las ganancias de las empresas extranjeras. Según parece, los mayores lucros fueron de los bancos, que ganaban especulando con la inestabilidad de la moneda brasileña o con la recesión. Luego del *funding loan* de 1898, quebraron muchos bancos nacionales y se volvió más fuerte la posición de los extranjeros. El mayor banco inglés –el London and Brazilian Bank–, tenía muchos más recursos que el Banco do Brasil. Datos de 1929 revelan que los establecimientos bancarios extranjeros eran responsables de la mitad de las transacciones.

Los inversores extranjeros tendieron a controlar las áreas donde actuaban y a desalojar a los capitales nacionales. Obtuvieron ventajas derivadas del volumen de sus inversiones, tuvieron abogados poderosos y miraban con desdén a un país atrasado. Sin embargo, sus métodos no fueron diferentes de los de la elite local. De cualquier manera, el capital extranjero tuvo un importante papel en la creación de una estructura básica de servicios y transportes, contribuyendo así a la modernización del país.

Los movimientos sociales

Durante de la Primera República, los movimientos sociales de trabajadores ganaron cierto ímpetu, tanto en el campo como en las ciudades. En el primer caso, pueden ser divididos en tres grandes grupos: el primero, los que combinaron contenido religioso con carencias sociales; el segundo, los que combinaron contenido religioso con reivindicaciones sociales; el tercero, los que expresaron reivindicaciones sociales sin contenido religioso.

Canudos –cuya historia ya fue brevemente relatada– es un ejemplo del primer grupo. El movimiento del Contestado constituyó un ejemplo del segundo. El Contestado era una región limítrofe entre Paraná y Santa Catarina cuya posesión venía siendo reivindicada por ambos Estados. Sin embargo, el movimiento que surgió allí en 1911 no tenía por objeto esa disputa. Tuvo su origen en la reunión de seguidores de un "coronel" considerado amigo de los pobres y de personas con orígenes diversos, pero que fueron alcanzadas por los cambios que se venían produciendo en esa área:

trabajadores rurales expulsados de la tierra por la construcción de un ferrocarril y de una empresa maderera, y gente que, luego de haber sido reclutada para la construcción del ferrocarril se había quedado desempleada al finalizar sus contratos.

Los rebeldes se agruparon en torno a José María, un personaje que murió en los primeros enfrentamientos con la milicia estadual y que luego fue santificado. Establecieron varios campamentos organizados en base a la igualdad y fraternidad de sus miembros. Mientras que esperaban la resurrección de José María, reivindicaban la posesión de la tierra. Hostigados por las tropas regionales y las del Ejército, los rebeldes fueron liquidados en 1915.

El tercer grupo de movimientos sociales en el campo tiene como ejemplo más significativo a las huelgas por mejores salarios y condiciones de trabajo que se produjeron en las *fazendas* de café de San Pablo. Hubo centenas de huelgas muy localizadas que dejaron poco registro. La más importante sucedió en 1913 y reunió a millares de colonos de la región de Riberão Preto en el momento de la zafra. Los colonos, que reclamaban la revisión de sus contratos de trabajo, paralizaron las grandes *fazendas*. Intervinieron la policía y el cónsul de Italia, quien se ofreció como mediador en las negociaciones. Finalmente, los colonos no alcanzaron sus objetivos.

El crecimiento de las ciudades y la diversificación de sus actividades fueron requisitos mínimos para la constitución de un movimiento de la clase trabajadora. Las ciudades concentraban fábricas y servicios, reuniendo centenas de trabajadores que compartían una situación común. En lo que se refiere a este último aspecto, no había muchas diferencias con las grandes *fazendas* de café. Pero en los centros urbanos, a pesar de las significativas diferencias de instrucción y la falta de medios de divulgación, eran mucho mayores la libertad de circulación y de ideas.

Aun así, el movimiento de la clase trabajadora urbana fue limitado y sólo excepcionalmente consiguió alcanzar algunos éxitos a lo largo de la Primera República. Las principales causas de ese hecho tienen que ver con la industria, en su aspecto económico, y con la clase trabajadora, en su aspecto sociopolítico. Las huelgas sólo tenían gran repercusión cuando eran generales o cuando afectaban a sectores clave del sistema agroexportador, como los ferrocarriles y los puertos. A su vez, el juego político oligárquico podía llevarse a cabo sin necesidad de hacer concesiones a la naciente masa operaria. Los obreros estaban divididos por rivalidades étnicas y eran poco propensos a organizarse, pues la simple sindicalización ya los colocaba en la "lista negra" de los industriales. Además, muchos de ellos eran inmigrantes que todavía no habían abandonado la esperanza de "hacer la América" y volver a Europa.

Cuando surgieron los primeros partidos obreros en la capital de la república, a fines del siglo XIX, predominaron un impreciso socialismo y un sindicalismo pragmático, tendiente a buscar la satisfacción de reivindicaciones inmediatas, como el aumento del salario, la limitación de la jornada laboral, la salubridad, o de mediano alcance, como el reconocimiento de los sindicatos por los patrones y por el Estado.

Contrastando con ese panorama, en San Pablo predominó el anarquismo, o mejor, una versión de éste: el anarcosindicalismo. Teniendo en cuenta la distancia que mediaba entre su programa y la realidad social brasileña, y a pesar de asumir una ideología revolucionaria, los anarquistas, en la práctica, concentraron sus esfuerzos en las mismas reivindicaciones que sustentaban sus adversarios. Esto no impidió que las dos tendencias se enfrentasen, debilitando el ya frágil movimiento obrero.

Las diferencias ideológicas y de métodos de acción entre el movimiento obrero de Río de Janeiro y el de San Pablo se deben a un conjunto de factores que tienen que ver con las características de las dos ciudades y con la composición de la clase trabajadora.

A fines del siglo XIX, la capital de la república tenía una estructura social mucho más compleja que la que existía en San Pablo. Allí se concentraban sectores sociales menos dependientes de las clases agrarias, que incluían a la clase media profesional y burocrática, militares de carrera, alumnos de la Escuela Militar y estudiantes de las escuelas superiores. Hasta cierto punto, la presencia de militares jóvenes y la menor dependencia de la clase media con respecto a las clases agrarias favoreció una política de colaboración de clases. Hasta 1917, los movimientos de protesta en Río de Janeiro tuvieron un contenido más popular que específicamente obrero. Además del jacobinismo, un ejemplo de esto fue la "revuelta de la vacuna", en 1904, dirigida contra la introducción de la vacuna de la fiebre amarilla bajo el gobierno de Rodrigues Alves.

Desde el punto de vista de la composición de la clase trabajadora, debemos recordar que se concentraba principalmente en sectores vitales de los servicios (ferroviarios, marítimos, portuarios), que eran tratados con cierta consideración por el gobierno. En Río de Janeiro también había un mayor contingente de trabajadores nacionales, embuídos de una tradición paternalista en sus relaciones con los patrones y con el gobierno.

A pesar de su crecimiento, San Pablo todavía tenía una estructura social menos diversificada. La clase media giraba en torno de la burguesía del café y tampoco había grupos de militares inquietos dispuestos a aliarse con "los de abajo". Una mayor presencia de obreros extranjeros, sin raíces en la nueva tierra, favorecía la influencia difusa del anarquismo: los patrones y el gobierno eran el "otro", el enemigo, en especial el gobierno.

Desde comienzos de la Primera República surgieron expresiones de la organización y movilización de los trabajadores: partidos obreros –por cierto, con pocos obreros– que desaparecieron pronto, sindicatos, huelgas, etcétera. Con la creación de la Confederación Obrera Brasileña en 1906, los anarquistas intentaron organizar a la clase obrera a nivel nacional. Pero el movimiento era muy disperso y casi no preocupaba a la elite. Los derechos se obtenían presionando a los patrones, pero no estaban asegurados por una ley. Una vez que había pasado el momento de presión, esos derechos se perdían.

Ese panorama fue alterado por un ciclo de grandes huelgas que surgió en las principales ciudades del país entre 1917 y 1920, especialmente en Río de Janeiro y San Pablo.

En la raíz de ese fenómeno había dos factores: primero, el agravamiento de la carestía como consecuencia de las perturbaciones causadas por la Primera Guerra Mundial y por la especulación con géneros alimenticios; segundo, la existencia de una ola revolucionaria en Europa, que comenzó con la Revolución de Febrero y siguió con la Revolución de Octubre de 1917 en la Rusia zarista. El movimiento obrero pasó entonces a ser objeto de preocupaciones y llegó a la primera página de los diarios.

Los trabajadores no pretendían revolucionar la sociedad, sino mejorar sus condiciones de vida y conquistar un mínimo de derechos. Esto no quiere decir que muchos de ellos no estuviesen motivados por el sueño de una sociedad igualitaria. Entre las tres huelgas generales del período, la de junio/julio de 1917 en San Pablo fue la que se gravó con más fuerza en la memoria histórica. Hasta el punto de que la atención tiende a concentrarse en ella, olvidando el panorama más amplio de las movilizaciones.

Sea por la dificultad de obtener éxitos, sea por la represión, lo cierto es que la ola huelguista se calmó a partir de 1920. La represión cayó especialmente sobre los dirigentes obreros extranjeros, quienes tenían un papel importante como organizadores. Muchos de ellos fueron expulsados del país.

Sería una exageración afirmar que, antes de la ola huelguista de 1917-1920, el Estado se había desinteresado completamente por la regulación de las relaciones de trabajo y la sindicalización obrera. No obstante, fue sólo a partir de la ola de huelgas que se pensó seriamente en aprobar una legislación al respecto. Las principales propuestas surgieron en el Congreso Nacional y fueron reunidas en un proyecto de Código de Trabajo que preveía la jornada de ocho horas, los límites al trabajo de mujeres y menores y la licencia para las mujeres embarazadas. Pero el proyecto fue saboteado por los industriales y por la mayoría de los congresistas. Quedó en pie sólo la ley que regulaba la indemnización por accidentes de trabajo, que fue aprobada en 1919.

En la década de 1920, mientras el movimiento obrero daba muestras de aquietarse, surgieron claros indicios de una acción del Estado para intervenir en las relaciones de trabajo mediante una legislación proclive a conceder derechos mínimos a los trabajadores. En ese sentido, se destaca la importancia de dos leyes: la que concedía quince días de vacaciones a los trabajadores del comercio y de la industria (1925) y la que limitaba el trabajo de los menores. Sin embargo, la ley de vacaciones dependía de una reglamentación y, por presión de los industriales, no fue aplicada en el sector de la industria hasta 1930.

* * *

A comienzos de los años veinte surgió una crisis dentro del anarquismo. A pesar de su ímpetu, los pocos resultados obtenidos con las huelgas abrieron espacio para que se generaran dudas sobre las concepciones de esa corriente. Al mismo tiempo, del plano internacional llegaban noticias a Brasil sobre la ruptura entre anarquistas y comunistas, quienes habían triunfado en Rusia.

La Revolución de Octubre de 1917 parecía anunciar la "aurora de nuevos tiempos", y las agrupaciones de izquierda que la objetaban parecían "ir contra la marcha de la Historia". Nació así, en marzo de 1922, el Partido Comunista de Brasil, cuyos fundadores provenían mayoritariamente del anarquismo. Ese origen constituyó una excepción dentro de América Latina, donde prácticamente todos los partidos comunistas eran resultado de escisiones del Partido Socialista. El PCB estuvo en la ilegalidad durante casi toda su historia. Hasta 1930 fue un partido predominantemente de obreros, cuyo número nunca sobrepasó los mil integrantes. Se subordinó a la estrategia de la III Internacional, con sede en Moscú, que proclamaba la realización de una revolución democrática en los países coloniales y semicoloniales como una etapa preliminar de la revolución socialista.

El proceso político en los años veinte

Luego de la Primera Guerra Mundial se hizo más visible la presencia de la clase media urbana en la escena política. De manera general, ese sector de la sociedad tendía a apoyar figuras y movimientos que levantasen la bandera de un liberalismo auténtico, capaz de llevar a la práctica las normas de la Constitución y las leyes del país, transformando la república oligárquica en república liberal. Entre otras cosas, eso significaba elecciones limpias y respeto a los derechos individuales. En esos medios se hablaba de reforma social, pero la mayor esperanza estaba depositada en la educación del pueblo, el voto secreto y la creación de una Justicia Electoral.

La elección de 1919 constituyó un claro indicio de una mayor participación política de la población urbana. Rui Barbosa, candidato derrotado en 1910 y en 1914, se presentó a la elección para efectuar una protesta y enfrentó a Epitácio Pessoa. A pesar de no contar con el apoyo de una máquina electoral, obtuvo cerca de un tercio de los votos y se impuso en el Distrito Federal.

Los ajustes y desgastes entre las oligarquías en las sucesiones presidenciales tomaron nuevas formas. Un buen ejemplo de ello es la disputa por la sucesión del presidente Epitácio Pessoa. En los primeros meses de 1921, el eje San Pablo-Minas lanzó como candidato al gobernador minero Artur Bernardes. Río Grande do Sul se opuso a esa candidatura de la mano de Borges de Medeiros, denunciando un arreglo político para garantizar recursos a los planes de valorización del café, cuando el país necesitaba contar con finanzas equilibradas. Los *gaúchos* también temían que se concretase una revisión constitucional –realizada efectivamente por Bernardes en 1926– que limitara las autonomías. Otros Estados se unieron entonces a Río Grande do Sul formando la "Reacción Republicana", que lanzó el nombre de Nilo Peçanha como candidato de la oposición. Nilo Peçanha era un político fluminense, de origen plebeyo y defensor del florianismo.

Durante la disputa electoral se instaló la insatisfacción militar. En los medios del Ejército la impresión corriente era que la candidatura de Bernardes era antimilitar, y esta opinión fue abonada por el disgusto que produjo la publicación de una carta en el periódico carioca *Correio da Manhã*, de Río de Janeiro, en octubre de 1921. Aparentemente, se trataba de dos cartas –y no una– enviadas por Bernardes a un líder político de Minas Gerais, que contenían graves ofensas contra los militares. Las falsas cartas echaron leña al fuego. El objetivo de sus autores –que consistía en predisponer todavía más a las Fuerzas Armadas en contra de la candidatura de Bernardes– se había alcanzado cuando, poco antes de las elecciones del 1° de marzo de 1922, dos embaucadores asumieron la autoría de los "documentos".

La situación continuó complicándose en junio de 1922, época en que Bernardes ya había ganado las elecciones pero todavía no había asumido la Presidencia –lo que sólo ocurriría el 15 de noviembre–. El Club Militar lanzó una protesta contra la utilización gubernamental de tropas del Ejército para intervenir en la política local de Pernambuco. En respuesta, el gobierno decretó el cierre del Club Militar basándose en una ley contra las asociaciones perjudiciales a la sociedad.

Esos hechos precipitaron la irrupción del movimiento "tenentista", llamado así porque sus principales protagonistas fueron oficiales medios del Ejército: tenientes –sobre todo– y capitanes.

El primer acto de rebeldía fue el levantamiento del Fuerte de Copacabana, ocurrido el 5 de julio de 1922 en Río de Janeiro. Ante el clima de ofensas, falsas o verdaderas, contra el Ejército y la represión contra el Club Militar, los jóvenes "tenientes" decidieron rebelarse como una forma de protesta para "salvar el honor del Ejército". Pero la revuelta no se extendió a otras unidades. Luego de lanzar los primeros tiros de cañón, los rebeldes sufrieron bombardeos y fueron cercados. Al día siguiente, se entregaron por centenas atendiendo a un pedido del gobierno. Sin embargo, un grupo se dispuso a resistir. El fuerte volvió a sufrir bombardeo naval y aéreo. Diecisiete militares –con la adhesión ocasional de un civil–, decidieron salir por la playa de Copacabana para ir al encuentro de las fuerzas gubernamentales. En el intercambio de disparos murieron dieciséis y quedaron heridos los tenientes Siqueira Campos y Eduardo Gomes. Los "Dieciocho del Fuerte" comenzaron entonces a crear la leyenda del "tenentismo".

Dos años después, estalló en San Pablo el llamado segundo 5 de julio. La fecha fue elegida en homenaje al primer movimiento y, el lugar, por la importancia del Estado de San Pablo. La revolución de 1924 estuvo mejor preparada y tenía como objetivo explícito el derrocamiento del gobierno de Artur Bernardes. En los años veinte, Bernardes personificaba el odio que sentían los "tenientes" por la oligarquía dominante. El liderazgo formal del movimiento se le atribuyó al general retirado Isidoro Dias Lopes –un oficial *gaúcho* que tomó partido por los federalistas en la época de Floriano Peixoto. Entre los oficiales más activos se encontraban los hermanos Távora (Juarez y Joaquim), Eduardo Gomes, Estillac Leal, João Cabanas y Miguel Costa. La presencia de Miguel Costa entre los rebeldes –un oficial prestigioso de la Fuerza Pública paulista– les daba el apoyo de una parte de la milicia regional.

Luego de iniciarse el movimiento con la toma de algunos cuarteles, se produjo una batalla por el control de San Pablo y los revolucionarios asumieron el control de la ciudad. La presencia de los "tenientes" en la capital paulista se extendió hasta el 27 de julio. En esa fecha, abandonaron la capital y se desplazaron por el interior de San Pablo en dirección oeste. Se formó así la llamada "columna paulista", que se detuvo en una localidad próxima al delta del río Iguazú, en el oeste de Paraná. Allí se enfrentaron a los legalistas, y quedaron a la espera de otra columna proveniente de Río Grande do Sul.

En octubre de 1924 había estallado en ese Estado una revuelta "tenentista" en la que se destacaron el teniente João Alberto y el capitán Luis Carlos Prestes. Este movimiento contó con el apoyo de la oposición *gaúcha* al PRR, conectando así al "tenentismo" con las divergencias de la política regional. Después de varios combates, los *gaúchos* se dirigieron a Paraná y fueron al encuentro de las fuerzas paulistas. Ambas columnas se reunieron en abril de 1925 y decidieron recorrer Brasil para propagar la idea de revolución y levantar a la población contra las oligarquías. También tenían la esperanza de llamar la atención del gobierno y facilitar, de esa forma, el surgimiento de nuevas revueltas en los centros urbanos.

Así nació la columna Miguel Costa-Luis Carlos Prestes, que fue conocida como columna Prestes. La columna llevó a cabo una increíble marcha por el interior del país, recorriendo cerca de 24 mil kilómetros, hasta febrero/marzo de 1927 cuando sus últimos miembros dieron por terminado el movimiento y se internaron en Bolivia y en Paraguay. Sus efectivos nunca pasaron de 1.500 personas, variando constantemente con la entrada y salida de participantes transitorios. La columna evitó en todo momento entrar en conflicto con fuerzas militares de gran envergadura, desplazándose rápidamente de un punto al otro. El apoyo de la población rural nunca pasó de ser una ilusión. Las posibilidades de que la columna obtuviera algún éxito militar eran prácticamente nulas. Sin embargo, tuvo un efecto simbólico entre los sectores de la población urbana insatisfechos con la clase dirigente. A sus ojos, existían esperanzas de cambiar los destinos de la República de una forma o de otra, como lo demostraban aquellos héroes que se enfrentaban a todos los riesgos para salvar a la nación.

El "tenentismo" fue sobre todo un movimiento del Ejército. En la Marina, el único episodio resonante que involucró cuadros intermedios fue la revuelta del acorazado San Pablo en noviembre de 1924, que fue liderada por el teniente Hercolino Cascardo. Luego de intercambiar disparos con las fortalezas de la bahía de Guanabara, el San Pablo rumbeó hacia alta mar hasta llegar a Montevideo, donde se exiliaron los rebeldes.

La mayor revuelta de la Marina en la Primera República tuvo como protagonistas a los marineros reclutados entre las capas más pobres de la población, casi todos negros y mulatos. Fue la llamada Revuelta de la *Chibata*,* iniciada el 22 de noviem-

---

* La *chibata* era un rebenque o vara que se utilizaba para infringir castigos físicos. [N. de T.]

bre de 1910. Los participantes no pretendían derrocar al gobierno, sino acabar con los malos tratos y los violentos castigos físicos a los que eran sometidos.

El movimiento comenzó casi simultáneamente en varios buques de guerra fondeados en la bahía de Guanabara, donde fueron asesinados algunos oficiales. Uno de sus principales líderes era el marinero João Cândido. Ante la amenaza de la escuadra rebelada, el Congreso ofreció decretar una amnistía si los revoltosos se sometían a las autoridades, estableciéndose un compromiso para terminar con la *chibata* como castigo físico regular del reglamento disciplinario de la Marina.

Los rebeldes aceptaron las condiciones y el movimiento terminó. A esto siguió un motín de los fusileros navales y una intensa represión de la que no escaparon João Cândido y otros líderes de la Revuelta de la *Chibata*, a pesar de que no habían estado envueltos con los fusileros navales. Un "navío de la muerte", el Satélite, partió de Río de Janeiro con destino a la Amazonia, llevando marineros sublevados, ladrones, explotadores de mujeres y prostitutas. Muchos murieron o fueron fusilados en el camino. Los integrantes de la revuelta de noviembre fueron juzgados bajo la acusación de haber participado de la acción de los fusileros navales. Finalmente fueron absueltos, pero pasaron dieciocho meses en prisión, incomunicados y sufriendo violencias físicas.

¿Qué representó el "tenentismo"? ¿Cuáles eran sus objetivos? Para responder a estas cuestiones, debemos recordar lo que sucedía dentro del Ejército y en la sociedad.

La formación de los oficiales cambió mucho luego de los primeros tiempos de la República. La Escuela Militar de la Praia Vermelha fue cerrada definitivamente en 1904, en ocasión de su última revuelta. Hasta 1911 el gobierno mantenía solamente la Escuela de Guerra de Porto Alegre. En esa fecha se creó la Escuela Militar de Realengo, en Río de Janeiro. En ésta la enseñanza era muy distinta de la que se había impartido en su antecesora. La currícula se concentraba en materias de conocimiento militar, sin la diversidad que tenía la vieja escuela influida por el positivismo. El propósito de la Escuela no era formar soldados-ciudadanos, que tuvieran un pie en el Ejército y otro en la sociedad civil y en la política. Ahora se trataba de formar soldados profesionales.

El entrenamiento de los oficiales había mejorado con el viaje de tres promociones a Alemania entre 1906 y 1910. Hermes da Fonseca era un entusiasta de la organización militar alemana y había asistido a las grandes maniobras militares que se efectuaron en ese país en 1910. Años después, en 1920, la renovación del Ejército se amplió con la llegada de la Misión Francesa. Alemania había perdido la guerra y era inevitable la búsqueda de otro modelo.

A pesar de su mayor profesionalización, los oficiales del Ejército no podían dejar de tener una concepción sobre la sociedad y sobre el sistema de poder existente. Durante la presidencia del mariscal Hermes da Fonseca, un grupo de militares y civiles habían formado una especie de grupo de presión en torno a éste. Por su pretensión de salvar a las instituciones republicanas fueron llamados "salvacionistas". ¿En qué consistía tal "salvación"? Se trataba de reducir el poder de las oligarquías en aquellas áreas donde eso parecía más fácil y donde eran más evidentes las desigualdades sociales. Los "tenientes" pueden ser vistos como herederos de los "salvacionistas", en un contexto de agravamiento de los problemas dentro del Ejército y fuera de él. Además, cuando surgió el "tenentismo", ya no había un presidente militar sino presidentes civiles que eran mirados con mucha reserva.

En lo que respecta al Ejército, una de las principales razones de protesta de los cuadros intermedios residía en la rigidez de la carrera, que dificultaba la apertura de vacantes para alcanzar los más altos puestos. También existían críticas al comportamiento de los cuadros superiores, que eran acusados de connivencia con gobiernos corruptos. De esta forma, los "tenientes" no sólo querían purificar la sociedad, sino también a la institución de donde provenían.

En los años veinte, los militares rebeldes no tenían una propuesta clara de reforma política. Pretendían dotar al país de un poder centralizado, con el objetivo de educar al pueblo y de seguir una política moderadamente nacionalista. Se trataba de reconstruir al Estado para construir la nación. Sostenían que uno de los grandes males de la dominación oligárquica consistía en la fragmentación Brasil, en su transformación "en veinte feudos" cuyos señores eran escogidos por la política dominante.

Aunque no llegasen a formular por entonces un programa antiliberal, los "tenientes" no creían que el "liberalismo auténtico" fuese el camino correcto para lograr la recuperación del país. Objetaban las elecciones directas y el sufragio universal, expresando así su preferencia por una vía autoritaria para la reforma del Estado y de la sociedad.

¿Era el "tenentismo" un movimiento que representaba a la clase media, como es común afirmar? A pesar de que en los años veinte contaba con una amplia simpatía de ese sector social, sería una simplificación reducir el movimiento a una mera expresión de la clase media. Desde el punto de vista de su origen social, los "tenientes" provenían mayoritariamente de familias militares o de ramas empobrecidas de familias de la elite del nordeste. Fueron muy pocos los que provenían de la población urbana de Río de Janeiro o de San Pablo. Ante todo debemos recordar que los "tenientes" eran tenientes, o sea, integrantes del Ejército. Su visión de mundo se había formado por su socialización dentro de las Fuerzas Armadas. Esa visión era específica de ellos, así como eran específicas las quejas contra la institución de la que formaban parte.

Salvo algunos apoyos, los "tenientes" se enfrentaron al gobierno prácticamente solos. No consiguieron llevar tras de sí al Ejército. Hasta 1930, ningún sector prominente de la elite civil se mostró dispuesto a jugar una carta tan radical. Ese radicalismo no provenía del contenido de las acciones tenentistas, sino de su método: la confrontación armada.

* * *

El presidente Artur Bernardes (1922-1926), originario de Minas Gerais, gobernó en medio de una situación difícil, y recurrió con frecuencia a la implementación del estado de sitio. Sumamente impopular en las áreas urbanas –especialmente en Río de

Janeiro—, puso en práctica una dura represión para los modelos de la época. La insatisfacción popular estaba enraizada en un complicado panorama financiero. La desvalorización del cambio y la inflación se habían producido por las fuertes emisiones de moneda hechas por Epitácio Pessoa entre 1921 y 1923, cuyo objetivo era realizar la tercera valorización del café.

En el gobierno de Bernardes ocurrió también un hecho importante en el plano de la política cafetalera. Entre las preocupaciones centrales del presidente estaban los pagos de la deuda externa, que aumentarían a partir de 1927 con la reiniciación del pago de intereses además del capital. A fines de 1924 llegó a Brasil una misión inglesa liderada por lord Montagu, que hizo un examen de la situación del país. En su informe a la Presidencia de la República, señaló los serios riesgos derivados de las operaciones de valorización y de las emisiones de papel moneda. Obviamente, los acreedores internacionales no tenían confianza en que Brasil pudiese cumplir con sus compromisos.

En ese contexto, el gobierno federal se mostraba poco dispuesto a sostener la defensa del café. Al mismo tiempo, crecían las críticas del sector cafetalero contra la "situación de abandono". La salida fue transferir la defensa del café del gobierno federal al Estado de San Pablo, que asumió la defensa permanente del producto y cambió la orientación de la política del café. De allí en adelante, el gobierno ya no estaba dispuesto a abrir el paraguas para proteger al sector cafetalero sólo en los momentos de crisis. Ahora el paraguas debía quedar abierto permanentemente. El gobierno paulista asumía la atribución de regular la entrada de café en el puerto de Santos y de efectuar compras de mercadería cuando lo considerase necesario. Aparentemente, la acción del Estado terminaría para siempre con las crisis del café o, por lo menos, las amortiguaría.

La sucesión de Bernardes fue tranquila. La alternancia entre San Pablo y Minas Gerais se cumplió con la elección de Washington Luís, aunque éste fuese un "paulista de Macaé", por haber nacido en aquella ciudad fluminense. El gran sueño del nuevo presidente era la estabilización de la moneda y su objetivo final era la convertibilidad de todo el papel moneda en circulación.

En la década del veinte, la evolución política de Río Grande do Sul y de San Pablo tomó direcciones opuestas. Mientras que en Río Grande do Sul la elite tendió a unirse luego de un gran conflicto armado, en San Pablo se quebró el monopolio partidario que ejercía el PRP. En 1927, luego de la guerra civil, fue elegido gobernador de Río Grande do Sul un ex ministro de Hacienda de Washington Luís: Getúlio Vargas. Vargas alentó un acuerdo definitivo entre el PRR y la oposición que tuvo repercusiones en la presencia *gaúcha* en el ámbito federal. Como lo demostrarían los acontecimientos de 1929-1930, esa presencia se reforzó considerablemente.

En San Pablo, la diferenciación de la sociedad, junto con otros factores, no permitió que el PRP abrigase en su seno una gran diversidad de intereses —muchos de ellos personales— y de concepciones políticas. Las disidencias en el partido no eran nuevas, pero su impacto no había sido considerable hasta los años veinte. En 1926 surgió el Partido Democrático (PD), con un programa liberal. Sus objetivos básicos eran la reforma política a través del voto secreto y obligatorio, la representación de la minoría, la independencia de los tres poderes y la atribución al Poder Judicial de la fiscalización electoral.

Por lo menos hasta 1930, los cuadros dirigentes del PD estaban constituidos mayoritariamente por prestigiosos profesionales liberales y jóvenes hijos de *fazendeiros* de café. Para la presidencia del partido fue elegido el respetado consejero Antonio Prado, representante de la gran burguesía paulista y viejo adversario del "perrepismo". El PD atrajo a algunos inmigrantes, pero la línea editorial de su periódico, –el *Diário Nacional*–, indica que sus bases estaban en la clase media tradicional. Los inmigrantes fueron blanco de violentas críticas, especialmente los "plutócratas de la industria".

El PD se diferenciaba del PRP por su liberalismo –repudiado en la práctica por el partido en el poder– y por la mayor juventud relativa de sus integrantes. También despertó simpatías en una porción considerable de la clase media que no recibía favores del "perrepismo" y que esperaba ampliar sus oportunidades en la sociedad y en la administración pública. El PD no podría ser definido como un partido moderno que controlaba las grandes ciudades, mientras que el arcaico PRP controlaba el campo. Los democráticos tenían reductos en el área rural donde implementaban las mismas prácticas coronelistas de sus adversarios.

La división partidaria en San Pablo contribuyó a problematizar la presencia paulista en el ámbito nacional y desarrolló una evolución opuesta a la de Río Grande do Sul.

La Revolución de 1930

A comienzos de 1929, luego de la presidencia relativamente tranquila de Washington Luís, surgió una disidencia entre las elites de los grandes Estados que acabaría por hacer sucumbir a la Primera República.

Los desentendimientos comenzaron cuando Washington Luís, de forma bastante sorprendente, insistió en la candidatura de un paulista para su sucesión. Como si eso no bastase, su preferido era el presidente de San Pablo, Júlio Prestes. La actitud de Washington Luís impulsó a mineros y *gaúchos* a cerrar un acuerdo, reproduciendo así hasta cierto punto el alineamiento de fuerzas de la campaña de 1909-1910.

A mediados de 1929, y luego de varias conversaciones, las oposiciones lanzaron las candidaturas de Getúlio Vargas para la presidencia y de João Pessoa para la vicepresidencia. Este último era sobrino de Epitácio Pessoa y presidente de Paraíba. Formaron entonces la Alianza Liberal, nombre bajo el cual se realizaría la campaña. Vargas recibió el apoyo de los democráticos de San Pablo, mientras que en Minas una escisión del PRP apoyó a Júlio Prestes.

El programa de la Alianza Liberal reflejaba las aspiraciones de las clases dominantes regionales que no estaban asociadas al núcleo cafetalero y tenía por objetivo influir en la clase media. Defendía la necesidad de fomentar la producción nacional en general y no sólo la del café; combatía el sistema de valorización del producto en nombre de la ortodoxia financiera, por lo que en este punto no disentía con la política de Washington Luís. También proponía algunas medidas de protección a los trabajadores. Sus mayores esfuerzos se concentraban en la defensa de las libertades individuales, de la amnistía (lo que agradaba a los tenientes) y de una reforma política que asegurara la llamada verdad electoral.

La campaña ganó ímpetu a pesar de las reticencias de Getúlio Vargas, quien por algún tiempo intentó llegar a un acuerdo con el presidente. Las caravanas liberales, formadas por los partidarios más jóvenes, recorrieron las principales ciudades del nordeste. El candidato fue recibido con entusiasmo en los actos partidarios realizados en Río de Janeiro y en San Pablo.

En plena campaña electoral estalló la crisis mundial de octubre de 1929, colocando en una difícil situación al cultivo del café. La política de defensa permanente había generado expectativas de ganancias seguras garantizadas por el Estado. Como consecuencia de ello, aumentó el número de plantaciones en el Estado de San Pablo. Para poder sembrar café, muchas personas contrajeron préstamos a tasas de interés elevadas. La crisis provocó la brusca caída de los precios internacionales. Como hubo una retracción del consumo, fue imposible compensar la caída de precios con la ampliación del volumen de ventas. Los *fazendeiros,* que se habían endeudado contando con la obtención de futuras ganancias, quedaron sin salida.

El sector cafetalero y el gobierno federal se desentendieron. Los cafetaleros solicitaron a Washington Luís que enfrentara la crisis concediendo nuevos financiamientos y una moratoria de sus deudas. El presidente rechazó la propuesta, ya que estaba más preocupado por mantener el plan de estabilidad cambiaria, que terminó cayéndose. Una ola de descontento sacudió a San Pablo. Sin embargo, no se produjo una ruptura entre el sector cafetalero y el gobierno federal. Los réditos electorales de la crisis fueron pocos. Aunque el PD estuviese integrado a la Alianza Liberal, no existían razones para creer que la victoria de la oposición llevaría a una mayor atención de los intereses cafetaleros.

Júlio Prestes triunfó en las elecciones del 1° de marzo de 1930. Las prácticas políticas habituales, condenadas verbalmente por la Alianza, también fueron utilizadas por ella. Las "máquinas electorales" producían votos en todos los Estados, incluso en Río Grande do Sul, donde Getúlio Vargas habría vencido por 298.627 votos contra 982.

El resultado de las elecciones no fue bien aceptado por los cuadros jóvenes de la oposición. Éstos estaban dispuestos a seguir el camino que habían abierto los tenientes prácticamente en soledad. Aunque derrotado, el movimiento "tenentista" continuaba siendo una fuerza importante por su experiencia militar y por su prestigio dentro del Ejército. Ahora estaban dadas las condiciones para una aproximación entre los políticos más jóvenes y los militares rebeldes, que fue lo que de hecho ocurrió a pesar de las reservas recíprocas.

La única excepción importante fue Luis Carlos Prestes. En mayo de 1930, el nombre con más prestigio entre los "tenientes" lanzó un manifiesto en el cual se declaraba socialista revolucionario y condenaba el apoyo a las oligarquías disidentes. En su concepción, las fuerzas en lucha eran apenas un juguete de la disputa mayor entre los imperialismos británico y americano por el control de América Latina.

Prestes quedó influido por los comunistas desde un encuentro que había tenido con uno de los fundadores del PCB –Astrogildo Pereira– cuando estaba exiliado en Bolivia. Esa influencia creció a través de lecturas y de contactos con líderes comunistas argentinos y uruguayos. Pero Prestes no entró de inmediato en el PCB. Junto con un pequeño grupo, fundó la Liga de Acción Revolucionaria. Durante algunos años, el PCB condenó el "personalismo prestista", hasta que en 1934 una orden llegada de Moscú garantizó el ingreso de Prestes en el partido.

A mediados de 1930 la conspiración revolucionaria andaba mal. Un acontecimiento inesperado vino a darle nuevo aliento. El 26 de julio João Pessoa fue asesinado en una confitería de Recife por uno de sus adversarios políticos, João Dantas. El crimen combinaba razones privadas y públicas. En la época, sólo se le dió importancia a las últimas, pues las primeras hubieran dañado la imagen de João Pessoa como mártir de la revolución. La muerte de João Pessoa tuvo gran repercusión y fue explotada políticamente. Su entierro en la capital de la República, adonde había sido trasladado el cuerpo, reunió a una gran cantidad de personas. Los oposicionistas recibían como regalo una poderosa arma. De allí en adelante se hizo más fácil articular un proyecto revolucionario.

Un punto importante fue la suma de voluntades obtenidas dentro del Ejército. Prueba de ello es que se le entregó el comando general del movimiento armado a un hombre que era considerado como el representante de los sectores moderados de las Fuerzas Armadas. Este hombre era el entonces teniente coronel Góis Monteiro, nacido en Alagoas, pero cuya carrera estaba ligada a Río Grande do Sul. Góis Monteiro conocía a Getúlio Vargas desde 1906, cuando cursaba la Escuela Militar, así como también a otros políticos *gaúchos* con quienes colaboraba en las disputas internas del Estado. En la década de 1920 no había sido un revolucionario; por el contrario, había combatido a la Columna Prestes en los Estados del nordeste.

El 3 de octubre de 1930 estalló la revolución en Minas Gerais y Río Grande do Sul. En San Pablo el PD estuvo prácticamente al margen de los planes revolucionarios y la situación no se alteró. En Minas Gerais hubo alguna resistencia. En el nordeste, el movimiento se desencadenó en la madrugada del día 4 bajo el comando de Juarez Távora, junto a Paraíba como centro de operaciones. Para garantizar el éxito de la revolución en Pernambuco, Juarez Távora contó con el apoyo de la población de Recife. El pueblo ocupó los edificios federales y un depósito de armas, mientras que los ferroviarios de la *Great Western* entraban en huelga.

La situación en el nordeste rápidamente favoreció a los revolucionarios, y la atención se concentró entonces en los contingentes militares que se preparaban para invadir el Estado de San Pablo, luego de haber asumido el control del sur del país. Sin embargo, antes del enfrentamiento decisivo, el 24 de octubre, los integrantes de la cúpula militar depusieron al Presidente de la República en Río de Janeiro y constituyeron una Junta Provisional de gobierno en nombre del Ejército y la Marina.

La Junta intentó permanecer en el poder, pero retrocedió ante las manifestaciones populares y la presión de los revolucionarios venidos del sur. Getúlio Vargas se trasladó en tren a San Pablo y de allí siguió a Río de Janeiro, adonde llegó precedido por 3 mil soldados *gaúchos*. El hombre que luego dirigiría a la nación enfatizando la unidad nacional insistió en mostrar en aquel momento previo sus rasgos regionales. Desembarcó en la capital de la república con uniforme militar, ostentando un gran sombrero de la pampa. El simbolismo del triunfo regional fue completo cuando los *gaúchos* ataron sus caballos a un obelisco de la avenida Río Branco. El 3 de noviembre de 1930, la asunción presidencial de Getúlio Vargas marcó el fin de la Primera República y el comienzo de nuevos tiempos, en aquel momento todavía mal definidos.

El movimiento revolucionario de 1930 en Brasil se inscribe en una coyuntura de inestabilidad que caracterizó a toda América Latina y que fue generada por la crisis mundial iniciada en 1929. Entre 1930 y 1932 se sucedieron en el subcontinente once episodios revolucionarios, la mayoría de ellos de carácter militar. El golpe militar del general Uriburu en la Argentina (septiembre de 1930) tuvo un efecto paradigmático en Brasil, donde fue recibido como un ejemplo a seguir por los medios de la oposición.

* * *

La Revolución de 1930 no fue llevada a cabo por representantes de una supuesta nueva clase social, fuese ella la clase media o la burguesía industrial. La clase media apoyó a la Alianza Liberal, pero era demasiado heterogénea y dependiente de las fuerzas agrarias como para formular un programa propio en el plano político.

En cuanto a los industriales, debemos recordar que la formación social de la Primera República acentuó en un primer momento la marca regional de los diferentes sectores de clase. Tomando como ejemplo a San Pablo, vemos que a lo largo de los años hubo efectivamente una diferenciación entre la burguesía industrial y el sector agrario, que encontró expresión en 1928 con la formación del Centro de las Industrias del Estado de San Pablo. Pero esa diferenciación no llegó hasta el punto de quebrar el acuerdo de la clase dominante en nombre de los intereses paulistas. Los grandes industriales contaban con la protección del PRP, donde estaban representados. Tampoco tenían razones para simpatizar con la oposición, pues eran uno de los blancos de sus críticas. Por ello, no resulta extraño que las asociaciones industriales hayan apoyado abiertamente la candidatura de Júlio Prestes.

En Río de Janeiro, los industriales estaban organizados en el Centro Industrial Brasil (CIB). En los últimos años de la década de 1920, hubo muchos hombres representativos de la burguesía industrial carioca en los puestos de gobierno. En 1929, por ejemplo, el gran industrial textil Manuel Guilherme da Silveira fue elegido presidente del Banco do Brasil en medio de la crisis económica. Cuando estalló la Revolución de 1930, el CIB expresó su solidaridad a Washington Luís y consideró a la insurrección como un "hecho muy perjudicial a la situación económica del país". Es verdad que luego de la victoria de los revolucionarios, los industriales de Río de Janeiro trataron de aproximarse al gobierno. Pero eso no indica que Getúlio Vargas fuera percibido como un representante del empresariado. Lo que sí muestra es que, antes o después de 1930, la aproximación al Estado era vista como un factor decisivo para el fortalecimiento de la burguesía industrial.

Tanto desde el punto de vista social como político, los triunfadores de 1930 componían un cuadro heterogéneo. Se habían unido contra un viejo adversario desde perspectivas diversas: los viejos oligarcas, representantes típicos de la clase dominante regional, sólo deseaban una mayor atención a su área, una mayor suma de poder personal con un mínimo de transformaciones; los cuadros civiles más jóvenes se inclinaban por una reformulación del sistema político, asociándose transitoriamente con los tenientes y formando el grupo de los llamados "tenientes civiles"; el movimiento "tenentista" –visto como una amenaza por los altos mandos de las Fuerzas Armadas– defendía la centralización del poder y la introducción de algunas reformas sociales; el Partido Democrático pretendía el control del gobierno del Estado de San Pablo y la efectiva adopción de los principios del Estado liberal, los que aparentemente asegurarían su predominio.

A partir de 1930, hubo un cambio de la elite del poder sin grandes rupturas. Cayeron los cuadros oligárquicos tradicionales; subieron los militares, los técnicos diplomados, los jóvenes políticos y, un poco más tarde, los industriales.

Desde el comienzo, el nuevo gobierno trató de reunir en sus manos tanto las decisiones económico financieras como las de naturaleza política. De ese modo, comenzó a manejar los diversos intereses en juego. El poder de tipo oligárquico, basado en la fuerza de los Estados, perdió terreno. Pero las oligarquías no desaparecieron ni dejó de existir el modelo de relaciones clientelistas. Sólo que ahora el sentido iba del centro hacia la periferia y no de la periferia al centro. Luego de 1930, nació un nuevo tipo de Estado que se distinguía del Estado oligárquico no sólo por la centralización y por un mayor grado de autonomía, sino también por otros elementos: primero la acción económica, inclinada gradualmente al objetivo de promover la industrialización; segundo, la acción social, tendiente a dar algún tipo de protección a los trabajadores urbanos, incorporándolos a una alianza de clases promovida por el poder estatal; tercero, el papel central atribuido a las Fuerzas Armadas –en especial, al Ejército– como soporte de la creación de una industria de base y como factor de garantía del orden interno.

El Estado getulista promovió el capitalismo nacional teniendo dos soportes: en el aparato del Estado, a las Fuerzas Armadas; en la sociedad, a una alianza entre la burguesía industrial y sectores de la clase trabajadora urbana. Ésta fue la forma en que la burguesía industrial consiguió afirmarse, pasando a tener voz y fuerza dentro del gobierno y no porque hubiese actuado en la Revolución de 1930. Además, el proyecto de industrialización estuvo más relacionado con los cuadros técnicos del gobierno que con los empresarios.

Las transformaciones señaladas no sucedieron de la noche a la mañana, ni correspondieron a un plan de conjunto del gobierno revolucionario. Fueron realizadas a lo largo de los años, variando el énfasis en los distintos aspectos. De esa forma, una visión de conjunto sólo fue posible con la perspectiva que da el paso del tiempo.

4. El Estado getulista (1930-1945)

La acción de gobierno

Getúlio Vargas llegó al poder en octubre de 1930 y permaneció en él por un período de quince años como jefe de un gobierno provisional, presidente elegido por el voto indirecto y dictador. Volvería a la presidencia en 1950 a través del voto popular, pero no llegaría a completar su mandato ya que se suicidó en 1954.

La figura más expresiva de la historia política brasileña del siglo XX provenía de una familia de estancieros de San Borja, en la región *gaúcha* de la Campaña. Su padre, un líder local del PRR, participó en las luchas contra los federalistas. Hasta 1930, Vargas hizo una carrera tradicional en los cuadros del PRR bajo la protección de Borges de Medeiros. Fue fiscal del Estado, diputado provincial, líder de la bancada *gaúcha* en la Cámara Federal, ministro de Hacienda de Washington Luís y presidente electo de Río Grande do Sul. En 1930 llegó a la Presidencia de la República, encarnando una línea de acción muy distinta a la de la política oligárquica.

A comienzos de los años treinta, el Gobierno Provisional trataba de afirmarse en medio de mucha incertidumbre. Entre las consecuencias de la crisis mundial, se contaban una producción agrícola sin mercado, la ruina de los *fazendeiros* y el desempleo en las grandes ciudades. También aumentaban las dificultades financieras: caían los ingresos por exportaciones y se evaporaba la moneda convertible.

En el plano político, las oligarquías de los Estados triunfantes en 1930 intentaban reconstruir al Estado en los viejos moldes. Los "tenientes" se oponían a esa perspectiva y apoyaban a Vargas en su propósito de reforzar el poder central. Sin embargo, al mismo tiempo representaban una corriente difícil de controlar y que ponía en riesgo la verticalidad dentro del Ejército.

La Iglesia Católica fue una importante base de apoyo del gobierno. La colaboración entre la Iglesia y el Estado no era nueva, ya que databa de los años veinte –especialmente a partir de la presidencia de Artur Bernardes–, pero ahora se volvía más estrecha. Un hito simbólico de esa colaboración lo constituyó la inauguración de la estatua del Cristo Redentor en el Corcovado el 12 de octubre de 1931, fecha del descubrimiento de América. En esa ocasión, el cardenal Leme consagró la nación "al Corazón Santísimo de Jesús, reconociéndolo para siempre su Rey y Señor". La Iglesia logró que la masa de la población católica diera su apoyo al nuevo gobierno. A cambio, este último tomó importantes medidas en favor de aquélla, destacándose entre ellas un decreto de abril de 1931 por el cual se permitía la enseñanza religiosa en las escuelas públicas.

Las medidas centralizadoras del Gobierno Provisional se pusieron de manifiesto desde muy temprano. En noviembre de 1930, al disolver el Congreso Nacional, Vargas no sólo asumió el Poder Ejecutivo, sino también el Legislativo, el de los Estados provinciales y los municipales. Se hizo renunciar a todos los antiguos gobernadores –a excepción del nuevo gobernador electo de Minas Gerais– y se nombró en su lugar a interventores federales. En agosto de 1931, el llamado Código de los Interventores estableció las normas que regirían la subordinación de éstos al poder central. También limitaba el área de acción de los Estados, a los cuales se les prohibía contraer empréstitos en el exterior sin la autorización del gobierno federal, gastar más del 10% del presupuesto ordinario en servicios de la policía militar, dotar a las policías regionales de artillería y aviación o armarlas en una proporción mayor a la del Ejército.

La centralización también se extendió al plano económico. El gobierno de Vargas no abandonó, ni podía abandonar, al sector cafetalero. No obstante, trató de concentrar en sus manos la política del café, lo que ocurrió efectivamente a partir de 1933 con la creación del Departamento Nacional del Café (DNC).

Pero el problema de fondo subsistía: ¿qué hacer con la parte de los *stocks* actuales y futuros que no encontraban ubicación en el mercado internacional? La respuesta a esta cuestión llegó en julio de 1931. El gobierno compraría el café con ingresos derivados del impuesto a las exportaciones y con la confiscación cambiaria, o sea, con una parte del ingreso por exportaciones; además, destruiría una parte del producto. De esta forma se intentaba reducir la oferta y sostener los precios. Esa opción era semejante a las opciones que llevaron a la eliminación de la uva en la Argentina o a la muerte de rebaños de carneros en Australia. El esquema brasileño tuvo una larga duración, si bien algunos de sus aspectos fueron alterados con el correr de los años. La destrucción de café sólo terminó en julio de 1944. A lo largo de trece años fueron eliminadas 78,2 millones de bolsas de café, cantidad equivalente al consumo mundial de tres años.

A mediados de 1931 la situación financiera del país se volvió insostenible. En septiembre de ese año se suspendieron los pagos de la deuda pública externa y se reintrodujo el control de cambios del Banco do Brasil. Esta última medida había sido decretada en los meses finales de la presidencia de Washington Luís y había sido revocada luego por el gobierno revolucionario.

Uno de los aspectos más coherentes del gobierno de Vargas fue la política de trabajo. Si bien ésta pasó por varias etapas entre 1930 y 1945, desde el comienzo resultó innovadora con relación al período anterior. Sus objetivos principales fueron reprimir aquellos esfuerzos organizativos de la clase trabajadora urbana que se ubicaran fuera del control del Estado y a la vez atraerla para que diera un apoyo generalizado al gobierno.

En lo que respecta al primer objetivo, luego de 1930 se abatió la represión sobre los partidos y organizaciones de izquierda –especialmente sobre el PCB–, y se volvió más sistemática que en la Primera República. En cuanto al segundo objetivo, la esporádica atención concedida al problema de la clase trabajadora urbana en la década del veinte dio lugar a una política gubernamental específica. Esto se anunció desde noviembre de 1930, cuando se creó el Ministerio de Trabajo, Industria y Comercio. A ello le siguieron leyes de protección al trabajador, el control de los sindicatos por el Estado y la creación de órganos para arbitrar conflictos entre patrones y obreros: las Juntas de Conciliación y Juicio.

El control de los sindicatos quedó establecido por un decreto de marzo de 1931. Aunque disponía la sindicalización tanto de la clase obrera como de la clase patronal, su verdadero foco de interés lo constituía la primera. El sindicato fue definido como un órgano consultivo y de colaboración del poder público. Se adoptó el principio de la unidad sindical, o sea, del reconocimiento por el Estado de un único sindicato por categoría profesional. La sindicalización no era obligatoria. El gobierno se atribuyó un importante papel en el control de la vida sindical, y determinó la asistencia de funcionarios del ministerio a las asambleas de los sindicatos. La legalidad de un sindicato dependía del reconocimiento ministerial, y éste podía ser anulado si se verificaba el incumplimiento de toda una serie de normas establecidas. El decreto tuvo vigencia hasta julio de 1934, cuando fue sustituido por otro. La principal alteración consistió en el principio de la pluralidad sindical, que sólo fue retirada de la legislación en 1939; pero tal pluralidad no existió en la práctica. Aunque en un principio combatieron las medidas gubernamentales –especialmente aquellas que concedían derechos a los trabajadores–, las asociaciones de industriales y comerciantes terminaron aceptando la legislación laboral.

Las organizaciones obreras controladas por corrientes de izquierda intentaron oponerse al control del Estado. Pero su intento fracasó. Además del gobierno, la propia base de esas organizaciones presionó a favor de la legalización. Había varios beneficios que dependían de la condición de ser miembro de un sindicato reconocido por el gobierno, como, por ejemplo, las vacaciones y la posibilidad de plantear derechos ante las Juntas de Conciliación y Juicio. A fines de 1933, el viejo sindicalismo autónomo había desaparecido y los sindicatos se habían ajustado, bien o mal, a la legislación.

Los vencedores de 1930 se preocuparon desde el comienzo por el problema de la educación. Su objetivo principal era formar a una elite más amplia e intelectualmente mejor preparada. Los intentos de reforma de la educación provenían de la década de 1920 y se caracterizaban por iniciativas a nivel de los Estados, congruentes con el modelo de la república federal. A partir de 1930, las medidas tendientes a crear un sistema educativo y promover la educación tomaron otro sentido, partiendo ahora principalmente del centro a la periferia. Así, la educación pasó a formar parte de la centralizadora visión general. En este sentido, la creación del Ministerio de Educación y Salud en noviembre de 1930 marcó un hito fundamental.

Al igual que en otros campos, las iniciativas del gobierno de Vargas en el área educativa tenían una inspiración autoritaria. El Estado trató de organizar la educación de arriba hacia abajo, sin implicar una gran movilización de la sociedad, pero también sin promover de forma consistente una formación escolar completa que abarcara todos los aspectos del universo cultural.

Aun durante la dictadura del Estado Nuevo, la educación estuvo impregnada de una mezcla de valores jerárquicos, de un conservadurismo nacido de la influencia católica, sin tomar la forma de una doctrina fascista. La política educacional quedó principalmente en manos de jóvenes políticos mineros cuya carrera se había iniciado en la vieja oligarquía de su Estado, para luego tomar otros rumbos a partir de 1930. Éste es el caso de Francisco Campos, ministro de Educación entre noviembre de 1930 y septiembre de 1932, y de su sustituto Gustavo Capanema, quien tuvo una larga permanencia en el ministerio, entre 1934 y 1945. Francisco Campos realizó una intensa tarea en el Ministerio de Educación entre 1930 y 1932, atendiendo fundamentalmente a la enseñanza superior y secundaria.

En el ámbito de la enseñanza superior el gobierno intentó crear las condiciones necesarias para el surgimiento de verdaderas universidades, que se dedicaran a la enseñanza y a la investigación. En cuanto a la enseñanza secundaria, se trataba de comenzar a implantarla en el país, pues hasta esa fecha no había pasado de ser un curso preparatorio para el ingreso a las escuelas superiores. La reforma Campos estableció definitivamente una currícula seriada, la enseñanza en dos ciclos, la asistencia obligatoria y la exigencia del título secundario para el ingreso a la enseñanza superior.

Las principales medidas destinadas a la creación de universidades surgieron en el Distrito Federal y en San Pablo, si bien en este último caso lo hicieron al margen de la participación federal. Así nacieron la Universidad de San Pablo (USP), en 1934, y la Universidad del Distrito Federal, en 1935.

El proceso político

Definir al proceso político del período 1930-1934 implica considerar dos cuestiones muy importantes que están relacionadas: el "tenentismo" y la lucha entre el poder central y los grupos regionales.

Con la victoria de la Revolución de 1930, los "tenientes" comenzaron a formar parte del gobierno y formularon un programa más claro. Proponían una mayor uniformidad en la atención de las necesidades de las diversas regiones del país, algunos planes económicos, la instalación de una industria básica (especialmente la siderurgia) y un programa de nacionalizaciones que incluía las minas, los medios de transporte y de comunicación y la navegación de cabotaje. Para realizar estas reformas era necesario contar con un gobierno federal centralizado y estable. Separándose claramente de los puntos de vista liberales, los "tenientes" defendían la prolongación de la dictadura y la elaboración de una constitución que estableciese la representación por clase al lado de la representación individual. En última instancia, habría el mismo número de representantes para cada Estado.

En la lucha contra el predominio de las oligarquías estaduales, Vargas trató de utilizar como instrumento a los cuadros tenentistas en dos regiones muy diferentes entre sí: el nordeste y San Pablo. El nordeste fue el campo de acción predilecto de los "tenientes". Muchos de ellos eran originarios de esa área, caracterizada por la extrema pobreza y donde la violencia que ejercía el pequeño círculo dominante era evidente.

Muchos de los interventores nombrados en los Estados nordestinos eran militares; en noviembre de 1930, el gobierno creó una delegación regional del norte, encargándosela a Juarez Távora. El movimiento tenentista intentó introducir ciertas mejoras y atender a algunas reivindicaciones populares, retomando así en otro contexto la tradición del "salvacionismo". Juraci Magalhães —interventor de Bahía— nombró comisiones para desarrollar la agricultura, trató de extender los servicios de salud y decretó una reducción obligatoria de los alquileres. Por su lado, Távora pretendió expropiar los bienes de los oligarcas más comprometidos con la República Vieja.

Sin embargo, al no tener condiciones ni intención de realizar grandes transformaciones, los "tenientes" llegaron a un entendimiento con los sectores de la clase dominante regional. A su vez, las medidas de rebaja de alquileres y de expropiación de bienes fueron bloqueadas por el gobierno federal y no tuvieron continuidad. A pesar de sus límites, la acción tenentista en el nordeste provocó el ataque de los grupos dominantes en las áreas más desarrolladas del país. Por su intento de crear un bloque de pequeños Estados, Juarez fue llamado irónicamente Virrey del Norte y violentamente combatido.

En San Pablo, la falta de habilidad del gobierno central contribuyó para que se desatara una guerra civil. Al nombrar como interventor al teniente João Alberto y negar las pretensiones del PD, Vargas marginó a la elite paulista. El interventor no resistió a las presiones de San Pablo y del interior del propio gobierno, y renunció en julio de 1931. Hasta mediados de 1932 otros tres interventores se sucederían en el cargo, lo que demostraba la gravedad del llamado caso de San Pablo.

Desde la dirección del Estado de San Pablo, o a partir de su influencia, los "tenientes" trataron de establecer una base de apoyo para sus iniciativas. Su objetivo fueron las asociaciones de cafetaleros de escasa representatividad y los sindicatos obreros. En este último aspecto, se destacó Miguel Costa, secretario de Seguridad y comandante de la milicia estadual. Se decía de él que tenía al comunismo en el corazón y a los comunistas en la cárcel. El antiguo líder de la Columna promovió el resurgimiento de los sindicatos, como, por ejemplo, el Centro de los Estibadores de San Pablo, cuya dirección quedó bajo su influencia.

Los "tenientes" tuvieron en su contra a la mayoría de la población de San Pablo, que gravitaba ideológicamente en torno a la elite regional. Esta última defendía la constitucionalización del país a partir de los principios de la democracia liberal. Como medida transitoria, exigía el nombramiento de un interventor que fuera civil y paulista. El estandarte de la constitucionalización y la autonomía caló hondo en amplios sectores de la población y facilitó un acercamiento entre el PRP y el PD. Eso se concretó con la formación del Frente Único Paulista, en febrero de 1932. En ese mismo mes, el Gobierno Provisional promulgó el Código Electoral, cediendo de esta manera a las presiones contrarias a la prolongación de la dictadura que provenían no sólo de San Pablo, sino también de Río Grande do Sul y de Minas. El Código trajo algunas importantes innovaciones, como el establecimiento de la obligatoriedad del voto para ambos sexos y su carácter secreto. Por primera vez se reconocía el derecho al voto de las mujeres. Si bien la ley electoral de Río Grande do Norte, de 1927, había sido la pionera en este tema, quedó restringida a aquel Estado.

La elección para el Legislativo sería proporcional, garantizándose así la representación de las minorías. Aunque la representación profesional se inspirase en las ideas corporativas y fascistas, su objetivo era más inmediato. La bancada de cuarenta constituyentes clasistas –mayor que la de Minas Gerais– sería claramente controlada por el gobierno. Ésta serviría para equilibrar el peso de los grandes Estados, como San Pablo y Río Grande do Sul que, en ese momento, eran los principales núcleos de oposición.

Por último, con la creación de la Justicia Electoral, encargada de organizar y fiscalizar las elecciones así como de juzgar recursos, el Código Electoral contribuyó bastante estabilizar el proceso de elecciones y, por lo menos, a reducir los fraudes.

En marzo de 1932, Vargas pareció dar otro paso en su intento de tranquilizar a San Pablo al nombrar a un interventor civil y paulista: Pedro de Toledo. Sin embargo, el nombre de Toledo no contaba con gran prestigio dentro del Estado. También existían dudas sobre la convocatoria a elecciones y el control que podían ejercer los "tenientes". Además, el gobierno era muy criticado por no haber punido con rigor a un grupo tenentista que, en Río de Janeiro, había agredido al *Diário Carioca* luego de que fuera promulgado el Código Electoral.

El Frente Único Gaúcho, que estaba formado por varios partidos regionales, rompió entonces con Vargas. Ese hecho llevó a que los grupos que ya conspiraban en San Pablo –en su mayoría ligados al PD– aceleraran los preparativos para una revolución que finalmente estalló el 9 de julio de 1932. El plan de los revolucionarios era lanzar un ataque fulminante sobre la capital de la república, para poner al gobierno frente a la necesidad.de negociar o capitular. Pero el plan fracasó. A pesar de que la "guerra paulista" despertaba muchas simpatías en la clase media carioca, quedó militarmente confinada al territorio de San Pablo. Por su lado, la Marina bloqueó el puerto de Santos.

La verdad es que, a pesar de las divergencias con el Poder Central, las elites regionales de Río Grande do Sul y Minas Gerais no estaban dispuestas a correr el riesgo de enfrentarse militarmente contra un gobierno al cual habían ayudado a subir al poder menos de dos años antes. San Pablo quedó entonces prácticamente solo en su enfrentamiento con las fuerzas federales, contando apenas con la milicia estadual y una inmensa movilización popular.

El movimiento de 1932 reunió a diferentes sectores sociales, desde los cultivadores de café hasta la clase media, pasando por los industriales. Sólo permaneció al margen de los acontecimientos la clase obrera organizada, que había realizado algunas huelgas importantes durante el primer semestre de 1932. Una buena parte de la población paulista se identificó con la lucha por la constitucionalización del país y con los temas de la autonomía y la superioridad de San Pablo frente a los demás Estados. Una muy eficaz imagen de la época asociaba a San Pablo con una locomotora que arrastraba a veinte vagones vacíos: los otros veinte Estados de la Federación. Utilizada por primera vez en gran escala, la radio también contribuyó a incentivar la asistencia del pueblo a los actos y a la marcha de los voluntarios al frente de combate. Respondiendo a la campaña "oro para el bien de San Pablo", muchas personas donaron joyas y otros bienes de familia.

Los revolucionarios intentaron suplir sus evidentes deficiencias en armamento y municiones utilizando los recursos del parque industrial paulista. También enviaron emisarios a los Estados Unidos, en un intento de comprar armas y aviones. Pero la superioridad militar de los partidarios del gobierno era evidente. A pesar del desequilibrio de fuerzas, la lucha duró casi tres meses y terminó con la rendición de San Pablo en octubre de 1932.

La "guerra paulista" tuvo un aspecto dirigido hacia el pasado y otro hacia el futuro: el reclamo por la constitucionalización del país se hizo extensivo tanto a los que esperaban retroceder hacia formas oligárquicas de poder, como a aquellos que esperaban establecer una democracia liberal. El movimiento también tuvo consecuencias importantes. Aunque salió victorioso, el gobierno percibió claramente la imposibilidad de ignorar a la elite paulista. Por su parte, los derrotados comprendieron que tendrían que establecer algún tipo de compromiso con el Poder Central.

En agosto de 1933, Vargas finalmente nombró a un interventor civil y paulista en el pleno sentido de la expresión: Armando de Sales Oliveira, vinculado al PD. En el mismo mes, emitió el decreto del llamado Reajuste Económico, por el cual se reducían las deudas de los agricultores afectados por la crisis. A su vez, de allí en adelante la elite política de San Pablo adoptó una actitud más cautelosa.

El movimiento tenentista se fue disolviendo a lo largo de 1933. No había conseguido transformar al Estado en su partido, fracasó —o fue bloqueado en sus intentos de obtener una base social— y había perdido fuerzas dentro del Ejército, donde la anarquía era una amenaza. Entre 1932 y 1933 renunciaron varios interventores tenentistas del nordeste. El Club 3 de Octubre —principal centro de organización de los "tenientes"— tendió a transformarse en un "órgano doctrinario libre de demagogia", como afirmó con satisfacción el general Góis Monteiro. Así, mientras que una parte de los "tenientes" se subordinó al gobierno de Vargas, otros pasaron a engrosar los partidos de derecha y de izquierda.

El Gobierno Provisional decidió constitucionalizar el país y realizó elecciones para la Asamblea General Constituyente en mayo de 1933. La campaña electoral reveló un crecimiento de la participación popular y de la organización partidaria. En los Estados surgieron partidos de las más diversas tendencias, algunos con bases sociales reales y otros carentes de ellas. Sin embargo, no se lograron formar partidos nacionales, a excepción de los comunistas –que estaban en la ilegalidad– y de la Acción Integralista.

El resultado de las urnas evidenció la fuerza de las elites regionales. En Río Grande do Sul la mayoría de los elegidos eran partidarios de Flores da Cunha; en Minas, vencieron los seguidores del viejo gobernador Olegário Maciel; en San Pablo, la victoria del Frente Único fue aplastante. Por el contrario, los "tenientes" obtuvieron escasos apoyos.

El 14 de julio de 1934, luego de meses de debates, la Asamblea Constituyente promulgó la nueva Constitución. Ésta se asemejaba en parte a su antecesora de 1891, pues establecía una república federal; pero a la vez presentaba varios aspectos nuevos que eran producto de los cambios que habían ocurrido en el país. Su modelo de referencia era la Constitución alemana de Weimar.

El nuevo texto incluía tres partes que no aparecían en las Constituciones anteriores y que se referían al orden económico y social; a la familia, a la educación y a la cultura, y a la seguridad nacional. La primera de ellas tenía intenciones nacionalistas. Preveía la nacionalización progresiva de las minas, los yacimientos minerales y los saltos de agua, que se consideraban básicos o esenciales para la defensa económica o militar del país. Los dispositivos de carácter social aseguraban la pluralidad y la autonomía de los sindicatos, ocupándose también de la legislación laboral. Esta última debía prever, como mínimo, la prohibición de salarios diferentes para un mismo trabajo por motivos de edad, sexo, nacionalidad o estado civil; el salario mínimo; la reglamentación del trabajo de las mujeres y de los menores; el descanso semanal; las vacaciones pagas y la indemnización por despido sin justa causa.

En la parte dedicada a la familia, la educación y la cultura, la Constitución establecía el principio de la enseñanza primaria gratuita y obligatoria. En las escuelas públicas la enseñanza religiosa tendría carácter optativo, y quedaba abierta a todos los credos y no sólo al católico.

Ésta era la primera vez que aparecía el tema de la seguridad nacional. Todas las cuestiones relativas a este punto serían examinadas por el Consejo Superior de Seguridad Nacional, presidido por el presidente de la república e integrado por los ministros y los jefes de los Estados Mayores del Ejército y la Marina. Además, se reafirmaba una norma que ya existía en la Primera República, pero que en la práctica casi no había funcionado: el servicio militar obligatorio.

El 15 de julio de 1934 Getúlio Vargas fue elegido presidente de la República por el voto indirecto de la Asamblea Nacional Constituyente, y debía ejercer su mandato hasta el 3 de mayo de 1938. De allí en adelante, las elecciones para la Presidencia serían directas.

Parecía que finalmente el país podría vivir bajo un régimen democrático. Sin embargo, poco más de tres años después de ser promulgada la Constitución, esas esperanzas se vieron frustradas por el golpe del *Estado Novo*. Contribuyeron a ese desenlace algunos grupos que estaban dentro del gobierno –en especial, el Ejército–, las vacilaciones de los liberales y la irresponsabilidad de la izquierda.

Los movimientos e ideas totalitarias y autoritarias comenzaron a ganar fuerza en Europa a partir del fin de la Primera Guerra Mundial. Mussolini asumió el poder en Italia en 1922, Stalin fue construyendo su poder absoluto en la Unión Soviética y el nazismo triunfó en 1933 en Alemania. La crisis mundial colaboró en el desprestigio de la democracia liberal, porque ésta estaba asociada al capitalismo en el plano económico. El capitalismo, que había prometido igualdad de oportunidades y abundancia, cayó en un agujero negro del cual parecía incapaz de salir. En vez de una vida mejor, había traído empobrecimiento, desempleo y desesperanza.

Los ideólogos totalitarios veían a la democracia liberal como un régimen incapaz de encontrar soluciones para la crisis y consideraban inútiles a los partidos y luchas políticas, ya que éstos podían llevar a la división del organismo social. La época del capitalismo y de la democracia liberal parecía pertenecer al pasado.

En la década de 1920 surgieron en Brasil algunas pequeñas organizaciones fascistas. Pero un movimiento realmente significativo nació recién en los años treinta, cuando en octubre de 1932, Plínio Salgado y otros intelectuales fundaron en San Pablo la Acción Integralista Brasileña (AIB). El integralismo se definió a sí mismo como una doctrina nacionalista cuyo contenido era más cultural que económico. No hay duda de que combatía al capitalismo financiero y pretendía establecer el control del Estado sobre la economía. Pero ponía su mayor énfasis en la toma de conciencia del valor espiritual de la nación, asentado en principios unificadores; el lema del movimiento era: "Dios, Patria y Familia".

Desde el punto de vista de las relaciones entre la sociedad y el Estado, el integralismo negaba la pluralidad de los partidos políticos y la representación individual de los ciudadanos. El Estado Integral estaría constituido por el jefe de la nación, y abrigaría en su seno a aquellos órganos representativos de las profesiones y entidades culturales.

La AIB identificaba como sus enemigos al liberalismo, al socialismo y al capitalismo financiero internacional, en manos de los judíos. El integralismo fue muy eficaz en la utilización de rituales y de símbolos: el culto a la personalidad del jefe nacional, las ceremonias de adhesión, los desfiles de los "camisas verdes" ostentando el sigma (Σ) –letra del alfabeto griego– en un brazalete.

El reclutamiento de los dirigentes nacionales y regionales de la AIB se hizo principalmente entre profesionales urbanos de clase media y, en menor medida, entre los militares. El integralismo atrajo a sus filas a un número considerable de adherentes. Cálculos moderados estiman que su número osciló entre las 100 mil a 200 mil personas en su período de mayor auge (fines de 1937), lo que no es poco, dado el bajo grado de movilización política que existía en el país.

Integralistas y comunistas se enfrentaron a muerte a lo largo de los años treinta. No obstante, los dos movimientos tenían algunos puntos en común: la crítica al Estado liberal, la valorización del partido único y el culto a la personalidad del líder. No es casual que haya existido una cierta circulación de militantes entre ambas organizaciones.

Pero la guerra entre los dos grupos no fue el resultado de un mal entendido. En realidad, cada uno de ellos generó sentimientos muy distintos. El movimiento integralista estaba basado en temáticas conservadoras, como la familia, la tradición del país y la Iglesia Católica. Por su parte, los comunistas apelaban a concepciones y programas de origen revolucionario: la lucha de clases, la crítica a las religiones y a los prejuicios, la emancipación nacional obtenida a través de la lucha contra el imperialismo y de la reforma agraria. Esa forma distinta de delimitar las relaciones sociales era más que suficiente para generar antagonismo entre los dos movimientos. Además, ellos reflejaban la oposición que existía en Europa entre sus inspiradores: el fascismo y el comunismo soviético.

Con tonos menos vivos, pero con mayor eficacia, la corriente autoritaria ganó fuerza en el Brasil de los años treinta. Las dificultades que planteaban la organización de las clases y la formación de asociaciones representativas y de partidos hizo que las soluciones autoritarias fueran una atracción constante, no sólo para los conservadores, sino también para los liberales y la izquierda. Esta última tendía a asociar al liberalismo con el dominio de las oligarquías; a partir de ello, no daba mucho valor a la llamada democracia formal. Los liberales colaboraban en la justificación de esa visión. Temían a las reformas sociales y aceptaban, o incluso incentivaban, la interrupción del juego democrático cada vez que éste parecía estar amenazado por las fuerzas subversivas.

La corriente autoritaria asumió consecuentemente la perspectiva que se denomina modernización conservadora: o sea, el punto de vista según el cual, en un país desarticulado como Brasil, el Estado debía ser el encargado de organizar la nación para promover el desarrollo económico y el bienestar general dentro del orden. En esa empresa, el Estado autoritario pondría fin a los conflictos sociales, a las luchas partidarias y a los excesos de la libertad de expresión, que sólo servían para debilitar al país.

Si bien existían rasgos comunes entre la corriente autoritaria y el integralismo totalitario, ambos no eran idénticos. El integralismo pretendía lograr sus objetivos a través de un partido capaz de movilizar a las masas descontentas y tomar por asalto al Estado. La corriente autoritaria apostaba al Estado antes que al partido; no creía en la movilización masiva de la sociedad sino en la clarividencia de algunos hombres. El partido fascista podría llevar, en última instancia, a la crisis del Estado; el estatismo autoritario, a su refuerzo. Los autoritarios se ubicaban dentro del Estado y tenían su mayor expresión en la cúpula de las Fuerzas Armadas.

La historia de los años 1930-1945 se caracterizó por el fortalecimiento de las Fuerzas Armadas, especialmente del Ejército. Ese desarrollo encontró expresión en el aumento del número de efectivos, el reequipamiento y la conquista de posiciones de prestigio. Comparativamente, las milicias de los estados perdieron terreno. Sin embargo, en los primeros meses posteriores a la Revolución de 1930, el Ejército no pareció surgir como una fuerza cohesionada. No sólo el tenentismo constituía un problema, también lo era la existencia de muchos integrantes activos de la alta jerarquía que simpatizaban con la República Vieja. El propio jefe militar de la revolución era apenas un teniente coronel. Fue necesario promoverlo tres veces en poco más de un año para que alcanzara el generalato. La Revolución de 1932 contribuyó a depurar al Ejército. En ese año se exiliaron cuarenta y ocho oficiales, siete de los cuales eran generales. A fines de 1933, de los cuarenta generales en actividad, treinta y seis habían sido promovidos en su cargo por el nuevo gobierno.

De esta forma se consolidó un grupo leal a Getúlio Vargas en el que se destacaron dos figuras: Góis Monteiro y Eurico Gaspar Dutra. Góis Monteiro era un estratega de la política del Ejército y Dutra su principal ejecutor. Entre los dos monopolizaron los principales cargos militares a partir de 1937. Góis Monteiro fue jefe de Estado Mayor desde 1937 hasta 1943; Dutra fue ministro de Guerra en el mismo período, hasta que se alejó para competir por la Presidencia de la República y fue sustituido por el propio Góis Monteiro. Este último incluso estuvo al frente del Ministerio de Guerra entre 1934 y 1935. A pesar de algunos conflictos, la lealtad que profesaba al gobierno de Vargas el nuevo grupo que dirigía el Ejército se mantuvo firme hasta 1945.

El año 1934 estuvo marcado por reivindicaciones obreras y por la agitación en ciertas áreas de la clase media. Estallaron huelgas en Río de Janeiro, San Pablo, Belén y Río Grande do Norte, y hubo paralizaciones en el sector de servicios: transportes, comunicaciones y bancos. Asimismo, ganaron ímpetu las campañas contra el fascismo, que culminaron en octubre de 1934 con un violento enfrentamiento entre antifascistas e integralistas en San Pablo.

A comienzos de 1935, el gobierno respondió proponiendo una Ley de Seguridad Nacional (LSN), que fue aprobada en el Congreso con el voto de los liberales. La ley definió los crímenes contra el orden político y social, incluyendo entre ellos: la huelga de funcionarios públicos, la provocación de actitudes hostiles en las clases armadas, la incitación al odio entre las clases sociales, la propaganda subversiva y la organización de asociaciones o partidos que tuvieran por objeto subvertir el orden político o social.

Paralelamente a la discusión de la LSN, los comunistas y los "tenientes" de izquierda próximos a ellos preparaban el lanzamiento de la Alianza Nacional Libertadora (ANL). Ésta se hizo pública el 30 de marzo de 1935 en Río de Janeiro. En esa ocasión, leyó el manifiesto del movimiento un joven estudiante de derecho –Carlos Lacerda–, y propuso como presidente honorario a Luis Carlos Prestes, quien fue elegido por aclamación. En la presidencia efectiva de la ANL quedó el capitán de la Marina Hercolino Cascardo, quien en 1924 había liderado la revuelta del acorazado San Pablo.

El programa básico de la ANL tenía un contenido nacionalista. Ninguno de sus cinco puntos se refería específicamente a los problemas obreros. Éstos eran: la suspensión definitiva del pago de la deuda externa, la nacionalización de las empresas extranjeras, la reforma agraria, la garantía de las libertades populares y la constitución de un gobierno popular del cual podría participar "cualquier persona según la eficiencia de su colaboración".

La formación de la ANL se ajustó a la nueva orientación dada al PCB por el Comintern,* que defendía la creación de frentes populares en todo el mundo contra la amenaza fascista. Al reunir a varios sectores sociales dispuestos a enfrentar al fascismo y al imperialismo, la ANL constituiría un ejemplo de un frente popular adaptado a las características del llamado mundo semicolonial.

Al mismo tiempo, la creación de la ANL quedó facilitada por la transformación que sufrió el PCB a partir de agosto de 1934 con el ingreso de Prestes en el partido. La organización dejó de ser un pequeño agrupamiento dirigido esencialmente a la clase obrera para convertirse en un organismo más fuerte numéricamente y con una composición social más variada. Ingresaron al PCB los militares seguidores de Prestes y miembros de la clase media. La temática nacional predominó sobre la temática de clase, coincidiendo con la orientación venida del Comintern.

En pocos meses, la ANL ganó bastante proyección. Cálculos conservadores indican que en julio de 1935 sumaba entre 70 mil a 100 mil personas. La conducción del movimiento osciló entre un intento de consolidación de la alianza de clases y la perspectiva de la insurrección para la toma del poder. Esta última fue la que se mostró más fuerte, por lo menos en las palabras. En los festejos del 5 de julio de 1935, Carlos Lacerda leyó un manifiesto de Prestes –quien se encontraba en la clandestinidad– en el que se proclamaba el derrocamiento del "odioso gobierno" de Vargas y la toma del poder por un gobierno popular, nacional y revolucionario.

El gobierno, que ya venía reprimiendo las actividades de la ANL, tuvo entonces una excelente razón para cerrarla. Esto se llevó a cabo por un decreto del 11 de julio, al que le siguieron varias detenciones. A partir de ese momento, el PCB comenzó los preparativos para una insurrección, cuyo resultado fue el intento de golpe militar de noviembre de 1935.

El levantamiento de 1935 –que recuerda las revueltas tenentistas de la década de 1920– fue un completo fracaso. Comenzó el 23 de noviembre en Río Grande do Norte, anticipándose así a una iniciativa que había sido coordinada a partir de Río de Janeiro. Una junta de gobierno tomó el poder en Natal por cuatro días, hasta que finalmente fue dominada. A eso le siguieron rebeliones en Recife y en Río, en esta última de mayores proporciones. El enfrentamiento entre los rebeldes y las fuerzas legales produjo allí varios muertos.

¿Qué es lo que habría llevado al PCB –contando con el apoyo decisivo del Comintern– a embarcarse en la aventura de noviembre de 1935, cuando aparentemente ya estaba establecida la estrategia de los frentes populares? Según todo parece indicarlo, el intento de golpe en Brasil repesentaba el canto del cisne de la política anterior. El intento fue alentado por las fantasiosas informaciones de los comunistas brasileños, que aseguraban que el país vivía un clima prerrevolucionario. Además, la

---

* El Comintern (o Komintern) era el nombre dado por los comunistas rusos a la IIIª Internacional de Moscú, fundada por ellos en 1919. [N. de T.]

influencia de los métodos tenentistas también constituyó un factor de peso en la decisión final.

El episodio de 1935 tuvo graves consecuencias, ya que permitió la implementación de amplias medidas represivas y el comienzo de una escalada autoritaria. El fantasma del comunismo internacional adquirió entonces enormes proporciones, tanto más porque el Comintern había enviado a Brasil a algunos cuadros dirigentes extranjeros para coordinar los preparativos de la insurrección.

Durante 1936, el Congreso aprobó todas las medidas extraordinarias solicitadas por el Poder Ejecutivo para reprimir a los comunistas y a la izquierda en general. En marzo de ese año, la policía invadió el Congreso y detuvo a cinco parlamentarios que habían apoyado a la ANL o que simplemente habían demostrado simpatía por ella. El Congreso aceptó las justificaciones que se dieron sobre las detenciones y autorizó el proceso criminal contra los presos. Al mismo tiempo, se crearon órganos específicos para la represión. En junio de 1936, el ministro de Justicia anunció la formación de una Comisión Nacional de Represión al Comunismo, que estaba encargada de investigar la participación de funcionarios públicos y otras personas en actos o crímenes contra las instituciones políticas y sociales. A fines de octubre de ese año, comenzó a funcionar un tribunal de excepción: el Tribunal de Seguridad Nacional. En un principio, la finalidad del TSN era juzgar sólo a quienes estaban implicados en la insurrección de 1935, pero pronto se transformó en un órgano permanente que perduró durante todo el *Estado Novo*.

A fines de 1936 y durante los primeros meses de 1937, se definieron las candidaturas para competir por la sucesión presidencial en las elecciones previstas para enero de 1938. El Partido Constitucionalista –formado por el PD y algunos partidos menores– presentó el nombre de Armando de Sales Oliveira. Fue elegido como candidato oficial José Américo de Almeida, un político del nordeste que había sido ministro de Transporte y Obras Públicas del gobierno de Vargas. Por último, los integralistas lanzaron la candidatura de Plínio Salgado. El candidato oficial contaba con el apoyo de la mayoría de los Estados del nordeste y de Minas Gerais, así como también de los sectores varguistas de San Pablo y de Río Grande do Sul.

La apertura de la competencia política favoreció un relajamiento de las medidas represivas. En junio de 1937, cerca de trescientas personas fueron liberadas por orden del ministro de Justicia. Asimismo, el Congreso no concedió al Ejecutivo un pedido de prórroga del estado de guerra vigente. Sin embargo, Getúlio Vargas y su círculo íntimo no estaban dispuestos a abandonar el poder, tanto más cuando ninguna de las tres candidaturas contaba con su confianza. José Américo de Almeida se había inclinado cada vez más hacia una campaña populista, presentándose como el "candidato del pueblo" y denunciando la explotación imperialista. Un observador cercano al gobierno llegó a afirmar que la cuestión social era el centro de la campaña presidencial, con el riesgo de que Brasil se convirtiese en otra España dividida por la guerra civil.

A lo largo de 1937, el gobierno intervino en algunos Estados y en el Distrito Federal con el objetivo de prevenir posibles dificultades regionales. Sin embargo, faltaba un pretexto adecuado para reactivar el clima golpista. Éste llegó con el *Plan Cohen*, cuya verdadera historia tiene muchos aspectos oscuros. En septiembre de 1937, un oficial integralista –el capitán Olímpio Mourão Filho– fue sorprendido o se dejó sorprender dactilografiando un plan de insurrección comsunista. El autor del documento sería un tal Cohen –nombre acentuadamente judío– que podría ser también una deformación de Bela Khun, el líder comunista húngaro.

Aparentemente, el "plan" no era más que una fantasía que debía ser publicada en un boletín de la AIB, mostrando cómo sería una insurrección comunista y de qué manera reaccionarían frente a ella los integralistas. La tal insurrección provocaría masacres, saqueos, depredaciones, ataque a los hogares, incendios en las iglesias, etcétera. El hecho es que la ficción del documento fue tomada como algo real, pasando de las manos de los integralistas a las de la cúpula del Ejército. El 30 de septiembre, el texto fue transmitido por radio y publicado en parte en los diarios.

Los efectos de la divulgación del *Plan Cohen* fueron inmediatos. Rápidamente, el Congreso aprobó por mayoría de votos el estado de guerra y la suspensión de las garantías constitucionales por noventa días. El comandante de la Tercera Región Militar decretó la federalización de la Brigada Militar riograndense. Sin estar en condiciones de resistir, el gobernador Flores da Cunha abandonó el cargo y se exilió en Uruguay.

A fines de octubre, el diputado Negrão de Lima recorrió los Estados del norte y nordeste para garantizar el apoyo al golpe de parte de los gobernadores, recibiendo en esa ocasión adhesiones casi unánimes. La oposición se movilizó recién a comienzos de noviembre de 1937. Armando de Sales lanzó un manifiesto a los jefes militares solicitándoles que impidiesen la ejecución del golpe. Su gesto sólo sirvió para acelerarlo. Alegando que el texto se estaba distribuyendo en los cuarteles, Vargas y la cúpula militar decidieron anticipar el golpe que habían planeado para el día 15 de noviembre.

El Estado Novo

El día 10 de noviembre de 1937, tropas de la policía militar cercaron el Congreso e impidieron la entrada de los congresistas. El ministro de Guerra –general Dutra– se había opuesto a que la operación fuese realizada por fuerzas del Ejército. Esa noche, Vargas anunció la apertura de una nueva fase política y la entrada en vigor de una Carta constitucional que había sido elaborada por Francisco Campos. Era el comienzo de la dictadura del *Estado Novo*.

El régimen fue implantado al estilo autoritario, sin grandes movilizaciones. El movimiento popular y los comunistas habían sido anulados y no podrían reaccionar; por su parte, la clase dominante aceptaba el golpe como algo inevitable y hasta beneficioso. El 13 de noviembre se sometió el disuelto Congreso, cuando ochenta de sus miembros le llevaron su solidaridad a Vargas, en el preciso momento en que muchos de sus colegas estaban presos.

Faltaban los integralistas, quienes habían apoyado el golpe y esperaban ver a Plínio Salgado en el Ministerio de Educación, un escalón importante en el ascenso al poder. Pero Vargas terminó con sus esperanzas. En mayo de 1938, un grupo de integralistas asaltó la residencia presidencial con la intención de deponer al Presidente. Los asaltantes fueron rodeados y muchos de ellos murieron en el enfrentamiento que se produjo con la guardia, aparentemente fusilados en los jardines del palacio.

El *Estado Novo* no significó un corte radical con el pasado. Muchas de sus instituciones y prácticas venían tomando forma a lo largo del período 1930-1937. Pero a partir de noviembre de 1937 esas prácticas se integraron y ganaron coherencia en el ámbito del nuevo régimen. La tendencia centralizadora, puesta de manifiesto desde los primeros meses de la Revolución de 1930, encontraba ahora su realización plena. Los Estados pasaron a ser gobernados por interventores nombrados por el gobierno central y escogidos según diferentes criterios. Los designados podían ser parientes de Vargas o militares. No obstante, en los Estados de mayor importancia, por lo general, se tomaba en cuenta a algún sector de la oligarquía regional.

La centralización del Estado no implica que éste se haya separado de la sociedad. La representación de los diversos intereses sociales cambió de forma, pero no por eso dejó de existir. Hasta noviembre de 1937, esos intereses se expresaban en el Congreso y a través de algunos órganos de gobierno. A partir del *Estado Novo* desapareció la representación por el Congreso, pero se reforzó la que se ejercía en los órganos técnicos dentro del aparato del Estado.

Desde el punto de vista socioeconómico, el *Estado Novo* representó una alianza de la burocracia civil y militar y la burguesía industrial, cuyo objetivo común inmediato era promover la industrialización del país sin grandes conflictos sociales. La burocracia civil defendía el programa de industrialización porque consideraba que ése era el camino para la verdadera independencia del país; los militares lo hacían porque creían que la instalación de una industria de base fortalecería la economía, percibida como una parte importante de la seguridad nacional; por su parte, el apoyo de los industriales se basaba en el convencimiento de que el incentivo a la industrialización dependía de una activa participación del Estado. La aproximación entre la burguesía industrial y el gobierno de Vargas se produjo sobre todo a partir de 1933, luego de la derrota de la revolución paulista.

La alianza de estos sectores no significa que entre ellos existiera una identidad de opiniones. Al contrario de los técnicos del gobierno, los industriales eran menos radicales en el apoyo al intervencionismo de Estado y en la crítica al capital extranjero. Sus principales reivindicaciones giraban en torno a la toma de medidas en el sector de cambio y al establecimiento de tarifas sobre las importaciones que protegiesen a la industria instalada en el país.

El creciente interés que a partir de 1937 demostró el gobierno de Vargas en promover la industrialización del país tuvo su correlato en la educación. Aunque el ministro Capanema haya realizado una reforma de la enseñanza secundaria, su mayor preocupación fue organizar la enseñanza industrial para poder obtener una mano de obra fabril calificada.

El poder personal de Getúlio Vargas representaba la instancia decisiva en las resoluciones fundamentales de la dirección del Estado. Las relaciones de confianza entre el Presidente y sus ministros eran muy intensas. Desde marzo de 1938 –cuando ingresó Osvaldo Aranha en el ministerio– hasta junio de 1941, no hubo un solo cambio en el Ministerio del Exterior. La influencia de las Fuerzas Armadas se ejerció a través de los diversos organismos técnicos que proliferaron en el *Estado Novo*, así como por medio de los Estados Mayores y del Consejo de Seguridad Nacional. La atribución dada al CSN de estudiar todas las cuestiones relativas a la seguridad nacional fue asumida por éste en un sentido amplio. De esta forma, el Consejo asumió un importante papel en las decisiones económicas.

A pesar de que no todas las recomendaciones de sus representantes recibieron acogida, las Fuerzas Armadas fueron responsables por la instalación de la industria del acero. En el sector del petróleo, el general Horta Barbosa pasó a dirigir el Consejo Nacional del Petróleo, creado en julio de 1938 como un órgano especial de la Presidencia de la República. El gobierno también aprobó los planes militares para la compra de armas, los que incluían la artillería provista por la empresa alemana Krupp, naves de guerra de Gran Bretaña e Italia, armas de infantería de Checoslovaquia y aviones de los Estados Unidos.

Aunque el poder formal e informal de las Fuerzas Armadas fuese muy amplio, no era algo absoluto. Los militares no querían sustituir a las elites civiles ni tenían condiciones para hacerlo. Esto ya había quedado claro en el momento del golpe. La opinión favorable a una candidatura militar no había tenido mayor expresión, e incluso el ministro de Guerra evitó la participación directa del Ejército en el episodio.

La cohesión de las Fuerzas Armadas giraba alrededor de un objetivo en común: la modernización del país por la vía autoritaria. Pero en lo que respecta a la relación con las grandes potencias o a la definición de un proyecto de desarrollo económico con mayor o menor autonomía, los puntos de vista de los militares variaban según los grupos y las preferencias personales.

De esta forma, el Presidente podía manipular las pretensiones del Ejército y articularlas a los intereses más generales del gobierno. Cuando era necesario, también podía enfrentar a la cúpula militar. Luego del golpe de 1937, Vargas decidió interrumpir el pago de los servicios de la deuda y buscó el apoyo de los militares planteando la cuestión en los siguientes términos: o pagamos la deuda externa o reequipamos a las Fuerzas Armadas y al sistema de transportes. Años más tarde, a comienzos de 1942, la decisión del Presidente de solidarizarse con los Estados Unidos luego del ataque japonés a Pearl Harbour generó resistencias en los generales Dutra y Góis Monteiro. Ambos presentaron sus renuncias, pero fueron rechazadas por el Presidente. Según el Subsecretario america-no Sumner Welles, Vargas llegó a decirles a los dos militares que contaba con el pueblo y que no precisaba a las Fuerzas Armadas para contener las actividades subversivas.

La política económico financiera del *Estado Novo* representó un cambio de direc-ción respecto a los años 1930-1937. En ese primer período no existió una línea clara de incentivo al sector industrial. El gobierno trató de hacer equilibrio entre los dife-rentes intereses, incluso los agrarios, y fue también bastante sensible a las presiones externas. A partir de 1937, el Estado se lanzó con mayor decisión a una política de sustitución de importaciones por medio de la producción interna y del estableci-miento de una industria de base. Los graves problemas de la balanza de pagos, que venían de 1930, así como el riesgo creciente de que se desatase una guerra mundial, colaboraron para que ganaran espacio los defensores de esa perspectiva; además, la guerra llegaría a imponer grandes restricciones a las importaciones.

Hasta 1942, la política de sustitución de importaciones se llevó a cabo sin un planeamiento general, considerando a cada sector como un caso específico. Con la entrada de Brasil en la guerra en agosto de ese año y la prosecución del conflicto, el gobierno asumió la supervisión de la economía. Con ese fin creó la Coordinación de Movilización Económica, dirigida por el antiguo teniente João Alberto.

Muchas veces, el incentivo a la industrialización fue asociado al nacionalismo, pero Vargas evitó movilizar a la nación en una cruzada nacionalista. La Carta de 1937 les reservaba a los brasileños la explotación de las minas y las cataratas. Deter-minaba que la ley regularía su nacionalización progresiva, así como la de las indus-trias que eran consideradas esenciales para la defensa económica o militar. También disponía que en el país sólo pudieran funcionar bancos y compañías de seguro cuyos accionistas fuesen brasileños. A las empresas extranjeras se les concedía un plazo, a ser fijado por ley, para que se transformasen en empresas nacionales.

Esas normas estuvieron sujetas a varios decretos-ley que expresaban la presión de los distintos grupos y la falta de una estricta orientación de parte del gobierno. Así, por ejemplo, las empresas de energía eléctrica no se tocaron; también, en agosto de 1941, Vargas se negó a aceptar un proyecto de decreto por el cual se determinaba que los bancos y empresas de seguros debían permanecer en manos nacionales hasta agos-to de 1946. La propia solución estatal para el caso del acero no fue el resultado de enfrentamientos, sino de un acuerdo con el gobierno americano.

Los casos del acero y del petróleo resultan particularmente significativos para poder comprender la política de inversiones estatales en la industria de base. Cada uno de ellos tuvo un tratamiento distinto de parte del gobierno. La historia de la implantación de la gran industria siderúrgica se enmarca dentro de los límites del *Estado Novo*; en cuanto al petróleo, su historia se prolonga y encuentra un desenlace durante la segunda presidencia de Vargas.

El establecimiento de la Usina de *Volta Redonda*, en el Estado de Río de Janeiro, y la forma de su constitución quedaron definidas en julio de 1940. Fue financiada conjuntamente por créditos norteamericanos concedidos por el Export-Import Bank y por el gobierno brasileño. Su control quedó en manos de una empresa de economía mixta organizada en enero de 1941: la Compañía Siderúrgica Nacional. Pero ese desenlace no fue producto de una clara definición del gobierno brasileño que estuviera presente desde los comienzos del *Estado Novo*; por otro lado, tampoco existió un pensamiento uniforme acerca del tema dentro del aparato del gobierno. Los diferentes grupos sólo concordaban en reconocer la necesidad de ampliar y diversificar la producción de acero. La expansión de los servicios de transporte y la instalación de una industria pesada dependían de la solución del problema; además, las importaciones de acero representaban un peso cada vez mayor para una balanza de pagos que era continuamente desfavorable.

Los grupos privados y el propio Vargas se inclinaban por una asociación con capitales extranjeros, alemanes o norteamericanos. La mayor presión para instalar una industria que estuviera fuera del control externo provenía de las Fuerzas Armadas. Pero los militares no estuvieron en condiciones de imponer de forma inmediata la solución que finalmente se alcanzó. Por el contrario, durante 1939 dominaron la escena las conversaciones del gobierno con la United States Steel Corporation, e incluso llegó a establecerse un plan para instalar una industria donde participarían la empresa norteamericana, grupos privados y el gobierno brasileño. Sin embargo, a pesar de los esfuerzos conciliatorios de Vargas y del Departamento de Estado, la empresa norteamericana desistió del plan. A partir de allí, triunfó la opción estatal.

Al contrario del acero, el desarrollo de una industria petrolera no era una cuestión apremiante durante los años treinta. Las importaciones de petróleo sólo se ampliaron después de la Segunda Guerra Mundial y no causaron mayores problemas a la balanza de pagos durante mucho tiempo. Hasta mediados de 1939, cuando se descubrió petróleo en el Estado de Bahía, la instalación de una industria petrolera parecía restringirse a las refinerías. La producción continuó siendo insignificante aún después de su descubrimiento, y hasta los años cincuenta se mantuvieron las dudas sobre la cantidad de reservas. Debido a esas razones, las divergencias con respecto a la política del petróleo eran mayores que en el caso del acero, y el propio Ejército estaba mucho más dividido. Aun así, en él se originaron las principales iniciativas del área.

A partir de 1935, algunos industriales comenzaron a interesarse por la instalación de refinerías. Eso llevó a que la Standard Oil (1936), la Texaco, la Atlantic Refining Co. y la Anglo-Mexican (todas en 1938), propusieran la instalación de grandes refinerías en el país. Las discusiones giraron en torno de las posibles opciones, y la política de intervención del gobierno se basó en un decreto-ley de abril de 1938, que nacionalizaba la industria de refinamiento de petróleo importado o de producción nacional. La nacionalización significaba que el capital, la dirección y la gerencia de las empresas debían quedar en manos de brasileños. Por lo tanto, no correspondía al monopolio estatal. El mismo decreto creó el Consejo Nacional de Petróleo (CNP), formado por personas designadas por el Presidente de la República y que representaban a diversos ministerios y grupos de interés. Entre 1938 y mediados de 1943, dominaron el CNP aquellos sectores del Ejército que eran partidarios de una ampliación del control estatal. Ése fue el período de gestión del ingeniero militar general Horta Barbosa. Pero sus intentos de establecer grandes refinerías estatales fracasaron. El CNP fue bloqueado por distintos grupos de interés, por ministros y por el propio Vargas.

La política norteamericana en el sector de petróleo fue distinta a la del sector del acero, ya que defendió los intereses de las grandes empresas que tradicionalmente controlaban el área. Presionado por varios lados, Horta Barbosa renunció a mediados de 1943, iniciándose entonces un período donde se volvieron dominantes los intereses privados.

En realidad, las realizaciones del *Estado Novo* en el sector petrolero fueron escasas. A pesar de ello, no dejaron de ser importantes por lo menos en dos aspectos. Por un lado, aunque no consiguiese una respuesta alternativa a sus propuestas, la política del CNP bloqueó las iniciativas de las grandes empresas extranjeras. Por otro lado, la acción del general Horta Barbosa representó un punto de apoyo y una referencia para aquellos grupos que durante los años cincuenta adoptarían una línea semejante a la suya, la que saldría finalmente victoriosa en octubre de 1953 con la creación de la Petrobrás.

En el campo financiero, el *Estado Novo* intentó llevar adelante una política basada en concepciones conservadoras a través del ministro de Hacienda Souza Costa, a quien Vargas mantuvo en el cargo prácticamente durante todo el período. Para enfrentar la crisis en la balanza de pagos, luego del golpe, Vargas suspendió el pago de los servicios de la deuda externa, decretó el monopolio de la venta de divisas e impuso un tributo sobre todas las operaciones cambiarias. El control sobre el comercio exterior no sufrió alteraciones; en cuanto a la deuda externa, se llegó a un acuerdo con los acreedores y los pagos fueron reiniciados en 1940, a pesar de las resistencias de los militares, quienes temían que el servicio de la deuda redujera las inversiones públicas.

La política laboral del *Estado Novo* puede ser vista bajo dos aspectos: el de las iniciativas materiales y el de la construcción simbólica de la figura de Getúlio Vargas como protector de los trabajadores. En cuanto al primer aspecto, el gobierno llevó adelante y sistematizó unas prácticas que venían de comienzos de la década de 1930. La legislación se inspiró en la *Carta del Lavoro*, vigente entonces en la Italia fascista. La Carta de 1937 volvió a adoptar el principio de la unidad sindical, que no había sido abandonado en la práctica. Se prohibió la huelga y el *lock-out* (paro patronal). En agosto de 1939, un decreto-ley estableció los principios de la organización sindical, volviendo al sindicato todavía más dependiente del Estado. Con la creación de federaciones regionales y confederaciones nacionales, se reforzó a la estructura sindical vertical ya existente.

En julio de 1940, se creó el impuesto sindical, instrumento básico de financiamiento del sindicato y de su subordinación al Estado. El impuesto es una contribución anual obligatoria correspondiente a un día de trabajo, que debía ser pagada por todo empleado, sindicalizado o no. El encargado de la recaudación era el Banco do

Brasil, que destinaba el 60% al sindicato, el 15% a la Federación, el 5% a la Confederación y el 20% al Fondo Social Sindical. El dinero del Fondo Social Sindical fue utilizado frecuentemente como una "asignación secreta" para financiar ministerios y, más adelante, campañas electorales.

El impuesto sindical dio pie a la figura del *pelego*. La expresión deriva de uno de sus significados: *pelego* es una cubierta de paño o de cuero colocada sobre el lomo de un animal de montar para amortiguar el choque producido por el movimiento de éste en el cuerpo del caballero. La idea de amortiguador fue bastante adecuada. *Pelego* pasó a ser el dirigente sindical que, en la dirección del sindicato, actuaba más en su propio interés y en el del Estado que en el interés de los trabajadores, haciendo las veces de un amortiguador de conflictos. Su existencia quedó facilitada por el hecho de que no tenía que atraer al sindicato a una gran masa de trabajadores. El impuesto garantizaba la supervivencia del sindicato y, en este sentido, el número de personas sindicalizadas pasaba a ser una cuestión secundaria.

En mayo de 1939, el gobierno creó la Justicia del Trabajo —cuyo origen eran las Juntas de Conciliación y Juicio—, a la que le correspondería tomar decisiones sobre cuestiones laborales. Con la Consolidación de las Leyes del Trabajo (CLT), en junio de 1943, llegó la sistematización y ampliación de la legislación laboral.

El *Estado Novo* introdujo una importante innovación en el campo de la política salarial. En mayo de 1940, se estableció un salario mínimo que debía ser capaz de satisfacer las necesidades básicas del trabajador. En sus comienzos, el salario mínimo tenía correspondencia con los objetivos expresados. Pero con el correr de los años, se deterioró y se alejó de sus finalidades originales.

La construcción de la imagen de Getúlio Vargas como protector de los trabajadores fue tomando forma a través de distintas ceremonias y de la utilización reiterada de los medios de comunicación. Entre las ceremonias se destacan las conmemoraciones del 1° de Mayo, realizadas a partir de 1939 en estadios de fútbol. Esos encuentros reunían a una gran masa de obreros y del pueblo en general. En ellos, Vargas comenzaba su discurso exortando a los "Trabajadores de Brasil" y a continuación anunciaba alguna medida de carácter social que fuera muy esperada. La radio también fue un instrumento utilizado sistemáticamente para conectar al gobierno con los trabajadores. El ministro de Trabajo daba charlas radiofónicas semanales donde contaba la historia de las leyes sociales, presentaba casos concretos y a veces se dirigía a una audiencia específica: jubilados, mujeres, padres de trabajadores menores de edad, migrantes internos, etcétera.

Con esos y otros elementos logró construirse la figura simbólica de Getúlio Vargas como dirigente y guía de los brasileños —en especial de los trabajadores—, como amigo y padre, similar a un jefe de familia en la esfera social. Asumiendo este papel, otorgaba beneficios a su pueblo y tenía el derecho de esperar de él fidelidad y apoyo. Los beneficios no eran una fantasía. Pero su gran crédito político no estuvo basado solamente en las ganancias materiales, sino también en la eficacia de la construcción de la figura presidencial, la que tomó forma y ganó contenido durante el *Estado Novo*.

El régimen de 1937 no estaba dirigido sólo a los trabajadores. Por el contrario, siempre trató de construir una opinión pública que le fuera favorable, censurando las críticas e informaciones independientes y elaborando su propia versión de la etapa histórica que atravesaba el país. La preocupación que el gobierno de Vargas tenía con la formación de la opinión pública venía de sus primeros años, cuando en 1931 surgió el Departamento Oficial de Publicidad. En 1934, se creó un Departamento de Propaganda y Difusión Cultural en el Ministerio de Justicia, que funcionó hasta diciembre de 1939. Fue en esta fecha cuando el *Estado Novo* construyó por fin un verdadero Ministerio de Propaganda –el Departamento de Prensa y Propaganda (DIP)–, subordinado directamente al presidente de la república. El DIP tuvo amplias funciones, que incluían el cine, la radio, el teatro, la prensa, la literatura "social y política", la organización del programa de radio oficial del gobierno, la prohibición de la entrada en el país de "publicaciones lesivas a los intereses brasileños" y la colaboración con la prensa extranjera a fin de evitar la divulgación de "informaciones perjudiciales al crédito y a la cultura del país". También fue responsable por la transmisión diaria del programa *Hora do Brasil*, cuya función de instrumento de propaganda y divulgación de las obras de gobierno permanecería vigente a pesar del paso de los años.

Sin embargo, a pesar de las detenciones, persecuciones y torturas que obligaron al exilio de intelectuales y políticos (sobre todo de izquierda, pero también liberales), el *Estado Novo* no adoptó una actitud de persecución indiscriminada. Sus dirigentes comprendieron bien la importancia de atraer e incorporar a los sectores letrados. De esta forma, tanto católicos como integralistas autoritarios e izquierdistas disfrazados llegaron a ocupar diversos cargos, aceptando las ventajas que les ofrecía el régimen.

El *Estado Novo* intentó transmitir su propia versión de la historia del país por medio de diversas publicaciones dirigidas al gran público, o a un público más restringido, en revistas como *Cultura Política*. Al referirse a la historia más reciente, se presentaba a sí mismo como la consecuencia lógica de la Revolución de 1930. Establecía un corte radical entre el viejo Brasil –desunido y dominado por el latifundio y las oligarquías–, y el Brasil que había nacido con la revolución. En esta visión, el *Estado Novo* habría concretado los objetivos revolucionarios al favorecer la entrada del país a los tiempos modernos a través de la búsqueda de sus propias raíces, de la integración nacional y de un orden que no fuera perturbado por las disputas partidarias.

Durante la Primera República, el servicio público se regía por la política clientelista. Salvo raras excepciones, no había concurso público y los cuadros especializados se veían reducidos a una pequeña elite. El *Estado Novo* procuró reformular la administración pública, transformándose en un agente de modernización. Se intentó crear una elite burocrática desvinculada de la política partidaria y que se identificase con los principios del régimen. Esa elite debería incorporar criterios de eficiencia, economía y racionalidad, atendiendo solamente a los intereses nacionales.

La principal institución responsable de la reforma de la administración pública fue el Departamento Administrativo del Servicio Público (DASP), que se creó en 1938 como un órgano ligado a la Presidencia de la República. Desde el punto de vista del reclutamiento del personal, hubo un cierto esfuerzo por implementar una carrera en la que el mérito fuera la calificación básica para el ingreso. Si bien ese criterio permitió abrir oportunidades para profesionales de clase media, en la práctica tuvo muchas restricciones. La propia legislación y la realidad se encargaron de limitar la formación de un gran estrato burocrático sometido a reglas formales de ingreso y promoción de acuerdo con el mérito. En efecto, la mayoría de los nombramientos para cargos de confianza en la cúpula del aparato burocrático continuaron haciéndose según las preferencias del presidente de la República o de sus ministros, y los nombrados podían ser despedidos en cualquier momento. Si bien la elección dependía de un mínimo de habilidades, no se realizaba necesariamente entre los miembros del servicio público.

En cuanto a la política externa, puede ser mejor comprendida si se considera al período 1930-1945 en forma global. Los alineamientos y realineamientos de Brasil fueron el resultado de la interacción del país con las grandes potencias; el *Estado Novo* fue sólo uno de los elementos de esa interacción.

La crisis mundial acentuó la decadencia de la hegemonía inglesa que venía de principios del siglo y el surgimiento de los Estados Unidos como potencia. Esto se dio sobre todo a partir del momento en que surtieron efecto las medidas tomadas por el presidente Roosevelt para combatir la crisis. Al mismo tiempo, a partir de 1933, surgió otro competidor en la escena internacional: la Alemania nazi. Frente a ese panorama, el gobierno brasileño adoptó una actitud pragmática, que consistía en tratar de negociar con quien le ofreciese las mejores condiciones e intentar sacar ventajas de la rivalidad entre las grandes potencias.

El período 1934-1940 se caracterizó por la creciente participación de Alemania en el comercio exterior de Brasil. El país europeo se convirtió en el principal comprador del algodón brasileño y el segundo mercado para el café. Pero la influencia alemana tuvo mayor expresión en el sector de las importaciones. En 1929, cerca del 13% de las importaciones brasileñas provenían de Alemania y el 30% de los Estados Unidos; en 1938, los alemanes superaron ligeramente a los norteamericanos con el 25% de las importaciones contra el 24%. En aquel mismo año, el 34% de las exportaciones brasileñas se dirigían a los Estados Unidos, mientras que el 19% lo hacía en dirección a Alemania. Las transacciones con Alemania no sólo resultaban atractivas para ciertos grupos exportadores, sino también para los que proclamaban la necesidad de modernizar e industrializar el país. Los alemanes siempre especularon con la posibilidad de romper las líneas tradicionales del comercio exterior de las grandes naciones, ofreciendo a la venta material ferroviario, bienes de capital, etcétera.

Por otro lado, hubo algunos factores negativos en el comercio con Alemania: el Reich insistió constantemente para que el comercio se efectuara en moneda no convertible, los llamados "marcos de compensación", en un claro intento de transformar las transacciones con Brasil en acuerdos bilaterales que alejasen a otros competidores. Los representantes alemanes intentaban controlar todo el comercio, imponiendo cuotas, precios para los productos y sus marcos de compensación.

Frente al avance de Alemania, los Estados Unidos adoptaron una política combinada de presión y cautela. Los grupos económicos norteamericanos –inversores, banqueros, exportadores– deseaban que se adoptasen represalias contra Brasil. No obstante, Roosevelt prefirió evitar medidas extremas que podrían llevar a Brasil a una alianza con Alemania o a seguir un camino nacionalista radical.

En los círculos del gobierno y en el área económica brasileños, llegaron a existir dos claras opciones: una que apuntaba a un mayor entendimiento con los Estados Unidos y otra cuyo interés se asociaba con Alemania. En el campo norteamericano se alinearon Osvaldo Aranha, quien fuera embajador en Washington a partir de 1934, y Valentim Bouças, representante de IBM en Brasil; por su parte, los miembros de la cúpula militar como Dutra y Góis Monteiro simpatizaban con Alemania.

No obstante, el golpe de 1937 –que fuera recibido con entusiasmo en Alemania e Italia– no alteró la línea pragmática que había adoptado el gobierno. Los militares presionaron para que hubiera un mayor entendimiento con los alemanes, y en 1938 obtuvieron la firma de un importante contrato con la empresa Krupp para el aprovisionamiento de piezas de artillería. Pero poco tiempo antes, Vargas había designado a Osvaldo Aranha en el Ministerio del Exterior, mostrando claramente su intención de no promover alteraciones esenciales en la política externa.

Paradójicamente, a pesar de existir cierta afinidad ideológica que podría haber facilitado una mayor aproximación con los alemanes, las relaciones entre Brasil y Alemania se vieron conmocionadas en 1938. Durante ese año, el régimen había conseguido estabilizarse eliminando de la escena política a la única fuerza que todavía escapaba a su control: el integralismo. Al mismo tiempo que marcaba su distancia con el fascismo nacional, el *Estado Novo* embestía contra los grupos nazis que existían en el sur del país. En ese momento fue detenido un agente alemán que era el líder del partido nazi en Río Grande do Sul. El embajador alemán fue declarado *persona non grata* y se vio obligado a abandonar Brasil. Aunque luego fue superado, el incidente dejó sus marcas.

La política exterior brasileña se vio más afectada por el estallido de la Segunda Guerra Mundial que por la implantación del *Estado Novo*. El bloqueo inglés llevó a un retroceso comercial de Alemania en América Latina, pero Inglaterra no tenía condiciones para aprovechar ese vacío. Surgió entonces con más fuerza la presencia norteamericana. Aun antes del comienzo de la guerra, Roosevelt ya se había convencido de la escala mundial que alcanzaría el conflicto y de que los Estados Unidos se verían envueltos en él. Esa perspectiva llevó a que los estrategas norteamericanos ampliaran lo que, consideraban, era el cinturón de seguridad del país, incluyendo en él a América del Sur y especialmente a la región del nordeste brasileño, que era la que tenía mayor proyección en el océano Atlántico. Al promover iniciativas como las Conferencias Panamericanas, los norteamericanos también se lanzaron a una ofensiva político ideológica con un objetivo común: la defensa de las Américas bajo el liderazgo de los Estados Unidos, independientemente del régimen político vigente en cada país. En el plano económico, trataron de establecer una política bastante conservadora. Su interés mayor se concentró en la obtención de materiales estratégicos como el caucho, el hierro y el magnesio, y buscaron mantener el control sobre la compra de éstos.

La respuesta brasileña a ese conjunto de iniciativas consistió en una aproximación cada vez mayor al "coloso del norte", con la intención de sacar ventajas de la nueva situación. En diciembre de 1941, la entrada de los Estados Unidos en la guerra forzó una definición. Vargas comenzó entonces a hablar inequívocamente el lenguaje del panamericanismo, al mismo tiempo que insistía en el reequipamiento económico y militar de Brasil como una condición de su apoyo a los Estados Unidos.

A fines de 1941, tropas norteamericanas se instalaron en el nordeste sin esperar la autorización del gobierno brasileño. El primer semestre de 1942 estuvo marcado por un clima ambiguo, que no se disipó del todo a pesar de haberse tomado dos decisiones importantes: en enero de aquel año Brasil rompió relaciones con el Eje, a pesar de las reticencias de Góis Monteiro y de Dutra; en mayo, Brasil y los Estados Unidos firmaron un acuerdo político militar de carácter secreto.

Sin embargo, los norteamericanos se demoraban en entregar el equipo militar porque consideraban que buena parte de la oficialidad brasileña simpatizaba con el Eje. Esa indefinición quedó superada entre el 5 y el 17 de agosto de 1942, cuando cinco navíos brasileños fueron hundidos por submarinos alemanes. Brasil entró en guerra ese mes, bajo la presión de grandes manifestaciones populares.

A partir del 30 de junio de 1944, la integración brasileña en el frente antifascista quedó completa con el envío de una fuerza expedicionaria para luchar en Europa: la Fuerza Expedicionaria Brasileña (FEB). El envío de esta fuerza no se debió a una imposición de los Aliados. Por el contrario, representó una decisión del gobierno brasileño que tuvo que superar las objeciones de los norteamericanos y la franca oposición de los ingleses. Algunos dirigentes de esos países consideraban improbable una integración exitosa de las tropas brasileñas al esfuerzo de la guerra. No obstante, más de 20 mil hombres lucharon en Italia hasta el fin del conflicto en ese país, el 2 de mayo de 1945, pocos días antes del final de la guerra. Allí murieron en combate cuatrocientos cincuenta y cuatro brasileños. A partir de mayo de 1945, el retorno de los *pracinhas** de la FEB a Brasil provocó un gran entusiasmo popular que contribuyó a aumentar las presiones para una democratización del país.

---

* *Pracinha* es un diminutivo de *praça* (soldado raso) con el que se designó genéricamente a los jóvenes brasileños que lucharon en Italia, y sólo a ellos. [N. de T.]

El fin del Estado Novo

El *Estado Novo* fue concebido como un Estado autoritario y modernizador que debería durar muchos años. Sin embargo, su tiempo de duración fue muy breve, pues no llegó a los ocho años. Los problemas del régimen estuvieron más vinculados a la inserción de Brasil en el marco de las relaciones internacionales, que a las condiciones políticas internas del país. Esa inserción impulsó a las oposiciones y permitió el surgimiento de divergencias dentro del gobierno.

Luego del ingreso en la guerra, diversas personalidades de la oposición comenzaron a explotar la contradicción que existía entre el apoyo de Brasil a las democracias y el hecho de que estuviera vigente la dictadura de Vargas. En el ámbito del gobierno, hubo por lo menos una figura que se mostró favorable a una apertura democrática: el ministro de Relaciones Exteriores Osvaldo Aranha.

Mucho más grave resultó el gradual alejamiento del *Estado Novo* de uno de sus más importantes ideólogos y sostenes militares. Convencido de que el régimen no sobreviviría a los nuevos tiempos, el general Góis Monteiro dejó el cargo que ocupaba en esa época en Montevideo, como embajador de Brasil en el Comité de Emergencias y Defensa Política de América, y regresó entonces a Brasil. En agosto de 1945, Góis Monteiro sería destinado al Ministerio de Guerra, pero ahora con la intención de encaminar la salida de Vargas del poder antes que garantizar su permanencia en él.

Hacia 1943, los estudiantes universitarios comenzaron a movilizarse contra la dictadura organizando la Unión Nacional de los Estudiantes (UNE) y sus secciones estaduales. En San Pablo se destacaron los académicos de la Facultad de Derecho. En diciembre de ese año, fue violentamente disuelta por la policía una marcha de protesta donde los estudiantes caminaban tomados de los brazos y con un pañuelo en la boca, que simbolizaba la supresión de la palabra. Allí murieron dos personas y más de veinte quedaron heridas, lo que provocó una ola de indignación.

El gobierno intentó enfrentar las distintas presiones justificando la continuidad de la dictadura por la vigencia de la guerra. Al mismo tiempo, prometía realizar elecciones una vez que retornase la paz. A fines de 1944, una jugada de la oposición liberal obligó al gobierno a un cambio de actitud: el surgimiento de la candidatura a la Presidencia de la República del mayor brigadier de la Aeronáutica, Eduardo Gomes. El brigadier no era una figura cualquiera. Militar en actividad, su nombre estaba asociado al tenentismo y al legendario episodio de la rebelión del Fuerte de Copacabana. A su vez, la prensa conseguía eludir a la censura cada vez más, publicando reportajes y entrevistas favorables a la realización de elecciones.

En ese marco, Vargas emitió en febrero de 1945 el llamado Acto Adicional a la Carta de 1937, en el que se establecía un plazo de noventa días para fijar una fecha de elecciones generales. Exactamente noventa días después, se decretó el nuevo Código

Electoral, que regulaba la convocatoria electoral y las elecciones. Se fijaba la fecha del 2 de diciembre de 1945 para la elección del presidente y de una Asamblea Constituyente, y se dejaban las elecciones estaduales para el 6 de mayo de 1946.

A esa altura de los acontecimientos, Getúlio Vargas declaraba que no sería candidato a la Presidencia de la República. En oposición a Eduardo Gomes, dentro del gobierno surgía la candidatura del general Dutra, todavía ministro de Guerra.

El decisivo año 1945 vio aparecer también a los tres principales partidos que actuarían en el período 1945-1964. La antigua oposición liberal, heredera de la tradición de los partidos democráticos de los estados regionales y adversaria del *Estado Novo*, formó en abril la Unión Democrática Nacional (UDN). En un principio, la UDN reunió también al reducido grupo de los socialistas democráticos y a unos pocos comunistas.

En junio de 1945, por iniciativa de la burocracia, del propio Getúlio Vargas y de los interventores de los Estados, surgió de las entrañas de la máquina del Estado el Partido Social Democrático (PSD). Finalmente, en septiembre de aquel año se fundó el Partido *Trabalhista* Brasileño (PTB),* también bajo la inspiración de Vargas, del Ministerio de Trabajo y de la burocracia sindical. Su objetivo era unir a las masas trabajadoras urbanas bajo la bandera getulista. La UDN se organizó en torno a la candidatura de Eduardo Gomes; el PSD, a su vez, lo hizo alrededor de la candidatura de Dutra. El PTB aparecía en la escena política sin grandes nombres y, aparentemente, sin candidato presidencial.

La oposición no se sentía cómoda con la idea de un proceso de transición a la democracia conducido por el jefe de un gobierno autoritario. Por su parte, Getúlio Vargas adoptó una actitud que sorprendió a la oposición liberal conservadora y a los altos mandos militares. Al percibir la pérdida de sustento político del régimen en la cúpula militar, trató de apoyarse más ampliamente en las masas populares urbanas a través del Ministerio de Trabajo, de los *pelegos* sindicales y de la iniciativa de los comunistas.

El apoyo del PCB al gobierno de Vargas encuentra su principal explicación en las orientaciones que llegaban de Moscú. En la capital soviética surgió la directiva de que los partidos comunistas de todo el mundo deberían apoyar a los gobiernos de sus países que integraran el frente antifascista, fueran ellos dictaduras o democracias. Brasil no sólo había entrado en guerra contra el Eje, sino que además estableció relaciones diplomáticas con la Unión Soviética por primera vez en su historia en abril de 1945. Prestes, quien salió de la cárcel por una amnistía poco después del establecimiento de relaciones con la URSS, confirmó lo que el partido ya había decidido bajo su influencia. Ahora era preciso extenderle la mano al enemigo de la víspera en nombre de las "necesidades históricas".

---

* Mantenemos la grafía original en portugués (*trabalhista*) a efectos de no alterar la sigla partidaria (PTB). Sin embargo, los miembros y simpatizantes del partido serán designados como laboristas. [N. de T.]

En 1945, reaparecieron las huelgas obreras reprimidas durante el *Estado Novo*. Gracias a la gradual restauración de las libertades democráticas, pero también presionados por el agravamiento de la inflación en los últimos años de la guerra, los trabajadores comenzaron a movilizarse. A lo largo de ese año, los comunistas intentaron frenar esas movilizaciones. Según ellos, la época no era para huelgas sino para "apretarse los cinturones" a fin de no causarle problemas al gobierno.

A mediados de 1945, una iniciativa promovida por los círculos laboristas ligados a Vargas –pero que también contaban con el apoyo de los comunistas– alteró el rumbo de la sucesión presidencial. Se trató de la campaña *queremista*, así llamada porque su objetivo se sintetizaba en la frase "queremos a Getúlio". Los *queremistas* salieron a las calles reclamando la formación de una Asamblea Nacional Constituyente con Vargas en el poder. Las elecciones directas para presidente, en las que debería competir Vargas, sólo deberían realizarse con posterioridad a aquel evento.

La campaña causó un efecto profundamente negativo en la oposición liberal y en los medios militares. Parecía claro que Vargas pretendía mantenerse en el poder como dictador o como presidente electo, dejando en el camino a los dos candidatos que ya estaban en carrera. El 29 de septiembre, cuando el embajador norteamericano Adolph Berle Jr. expresó su confianza en que habría elecciones el 2 de diciembre de 1945, se elevó la temperatura del conflicto. Los *queremistas* denunciaron la injerencia norteamericana en los asuntos internos brasileños y calificaron a las futuras elecciones como una "manipulación de los reaccionarios".

Por otro lado, ciertos hechos que sucedían en la vecina Argentina repercutían en Brasil. Desde la revolución de 1943, crecía en aquel país la influencia del coronel Juan Domingo Perón. Peronismo y getulismo tenían muchos puntos en común. En el plano económico, ambos pretendían promover un capitalismo nacional, sostenido por la acción del Estado. En el plano político, los dos intentaban minimizar las rivalidades entre las clases, convocando a las masas populares y a la burguesía nacional para el establecimiento de una colaboración promovida por el Estado. De esa forma, el Estado encarnaría las aspiraciones de todo el pueblo y no los intereses particulares de esta o aquella clase.

Se iba definiendo así el populismo latinoamericano, que tuvo raíces y formas variadas, según los países de origen. En un país cuya estructura de clases era mucho más articulada que la de Brasil, el peronismo promovió la organización sindical con mayor profundidad; al mismo tiempo, trató de golpear los intereses de la clase dominante rural. En el caso brasileño, las invocaciones simbólicas y las concesiones económicas a las masas populares marcarían la tónica del getulismo o, por lo menos, del primer gobierno de Vargas. Además, las medidas favorables a la burguesía industrial tampoco implicarían un enfrentamiento abierto con el sector dominante en el campo.

Durante el año 1945, mientras Vargas intentaba mantener el equilibrio en la dirección del Estado, tratando de implementar una política populista, Perón daba los primeros pasos que lo llevarían a la Presidencia. En octubre de ese año, una conspiración militar lo llevó de la Vicepresidencia de la República a la cárcel. En apenas ocho días fue liberado por una enorme movilización popular que contó con el apoyo de sectores del Ejército. Así, quedaba abierto el camino para una victoria electoral peronista, la que se concretó en febrero de 1946.

Esos acontecimientos llevaron a que los antigetulistas aceleraran la caída de Vargas, contando con la simpatía del gobierno norteamericano. Aunque los norteamericanos mantuviesen puntos de contacto con Perón, ni éste ni el Vargas de los últimos meses merecían la confianza de los Estados Unidos.

Sin embargo, la caída de Vargas no se debió a una conspiración externa, sino que fue el resultado de un juego político complejo. Tampoco faltó un factor desencadenante. El 25 de octubre de 1945, el jefe de gobierno realizó una maniobra equivocada, apartando a João Alberto del estratégico cargo de jefe de policía del Distrito Federal. Tanto más cuanto que el sustituto era un hermano del Presidente: el turbulento Benjamin Vargas. A partir de allí, el general Góis Monteiro, desde el Ministerio de Guerra, movilizó las tropas del Distrito Federal. Dutra intentó inútilmente alcanzar alguna forma de compromiso, pidiéndole a Vargas que revocase el nombramiento de su hermano. Pero el pedido fue rechazado.

Finalmente, la caída de Getúlio Vargas se produjo sin grandes complicaciones. Forzado a renunciar, se retiró del poder haciendo una declaración pública en la que concordaba con su salida. No llegó a exiliarse, retirándose a San Borja, su ciudad natal.

De esta forma, la transición entre los dos regímenes dependió de la iniciativa militar. Más aún, el general Góis Monteiro, una importante figura de la Revolución de 1930 que había llevado a Getúlio Vargas al poder, volvía a tener un papel destacado quince años después participando de su deposición. Esa y otras circunstancias hicieron que la transición al régimen democrático representase un cambio de rumbo con muchas continuidades, antes que una verdadera ruptura con el pasado.

El marco socioeconómico

Entre 1920 y 1940 la población brasileña pasó de 30,6 millones a 41,1 millones de habitantes. Entre los dos años, existía casi una situación de equilibrio entre población masculina y población femenina. Se trataba de una población joven, en la que los menores de veinte años representaban alrededor del 54% del total, tanto en 1920 como en 1940.

Si se consideran las diferentes regiones del país en 1940, el norte concentraba apenas al 3,5% de la población; el nordeste, al 32,1%; el este (Minas y Espíritu Santo), el 18,1%; el centro-sur, el 26,2%; y el sur (Santa Catarina y Río Grande do Sul), el 10,9%.

Un importante cambio se produjo por la reducción de la importancia de la inmigración internacional y por el creciente volumen de las migraciones internas. Los acontecimientos posteriores a 1929 tuvieron especial relevancia para la consolidación de esa tendencia. La crisis mundial y la Constitución de 1934 –que establecía cuotas para el ingreso de inmigrantes– contribuyeron a la reducción de la corriente externa, con la excepción ya señalada de los japoneses.

Los desplazamientos internos de la población tuvieron un sentido diferente según la región. Como resultado de la crisis del caucho, el norte presentó una elevada tasa negativa de migración interna (cerca del -14%). En gran medida, se trató de un movimiento de regreso de los nordestinos a su región de origen. Por el contrario, el sur y el centro-sur como un todo presentaron altas tasas positivas (11,7%). Es importante recordar que hasta 1940 los migrantes que se dirigían al sur del país provenían mayoritariamente de Minas Gerais y no del nordeste. El núcleo de mayor atracción era el Distrito Federal. La migración a San Pablo sólo se volvió relevante a partir de 1933, favorecida por el repunte del proceso de industrialización y las restricciones impuestas a la inmigración extranjera.

Los historiadores de la economía acostumbran a tomar la fecha de 1930 como el punto inicial del proceso de sustitución de importaciones de productos manufacturados por la producción interna. Existe una cierta exageración en esa afirmación, pues ese proceso había comenzado en las décadas anteriores. Sin embargo, no hay duda de que las dificultades de importación derivadas de la crisis mundial de 1929, así como la existencia de una industria de base y la capacidad ociosa de las industrias, principalmente en el sector textil, impulsaron en forma conjunta el proceso de sustitución.

Si tomamos el valor de la producción agrícola y el de la producción industrial, veremos el nítido avance de la industria. En 1920, la agricultura detentaba el 79% del valor de la producción total y la industria el 21%. En 1940, las proporciones correspondían al 57% y 43% respectivamente, resultado de tasas anuales de crecimiento industrial muy superiores a las de la agricultura.

El período que comienza en 1929/1930 es muy relevante tanto desde el punto de vista de la producción agrícola como de la producción industrial. En aquellos años se inició la crisis del café, cuyo papel en la agricultura de exportación comenzó entonces a declinar. Creció la producción de algodón, que se destinó tanto a la exportación como a la industria textil nacional. Entre 1929 y 1940, la participación de Brasil en el área plantada de algodón en todo el mundo aumentó del 2% al 8,7%. En los años 1925-1929, la participación del café en el valor total de las exportaciones brasileñas era de 71,7% y la del algodón, apenas del 2,1%. En el período 1935-1939, la participación del café cayó al 41,7% y la del algodón aumentó al 18,6%.

Además de la producción industrial, debemos destacar el aumento de la producción agrícola destinada al mercado interno. Entre 1939 y 1943, arroz, porotos, carne, azúcar, mandioca, maíz y trigo pasaron a representar el 48,3% de los cultivos. En 1925-1929, no iban más allá del 36% de ese valor.

Las tasas de crecimiento anual de la industria permiten entender mejor el proceso de industrialización posterior a 1930. Indican un avance considerable entre 1933 y

1939 y un ímpetu menor entre 1939 y 1945. Eso significa que la industria se recuperó rápidamente de los años de depresión iniciados en 1929. La falta de renovación del equipamiento industrial y las perturbaciones en el comercio internacional, derivadas del comienzo de la Segunda Guerra Mundial, contribuyeron para la caída de las tasas de crecimiento entre 1939 y 1943. Sin embargo, desde el punto de vista cualitativo, ése fue un período importante para el mantenimiento del proceso de industrialización y su posterior expansión en la posguerra. Es probable que las inversiones públicas en infraestructura hayan contribuido a eliminar o atenuar dificultades serias.

Entre 1919 y 1939, se fue alterando gradualmente la importancia de los diferentes ramos industriales. Las industrias básicas –metalurgia, mecánica, material eléctrico y material de transporte– prácticamente duplicaron su participación total del valor agregado a la industria. A pesar de aportar todavía más del 60% del valor agregado a la industria, las industrias tradicionales –principalmente la textil, vestidos y calzados, alimentos, bebidas, tabaco y muebles– vieron reducida su participación relativa, ya que en 1919 representaban el 72% de ese valor. El crecimiento de las industrias química y farmacéutica fue extraordinario, triplicó su participación entre 1919 y 1939.

En el sector educativo, hubo cierta caída del índice de analfabetismo entre 1920 y 1940. Sin embargo, continuó siendo muy elevado. Al considerarse la población de quince años o más, el índice de analfabetos cayó del 69,9% en 1920 al 56,2% en 1940. Los números indican que el esfuerzo por la expansión del sistema escolar produjo resultados a partir de índices muy bajos de asistencia a la escuela en 1920. Se calcula que en aquella época el índice de escolarización de niños y niñas entre cinco y diecinueve años que frecuentaban la escuela primaria o secundaria era cercano al 9%. En 1940, dicho índice llegó a poco más del 21%. En lo que respecta a la enseñanza superior, entre 1929 y 1939, hubo un incremento del 60% del número total de alumnos, que pasó de 13.200 a 21.200 estudiantes.

5. La experiencia democrática (1945-1964)

Las elecciones y la nueva Constitución

Luego de la caída de Getúlio Vargas, los militares y la oposición liberal, contando con el apoyo de los candidatos a la Presidencia de la República, decidieron entregar el poder de manera transitoria al presidente del Supremo Tribunal Federal. El calendario que preveía las elecciones para el 2 de diciembre continuó vigente.

El nivel de asistencia a los actos políticos parecía indicar que la candidatura del brigadier Eduardo Gomes iba en franca expansión, mientras que la de Dutra trataba de marcar el paso. La campaña del brigadier atrajo a sectores de clase media de los grandes centros urbanos que se identificaban con la democracia y el liberalismo económico. Dutra no entusiasmaba a nadie e incluso se llegó a pensar en sustituir su candidatura por otro nombre que tuviese un mayor atractivo electoral. Casi en las vísperas de la elección, Getúlio Vargas realizó una declaración pública de apoyo a la candidatura de Dutra. Aun así, advirtió que estaría junto al pueblo contra el presidente, si éste no cumplía las promesas que había hecho como candidato.

Las elecciones de 1945 despertaron un gran interés en la población. Luego de años de dictadura, la Justicia Electoral todavía no había ajustado el proceso de recepción y escrutinio de los votos. Pacientemente, los brasileños formaron largas filas para poder votar. En marzo de 1930, cuando tuvieron lugar las últimas elecciones directas para la Presidencia de la República, habían votado 1,9 millón de electores que representaban el 5,7% de la población total; en diciembre de 1945 votaron 6,2 millones, representando ahora al 13,4% de la población.

En una época en que no existían encuestas electorales, la oposición fue sorprendida por la clara victoria de Dutra. Tomando como base de cálculo los votos dados a los candidatos, y excluyendo los blancos y anulados, el general venció con el 55% de los votos contra el 35% que fueron atribuidos al brigadier. El resultado evidenció la fuerza del aparato electoral montado por el PSD a partir de los interventores, así como el prestigio del que gozaba Getúlio Vargas entre los trabajadores. Mostró también el repudio de la masa al antigetulismo, que era asociado al interés de los ricos.

La victoria de Dutra se explica por la combinación de esos factores. Por lo tanto, no fue una victoria del atraso contra la modernidad o del campo contra la ciudad. Dutra ganó bien en los tres grandes Estados: Minas Gerais, Río Grande do Sul y San

Pablo. El brigadier alcanzó su mejor resultado en el nordeste, donde perdió por una pequeña diferencia.

La votación del PCB –ahora en la legalidad– fue importante. Presentando a un candidato desconocido –el ingeniero Yedo Fiuza–, el PCB logró un porcentaje de votos correspondiente al 10% del total, con una significativa concentración de electores en las grandes ciudades. Internamente, los comunistas se beneficiaron con el prestigio de Luis Carlos Prestes y, externamente, con el prestigio de la Unión Soviética.

Getúlio Vargas fue uno de los grandes vencedores de las elecciones de 1945 y esto no sólo por su papel en la victoria de Dutra. Amparado por la ley electoral, fue elegido diputado y senador por varios Estados, y optó por ser senador por Río Grande do Sul.

Las elecciones legislativas fueron realizadas para la Cámara y el Senado. Hasta que fuera aprobada una Constitución, los dos cuerpos se reunirían como Congreso Constituyente. Luego se separarían y funcionarían como Congreso ordinario. La votación mostró con claridad hasta qué punto el aparato político montado por el *Estado Novo* para apoyar a la dictadura podía ser también muy eficiente para captar votos bajo el régimen democrático. Para una porción considerable del electorado contaban más las relaciones personales clientelistas que la opción entre liberales y partidarios del *Estado Novo*. Dicha opción carecía de significado en la vida cotidiana de los electores, y era demasiado abstracta para que fuera aprehendida por personas de educación rudimentaria. El PSD consiguió la mayoría absoluta de las bancas, tanto en la Cámara como en el Senado, seguido por la UDN.

Dutra tomó posesión del cargo a fines de enero de 1946 y comenzaron entonces los trabajos de la Constituyente. En septiembre fue promulgada la nueva Constitución brasileña, que se apartaba de la Carta de 1937, optando por la forma liberal democrática. Sin embargo, en algunos puntos dejaba la puerta abierta para la continuidad del modelo corporativo.

Brasil fue definido como una República federal, con un sistema de gobierno presidencialista. El Poder Ejecutivo sería ejercido por el Presidente de la República, elegido por voto directo y secreto para un período de cinco años.

Por otro lado, se suprimió la representación profesional en la Cámara de Diputados, prevista en la Constitución de 1934 y que traía la marca del corporativismo de inspiración fascista.

En el capítulo referido a la ciudadanía, el derecho y la obligación de votar, éstos fueron conferidos a los brasileños alfabetizados de ambos sexos y mayores de dieciocho años. De esta forma, se completó la igualdad de derechos políticos entre hombres y mujeres. La Constitución de 1934 determinaba la obligatoriedad del voto sólo para aquellas mujeres que ejerciesen una función pública remunerada.

El capítulo sobre el orden social y económico estableció en su parte económica criterios de aprovechamiento de los recursos minerales y de la energía eléctrica. En la parte social, se enumeraron los beneficos mínimos que debía asegurar la legislación, siendo éstos muy semejantes a los previstos en la Constitución de 1934.

El capítulo sobre la familia originó largos y acalorados debates entre partidarios y adversarios del divorcio. Finalmente, se impuso la presión de la Iglesia Católica y la opinión de los más conservadores. Quedó establecido que la familia se constituía a través del casamiento, cuyo vínculo era indisoluble.

Los constituyentes mostraron su apego al sistema corporativista del *Estado Novo* en la parte referente a la organización de los trabajadores. No se suprimió el impuesto sindical, que constituía el soporte principal de los *pelegos*. En principio, se reconoció el derecho de huelga, pero la legislación ordinaria lo volvía inoperante. La legislación se reservaba la definición de lo que eran las "actividades esenciales", donde no serían permitidas las paralizaciones y que abarcaban a casi todos los ramos de actividad. El profesor de Derecho del Trabajo Cesarino Júnior observó que, si el decreto fuese obedecido, sólo serían legales las huelgas en las perfumerías.

* * *

En el gobierno de Dutra comenzó la represión al Partido Comunista. Ésta fue consecuencia del peso de las concepciones conservadoras, del crecimiento de ese partido y de la modificación de las relaciones internacionales entre las grandes potencias. En 1946, el PCB surgía como el cuarto partido del país, y se calcula que para esa fecha contaba con 180 mil a 200 mil militantes.

Por otro lado, la fiesta de confraternización de los vencedores del nazifascismo duró muy poco tiempo. China y Grecia se habían convertido en campos de batalla de una guerra civil. La hegemonía de los Estados Unidos y el equilibrio europeo se veían amenazados por la ocupación directa o indirecta de los países del este de Europa por la Unión Soviética. Se confirmaban de ese modo las sospechas más pesimistas sobre las intenciones de Stalin. En resumen, las esperanzas de la paz mundial habían desembocado en la Guerra Fría.

A partir de las denuncias presentadas por dos oscuros diputados, en mayo de 1947, el Supremo Tribunal Federal decidió anular el registro del Partido Comunista. La controvertida decisión fue tomada por sólo un voto de diferencia. El mismo día de la clausura del PCB, el Ministerio de Trabajo ordenó la intervención de catorce sindicatos y cerró una central sindical controlada por los comunistas. En los meses siguientes se sucedieron nuevas acciones represivas, hasta el punto de que durante el último año del gobierno de Dutra había más de doscientos sindicatos intervenidos. Aunque la influencia de los comunistas en muchos sindicatos fuese real, era evidente que, en nombre del combate al comunismo, el gobierno trataba de quebrar la espina dorsal de aquellas organizaciones de trabajadores contrarias a su orientación.

En junio de 1948 se completaron las medidas que llevaron al PCB a la clandestinidad. Una ley aprobada por el Congreso determinó la anulación de los mandatos de los diputados, senadores y concejales que habían sido elegidos por ese partido.

* * *

Desde el punto de vista de la política económica, el gobierno de Dutra comenzó siguiendo un modelo liberal. Fue reprobada la intervención estatal y abolidos los controles establecidos durante el *Estado Novo*. Se pensaba que el desarrollo del país y el fin de la inflación surgida en los últimos años de la guerra dependían de la libertad de los mercados en general y de la libre importación de bienes en particular. La situación financiera de Brasil era favorable debido a que el país contaba con divisas acumuladas en el exterior, que se habían generado por las exportaciones hechas durante los años de la guerra. A pesar de eso, la política liberal terminó en un fracaso. La valorización de la moneda brasileña favoreció una verdadera avalancha de importaciones de bienes de toda especie, lo que llevó al casi agotamiento de las divisas y no trajo ninguna consecuencia positiva.

En junio de 1947, el gobierno respondió cambiando la orientación de su política económica y estableciendo un sistema de licencias para importar. En la práctica, el nuevo criterio favoreció la importación de bienes esenciales –como equipamiento, maquinaria y combustibles– y restringió la importación de bienes de consumo. Tomando en cuenta que la moneda brasileña fue mantenida en niveles altos con relación al dólar, hubo una falta de incentivo a las exportaciones y un estímulo a la producción para el mercado interno.

La nueva política económica surgió como respuesta a los problemas de la balanza de pagos y a la inflación, pero terminó por favorecer el avance de la industria. El gobierno de Dutra alcanzó resultados significativos en sus últimos años. A partir de 1947, el crecimiento comenzó a medirse de forma más eficiente a través del cálculo anual del Producto Interno Bruto (PIB). Tomando como base el año 1947, el PIB creció a un promedio del 8% anual entre 1948 y 1950.

En contrapartida, la represión del movimiento sindical facilitó la imposición de una reducción de los salarios reales. Se calcula que entre 1949 y 1951 el aumento del costo de vida fue del 15% en San Pablo y del 23% en Río de Janeiro, mientras que el salario medio creció un 10,5% y un 12% respectivamente.

* * *

Las maniobras para la sucesión presidencial comenzaron antes de que Dutra completara la mitad de su mandato. Getúlio Vargas surgía como un polo de atracción. Prácticamente ausente del Senado, realizó algunos viajes estratégicos a los Estados y recibió la adulación de los políticos en San Borja. Su estrategia era clara: garantizarse la lealtad de los jefes del aparato político montado en el campo por el PSD y, al mismo tiempo, construir una sólida base de apoyo.

En San Pablo había surgido una nueva fuerza. En las elecciones de 1947, Ademar de Barros consiguió ser elegido gobernador con el apoyo de los comunistas. Barros comenzó su carrera en el PRP, fue interventor en San Pablo durante el *Estado Novo* y supo adaptarse a los nuevos tiempos, en los que el éxito político dependía de la capacidad de captación de votos masivos.

Ademar de Barros construyó una máquina partidaria cuya razón de ser se basaba en su persona: el Partido Social Progresista (PSP). Sin desarrollar nada parecido a un programa ideológicamente consistente, consiguió divulgar una imagen de supuesta capacidad administrativa y de ausencia de moralismo político. Odiado por los partidarios de la UDN –quienes insistían en el tema de la moralidad de los negocios públicos–, atrajo elementos de las capas populares, así como fragmentos de la pequeña y mediana burguesía de la capital y, sobre todo, del interior de San Pablo.

A comienzos de los años cincuenta, Ademar de Barros no tenía fuerza suficiente como para disputar la Presidencia de la República; pero igual podía hacer valer su apoyo a uno u otro de los candidatos. Apoyó entonces la candidatura de Getúlio Vargas, sumándole a la corriente getulista los votos de su importante base electoral en San Pablo, que comenzaba a extenderse al Distrito Federal.

Dutra se negó a apoyar la candidatura de Vargas si ésta no tenía continuidad con su línea de gobierno. Apeló entonces al PSD, consiguiendo la postulación de un político minero casi desconocido, el abogado Cristiano Machado. En realidad, esa candidatura carecía del apoyo de la mayoría de los grandes jefes del PSD.

La UDN volvió a presentar el nombre del brigadier Eduardo Gomes, si bien éste ya no contaba con el reconocimiento del que había gozado en 1945. Recibió ahora el apoyo de los antiguos integralistas y tuvo la suficiente falta de sensibilidad como para defender la revocatoria de la ley del salario mínimo.

Vargas basó su campaña en la defensa de la industrialización y en la necesidad de ampliar la legislación laborista. Pero también adaptó su discurso al Estado que visitaba. En Río de Janeiro –donde la influencia comunista era real– llegó a decir que, en caso de ser electo, el pueblo subiría con él los escalones del Palacio de Catete* y llegaría al poder. Además de contar con el PTB y el PSP, tuvo el apoyo abierto o velado de una parte del PSD e incluso de la UDN.

No obstante, la división entre el PSD y el PTB no permitió que Vargas alcanzase el mismo porcentaje de votos que había logrado Dutra en 1945. Aun así, obtuvo una gran victoria en las elecciones que se realizaron el 3 de octubre de 1950. Llegó al 48,7% de los votos, mientras que el brigadier no sobrepasó el 29,7% y Cristiano Machado, el 21,5%.

El regreso de Getúlio

Getúlio Vargas asumió su cargo el 31 de enero de 1951. La UDN intentó sin éxito impugnar la elección, alegando que sólo podría ser considerado vencedor aquel can-

* El Palacio de Catete era la sede del Poder Ejecutivo en el Distrito Federal. [N. de T.]

didato que obtuviese la mayoría absoluta de los votos. Pero esa exigencia no figuraba en la legislación de la época. De ese modo, los liberales ponían al desnudo sus contradicciones. Defensores de la legalidad democrática, no conseguían atraer el voto de la masa cuando había elecciones importantes. A partir de allí, comenzaron a cuestionar los resultados electorales utilizando dudosos argumentos o reclamando (cada vez más) la intervención de las Fuerzas Armadas.

Vargas comenzó su gobierno democrático tratando de desempeñar un papel que ya había desempeñado en otro contexto: el de ser un árbitro entre las diferentes fuerzas sociales y políticas en pugna. Intentó atraer a la UDN y nombró a un gabinete bastante conservador, con amplio predominio de figuras del PSD. Sin embargo, para el estratégico cargo de ministro de Guerra nombró al general Estillac Leal, un antiguo teniente, presidente del Club Militar y vinculado a la corriente nacionalista del Ejército.

En el ámbito de las Fuerzas Armadas había cristalizado una división ideológica entre los nacionalistas y sus adversarios, llamados despectivamente "entreguistas". Las diferencias se referían tanto a los temas de política interna, cuanto a la posición que debía adoptar Brasil en el marco de las relaciones internacionales.

Los nacionalistas defendían el desarrollo basado en la industrialización, enfatizando la necesidad de crear un sistema económico autónomo, independiente del sistema capitalista internacional. Eso significaba darle al Estado un importante papel como regulador de la economía y como inversor en áreas estratégicas: petróleo, siderurgia, transportes y comunicaciones. Sea por razones económicas, sea porque creían que la inversión de capital extranjero en áreas estratégicas ponía en riesgo la soberanía nacional, lo cierto es que los nacionalistas veían al capital extranjero con mucha reserva, aunque sin rechazarlo del todo.

Los adversarios de los nacionalistas defendían una menor intervención del Estado en la economía, no daban tanta importancia a la industrialización y afirmaban que el progreso del país dependía de una apertura controlada al capital extranjero. También sostenían una postura de rígido combate a la inflación a través del control de la emisión monetaria y de los gastos del gobierno.

En el plano de las relaciones internacionales, los nacionalistas preferían un distanciamiento o incluso una oposición a los Estados Unidos. Por el contrario, sus adversarios defendían la necesidad de un alineamiento irrestricto con los norteamericanos en el combate mundial al comunismo, en especial, en una época de agravamiento de las tensiones derivadas del comienzo de la Guerra de Corea. En mayo de 1952, los adversarios de los nacionalistas triunfaron en las elecciones para la dirección del Club Militar, lo que constituyó un claro síntoma de que la tendencia favorable a un alineamiento con los Estados Unidos iba volviéndose mayoritaria entre la oficialidad del Ejército.

A comienzos de la década de 1950, el gobierno promovió varias medidas para incentivar el desarrollo económico enfatizando la industrialización. Se tomaron medidas para efectuar inversiones públicas en los sistemas de transporte y energía, para lo cual se contó con la apertura de un crédito externo de 500 millones de dólares. Se trató de aumentar la oferta de energía para el nordeste y se abordó el problema del carbón nacional. También se reequipó parcialmente a la marina mercante y al sistema portuario. En 1952, fue fundado el Banco Nacional de Desarrollo Económico (BNDE), cuyo objetivo era acelerar el proceso de diversificación industrial. Uno de los principales responsables de la creación de la nueva institución fue el primer ministro de Hacienda del gobierno de Vargas: Horacio Lafer.

Al mismo tiempo que intentaba dinamizar la economía, el gobierno se enfrentaba a un problema de fuertes repercusiones sociales: el avance de la inflación. En 1947, la inflación originada en los últimos años de la guerra mundial había perdido intensidad. Pero pronto retomó su ímpetu. Pasó del 2,7% en 1947 a un promedio anual del 13,8% entre 1948 y 1953, presentando una variación del 20,8% sólo en este último año.

* * *

Getúlio Vargas se veía forzado a maniobrar en un mar de corrientes contradictorias. Por un lado, no podía dejar de preocuparse por las reivindicaciones que planteaban los trabajadores alcanzados por el alza del costo de vida; por otro, tenía que tomar medidas impopulares a fin de controlar la inflación. Entre junio y julio de 1953 modificó su gabinete. En el Ministerio de Trabajo nombró a un joven político y estanciero *gaúcho*: João Goulart, más conocido como Jango. Éste había comenzado su ascenso político en el municipio de San Borja, favorecido por las relaciones que existían entre su familia y la de Vargas. Se había vinculado a los medios sindicales del PTB y surgía como una figura capaz de contener la creciente influencia comunista en los sindicatos. A pesar del papel que podía desempeñar, Jango fue transformado en un personaje odioso por la UDN –cuya influencia en un sector de la clase media era importante– y por los militares antigetulistas. En esos círculos era visto como el defensor de una "república sindicalista" y como la personificación del peronismo en Brasil.

A esa altura de los acontecimientos, Vargas nombró en el Ministerio de Hacienda a su viejo colaborador Osvaldo Aranha, quien ya había brillado en el cargo a comienzos de los años treinta. El programa del nuevo ministro –llamado Plan Aranha– tenía por objetivo el control de la expansión del crédito y del cambio en las transacciones con el exterior. En este último aspecto, era una continuación de las medidas tomadas a partir de enero de 1953. Estas medidas habían establecido un tipo de cambio flexible, acorde a los bienes a ser exportados o importados. La mayor flexibilidad cambiaria se orientaba a restaurar la capacidad de competencia de las mercaderías de exportación y a favorecer las importaciones de bienes que eran considerados básicos para el desarrollo económico del país.

En octubre de 1953 se implantó la llamada confiscación cambiaria. Dicha medida fijó un valor más bajo para el dólar que recibían los exportadores de café cuando lo convertían en cruzeiros. Gracias a la confiscación cambiaria, el gobierno pudo desviar ingresos provenientes de las exportaciones de café hacia otros sectores económicos, especialmente a la industria. Esta iniciativa provocó reacciones en el sector cafetalero, que intentó realizar marchas de protesta de contenido político que fueron impedidas por el Ejército. Bajo el gobierno de Juscelino Kubitschek serían conocidas como marchas de la producción. Sin embargo, sería una exageración afirmar que el gobierno de Vargas simplemente abandonó el cultivo del café. A pesar de no haber logrado alcanzar éxitos significativos, intentó implementar una política de mantenimiento de precios altos en el exterior, lo que provocó irritación en los Estados Unidos. Una comisión del Senado norteamericano llegó incluso a investigar el origen de los "precios exorbitantes" que sostenía Brasil.

A partir de 1953, comenzó a cambiar el rumbo de la política norteamericana hacia los países del Tercer Mundo. El presidente Truman (1945-1952) había obligado a que éstos se definieran con relación al comunismo, especialmente después del comienzo de la Guerra de Corea. Pero, a la vez, mantuvo una política de asistencia a las naciones que se hallaban bajo la órbita norteamericana. En junio de 1953, el general Eisenhower asumió la Presidencia y nombró en las secretarías del Tesoro y del Estado a George Humphrey y a John Foster Dulles respectivamente. Además de convertir al anticomunismo en una verdadera cruzada, el gobierno de los Estados Unidos adoptó una rígida postura frente a los problemas financieros de los países en desarrollo. Ésta consistiría en abandonar la asistencia estatal y dar preferencia a las inversiones privadas. De esta forma, se redujeron sensiblemente las posibilidades de que Brasil obtuviese créditos públicos para obras de infraestructura y para cubrir los déficit de la balanza de pagos.

El cambio de orientación dificultó la ejecución del significativo Plan Nacional de Reequipamiento Económico, más conocido como Plan Lafer. Buena parte de sus proyectos serían integrados posteriormente en el Programa de Metas del gobierno de Juscelino Kubitschek.

* * *

Desde el comienzo de su gobierno, cuando había intentado reunir en torno de sí a todas las fuerzas conservadoras, Vargas nunca olvidó prestar atención a una de sus principales bases de apoyo: los trabajadores urbanos. En el acto del 1° de mayo de 1951 dio un paso adelante en dirección al establecimiento de vínculos más sólidos con la clase obrera. En esa ocasión, no se limitó a enunciar generalidades, sino que pidió a los trabajadores que se organizaran en sindicatos para que lo ayudaran en la lucha contra "los especuladores y los codiciosos". Al mismo tiempo, terminó con la exigencia del llamado certificado de ideología para la participación en la vida sindical. Con ello favoreció el regreso de los comunistas y de la mayor parte de los que habían sido excluidos durante el período Dutra.

Pero el gobierno no llegaría a controlar por entero el mundo del trabajo. La liberalización del movimiento sindical y los problemas derivados del alza del costo de vida llevaron a la realización de una serie de huelgas en 1953. Entre ellas, se destacaron la huelga general de marzo en San Pablo y la huelga de junio de los trabajadores marítimos en Río de Janeiro, Santos y Belén. Ambas tenían, sin embargo, un sentido diferente.

La huelga paulista llegó a sumar 300 mil trabajadores, comenzando por el sector textil y ganando la adhesión de carpinteros, madereros, obreros del sector de calzados, gráficos y vidrieros. Su principal reivindicación era un aumento de salarios del 60%, pero también asumió un contenido de cuestionamiento a la legislación que restringía el derecho de huelga. Alternando con enfrentamientos con la policía, la huelga se extendió por veinticuatro días. Finalmente, terminó con acuerdos por separado hechos por cada sector.

El movimiento representó una derrota del getulismo en San Pablo. Aunque el Presidente mantenía parte de su prestigio personal, el PTB y los *pelegos* sindicales habían sido sobrepasados por la conducción del movimiento. Los comunistas –quienes en esa época se oponían tenazmente a Vargas acusándolo de "lacayo del imperialismo"– desempeñaron el papel principal en la articulación del paro.

La huelga de los marítimos abarcó a cerca de 100 mil trabajadores. Los sindicatos participantes reclamaban aumento salarial, mejora de las condiciones de trabajo y remoción del directorio de la Federación de los Marítimos, acusado de estar vinculado al Ministerio de Trabajo. Esta última reivindicación concordaba con los objetivos de Vargas de sustitución del ministro.

De hecho, João Goulart asumió el Ministerio con la huelga en curso y actuó como un intermediario eficaz. Como la huelga se realizaba en un sector de interés público, sometido a la regulación económica del Estado, pudo dar respuesta a la mayoría de los reclamos de los huelguistas. Al mismo tiempo, obligó a renunciar al directorio de la Federación de los Marítimos, despejando el camino para que asumiera otro directorio más cercano a los trabajadores y a él mismo.

* * *

En el mismo mes de marzo de 1953 en que se desató la huelga de los 300 mil, ocurrió en San Pablo un importante acontecimiento político cuyo real alcance sólo sería posible evaluar con el correr de los años. Un concejal y ex profesor secundario se impuso en las elecciones para intendente de San Pablo bajo los auspicios del Partido Democrático Cristiano y del minúsculo Partido Socialista Brasileño, al derrotar a los candidatos de los otros partidos, quienes presuntamente eran más fuertes. Jânio Quadros basó su éxito en una campaña populista –la del *tostão*[*] contra el millón–, asociada a la lucha contra la corrupción. Percibió que este último tema tendría una gran rentabilidad política, si dejaba de estar vinculado a la elite udenista y se expresa-

_____

* Expresión popular utilizada para referirse a la mínima unidad monetaria. [N. de T.]

ba a través de imágenes eficaces. El símbolo de la escoba fue el mejor ejemplo de esas imágenes. El nombre de Jânio Quadros consiguió reunir a diferentes sectores sociales –desde la masa trabajadora hasta la clase media–, con el deseo de innovar derrotando a los aparatos partidarios y aprovechando la creencia en los poderes mágicos de un hombre providencial en su lucha contra la corrupción.

Mientras tanto, en el escenario federal, Jango era el blanco preferido de los ataques provenientes de áreas civiles y militares antigetulistas. Por un lado, su nombre era vinculado a los supuestos planes de implantación de una república sindicalista; por otro, también se lo relacionaba con un posible aumento del 100% del salario mínimo. Entre los adversaros civiles del gobierno se encontraban la mayoría de los integrantes de la UDN y de algunos partidos menores, así como gran parte de la prensa. El ex comunista Carlos Lacerda se destacaba por su radicalismo y poder verbal. Con el correr de los años, Lacerda no sólo había roto con sus antiguos compañeros, sino que se había transformado en uno de sus más férreos enemigos. Comenzó una violenta campaña antigetulista desde su diario *Tribuna da Imprensa*, reclamando la renuncia del Presidente. Ésta debía estar acompañada del establecimiento del estado de emergencia, durante el cual serían reformadas las instituciones democráticas para impedir lo que Lacerda consideraba era su perversión por los políticos populistas.

Entre los militares adversarios del gobierno se encontraban oficiales anticomunistas, los enemigos del populismo, algunos identificados con la UDN y otros adversarios de los políticos en general. Los nombres más conocidos eran los de generales como Cordeiro de Farias y Juarez Távora y el brigadier Eduardo Gomes. Pronto se rebelaría la fuerza de la joven oficialidad. El nivel de efervescencia en los medios militares se puede medir por el lanzamiento del llamado memorial de los coroneles, en febrero de 1954; el documento llevaba la firma de cuarenta y dos coroneles y treinta y nueve tenientes coroneles del Ejército, y protestaba contra lo que consideraba como un deterioro de los modelos materiales y morales de la institución. El manifiesto también criticaba el excesivo aumento del salario mínimo, incompatible con la realidad del país.

La caída de Getúlio Vargas

En febrero de 1954, Vargas reformuló el gabinete. João Goulart fue sustituido por un nombre poco significativo, pero antes presentó la propuesta de aumento del 100% del salario mínimo. Dejaba la imagen de un ministro que había sido reemplazado por querer conceder beneficios a los trabajadores. Con la esperanza de calmar a las Fuerzas Armadas, Vargas nombró en el Ministerio de Guerra al general Zenóbio da Costa, un hombre que gozaba de su confianza y también un conocido adversario del comunismo.

A pesar de esos recaudos, el Presidente se inclinó cada vez más a adoptar un discurso y medidas que chocaban con los intereses de las clases conservadoras. En el área económica siguió una línea nacionalista, responsabilizando al capital extranjero por los problemas de la balanza de pagos. A las vacilaciones que presentaban las empresas productoras de energía canadienses y norteamericanas para la realización de nuevas inversiones, les respondió con un proyecto de ley que creaba una empresa estatal para el sector: la Electrobrás (abril de 1954).

En ese mismo mes, el ex ministro de Relaciones Exteriores João Neves da Fontoura concedió una entrevista en la que daba mayor consistencia a las críticas de la oposición. João Neves acusó al Presidente y a João Goulart de haber firmado un acuerdo secreto con la Argentina y Chile, cuyo objetivo era frenar la presencia norteamericana en el Cono sur del continente. La supuesta alianza aparecía como un paso más para la implantación de una "república sindicalista", especialmente por sus lazos con la Argentina de Perón. En el terreno de las relaciones de trabajo, el anuncio del aumento del 100% del salario mínimo hecho por Vargas el 1° de mayo provocó una tempestad de protestas.

A pesar de todas las presiones y de la falta de una sólida base de apoyo a su gobierno, Vargas conseguía mantener el equilibrio en el poder. A la oposición le faltaba un acontecimiento lo suficientemente traumático como para que las Fuerzas Armadas llegasen a transponer los límites de la legalidad y depusieran al Presidente. Ese acontecimiento lo proporcionó el círculo íntimo que rodeaba al presidente. En ese ámbito había arraigado la convicción de que, quitando a Lacerda de la escena política, se garantizaba la permanencia de Vargas en el poder. Según se supo más tarde, algunas personas muy próximas a Getúlio Vargas le sugirieron al jefe de la guardia presidencial del Palacio de Catete, Gregorio Fortunato, que debía "dar una lección" a Lacerda. Fiel servidor de Vargas por más de treinta años, Fortunato preparó el asesinato de la figura más relevante de la oposición.

Si la idea del crimen ya era desatinada, peor aun fue su ejecución. En la madrugada del 5 de agosto de 1954, un pistolero intentó matar a tiros a Lacerda cuando éste llegaba a la puerta de entrada del edificio donde residía en Río de Janeiro. Pero terminó asesinando al acompañante de Lacerda –el mayor de la aeronáutica Rubens Vaz–, mientras que aquél apenas fue levemente herido. Vargas ahora tenía en su contra un acto criminal que provocó la indignación general, a un adversario con sobrados motivos para atacarlo y a la Aeronáutica en estado de rebelión. Aunque fuese imposible comprometer personalmente al Presidente en lo que él mismo llamó "mar de lodo", las investigaciones policiales sobre el crimen y las que realizó la Aeronáutica por cuenta propia comenzaron a revelar el lado oscuro del gobierno de Vargas.

El movimiento a favor de la renuncia alcanzó entonces grandes proporciones. Vargas se resistía insistiendo en el hecho de que representaba el principio de la legalidad constitucional. El 23 de agosto quedó claro que el gobierno había perdido el apoyo de las Fuerzas Armadas. Ese día fue presentado a la Nación un manifiesto firmado por veintisiete generales del Ejército en el que se exigía la renuncia del Presidente. Entre los firmantes, no sólo había conocidos adversarios de Vargas, sino también generales que estaban muy lejos de ejercer una oposición sistemática, como Henrique Lott, quien poco más de un año después se convertiría en portavoz de la legalidad.

Cuando el cerco se cerró un poco más, Vargas respondió con un último y trágico acto. En la mañana del 24 de agosto, se suicidó en sus aposentos del Palacio de Catete, disparándose un tiro en el corazón. Si bien el suicidio de Vargas expresaba desesperación personal, también tenía un profundo significado político. El acto en sí tenía una carga dramática capaz de electrizar a la masa. Además, el Presidente dejaba como legado a los brasileños un mensaje conmovedor –la llamada carta testamento–, donde se presentaba como víctima y, al mismo tiempo, como acusador de las fuerzas impopulares y hacía responsable por el *impasse* al que había llegado su gobierno a la alianza entre los grupos internacionales y los enemigos internos.

Su gesto tuvo consecuencias inmediatas. La masa urbana salió a la calle en todas las grandes ciudades, haciendo blanco de su odio a los diarios de la oposición y a la representación diplomática de los Estados Unidos en Río de Janeiro. En esas manifestaciones estuvieron presentes los comunistas. Luego de haberse opuesto en forma constante al gobierno de Vargas –hasta el punto de haber apoyado la renuncia–, los comunistas cambiaron de posición de la noche a la mañana. De allí en adelante abandonaron la línea radical que los caracterizaba, y que por lo general beneficiaba a sus mayores enemigos, y pasaron a apoyar cada vez más el nacionalismo populista.

La opción que hizo la cúpula del Ejército por una salida legal de la crisis y el impacto provocado por las manifestaciones populares impidieron que se concretara un golpe contra las instituciones. Asumió entonces el poder el vicepresidente Café Filho, quien formó un gabinete con mayoría udenista y le aseguró al país que garantizaría la realización de las elecciones presidenciales previstas para octubre de 1955.

* * *

El primer partido que presentó a un candidato fue el PSD. En febrero de aquel año, lanzó la candidatura de Juscelino Kubitschek. Éste había hecho carrera en los cuadros del PSD de Minas Gerais y había sido elegido gobernador por ese Estado. Encarnaba bien una de las vertientes del getulismo y tenía condiciones de llegar a obtener el apoyo del PTB, como de hecho sucedió. De esta forma se reeditaba la alianza PSD-PTB, que le había garantizado a Dutra una excelente votación en 1945. A pesar de haber sido derrotado por Jânio Quadros en las elecciones para el gobierno de San Pablo en octubre de 1954, Ademar de Barros se decidió a competir por la Presidencia en mayo de 1955.

Un mes después, la UDN volvió a presentar a un candidato militar. No era posible insistir con el nombre del brigadier Eduardo Gomes, que resultó desgastado luego de haber sufrido dos derrotas. Fue entonces que surgió como candidato del partido otro antiguo integrante del movimiento tenentista: el general Juarez Távora.

En su campaña, Kubitschek machacó con la necesidad de avanzar en el camino del desarrollo económico a partir del apoyo del capital público y privado. Por su parte, Juarez Távora insistió en la moralización de las costumbres políticas. Al mismo tiempo, se mostraba contrario a una excesiva participación del Estado en la economía, que estaba llevando al país a un desequilibrio amenazador.

La campaña electoral no careció de jugadas sucias. En septiembre de 1955, los adversarios de Jango y de Kubitschek hicieron publicar en los diarios la llamada carta Brandi, supuestamente enviada por el diputado argentino Antonio Jesús Brandi a João Goulart en 1953, cuando éste era ministro de Trabajo. La carta relataba los arreglos hechos entre Jango y Perón para desatar en Brasil un movimiento armado que instalaría una república sindicalista. Luego de las elecciones, una investigación hecha por el Ejército comprobó que la carta había sido fraguada por falsificadores argentinos y vendida luego a los opositores de Jango.

El 3 de octubre de 1955, las urnas dieron la victoria a Juscelino Kubitschek por un estrecho margen. Obtuvo el 36% de los votos, mientras que Juarez Távora alcanzó el 30%, Ademar de Barros, el 26% y Plínio Salgado –por los antiguos integralistas–, el 8%. En ese entonces era posible votar por candidatos a presidente y vicepresidente que pertenecieran a diferentes listas electorales. João Goulart fue elegido vicepresidente con una cantidad de votos ligeramente superior a la de Kubitschek. El éxito obtenido por Jango evidenció el avance creciente del PTB.

* * *

Luego de la victoria de Juscelino Kubitschek y João Goulart se desató una campaña en contra de la asunción de los mandatos de ambos candidatos. A comienzos de 1955, Café Filho sufrió un ataque cardíaco que lo obligó a abandonar el poder en forma provisoria. En su lugar asumió Carlos Luz, presidente de la Cámara de Diputados y acusado de favorecer abiertamente a los partidarios de un golpe militar. A partir de allí se desarrolló el llamado "golpe preventivo", o sea, una intervención militar para garantizar (antes que impedir) la asunción del mando del presidente electo.

La figura principal de la acción que se desarrolló el 11 de noviembre de 1955 fue el general Lott, quien movilizó tropas del Ejército en Río de Janeiro. Las tropas ocuparon edificios del gobierno, estaciones de radio y diarios. Los mandos del Ejército se plegaron a Lott, mientras que los ministros de la Marina y la Aeronáutica denunciaban la acción como "ilegal y subversiva". Las fuerzas del Ejército rodearon las bases navales y de la Aeronáutica para impedir un enfrentamiento entre las Fuerzas Armadas. Luego de ser depuesto de la Presidencia, Carlos Luz se refugió junto con sus ministros y con otras figuras políticas en el crucero Tamandaré, desde el cual intentó inútilmente organizar la resistencia.

El mismo 11 de noviembre, el Congreso Nacional se reunió rápidamente para analizar la situación. Con los votos de la UDN en contra, los parlamentarios decidieron considerar inhibido a Carlos Luz; según la línea de sucesión constitucional, la Presidencia de la República pasaba entonces al presidente del Senado, Nereu Ramos.

Aparentemente recuperado, Café Filho pretendió reasumir la Presidencia de la República diez días más tarde. El Congreso consideró que estaba inhibido y confirmó a Nereu Ramos en la jefatura del Ejecutivo. A pedido de los jefes militares, el Congreso aprobó de inmediato el estado de sitio por treinta días, prorrogándolo luego por un período similar. Esta serie de medidas excepcionales garantizaron la asunción de Juscelino Kubitschek y de Jango el 31 de enero de 1956.

Del nacionalismo al desarrollismo

Comparados con el gobierno de Vargas y con los meses que siguieron al suicidio del Presidente, los años JK pueden ser considerados como de estabilidad política. Más aún, fueron años de un optimismo apuntalado por altos índices de crecimiento económico y por el sueño realizado de la construcción de Brasilia. Los "cincuenta años en cinco" de la propaganda oficial repercutieron en amplios sectores de la población.

La alta oficialidad de las Fuerzas Armadas –especialmente del Ejército– estaba dispuesta mayoritariamente a garantizar el régimen democrático dentro de ciertos límites: mantenimiento del orden interno y combate al comunismo. Era la misma mayoría que objetaba al getulismo cuando éste transitaba un nacionalismo agresivo o cuando proclamaba la organización de los trabajadores.

Sin embargo, en las Fuerzas Armadas existían sectores que no seguían a esa mayoría. Por un lado, estaban los oficiales nacionalistas –algunos de ellos cercanos a los comunistas–, quienes optaban por un nacionalismo radical enfrentado al llamado imperialismo norteamericano. Por otro lado, estaban los "purificadores de la democracia", quienes pensaban que sólo sería posible impedir el avance de la república sindicalista y del comunismo a través de un golpe de Estado, a partir del cual las instituciones podrían ser renovadas.

Pero no todos los "golpistas" eran "entreguistas". Algunos de ellos combinaban la idea del golpe con la defensa de los intereses nacionales. Así, por ejemplo, los oficiales de la Aeronáutica, que se habían rebelado en enero de 1956, no sólo denunciaban la infiltración comunista en los altos mandos militares, sino también la realización de supuestos acuerdos entre el gobierno y grupos financieros internacionales cuyo objetivo era la entrega del petróleo y la venta de minerales estratégicos.

Al comenzar el gobierno de JK, la cúpula militar se había tranquilizado. Los partidarios del golpe se habían jugado una carta alta con la renuncia de Vargas y cuando intentaron impedir la asunción de Kubitschek, pero habían perdido en ambas situaciones. Juscelino Kubitschek comenzó su gobierno remarcando la necesidad de promover "desarrollo y orden", unos objetivos generales que eran compatibles con los de las Fuerzas Armadas. Además, el Presidente trató de atender a las reivindicaciones específicas de la corporación militar en lo que respecta a la obsolescencia de su equipamiento. Dentro de lo posible, también trató de mantener bajo control al movimiento sindical. En esa época se acentuó la tendencia a nombrar a militares en puestos gubernamentales estratégicos. Un ejemplo de ello lo constituyen la Petrobrás y el Consejo Nacional del Petróleo: en ambos lugares los principales cargos quedaron en manos de miembros de las Fuerzas Armadas.

* * *

Uno de los principales exponentes del apoyo militar al gobierno de JK fue el general Lott, ministro de Guerra durante prácticamente los cinco años de mandato presidencial. A pesar de que no tenía un gran liderazgo dentro del Ejército, Lott reunía dos cualidades importantes: tenía una foja de servicios impecable y era un hombre sin partido. Este último factor facilitaba bastante su tarea de suavizar las divisiones dentro de las Fuerzas Armadas.

En el plano de la política partidaria, el acuerdo entre el PSD y el PTB garantizó el apoyo del Congreso a los principales proyectos del gobierno. Los partidos habían ido definiendo su forma a lo largo de diez años. No es que hayan dejado de ser vehículos de disputas personales o instrumentos de grupos rivales en búsqueda de privilegios; sino que al mismo tiempo cada uno de ellos comenzó a representar aspiraciones e intereses más generales.

A pesar de sus divergencias, un rasgo común aproximaba al PSD con el PTB: el getulismo. Sin embargo, existía un getulismo del PSD y otro getulismo del PTB. El primero reunía a gran parte de los sectores dominantes del campo, a la burocracia de gobierno que había nacido con el *Estado Novo* y a una burguesía industrial y comercial beneficiaria del desarrollo y de los negocios generados al calor de la inflación. El getulismo del PTB abarcaba a la burocracia sindical y a la del Ministerio de Trabajo —que controlaba la estructura vertical del sindicalismo y otras áreas importantes como la de Previsión Social—, a una parte de la burguesía industrial más inclinada al nacionalismo y a la mayoría de los trabajadores urbanos organizados.

Para que la alianza de los dos partidos pudiera funcionar era necesario que ninguno de los dos radicalizase sus características. Por un lado, era preciso que el PSD no fuera tan conservador como para enfrentarse a la burocracia sindical y a las reivindicaciones obreras; y por otro lado, era preciso que el PTB no fuese demasiado lejos con esas reivindicaciones, avanzando sobre los puestos más disputados del Estado y convirtiendo al nacionalismo en una bandera de agitación social.

Durante buena parte de su gobierno, Kubitschek consiguió sintetizar los límites de acción de los dos partidos. El principio de "desarrollo y orden" era afín a los cuadros del PSD, de donde provenía. En el plano social, no se opuso a los intereses de la burocracia sindical y trató de limitar los estallidos huelguistas. De esa forma, no limitó los pasos del PTB y de Jango, aunque no se puede decir que le hiciera el juego a ese partido.

* * *

La política económica de Juscelino Kubitschek fue definida en el Programa de Metas. Éste contaba con treinta y un objetivos, distribuidos en seis grandes grupos: energía, transporte, alimentación, industrias de base, educación y la construcción de Brasilia, llamada metasíntesis.

En un intento por vencer la rutina burocrática, el gobierno creó organismos paralelos a la administración pública del momento o incluso nuevas entidades. Por ejemplo, paralelamente al inútil y corrupto Departamento Nacional de Obras Contra las Sequías (DNOCS), surgió la Superintendencia de Desarrollo del nordeste (Sudene), destinada a promover el planeamiento de la expansión industrial del nordeste (y rodeada de esperanzas que en su mayoría nunca se concretaron). Para emprender la construcción de Brasilia surgió la Novacap.

El gobierno de JK promovió una amplia actividad del Estado tanto en el sector de infraestructura como en el incentivo a la industrialización. Pero también asumió abiertamente la necesidad de atraer capitales extranjeros, concediéndoles grandes facilidades. De ese modo, la ideología nacionalista perdía terreno frente al desarrollismo. El gobierno también permitió la utilización de una legislación de la época de Café Filho, por la cual se autorizaba a las empresas a importar equipos extranjeros sin cobertura cambiaria, o sea, sin depositar moneda extranjera para el pago de esas importaciones. La condición para utilizar dicho beneficio era detentar la propiedad de los equipos en el exterior, o poseer los recursos para pagarlos. Las empresas extranjeras llenaban esos requisitos con facilidad, por lo que obtuvieron ventajas para transferir equipos de sus casas matrices e integrarlos a su capital en Brasil. La legislación facilitó incluso las inversiones extranjeras en áreas económicas que eran consideradas prioritarias por el gobierno: industria automotriz, transportes aéreos, ferrocarriles, electricidad y acero.

Los resultados alcanzados por el Programa de Metas fueron impresionantes, sobre todo en el sector industrial. Entre 1955 y 1961, el valor de la producción industrial creció el 80% (descontada la inflación), con altos porcentajes en las industrias del acero (100%), mecánicas (125%), de electricidad y comunicaciones (380%) y de material de transporte (600%). De 1957 a 1961, el PIB creció a una tasa anual del 7%, correspondiendo a una tasa *per capita* de casi 4%. Si consideramos toda la década de 1950, el crecimiento *per capita* del PIB brasileño fue aproximadamente tres veces mayor que el del resto de América Latina.

Si bien Brasil ya contaba con montadoras y fábricas de autopiezas, la instalación de la industria automotriz quedó asociada al gobierno de Kubitschek. Se fomentó entonces la producción de automóviles y camiones con capitales privados, especialmente extranjeros, que fueron atraídos por las facilidades que se les concedían y también por las potencialidades del mercado brasileño.

Grandes empresas multinacionales como la Willys Overland, la Ford, la Volkswagen y la General Motors, se concentraron en el ABC paulista —un área del gran San Pablo que abarca los municipios de Santo André, San Bernardo y San Cayetano– y transformaron completamente la fisonomía de aquella región. Entre otras consecuencias, la industria automotriz generó una concentración de obreros nunca vista en el país. En 1960, último año del gobierno de Kubitschek, las cuatro empresas mencionadas produjeron alrededor del 78% de un total de 133 mil vehículos, suficientes para abastecer a la demanda brasileña. Las empresas extranjeras continuaron expandiéndose. En 1968, la Volkswagen, la Ford y la General Motors eran responsables por casi el 90% de los vehículos producidos.

Considerada en términos de números y de organización empresarial, la industria automotriz representó un éxito innegable. Sin embargo, ésta se enmarcó en el proyecto de crear una "civilización del automóvil", lo que iba en detrimento de la ampliación de medios de transporte colectivo de carácter masivo. A partir de 1960, aumentó la tendencia a fabricar automóviles, hasta el punto de que en 1968 representaba casi el 58% de la producción de vehículos. Dado que los ferrocarriles fueron prácticamente abandonados, Brasil se volvió cada vez más dependiente de la extensión y conservación de autopistas y del uso de derivados del petróleo en el área de transportes.

En la memoria colectiva, los cinco años del gobierno de Kubitschek son recordados como un período de optimismo asociado a grandes realizaciones, cuyo mayor ejemplo es la construcción de Brasilia. En esa época, la fundación de una nueva capital dividió las opiniones y fue considerada como un verdadero martirio por los funcionarios públicos de la antigua capital de la república, quienes fueron obligados a mudarse al Planalto Central.

La idea no era nueva, ya que la primera Constitución republicana de 1891 le atribuía al Congreso competencia para "cambiar la Capital de la Unión". No obstante, fue Kubitschek quien llevó el proyecto a la práctica con gran entusiasmo, movilizando recursos y una mano de obra constituida principalmente por migrantes nordestinos, los *candangos*. Dos figuras de renombre internacional, el arquitecto Oscar Niemeyer y el urbanista Lúcio Costa, quedaron al frente de la planificación de Brasilia.

A pesar de la fuerte resistencia de la UDN, el proyecto de ley para la construcción de Brasilia enviado al Congreso por el Ejecutivo fue aprobado en septiembre de 1956. Los udenistas alegaban que era una iniciativa demagógica, que provocaría más inflación y el aislamiento de la sede del gobierno. Durante los trabajos, Carlos Lacerda realizó un infructuoso pedido de formación de una Comisión Parlamentaria de Investigación, cuyo objetivo era averiguar si se habían producido irregularidades en la contratación de las obras. Finalmente, Juscelino Kubitschek inauguró solemnemente la nueva capital en la fecha simbólica de la muerte de Tiradentes, el 21 de abril de 1960.

* * *

Durante el período JK, el sindicalismo sufrió transformaciones que se pondrían de manifiesto con mayor claridad en los primeros años de la década de 1960, bajo el gobierno de João Goulart. Líderes sindicales que pertenecían a diferentes tendencias comenzaron a percibir las dificultades que entrañaba la articulación de un expansivo movimiento de los trabajadores con la ajustada estructura oficial. Nacieron así distintos organismos que comenzaron a actuar de forma paralela a la estructura oficial. Ejemplos de esos organismos fueron el Pacto de Unidad Intersindical (PUI), creado en San Pablo en 1955, y el Pacto de Unidad y Acción (PUA), formado en Río de Janeiro. Al contrario del PUI, el PUA actuaba en el sector público o en sectores de utilidad pública controlados por empresas del Estado y concesionarias de servicios públicos. Dicho organismo allanó el camino para la formación del Comando General de los Trabajadores (CGT), que desempeñaría un papel relevante en las huelgas del período Goulart.

La creación del PUA acentuó una tendencia ya vigente en años anteriores y que estaba ligada al área de actuación de los sindicatos: la concentración cada vez mayor en el sector público o de utilidad pública. Además, el peso relativo de la organización sindical en el sector de mercado fue mayor en los ramos tradicionales que estaban en decadencia, como el caso típico de los productos textiles.

En esa época, el sindicalismo encontró dificultades para penetrar en un sector de punta: la industria del automóvil. Este hecho tendría su explicación en dos factores básicos. Por un lado, en la tradición de arraigo del movimiento sindical –y, sobre todo, de los comunistas– en el área de empresas ligadas al Estado. Por otro, en la desorientación frente a las nuevas técnicas de relaciones de trabajo implantadas por las empresas multinacionales.

Al mismo tiempo que constituían organizaciones paralelas, los dirigentes sindicales trataban de politizar los sindicatos. Eso significaba que deberían apoyar a la corriente nacionalista y a las propuestas de reformas sociales –las llamadas reformas de base–, entre las que se incluía la reforma agraria.

* * *

Pero no todas eran flores en el período de Kubitschek. Los mayores problemas se concentraron en el comercio exterior y en las finanzas del gobierno, dos áreas interrelacionadas. El presupuesto federal comenzó a evidenciar crecientes déficit, producto de los gastos gubernamentales que sostenían el programa de industrialización y la construcción de Brasilia, así como de un serio deterioro de los términos de intercambio con el exterior. El déficit pasó de menos del 1% del PIB en 1954 y 1955, al 2% en 1956 y al 4% en 1957. Ese panorama vino acompañado de un crecimiento de la inflación: exceptuando el año 1957, la inflación alcanzó su nivel más alto en el gobierno de Kubitschek en 1959, con una variación del 39,5%.

Había varias razones para ese crecimiento de la inflación. Entre las principales estaban los gastos gubernamentales en la construcción de Brasilia y los aumentos salariales de funcionarios públicos aprobados por el Congreso, el deterioro de los términos de intercambio, la compra de café por medio de la emisión de papel moneda para sostener los precios en caída y el crédito fácil concedido al sector privado.

En junio de 1958 renunció el ministro de Hacienda, José María Alkmin, desgastado por la dificultad que encontraba para enfrentarse a los problemas señalados. En su lugar, Kubitschek nombró al ingeniero Lucas Lopes, primer presidente del BNDE durante su gobierno; por su parte, Roberto Campos asumió la presidencia del banco. Ambos elaboraron un plan de estabilización de la economía que intentaba hacer compatibles el combate a la inflación y al déficit público con los objetivos del Programa de Metas.

A pesar de que el plan no preveía grandes sacrificios, provocó fuertes reacciones en su contra. En primer lugar, ningún grupo social estaba dispuesto a perder lo mínimo que fuese a cambio de estabilidad, aunque todos esperaban que algún otro grupo aceptase esa pérdida. En segundo lugar, para muchos sectores sociales, la inflación representaba un excelente negocio: dado que los salarios no conseguían acompañar a los precios, la inflación prometía ofrecer ganancias excepcionales a industriales y comerciantes a través del reajuste de precios y de la especulación con *stocks* de mercancías. Además, como las deudas todavía no estaban sujetas a corrección monetaria, la inflación volvía extremadamente atractivo el recurso a los préstamos, sobre todo de aquellos que eran obtenidos bajo condiciones especiales en los bancos y en los órganos de financiamiento del Estado.

En el sector de los trabajadores organizados, las resistencias derivaban de dos factores principales. El programa de estabilización estaba sospechado de ser un "arreglo con el imperialismo", lo que erizaba la piel del PTB y de la izquierda. Los dirigentes sindicales y los trabajadores que los seguían temían que los asalariados fuesen los únicos en sufrir nuevas restricciones, mientras que los otros sectores sociales se negarían a aceptarlas. De esta forma, los asalariados quedarían en el peor de los mundos: frente a una inflación igual o creciente y a unos salarios reales más reducidos.

Los intentos de restringir el crédito a los industriales provocaron protestas en San Pablo, que contaron con el apoyo del presidente del Banco do Brasil. En octubre de 1958, los cultivadores de café organizaron una marcha de la producción contra la confiscación cambiaria y contra las nuevas medidas del gobierno que le ponían un límite a las compras de los *stocks* de café.

En la medida en que tenía que ver con las cuentas externas de Brasil, el correcto funcionamiento del programa de estabilización dependía de un acuerdo con el Fondo Monetario Internacional (FMI). Brasil consultó a dicho organismo, incluso porque preveía un empréstito norteamericano de 300 millones de dólares. Al contrario de lo que afirmaban los adversarios del plan, el FMI no estaba por detrás de éste. El organismo internacional objetaba su gradualismo, criticando, por ejemplo, los gastos del gobierno que subsidiaban la importación de trigo y petróleo.

La indefinición en las relaciones entre Brasil y el FMI duró casi un año y finalizó en junio de 1959. A esa altura, Kubitschek se encontraba al final de su mandato y tenía sus ojos puestos en la sucesión presidencial. Los nacionalistas y los comunistas venían criticando al Presidente por su disposición para "vender la soberanía nacional a los banqueros internacionales y al FMI". La UDN era la única que aprobaba un acuerdo con el organismo; pero, aunque Kubitschek optase por ese camino, no podría contar con el apoyo político de la oposición.

De ese conjunto de circunstancias derivó la ruptura del gobierno con el FMI, lo que equivalía al abandono del plan de estabilización. Lucas Lopes y Roberto Campos dejaron sus puestos en agosto de 1959. La ruptura provocó una ola de apoyo a Kubitschek. Como era de esperar, el PTB aplaudió la decisión. Los comunistas se hicieron presentes en una manifestación a favor del Presidente que se realizó en los jardines del palacio de Catete. Entre los manifestantes estaba Luis Carlos Prestes, quien en 1958 había dejado la clandestinidad. A pesar de que formalmente continuaba en la ilegalidad, poco a poco el PCB iba encontrando canales de expresión. Pero los apoyos al Presidente no vinieron sólo del PTB y de la izquierda. El rompimiento con el FMI también recibió el apoyo de la Federación de las Industrias de San Pablo y de la cúpula militar.

Sin embargo, la elección presidencial del 3 de octubre de 1960 pondría de manifiesto que aquel entusiasmo no tenía eco en la masa. Las candidaturas habían surgido ya durante 1959. En abril, luego de haber sido electo gobernador de San Pablo, Jânio Quadros era propuesto como candidato por un pequeño partido con el apoyo de Lacerda. Animado por los buenos resultados obtenidos en la elección de 1955, Ademar de Barros se propuso como candidato por el PSP. Por su parte, el PSD y el PTB se unieron una vez más para apoyar la candidatura del general Lott, y la de João Goulart como vicepresidente.

La UDN dudaba entre presentar una candidatura propia o apoyar a Jânio Quadros. Este último era independiente y criticaba la corrupción del gobierno y el desorden financiero. Sin tener un programa definido y despreciando a los partidos políticos, atraía al pueblo con su figura popular y amenazadora, prometiendo un castigo implacable a los que se habían beneficiado con negociados y corruptelas. Estaba lejos de ser la típica figura moderada de la UDN, pero a la vez incorporaba –a su manera– algo del discurso udenista. Representaba más que nada una gran oportunidad para que el partido consiguiese llegar finalmente al poder, aunque por un atajo desconocido. En la convención que realizó la UDN en noviembre de 1959, prevaleció el criterio de dar apoyo a Jânio Quadros.

La preferencia por Quadros se hizo evidente desde los primeros tiempos de la campaña. El candidato conseguía reunir en torno de sí las esperanzas de la elite antigetulista, del sector de la clase media que esperaba la llamada moralización de las costumbres políticas –y que se veía alcanzado por el alza del costo de vida–, así como las de la gran mayoría de los trabajadores.

Lott fue un candidato desastroso. El general había tenido un importante papel en los círculos restringidos del poder, donde había personificado la garantía de continuidad del régimen democrático. Pero una vez expuesto a una audiencia más amplia, se hicieron evidentes sus debilidades. No hablaba bien en público e intentaba asumir de forma artificial el discurso getulista. Resultaba desagradable para el PSD por su propuesta de conceder el voto a los analfabetos; pero también desagradaba al PTB y, principalmente, a la izquierda, por sus críticas a Cuba y al comunismo.

Como resultado de la urbanización y de un mayor interés por la política, el electorado había crecido bastante en las cuatro elecciones que se sucedieron desde 1945. De 5,9 millones en 1945 pasó a 7,9 millones en 1950, a 8,6 millones en 1955 y, finalmente, a 11,7 millones en 1960, cuando fue la última elección directa para Presidente de la República en el país hasta 1989.

Jânio Quadros venció en las elecciones de octubre de 1960 con el 48% de esos 11,7 millones de votos, mientras que Lott obtuvo el 28% y Ademar de Barros el 23%. En términos porcentuales, su éxito no superó al de Dutra en 1945. A pesar de la clara derrota de Lott, João Goulart consiguió ser elegido Vicepresidente de la República.

* * *

Encarnando las esperanzas de futuro, por primera vez un presidente asumió el mando en Brasilia. No obstante, en menos de siete meses esas esperanzas se verían deshechas por una renuncia que sumiría al país en una grave crisis política.

Jânio Quadros comenzó a gobernar de forma desconcertante. Se ocupó de temas que estaban muy por debajo del cargo que ocupaba, como la prohibición del lanzaperfume, del biquini y de las riñas de gallos. En el ámbito de las medidas más serias, combinó inicativas atractivas para la izquierda con medidas agradables para los conservadores. De alguna forma, terminaba desagradando a ambos. La política exterior desató la oposición de los conservadores, especialmente de la mayoría de la UDN. La breve gestión de Jânio Quadros coincidió con el lanzamiento de la Alianza para el Progreso, un plan de reformas del gobierno norteamericano por el cual se proyectaba destinar 20 mil millones de dólares a América Latina durante un período de diez años. La Alianza fue aprobada en una reunión de los países americanos que se realizó en Punta del Este, Uruguay. La delegación cubana, liderada por el Che Guevara, no firmó la Carta de Punta del Este. En su regreso a Cuba, Guevara hizo una escala en Brasilia donde recibió de manos de Jânio Quadros una importante condecoración: la *Ordem do Cruzeiro do Sul*. Ese gesto no abrigaba ninguna intención de demostrar apoyo al comunismo. Para el gran público simbolizaba la política exterior independiente que Jânio Quadros había comenzado a poner en práctica, buscando una tercera vía para Brasil entre los dos grandes bloques en conflicto.

En el terreno financiero, Quadros anunció un plan para enfrentar los problemas heredados del gobierno de Kubitschek, acentuando en su discurso de asunción del mando las dificultades por las que atravesaba el país. Optó por un plan de estabilización ortodoxo, que implicaba una fuerte desvalorización de la moneda y la contención tanto del gasto público como de la expansión monetaria. Se redujeron los subsidios a la importación de trigo y de petróleo, lo que provocó un aumento del 100% en el precio del pan y de los combustibles.

Las medidas fueron bien recibidas por los acreedores de Brasil y por el FMI. En 1961, el Club de La Haya –formado por los acreedores europeos–, así como también los norteamericanos, reprogramaron la deuda brasileña. Se contrajeron nuevos empréstitos en los Estados Unidos, que contaron con el apoyo del presidente Kennedy. Jânio Quadros era considerado como alguien que podía impedir que el mayor país de América Latina transitase por un camino de inestabilidad que podría desembocar en el comunismo.

En agosto de 1961, Quadros comenzó a flexibilizar las medidas de contención financiera, pero no llegó a poner en práctica un posible cambio de rumbo. En ese mismo mes tomó la decisión que inesperadamente pondría fin a su gobierno.

El Presidente venía administrando el país sin contar con una base política de apoyo. El PSD y el PTB controlaban el Congreso; Lacerda se había pasado a la oposición y criticaba a Quadros con la misma vehemencia con que lo había apoyado. La UDN tenía varios motivos de queja. El Presidente actuaba prácticamente sin consultar a los líderes de la bancada udenista en el Congreso. Además, la política exterior independiente, así como la afinidad presidencial con la reforma agraria, eran motivo de procupación.

En la noche del 24 de agosto de 1961, Lacerda –que había sido elegido gobernador de Guanabara– transmitió un discurso por radio en el que denunciaba un intento de golpe janista articulado por el ministro de Justicia, Oscar Pedroso Horta. De forma un tanto extraña, habría sido invitado a participar en él. Pedroso Horta negó la acusación. Al día siguiente, Jânio Quadros renunció a la Presidencia de la República, comunicando su decisión al Congreso Nacional.

La renuncia nunca llegó a ser debidamente esclarecida. El propio Quadros se negó a dar una versión clara de los hechos, aludiendo siempre a las "fuerzas terribles" que lo llevaron a tomar esa decisión. La hipótesis más probable combina los datos de una personalidad inestable con un cálculo político equivocado. Según esa hipótesis, con su actitud teatral, Quadros esperaba obtener mayores poderes para gobernar, librándose hasta cierto punto del Congreso y de los partidos. Consideraba también que su figura resultaba sumamente necesaria a los partidos políticos para llevar adelante tareas de gobierno, y se juzgaba como un presidente imprescindible para Brasil. ¿Acaso los conservadores y los militares querían entregarle el país a João Goulart?

Jânio Quadros partió apresuradamente de Brasilia y descendió en una base militar en San Pablo. Allí, algunos gobernadores de los Estados le pidieron que reconsiderara su actitud. Pero, exceptuando ese pedido, no hubo ninguna otra acción significativa para que el Presidente se mantuviera en su puesto. Cada grupo tenía motivos de queja en contra de él y comenzaba a hacer pie en la nueva situación. Como las renuncias no se votan sino que simplemente se comunican, el Congreso sólo tomó conocimiento del acto de Quadros. A partir de allí, comenzó la disputa por el poder.

* * *

La Constitución no dejaba dudas en cuanto a la sucesión de Quadros: le correspondía asumir al vicepresidente João Goulart. No obstante, el traspaso del mando quedó en suspenso debido a una inicitaiva de sectores militares que veían a Goulart como la encarnación de la república sindicalista y la puerta de entrada por donde llegarían al poder los comunistas. Por una casualidad cargada de simbolismo, Jango se encontraba ausente del país en una visita a la China comunista.

Mientras que el presidente de la Cámara de Diputados asumía provisionalmente la Presidencia de la República, los ministros militares de Quadros vetaban la vuelta de Jango a Brasil, aduciendo razones de seguridad nacional. Sin embargo, el grupo que estaba a favor del impedimento no contaba con el apoyo unánime de la cúpula militar. En Río Grande do Sul, el comandante del III Ejército declaró su apoyo a la asunción de Goulart, dando inicio de esta forma a lo que se llamó la batalla por la legalidad. La figura principal del movimiento fue Leonel Brizola, gobernador de Río Grande do Sul y cuñado de Jango. Brizola colaboró en la organización del dispositivo militar de resistencia y promovió grandes manifestaciones populares en Porto Alegre. Cuando el ministro de Marina anunció el envío de una fuerza naval hacia el sur, Brizola amenazó con bloquear la entrada de Porto Alegre hundiendo varios navíos.

Finalmente, el Congreso adoptó una solución de compromiso. El sistema de gobierno pasó de ser presidencialista a parlamentarista, y João Goulart asumió la Presidencia el 7 de septiembre de 1961 con sus poderes disminuidos. Utilizado como un simple recurso para resolver una crisis, el parlamentarismo no podría durar mucho tiempo, como de hecho no duró.

La crisis del régimen y el golpe de 1964

Al comenzar el gobierno de Jango, eran claros el avance de los movimientos sociales y la aparición de nuevos actores. Comenzaron entonces a movilizarse los sectores olvidados del campo, verdaderos huérfanos de la política populista. El telón de fondo de esa movilización se encuentra en los grandes cambios estructurales que vivió Brasil entre 1950 y 1964, caracterizados por el crecimiento urbano y una rápida industrialización.

Esos cambios ampliaron el mercado para los productos agropecuarios, alterando las formas de ocupación de la tierra y su utilización. La tierra comenzó a ser más rentable que en el pasado y los propietarios trataron de expulsar a los antiguos ocupantes o empeoraron sus condiciones de trabajo. Eso provocó un fuerte descontento entre la población rural. Además, las migraciones aproximaron al campo y a la ciudad, facilitando la toma de conciencia de una situación de extrema sumisión por parte de la gente del campo.

El movimiento rural más importante del período fue el de las Ligas Campesinas. Su líder principal era un miembro de la clase media urbana, el abogado y político pernambucano Francisco Julião. Convencido de que para formar un movimiento social significativo era mucho más viable atraer a los campesinos que a los asalariados rurales, Julião promovió las Ligas al margen de los sindicatos y trató de organizar a los campesinos.

Las Ligas comenzaron a surgir a fines de 1955. Entre otros puntos, se proponían defender a los campesinos de la expulsión de la tierra, del aumento del precio de los arrendamientos y de la práctica del *cambão*, por la cual el colono –llamado "morador" en el nordeste– debía trabajar gratis un día por semana para el dueño de la tierra.

Julião trató de darle una organización centralizada a las Ligas, estableciendo sus sedes en la capital de un Estado o en el núcleo urbano más importante de una región. Justificaba esa estrategia a partir de la convicción de que era en la gran ciudad donde se encontraban las clases y grupos aliados de los campesinos –los obreros, los estudiantes, los intelectuales revolucionarios y la pequeña burguesía–, y también porque era allí donde existía una Justicia menos reaccionaria. Las Ligas surgieron en varios puntos del país, pero sobre todo en el nordeste, en Estados como Pernambuco y Paraíba.

En noviembre de 1961, se realizó en Belo Horizonte el I Congreso Nacional de los Trabajadores Agrícolas, en el que se expresaron las diversas líneas propuestas para la organización de la masa rural. La reunión fue planeada de manera conjunta por Julião y otros miembros de las Ligas y por los dirigentes comunistas, cuya base más importante se encontraba entre los asalariados agrícolas de San Pablo y de Paraná. En el encuentro se dividieron las dos corrientes. Mientras que los líderes de las Ligas sostenían que la primera demanda de la gente del campo debería ser la expropiación de tierras sin indemnización previa, los comunistas preferían concentrarse en objetivos tales como promover la sindicalización rural y ampliar el alcance de la legislación laborista del campo.

En marzo de 1963, se produjo un avance importante en la esfera legislativa, cuando Jango sancionó una ley conocida como Estatuto del Trabajador Rural. La ley instituyó la libreta de trabajo para el trabajador del campo, reguló la jornada laboral, el pago del salario mínimo y previó derechos como el descanso semanal y las vacaciones pagas.

Pero en el gobierno de Jango hubo otros sectores de la sociedad que también comenzaron a movilizarse. Los estudiantes radicalizaron sus propuestas de transformación social y comenzaron a intervenir directamente en el juego político a través de la UNE.

También se produjeron cambios importantes en la actitud de la Iglesia Católica. A partir de la década de 1950, muchos de sus integrantes comenzaron a preocuparse más por los sectores populares, los que constituían su base social. El férreo anticomunismo fue dando lugar a una actitud más matizada: se combatía al comunismo, pero se reconocía que los males del capitalismo habían provocado la rebelión y la expansión comunistas.

La Iglesia se dividió en varias posturas, desde el ultraconservadurismo de algunos obispos hasta las aperturas a la izquierda típicas de la Juventud Universitaria Católica

(JUC). Influida por el clima de radicalización del movimiento estudiantil, la JUC fue asumiendo posiciones socialistas que la llevaron a entrar en conflicto con la jerarquía eclesiástica. De esa matriz nació en 1962 la Acción Popular (AP), una organización con objetivos revolucionarios y ya completamente desvinculada de la jerarquía. La AP participó activamente de las luchas políticas de la época y fue duramente reprimida luego de la instauración del gobierno militar en 1964.

Al mismo tiempo que se opuso a las Ligas Campesinas, la Iglesia Católica promovió la sindicalización rural en el nordeste. En mayo de 1961, la publicación de la encíclica *Mater et Magistra* del papa Juan XXIII –la primera que trataba específicamente de los problemas del Tercer Mundo– fue un importante incentivo para el catolicismo reformista.

* * *

La asunción a la Presidencia de João Goulart significó una vuelta al modelo populista, pero ahora en un contexto de movilizaciones y presiones sociales mucho mayores que en el período Vargas. Los ideólogos del gobierno y los dirigentes sindicales trataron de fortalecer el modelo. La base de éste debería ser la colaboración entre el Estado –incluidos los oficiales nacionalistas de las Fuerzas Armadas–, los intelectuales que formulaban la política, la clase obrera organizada y la burguesía nacional. El eje articulador de esa política estaría constituido por el Estado, cuya ideología básica era el nacionalismo, y por las reformas sociopolíticas denominadas reformas de base.

Estas últimas abarcaban un amplio abanico de medidas. En el plano social se destacaba la reforma agraria, que tenía por objetivo eliminar los conflictos por la posesión de la tierra y garantizar el acceso a la propiedad a millones de trabajadores del campo. Para eso se proponía cambiar una disposición de la Constitución, previendo la confiscación de la propiedad por necesidad o utilidad pública o por interés social, pero solamente mediante la previa indemnización en dinero. Junto a la reforma agraria, tuvo lugar la referencia a la reforma urbana, cuyo objetivo principal era crear condiciones por las cuales los inquilinos podrían volverse propietarios de las casas alquiladas.

En el plano de los derechos políticos se afirmaba la necesidad de extender el derecho de voto a dos sectores distintos: los analfabetos y los grados inferiores de las Fuerzas Armadas, de sargento para abajo en el caso del Ejército. De ese modo se esperaba ampliar la base de sustentación del gobierno populista, contando con la gran masa de los desvalidos y con los sectores hasta allí marginados que se encontraban en la base de la institución militar.

Junto con lo anterior, las reformas contenían medidas nacionalistas, que preveían una intervención más profunda del Estado en la vida económica. Entre esas medidas estaba la nacionalización de las empresas concesionarias de servicios públicos, de los frigoríficos y de la industria farmacéutica, así como la estrecha reglamentación de la remisión de lucros al exterior y la extensión del monopolio de la Petrobrás.

Las reformas de base no pretendían instaurar una sociedad socialista. Eran una alternativa para modernizar el capitalismo y reducir las profundas desigualdades sociales del país a partir de la acción del Estado. Sin embargo, esto implicaba un gran cambio, al que las clases dominantes opusieron una fuerte resistencia. En su combate contra el imperialismo y a favor de la reforma agraria, el gobierno y los grupos intelectuales de clase media que impulsaban las reformas de base creían que podían contar con el apoyo de la burguesía nacional. En esa visión, los inversores extranjeros eran competidores desleales del capitalismo nacional; a su vez, la reforma agraria fomentaría la integración de la población rural a la economía de mercado, lo que generaría una nueva demanda para los productos industriales. En realidad, enfrentados al clima de movilización social y a la incertidumbre de las inversiones, los miembros de la burguesía nacional preferían seguir otro camino.

Las direcciones sindicales fueron fieles al modelo populista. Ellas estaban compuestas principalmente por laboristas y comunistas que actuaban junto al Estado, pero sin la subordinación de que hacían gala los viejos *pelegos*. Continuó la táctica de crear organizaciones paralelas, lo que llevó a la formación de la CGT en 1962. En ese marco, los sindicatos canalizaron cada vez más las demandas de carácter político. Las reivindicaciones específicamente obreras no fueron olvidadas, pero pasaron a tener menor importancia.

Con relación a los movimientos huelguistas, hay tres factores que deben ser señalados: primero, aumentó bastante el número de huelgas; segundo, los paros tendieron a concentrarse en el sector público; tercero, en términos espaciales, las huelgas se desplazaron de San Pablo hacia otras regiones del país.

Mientras que en 1958 se registraron treinta y un movimientos huelguistas, en 1963 llegaron a ciento setenta y dos. Nada menos que el 80% de los paros de 1958 se concentraron en el sector privado; ya en 1963, el sector público se volvió mayoritario (58%).

El aumento de las huelgas indica el avance de la movilización social. A su vez, el desplazamiento del sector privado al sector público evidencia el carácter político de muchas huelgas, fomentadas por el gobierno para forzar la aceptación de medidas de su interés.

En cuanto al desplazamiento espacial, recordemos en primer lugar que en San Pablo se concentraban las empresas privadas, destacándose las multinacionales. Resultaba más difícil obtener ventajas en esa área, ya que los dirigentes de las empresas tenían que pensar en términos de ganancia y no pretendían asociar la clase obrera a sus proyectos políticos. El tinte nacionalista de los sindicatos repercutía muy poco en San Pablo, ya que allí era problemática su traducción en ventajas concretas. Incluso se daba el hecho de que mientras el gobierno federal se abría a los dirigentes sindicales, el gobernador paulista Ademar de Barros reprimía duramente las huelgas.

De todo eso resultó una ilusión de parte de los dirigentes sindicales que luego tuvo lamentables consecuencias. La cercanía al poder, la escalada huelguista y la participación en los actos políticos produjeron euforia y, al mismo tiempo, ocultaron los puntos débiles del movimiento obrero. Como se pudo ver más tarde con mayor claridad, las debilidades residían en dos cuestiones interrelacionadas. Por un lado, la decadencia proporcional del movimiento obrero dentro del Estado que concentraba el sector más dinámico de la economía (San Pablo); por otro lado, la excesiva dependencia del movimiento con relación al régimen. De hecho, la caída del régimen arrastraría con él al sindicalismo populista.

* * *

En el ámbito político, paralelamente a la movilización de la sociedad, se hizo evidente una mayor definición ideológica de los agrupamientos, que sobrepasaba los límites de los partidos y, en varios casos, se había originado en el período de Kubitschek. El efectivo crecimiento del PTB resultó beneficiado por la ilegalidad del PC –al obtener muchos votos que antes se destinaban a los comunistas– y por el avance de la industrialización, ya que se trataba de un partido fundamentalmente urbano. También lo ayudó el clima favorable al nacionalismo y al cambio social.

Si bien la falta de homogeneidad dentro de los partidos políticos no era algo nuevo, las divisiones se volvieron mayores en el período Goulart. Pero ahora tenían más que ver con cuestiones ideológicas antes que con diferencias personales. En mayor o menor medida, la formación de tendencias dentro de cada partido marcaba un avance de las posiciones nacionalistas y de izquierda. En el PTB se formó el "grupo compacto", que sostenía una línea nacionalista agresiva y medidas concretas de reforma social. En la UDN surgió la *bossa nova*, una corriente favorable a las reformas de base y a los planes financieros del gobierno.

Sin embargo, la mayoría udenista se acercó a la corriente militar enemiga de Jango y varios de sus miembros integraron la ultraconservadora Acción Democrática Parlamentaria. Estos círculos fomentaron y promovieron el golpe de Estado que pondría fin al régimen instituido en 1945.

Las divisiones en el PSD surgieron más temprano, con la formación del Ala Joven en 1955, durante la campaña de Kubitschek. En esta corriente se destacaban, entre otras, las figuras de Renato Archer y de Ulysses Guimarães. El Ala Joven se enfrentó con cautela a los viejos zorros del PSD y adoptó una posición nacionalista. Luego se disolvió con la derrota de Lott, pero sus miembros contribuyeron al surgimiento del Frente Parlamentario Nacionalista.

También hubo una ruptura en la izquierda, derivada fundamentalmente de hechos acontecidos en la Unión Soviética, donde el stalinismo entró en crisis a partir de la divulgación del informe Kruschev. Un sector del PCB se opuso a las medidas de liberación promovidas dentro del partido y a la línea de franca colaboración con el gobierno de Jango. De esa disidencia nació el Partido Comunista de Brasil (PC do B), que buscaría en China y, más tarde, en Albania su supuesto modelo de fidelidad a los principios marxistas leninistas. La denominación Partido Comunista de Brasil retomaba el nombre original del PCB, que comenzó a llamarse Partido Comunista Brasileño en 1961, siguiendo la ola del nacionalismo.

* * *

Mientras se daba ese reacomodamiento en los medios civiles, había sectores de las Fuerzas Armadas en los que ganaba terreno una visión de las relaciones internacionales enmarcada en la perspectiva de la guerra revolucionaria. Esa noción se generó en el contexto de la Guerra Fría y cobró perfiles más nítidos luego del ascenso al poder de Fidel Castro. Ante los ojos de determinados sectores militares, la victoria de la Revolución Cubana demostraba la posibilidad efectiva de implantar una guerra revolucionaria en el mundo subdesarrollado, que corría paralela al enfrentamiento entre los dos grandes bloques de poder.

La guerra revolucionaria —cuyo objetivo final sería el establecimiento del comunismo— abarcaba todos los niveles de la sociedad y utilizaba como instrumentos desde el adoctrinamiento y la guerra psicológica hasta la lucha armada. Es por eso que resultaba necesario oponerle una acción de la misma magnitud. En ese contexto, las Fuerzas Armadas pasaron a tener un papel permanente y activo, cuyo objetivo era derrotar al enemigo y garantizar la seguridad y el desarrollo de la nación. Nacía así la doctrina de la seguridad nacional.

Aunque orientada desde el exterior, esta doctrina se gestó en la Escuela Superior de Guerra (ESG), que había sido fundada en agosto de 1949 con la asistencia de consejeros franceses y norteamericanos. La misión de los Estados Unidos permaneció en Brasil desde 1948 hasta 1960. La principal figura entre los brasileños fue el general Golbery do Couto e Silva, que se destacó como técnico y organizador. A los cursos de la ESG no asistían sólo militares sino también civiles. La participación de civiles fue importante para que pudiera establecerse un vínculo entre civiles y militares, ambos identificados con la visión imperante en la ESG.

A partir de la ESG y de órganos como el Instituto de Pesquisas y Estudios Sociales (IPES) y el Instituto Brasileño de Acción Democrática (IBAD) —financiado por la CIA—, fueron surgiendo las líneas maestras de un régimen político considerado capaz de impedir la subversión del orden y de garantizar un cierto tipo de desarrollo económico. A medida que el gobierno de Goulart se radicalizaba y ganaba inestabilidad, en los círculos asociados de la ESG-IPES-IBAD se afirmaba la convicción de que sólo un movimiento armado pondría fin a la anarquía populista y contendría también el avance del comunismo.

* * *

Goulart comenzó a gobernar con poderes restringidos por el sistema parlamentarista. Su primer gabinete estuvo liderado por Tancredo Neves, un político minero que había sido ministro de Justicia de Vargas en 1954. En esos primeros tiempos, la línea del Presidente fue la moderación, intentando demostrar su fidelidad a los principios democráticos y su rechazo del comunismo. En un viaje que realizó a los Estados Unidos, habló al Congreso norteamericano y obtuvo recursos para ayudar al nordeste.

De inmediato se planteó la cuestión de los poderes presidenciales. La resolución por la que se estableció el parlamentarismo preveía la realización de un plebiscito en 1965, ocasión en que la población debería decidir sobre un sistema de gobierno en forma definitiva. En los medios ligados a Goulart, comenzó entonces una campaña para anticipar la consulta popular.

Se tenía casi la certeza del triunfo del presidencialismo. Por la forma en que fue impuesto, el parlamentarismo aparecía claramente como un arreglo para limitar la acción de Jango. Además, existía la convicción de que un presidente con una mayor suma de poderes podría estabilizar al país y promover las reformas de base. La mayoría de la cúpula militar también se inclinaba por un Poder Ejecutivo fortalecido.

Tancredo Neves renunció a su cargo de primer ministro en junio de 1962. Junto con él, varios ministros debían dejar el gabinete para poder candidatearse a las elecciones de octubre de aquel año para la Cámara Federal y el gobierno de los Estados. Además de eso, el mismo Tancredo no creía en el parlamentarismo. El Presidente propuso para sucederlo a San Thiago Dantas. Como ministro del Exterior del gabinete liderado por Tancredo, San Thiago Dantas había defendido la neutralidad de Brasil en el caso cubano, despertando las iras de la derecha. La Cámara de Diputados rechazó la propuesta presidencial, y surgió como alternativa el nombre del presidente del Senado: Auro de Moura Andrade.

La primera huelga política del período se realizó para oponerse a la figura de Dantas, que era considerada conservadora. Decretada el 5 de julio como un paro general de veinticuatro horas a favor de un gabinete nacionalista, la paralización no llegó a ser general, pero afectó sobre todo a las empresas estatales.

Los portuarios pararon prácticamente todos los puertos del país. En varios lugares los huelguistas contaron con el apoyo del Ejército. En Río de Janeiro, por ejemplo, el I Ejército dio protección a los trabajadores frente a las amenazas de represión del gobernador Lacerda.

Finalmente, el Congreso aprobó el nombramiento como jefe ministerial de una figura poco conocida del PSD *gaúcho*: Brochado da Rocha. A él le correspondió proponer y obtener del Congreso la anticipación del plebiscito para enero de 1963.

* * *

Antes del plebiscito, las elecciones de octubre de 1962 para el gobierno de los Estados y para el Congreso mostraron que las fuerzas del centro y de la derecha tenían bastante peso en el país. Es cierto que se vieron beneficiadas por los recursos provenientes del IBAD y de organismos semejantes, pero el gobierno también utilizó su aparato. En San Pablo, Ademar de Barros derrotó a Jânio Quadros por un estrecho margen. En Río Grande do Sul, Ildo Meneghetti, apoyado por la UDN y por el PSD, batió al candidato de Brizola. Los nacionalistas y la izquierda pudieron festejar la victoria de Miguel Arraes en Pernambuco y el extraordianrio éxito de Brizola en Río de Janeiro. Candidateándose a diputado federal, Brizola recibió la mayor suma de votos obtenidos hasta entonces por un candidato en elecciones legislativas, o sea, 269 mil votos.

Sin embargo, tomando en cuenta que Carlos Lacerda y Magalhães Pinto habían sido elegidos en 1960 como gobernadores de Guanabara (Río de Janeiro) y de Minas Gerais respectivamente, Jango tenía en su contra a los gobernadores de los mayores Estados.

* * *

En enero de 1963, alrededor de 9,5 millones de votantes sobre un total de 12,3 millones le dijeron "no" al parlamentarismo. De esta forma, volvía el sistema presidencialista con João Goulart en la jefatura del gobierno.

El gabinete que eligió era un buen indicador de su estrategia. Intentaba enfrentar con seriedad los problemas económico financieros por medio de figuras de la llamada "izquierda positiva", como era el caso de Dantas en el Ministerio de Hacienda y de Celso Furtado en el Ministerio de Planeamiento. Al mismo tiempo, trataba de dar nuevas bases de sustento a su gobierno reforzando lo que en la época se llamaba "dispositivo sindical" y "dispositivo militar". Para el Ministerio de Trabajo fue elegido Almino Afonso, un nombre con buena receptividad en la izquierda del PTB y entre los comunistas. En el Ministerio de Guerra permaneció el general moderado Amaury Kruel, quien venía del gabinete parlamentarista. Pero aparentemente hubo un refuerzo del dispositivo militar con los oficiales nacionalistas Osvino Alves, comandante del I Ejército con sede en Río de Janeiro, y Jair Dantas Ribeiro, comandante del III Ejército, con sede en Río Grande do Sul.

* * *

La situación financiera era grave. Hubo una escalada de la inflación, cuyo índice anual pasó del 26,3% en 1960 al 33,3% en 1961 y al 54,8% en 1962. Con el objetivo de enfrentar este y otros problemas, Celso Furtado lanzó el Plan Trienal, que pretendía combinar el crecimiento económico, las reformas sociales y el combate a la inflación.

El plan dependía de la colaboración de los sectores que tenían voz en la sociedad. Pero más de una vez faltó esa colaboración. Los beneficiarios de la inflación no estaban interesados en el éxito de las medidas; los enemigos de Jango deseaban la ruina del gobierno y el golpe; el movimiento obrero se rehusaba a aceptar limitaciones a los salarios; la izquierda veía la mano del imperialismo por todas partes. Los acreedores externos mostraron sus reticencias en el viaje que San Thiago Dantas hizo a Washington en marzo de 1963, por lo que éste sólo alcanzó magros resultados.

A mediados de aquel año se hizo evidente que el plan había fracasado. La gota que rebosó el vaso fue un aumento de salarios del 70% para los funcionarios públicos en medio de una inflación que ya había llegado al 25% en los primeros cinco meses del año. Además, el conjunto de la economía daba señales de crisis. El crecimiento del PIB, que en 1962 había sido del 5,3%, cayó al 1,5% en 1963.

A esa altura de los acontecimientos, Jango reformuló el gabinete. San Thiago Dantas, ejecutor del plan, dejó el gobierno atacado por un cáncer de pulmón. Almino Afonso salió del Ministerio de Trabajo y el general Dantas Ribeiro fue al Ministerio de Guerra. En una muestra de que no pretendía seguir un camino radical en materia de política financiera, Goulart nombró a una figura conservadora en el Ministerio de Hacienda: Carvalho Pinto, ex gobernador de San Pablo.

A partir de mediados de 1963, aumentó la radicalización de las diferentes posiciones. En el campo, comenzaron a armarse los propietarios rurales, quienes veían a la reforma agraria como una catástrofe. Por otro lado, ganaron ímpetu el movimiento de las Ligas, la sindicalización rural y la invasión de tierras. En octubre de 1963, el Congreso rechazó la enmienda constitucional que autorizaba la confiscación de tierras sin indemnización previa, lo que incentivó a aquellos que preferían actuar al margen de la legalidad.

La izquierda del PTB, con Brizola a la cabeza, protestaba por las vacilaciones de Jango en el área de las reformas sociales y por las relaciones con el imperialismo. También en 1963, Brizola comenzó a organizar grupos que debían articularse en todo el país para resistir a los intentos golpistas y para ayudar a implantar medidas como la convocatoria a una Asamblea General Constituyente y la moratoria de la deuda externa.

En los medios militares creció la conspiración contra Jango, fortalecida por los partidarios de una "intervención defensiva" contra los excesos del gobierno. Entre ellos, estaba ahora el propio jefe del Estado Mayor del Ejército, general Humberto de Alencar Castelo Branco. En septiembre de 1963, una revuelta de sargentos y cabos de la Aeronáutica y de la Marina ocurrida en Brasilia sirvió para sumar ese grupo a la conspiración. La rebelión fue una protesta contra una decisión del Supremo Tribunal Federal que confirmaba la imposibilidad de elección de los sargentos. Antes de ser vencidos, los rebeldes llegaron a ocupar edificios públicos y a controlar las comunicaciones, y detuvieron también a varios oficiales.

La tragedia de los últimos meses del gobierno de Goulart puede comprenderse por el hecho de que la resolución de los conflictos por la vía democrática fue descartada por todos los actores políticos como algo imposible o despreciable. La derecha ganó para su causa a los conservadores moderados con la tesis de que sólo una revolución podría purificar la democracia, poniendo fin a la lucha de clases, al poder de los sindicatos y a los peligros del comunismo.

Jango siguió un camino que pasaba por la adopción de medidas excepcionales. Influido por el dispositivo militar, en octubre de 1963 le propuso al Congreso decretar el estado de sitio por treinta días, alegando la necesidad de contener la agitación en el campo y de restablecer el orden. Mal recibida tanto por la derecha como por la izquierda, la propuesta fracasó y acrecentó las sospechas sobre las intenciones del gobierno.

En la izquierda, la "democracia formal" era vista como un simple instrumento al servicio de los privilegiados. ¿Cómo aceptar su difícil juego de marchas y contramarchas, si había todo un mundo por ganar a través del establecimiento de las reformas de base "por la ley o por la fuerza"?

En octubre de 1963, antes de la caída de Jango, se realizó la última gran huelga obrera en San Pablo desvinculada de motivos estrictamente políticos. La llamada "huelga de los 700 mil" duró algunos días y alcanzó sobre todo a los sectores metalúrgico, químico, del papel y del cartón.

A comienzos de 1964, aconsejado por su círculo íntimo, Jango eligió un camino que finalmente resultó desastroso. Consistía más o menos en lo siguiente: con el apoyo de los dispositivos militar y sindical, el Presidente debería pasar por encima del Congreso y comenzar a realizar las reformas de base. Para mostrar la fuerza del gobierno, reuniría grandes masas en una serie de actos en los que se irían anunciando las reformas. El primer gran acto se realizó el 13 de marzo en Río de Janeiro. Protegidas por las tropas del I Ejército, se reunieron allí cerca de 150 mil personas que querían escuchar las palabras de Jango y de Brizola, quienes, por cierto, ya estaban distanciados.

La televisión mostró las banderas rojas pidiendo la legalización del PC y los carteles exigiendo la reforma agraria, etcétera, todo lo cual causó escalofríos en los medios conservadores. En esa ocasión, Jango firmó dos decretos. El primero de ellos era más que nada simbólico y consistía en la confiscación de las refinerías de petróleo que aún no estaban en manos de la Petrobrás. El segundo –llamado decreto de la Supra (Superintendencia de la Reforma Agraria)– declaraba sujetas a confiscación a las propiedades subutilizadas, especificando la localización y la dimensión de aquellas que estarían sujetas a la medida.

El Presidente reveló también que se estaban preparando la reforma urbana –un verdadero esperpento para la clase media, temerosa de que sus inmuebles fueran a parar a manos de los inquilinos– y una serie de propuestas que debían ser enviadas al Congreso previendo cambios en los impuestos y la concesión del voto a los analfabetos y a los grados inferiores de las Fuerzas Armadas.

El primer acto de las reformas de Jango en realidad marcó el comienzo del fin de su gobierno. Una señal de la tempestad que se avecinaba vino con la Marcha de la Familia con Dios por la Libertad, organizada en San Pablo por las asociaciones de señoras católicas ligadas a la Iglesia conservadora. El 19 de marzo, desfilaron por las calles de la ciudad cerca de 500 mil personas, demostrando así que los partidarios del golpe podrían contar con una significativa base social de apoyo.

Un grave acontecimiento militar ayudó todavía más a crear un clima favorable a los conspiradores. La Asociación de los Marineros se venía destacando en la lucha por garantizar los derechos de los marineros y por obtener mejores retribuciones. Su líder más importante era el cabo Anselmo, quien más tarde se convertiría –o ya lo era en esa época, según algunos– en un informante del Centro de Informaciones de la Marina (Cenimar).

El 24 de marzo, el ministro Silvio Mota ordenó la prisión de los dirigentes de la Asociación, acusándolos de subvertir la jerarquía. Al día siguiente, alrededor de 2 mil miembros de la Marina y de los Fusileros Navales se reunieron en el Sindicato de los Metalúrgicos para conmemorar el segundo aniversario de la entidad y para promover nuevas reivindicaciones; entre ellos, se encontraban varios dirigentes contra los que existían órdenes de prisión. El ministro Silvio Mota rodeó el local con un contingente de fusileros y solicitó la ayuda del I Ejército. Finalmente, se llegó a una solución negociada.

Bajo presión y sintiéndose desprestigiado, el ministro de Marina renunció. Jango nombró en su lugar a una figura opaca, escogida con el apoyo de la CGT: el almirante retirado Paulo Rodrigues. El nuevo ministro quiso calmar los ánimos anunciando que los revoltosos no serían castigados. Pero, en realidad, echó más leña al fuego: el Club Militar y un grupo de altos oficiales de la Marina denunciaron su acto como un incentivo para quebrar la jerarquía militar.

El golpe ya estaba en marcha cuando Jango realizó un último gesto peligroso, yendo a dar un discurso a una asamblea de sargentos en Río de Janeiro. El general Olímpio Mourão Filho, quien en 1937 había estado envuelto en el sombrío episodio del Plan Cohen, precipitó los acontecimientos. Contando con el apoyo del gobernador Magalhães Pinto, el general Mourão movilizó el 31 de marzo a las tropas bajo su comando que tenían su sede en Minas Gerais, desplazándolas en dirección a Río de Janeiro.

La situación se definió con una rapidez inesperada. En Río de Janeiro, Lacerda se armó dentro del palacio de gobierno esperando un ataque de los fusileros navales que nunca se produjo. El 1° de abril, Goulart voló hacia Brasilia y evitó cualquier acción que pudiese derivar en un derramamiento de sangre. Las tropas del II Ejército bajo el comando del general Amaury Kruel que se desplazaban de San Pablo en dirección a Río de Janeiro confraternizaron con las del I Ejército.

En la noche del 1° de abril, en momentos en que Goulart partía de Brasilia hacia Porto Alegre, el presidente del Senado declaró vacante el cargo de Presidente de la República. Siguiendo la línea institucional, asumió el cargo el Presidente de la Cámara de Diputados, Ranieri Mazzilli. Pero el poder ya no estaba en manos de los civiles sino de los comandantes militares.

Brizola intentó repetir la hazaña de 1961, tratando de movilizar a las tropas y a la población de Río Grande do Sul. Pero no tuvo éxito. A fines de abril se exilió en Uruguay, donde ya se encontraba Jango.

Era el fin de la experiencia democrática del período 1945-1964. Por primera vez en la historia del país, los militares asumían el poder con la perspectiva de permanecer allí, instaurando un régimen autoritario.

Asentado en apariencia sobre fuerzas poderosas, el gobierno de Goulart se había disuelto. ¿Qué había sucedido con los dispositivos militar y sindical? En realidad, João Goulart y la cúpula que lo apoyaba tenían una visión equivocada del panorama político. Tomaban lo que pasaba en las altas esferas del poder como si fuera expresión de lo que pasaba en la sociedad. También creían que la mayoría del Ejército era partidaria de las reformas propuestas por el gobierno, pues pensaban que aquél expresaba la voluntad popular debido a su historia y al origen de sus integrantes. Si bien aceptaban la existencia de "golpistas", creían sin embargo que se trataba de una minoría controlada por el dispositivo militar y por la acción de los cuadros inferiores.

Es cierto que a lo largo de los años la mayoría de la oficialidad preferiría no alterar el orden constitucional. Pero en ese entonces había otros principios más importantes para la institución militar: el mantenimiento del orden social, el respeto a la jerarquía y el control del comunismo. Quebrados esos principios, el orden se transformaba en desorden y éste justificaba la intervención.

La pérdida de legitimidad de Jango, el quiebre de la disciplina que le siguió y el acercamiento entre los grados inferiores de las Fuerzas Armadas y los trabajadores organizados llevaron a que los sectores militares moderados se sumaran a la conspiración, produciendo un desplazamiento semejante al que había ocurrido en los medios civiles. En cuanto al llamado dispositivo sindical, sin duda tenía la capacidad de movilizar a sectores de la clase obrera, especialmente en el área del Estado, pero no mucho más que eso.

Hostigada por la inflación, la gran mayoría de los asalariados prácticamente ignoró la orden de huelga general decretada por la CGT. De cualquier forma, una movilización obrera no podría haber obtenido nada concreto, a no ser que se hubieran dividido las Fuerzas Armadas, lo que no sucedió.

De ese modo, a pesar del significativo avance que alcanzaron los movimientos sociales en el país; políticamente, Jango quedó suspendido en el aire. Sólo permanecieron con él un ministro de Guerra que ya no comandaba, líderes sindicales con escasos seguidores que eran blancos de la represión y amigos responsables de fomentar ilusiones.

6. El régimen militar
y la transición a la democracia (1964-1984)

La modernización conservadora

Aparentemente, el movimiento del 31 de marzo de 1964 había sido realizado para librar al país de la corrupción y del comunismo y para restaurar la democracia.

El nuevo régimen comenzó a cambiar las instituciones del país por medio de los llamados Actos Institucionales (AI), justificados como consecuencia "del ejercicio del Poder Constituyente, inherente a todas las revoluciones". El AI-1 fue emitido el 9 de abril de 1964 por los comandantes del Ejército, de la Marina y de la Aeronáutica. Formalmente, mantuvo la Constitución de 1946 con varias modificaciones, así como el funcionamiento del Congreso.

Este último aspecto sería una de las características del régimen militar. Aunque el poder real se localizase en otras esferas y los principios básicos de la democracia fuesen violados, el régimen casi nunca asumió su cara autoritaria. Exceptuando pequeños períodos, el Congreso continuó funcionando y las normas que limitaban los derechos de los ciudadanos eran presentadas como temporarias. El propio AI-1 limitó su vigencia hasta el 31 de enero de 1966.

Varias medidas del AI-1 tenían por objetivo reforzar el Poder Ejecutivo y reducir el radio de acción del Congreso. El Presidente de la República quedaba autorizado a enviar al Congreso proyectos de ley que deberían ser tratados en el plazo de treinta días en la Cámara y en igual lapso en el Senado; en caso contrario, serían considerados aprobados. Como era fácil obstruir votaciones en el Congreso, y como sus trabajos normalmente se atrasaban, la aprobación de proyectos del Ejecutivo "por vencimiento de plazo" se volvió un hecho común. También quedó bajo la competencia del Presidente de la República la inicitiva para emitir proyectos de ley orientados a crear o aumentar el gasto público.

Fueron suspendidas las inmunidades parlamentarias, y se autorizó al Comando Supremo de la Revolución a revocar mandatos y a suspender los derechos políticos por el plazo de diez años. Para facilitar la purga del servicio público, también se suspendieron por seis meses las garantías sobre el carácter vitalicio de la magistratura y la estabilidad del empleo de los funcionarios públicos en general.

El Acto también asentó las bases para la instalación de las Investigaciones Policial-Militares (IPMs), a las que quedaron sujetos los responsables "por la práctica de crímenes contra el Estado o su patrimonio, contra el orden político o social, o por actos de guerra revolucionaria".

A partir de esos poderes excepcionales se desencadenaron persecuciones a los adversarios del régimen, que implicaron prisiones y torturas. Pero el sistema todavía no estaba completamente cerrado. Existía la posibilidad de utilizar el recurso del *habeas corpus* frente a los tribunales y la prensa se mantenía relativamente libre.

Fue gracias a las denuncias del diario carioca *Correio da Manhã* que el presidente Castelo Branco determinó la realización de una investigación sobre la práctica de torturas, que quedó a cargo del entonces jefe de la Casa Militar, general Ernesto Geisel. La investigación fue archivada por "falta de pruebas", pero de cualquier forma la tortura dejó de ser una práctica sistemática por algún tiempo.

Los estudiantes, quienes habían tenido un papel relevante en el período Goulart, fueron un objetivo prioritario de la represión. Ya el 1° de abril fue invadida e incendiada la sede de la UNE en Río de Janeiro. Luego de su disolución, la UNE comenzó a actuar en la clandestinidad. Las universidades constituyeron otro blanco privilegiado. Creada con intenciones renovadoras y considerada subversiva por los militares, la Universidad de Brasilia también sufrió una invasión un día después del golpe.

La represión más violenta se concentró en el campo, especialmente en el nordeste, y alcanzó en especial a las personas ligadas a las Ligas Campesinas. Se intervinieron muchos sindicatos y federaciones de trabajadores en las ciudades y se encarceló a dirigentes sindicales. Por lo general, las intervenciones se hicieron sobre los sindicatos más importantes, impactando sobre el 70% de las organizaciones que tenían más de 5 mil miembros.

En 1964, las purgas alcanzaron a cuarenta y nueve jueces. En el Congreso, se les revocó el mandato a cincuenta parlamentarios. De los cuarenta diputados que perdieron su cargo en la primera lista, dieciocho pertenecían al PTB; por su parte, ninguna revocación de mandato alcanzó a la UDN.

Cálculos conservadores indican que más de 1.400 personas fueron separadas de la burocracia civil y alrededor de 1.200 de las Fuerzas Armadas. Se buscaba especialmente a aquellas personas que se habían destacado en posiciones nacionalistas y de izquierda.

Algunos gobernadores perdieron su mandato. Además de los nombres obvios de Jango y Brizola, entre las figuras más conocidas que sufrieron una revocación del mandato o la suspensión de sus derechos políticos figuraban Jânio Quadros y Juscelino Kubitschek, este último senador por Goiás. En el caso de Kubitschek, era clara la intención de anular a un candidato civil prestigioso para las próximas elecciones presidenciales.

Sin embargo, los hechos señalados no llegan a dar cuenta del clima de miedo y de las delaciones que se fueron instalando gradualmente en el país. En junio de 1964, el régimen militar dio un paso importante en el control de los ciudadanos con la creación del Servicio Nacional de Informaciones (SNI). Su principal ideólogo y primer jefe fue el general Golbery do Couto e Silva. El SNI tenía como objetivo principal "recolectar y analizar informaciones relativas a la Seguridad Nacional, a la contrainformación y a la información sobre cuestiones de subversión interna". En la práctica, se convirtió en un centro de poder casi tan importante como el Ejecutivo, actuando por cuenta propia en la "lucha contra el enemigo interno". Años más tarde, el general Golbery do Couto e Silva intentó justificarse diciendo que sin querer había creado un monstruo.

El AI-1 estableció la elección de un nuevo presidente de la República por votación indirecta del Congreso Nacional. El 15 de abril de 1964, fue electo presidente el general Humberto de Alencar Castelo Branco, con mandato hasta el 31 de enero de 1966.

En el plano político, el grupo castelista tenía como objetivo instituir una "democracia restringida" luego de realizar las cirugías previstas en el AI-1; en el plano de la economía, pretendía reformar el sistema económico capitalista modernizándolo, no sólo como un fin en sí mismo sino también como una forma de contener la amenaza comunista. Para alcanzar esos propósitos, era necesario enfrentar la caótica situación económico financiera que venía de los últimos meses del gobierno de Goulart, controlar a la masa trabajadora del campo y de la ciudad y promover una reforma del aparato del Estado.

* * *

El lanzamiento del Programa de Acción Económica del Gobierno (PAEG) tenía en vista el primero de esos fines. Quedaron como responsables del programa los ministros de Planeamiento, Roberto Campos, y de Hacienda, Otávio Gouveia de Bulhões.

El PAEG trató de reducir el déficit del sector público, contraer el crédito privado y comprimir los salarios. Intentó controlar los gastos de los Estados proponiendo una ley que les prohibía contraer deudas sin autorización federal. Las finanzas de la Unión fueron equilibradas gracias a un mejoramiento de la situación de las empresas públicas, al corte de subsidios para productos básicos como el trigo y el petróleo y al aumento de la recaudación de impuestos. En un comienzo, las dos primeras medidas tuvieron impacto en el costo de vida, pues fue necesario aumentar las tarifas de servicios de energía eléctrica, teléfonos, etcétera, así como elevar el precio de la gasolina y del pan.

Se obtuvo un aumento de la recaudación de impuestos gracias a una mejora de la máquina estatal, que era bastante deficiente. La introducción de la corrección monetaria para el pago de impuestos atrasados contribuyó en parte para que dejase de ser negocio ser deudor del Estado.

La compresión de los salarios comenzó a ser hecha fijando fórmulas de reajuste inferiores a la inflación. Esta acción vino acompañada por medidas destinadas a impedir las huelgas y a facilitar la rotación de la mano de obra en beneficio de las empresas. La ley de huelga, aprobada por el Congreso en junio de 1964, creó exigencias burocráticas que hicieron prácticamente imposible realizar paros legales. Sin embargo, es preciso recordar también que en veinte años de régimen democrático el

Congreso no había aprobado ninguna ley que cumpliera con el precepto constitucional de garantizar el derecho de huelga, aunque en la práctica fuera ejercido libremente durante los últimos años de aquel período.

El gobierno terminó también con uno de los derechos más valorados por los asalariados urbanos: la estabilidad en el empleo luego de diez años de servicio, garantizada por la CLT. La fórmula surgió en septiembre de 1966 cuando se creó un mecanismo de compensación que sustituyó a la estabilidad: el Fondo de Garantía por Tiempo de Servicio.

Con relación al campo, la política represiva del gobierno de Castelo Branco contra los llamados agitadores vino acompañada de medidas que intentaban dar solución al problema de la tierra. En noviembre de 1964, el Congreso aprobó el Estatuto de la Tierra, cuyo fin era ejecutar una reforma agraria y promover una política agrícola. Pero se trató de una ley que en gran medida quedó en el papel, al igual que otros instrumentos que le siguieron.

Uno de los cambios de enfoque más importantes de los ministros Campos y Bulhões se produjo en el área de comercio exterior. Ellos terminaron con la idea, vigente en ese entonces, de que existía un "estrangulamiento de las exportaciones", o sea, de que la competencia internacional establecía límites estructurales rígidos para exportar. Los ministros consideraban que se había subestimado el potencial de Brasil. Lanzaron entonces una campaña de exportación no sólo para explotar las enormes reservas naturales del país y vender productos agrícolas, sino también para promover los bienes manufacturados.

Esperaban contar con la llegada de capital extranjero, especialmente en el sector de exportación. Para incentivar esa corriente de recursos, en agosto de 1964 se aprobó por vencimiento de plazo una nueva ley que regulaba las inversiones extranjeras y la remisión de ganancias al exterior. De ese modo, quedó revocada una ley restrictiva de 1962 que había provocado protestas de los norteamericanos y de los inversores externos en general.

El PAEG alcanzó sus objetivos. La combinación de corte de gastos y del aumento de la recaudación redujo el déficit público anual del 4,2% del PIB en 1963 al 3,2% en 1964 y al 1,6% en 1965. La fuerte inflación de 1964 tendió a ceder gradualmente y el PIB volvió a crecer a partir de 1966.

¿Por qué motivo el PAEG consiguió tener éxito, a diferencia de los planes anteriores? Es cierto que Campos y Bulhões hicieron un diagnóstico adecuado de la situación, pero eso no lo explica todo. La implantación de un régimen autoritario en el país facilitó la acción de gobierno. Para poder funcionar, cualquier plan de estabilización dependía de sacrificios por parte de la sociedad. En las condiciones de la sociedad brasileña de la época y en la percepción de los actores políticos, eso era algo difícil de alcanzar con una democracia.

El régimen autoritario permitió que Campos y Bulhões tomaran medidas que implicaban grandes sacrificios para la clase trabajadora, sin que ésta estuviese en condiciones de resistir. El problema crítico de la deuda externa pudo ser provisionalmente resuelto gracias al visto bueno del FMI y a la fuerte ayuda que el gobierno norteamericano hizo llegar a través de la Alianza para el Progreso.

En el plano internacional, el gobierno de Castelo Branco se alineó claramente con la política norteamericana. Un ejemplo de ese alineamiento ocurrió durante la guerra civil que estalló en la República Dominicana en los primeros meses de 1965. Los Estados Unidos intervinieron en el conflicto enviando a la isla a 42 mil *marines*. Brasil aceptó enviar tropas junto con Honduras y Paraguay bajo la cobertura de la llamada Inter-American Peace Force.

* * *

En octubre de 1965, se realizaron elecciones directas en once Estados. A esa altura de los acontecimientos, gran parte del entusiasmo por la revolución había declinado. Ahora no sólo era difícil ser engañado por la propaganda sobre el fin de la corrupción, sino que además los bolsillos de la clase media estaban vacíos.

A pesar del veto que ejerció la llamada línea dura sobre determinados candidatos, la oposición triunfó en Estados importantes como Guanabara y Minas Gerais. El resultado de las urnas alarmó a los militares. Los grupos de línea dura –adversarios de los castelistas– veían en ello una prueba de que el gobierno era muy complaciente con sus enemigos. Predicaban la necesidad de implantar un régimen autoritario con control militar estricto del sistema de decisiones, que llevara más lejos la lucha contra el comunismo y la corrupción.

Presionado por esos sectores, Castelo Branco emitió el AI-2 en octubre de 1965, apenas veinticuatro días después de las elecciones estaduales. El AI-2 estableció en forma definitiva que la elección para presidente y vicepresidente de la república sería realizada por la mayoría absoluta del Congreso Nacional, en sesión pública y con voto nominal. Reforzó todavía más los poderes del Presidente de la República, estableciendo que éste podía emitir decretos-leyes en materia de seguridad nacional. De esta forma, el gobierno comenzó a legislar sobre temas relevantes a través de decretos-leyes, ampliando hasta donde quiso el concepto de seguridad nacional.

Otra medida importante del AI-2 fue la disolución de los partidos políticos. Los militares consideraban que uno de los factores responsables por las crisis políticas era el sistema multipartidario. De ese modo, dejaron de existir los partidos que habían sido creados a finales del *Estado Novo* y que mal o bien expresaban diferentes corrientes de opinión pública.

En la práctica, la legislación partidaria obligó a que se organizaran sólo dos partidos: la Alianza Renovadora Nacional (Arena), que agrupaba a los partidarios del gobierno, y el Movimiento Democrático Brasileño (MDB), que reunía a la oposición. La mayor parte de los políticos que se afiliaron a la Arena habían pertenecido a la UDN y en casi igual número al PSD; por su parte, el MDB se formó con figuras del PTB y, en menor medida, del PSD.

* * *

El gobierno de Castelo Branco completó los cambios en las instituciones del país haciendo aprobar por el Congreso una nueva Constitución en enero de 1967. Sometido a nuevas revocaciones, el Congreso había sido cerrado por un mes en octubre de 1966 y luego reconvocado para una reunión extraordinaria a fin de aprobar el nuevo texto constitucional.

La Constitución de 1967 incorporó la legislación que había ampliado los poderes conferidos al Ejecutivo, especialmente en lo referido a la seguridad nacional. Pero, sin embargo, no mantuvo las figuras excepcionales que permitían nuevas revocaciones de mandatos, pérdida de derechos políticos, etcétera.

* * *

El grupo castelista no consiguió presentar a un sucesor de Castelo Branco. Fueron electos como presidente el general Artur da Costa e Silva y como vicepresidente un civil, el udenista Pedro Aleixo, quienes asumieron el mando en marzo de 1967.

A pesar de haber sido ministro de Guerra de Castelo Branco, Costa e Silva era un personaje extraño al grupo. El "Tío Viejo" –como era llamado por los conspiradores de 1964– había hecho una sólida carrera militar que incluía desde meses de entrenamiento en los Estados Unidos, hasta el comando del IV Ejército en los tensos años de 1961-1962. No obstante, su estilo no coincidía con el del intelectualizado Castelo Branco. No estaba interesado en complicadas lecturas sobre estrategia militar y prefería cosas más superficiales y las carreras de caballos. Más significativo que esa diferencia de personalidad era el hecho de que Costa e Silva resumía las esperanzas de la línea dura y de los nacionalistas autoritarios de las Fuerzas Armadas, descontentos con la política castelista de aproximación a los Estados Unidos y con las facilidades concedidas a los capitales extranjeros.

Sin embargo, en su paso por el poder no fue un simple instrumento de la línea dura. Tomando en cuenta las presiones existentes en la sociedad, tendió puentes a los sectores de la oposición y trató de oír a los que discordaban. Al mismo tiempo, comenzó una ofensiva en el área laboral incentivando la organización de sindicatos y la formación de líderes sindicales confiables. Los acontecimientos por venir acabarían con esa política de liberalización restringida.

El cierre político y la lucha armada

La oposición venía rearticulándose desde 1966, luego de que pasó el primer impacto de la represión. Muchos miembros de la jerarquía de la Iglesia se enfrentaron con el gobierno, y en el nordeste se destacó la actuación del arzobispo de Olinda y

Recife, don Hélder Câmara. También los estudiantes comenzaron a movilizarse en torno a la UNE.

Marginado de la escena política, Lacerda se acercó a sus enemigos tradicionales –Jango y Kubitschek– para formar el Frente Amplio. Reunidos en Montevideo, los líderes del Frente se propusieron luchar por la redemocratización del país y por la afirmación de los derechos de los trabajadores.

En 1968, ganaron ímpetu las movilizaciones, en el contexto de un año cargado de significación en todo el mundo. En el mes de marzo, la muerte de un estudiante a manos de la Policía Militar durante una pequeña protesta realizada en Río de Janeiro sirvió como catalizador de las manifestaciones de la calle. A su entierro asistieron millares de personas. La indignación se redobló con la sucesión de nuevos hechos de violencia. Estos hechos crearon las condiciones para una movilización más amplia, que reunió no sólo a los estudiantes, sino también a sectores representativos como la Iglesia y la clase media. El punto más alto de la convergencia de las fuerzas que luchaban por la redemocratización, fue la llamada marcha de los 100 mil, realizada en junio de 1968.

Al mismo tiempo, se sucedieron dos violentas huelgas obreras: la de Contagem, cerca de Belo Horizonte, y la de Osasco, en el Gran San Pablo. Mientras que la de Contagem fue hasta cierto punto espontánea, la de Osasco fue producto de una acción conjunta de trabajadores y estudiantes que comenzó con la ocupación de una gran empresa. La prueba de fuerza terminó mal. El Ministerio de Trabajo intervino el Sindicato de los Metalúrgicos y un pesado aparato militar realizó la desocupación de la empresa recurriendo al empleo de la violencia.

En la huelga de Osasco incidieron grupos de izquierda que consideraban que sólo la lucha armada pondría fin al régimen militar. Esos grupos estuvieron muy influidos por el ejemplo de la Revolución Cubana y por el surgimiento de guerrillas en varios países de América Latina, como Guatemala, Colombia, Venezuela y Perú.

En Brasil, la organización tradicional de izquierda –el PCB– se oponía a la lucha armada. En 1967, un grupo liderado por el veterano comunista Carlos Marighela rompió con el partido y formó la Alianza de Liberación Nacional (ALN). La AP ya había optado por la lucha armada y fueron surgiendo nuevos grupos, entre ellos la Vanguardia Popular Revolucionaria (VPR), que contaba con fuerte presencia de militares de izquierda.

Los grupos de lucha armada comenzaron sus primeras acciones en 1968. En esa época, fue colocada una bomba en el consulado norteamericano en San Pablo; también surgieron las "expropiaciones", o sea, los asaltos para reunir fondos. Esos hechos eran suficientes para que la línea dura reforzara su convicción de que la Revolución se estaba perdiendo y que era necesario crear nuevos instrumentos para acabar con los subversivos. El pretexto para ponerle fin a la liberalización restringida fue un hecho aparentemente sin importancia: un discurso que hizo en el Congreso el diputado Márcio Moreira Alves, que fue considerado como una ofensa a las Fuerzas Armadas.

El texto del discurso —que era desconocido por el gran público— fue distribuido en las unidades militares. Una vez creado el clima de indignación, los ministros militares le solicitaron al STF que se abriera un proceso criminal contra Moreira Alves por ofensas a la dignidad de las Fuerzas Armadas. El proceso dependía del permiso del Congreso, pero éste, en una decisión inesperada, se negó a suspender la inmunidad parlamentaria del diputado. Menos de veinticuatro horas después, el 13 de mayo de 1968, Costa e Silva emitió el AI-5 y cerró el Congreso.

El AI-5 fue el instrumento de una revolución dentro de la revolución, o de una contrarrevolución dentro de la contrarrevolución. Al contrario de los Actos anteriores, no tenía un plazo de vigencia. El presidente de la República volvió a tener poderes para cerrar provisoriamente el Congreso, lo que no estaba permitido por la Constitución de 1967. Asimismo, quedaban restablecidos los poderes presidenciales para revocar mandatos y suspender derechos políticos, así como para dimitir o jubilar servidores públicos.

A partir del AI-5, el núcleo militar del poder se concentró en la llamada comunidad de informaciones, esto es, en aquellas figuras que estaban al frente de los órganos de vigilancia y represión. Se abrió entonces un nuevo ciclo de revocación de mandatos, pérdida de derechos políticos y purgas entre los funcionarios públicos, que incluyó a muchos profesores universitarios. En la práctica, se estableció la censura a los medios de comunicación y la tortura pasó a formar parte de los métodos de gobierno.

Uno de los muchos aspectos trágicos del AI-5 consistió en el hecho de que reforzó la tesis de los grupos de lucha armada, cuyas acciones se multiplicaron a partir de 1969. El régimen parecía incapaz de ceder a las presiones sociales y reformarse, siguiendo cada vez más el camino de una dictadura brutal.

* * *

En agosto de 1969, Costa e Silva sufrió un derrame que lo dejó paralítico. Los ministros militares decidieron sustituirlo, violando la norma constitucional que indicaba como sustituto al vicepresidente Pedro Aleixo.

La izquierda radical comenzó a secuestrar a miembros del cuerpo diplomático extranjero para intercambiarlos por prisioneros políticos. La acción más resonante fue el secuestro en Río de Janeiro del embajador de los Estados Unidos. A cambio de la libertad del embajador Elbrick, los secuestradores consiguieron la liberación de quince presos políticos que fueron transportados a México.

La Junta creó la pena de expulsión del territorio nacional, aplicable a todo brasileño que "se vuelva inconveniente, nocivo o peligroso para la Seguridad Nacional". Los primeros desterrados fueron los prisioneros intercambiados por el embajador norteamericano. La pena de muerte nunca se aplicó formalmente, prefiriéndose las ejecuciones sumarias o como consecuencia de torturas, presentadas como resultado de enfrentamientos entre subversivos y fuerzas del orden o como desapariciones misteriosas.

Hasta 1969, el organismo de mayor responsabilidad en la utilización de la tortura fue el Centro de Informaciones de la Marina (Cenimar). A partir de ese año, surgió en San Pablo la Operación Bandeirantes (Oban), vinculada al II Ejército y cuyo radio de acción se concentró en el eje San Pablo-Río de Janeiro. La Oban dio lugar a los DOI-CODI, siglas del Destacamento de Operaciones e Informaciones y del Centro de Operaciones de Defensa Interna. Los DOI-CODI se extendieron a varios Estados y fueron los principales centros de tortura del régimen militar.

Mientras que el país vivía uno de sus períodos políticos más tenebrosos, el gobierno alcanzaba éxitos en el área económica. Una vez que Campos y Bulhões recompusieron las finanzas a través de una recesión relativamente corta, el ministro de Hacienda Delfim Netto trató de fomentar el crecimiento económico facilitando la expansión del crédito. Al mismo tiempo, estableció controles de precios para frenar la inflación, que comenzó a declinar luego de haber alcanzado un techo del 25,4% en 1968.

En 1968, hubo una fuerte recuperación industrial liderada por la industria automotriz, de productos químicos y de material plástico. La construcción civil se expandió bastante, ayudada sobre todo por los recursos provistos por el Banco Nacional de Habitación (BNH). En 1968 y 1969 el país creció a un ritmo impresionante, registrando variaciones de 11,2% y 10% del PIB, lo que corresponde al 8,1% y al 6,8% en el cálculo *per capita*. Comenzaba así el período del denominado "milagro económico".

* * *

A mediados de octubre 1969, Costa e Silva todavía estaba vivo, pero sin posibilidades de recuperación. Frente a eso, la Junta Militar declaró vacantes los cargos de presidente y vicepresidente de la república, y fijó la realización de elecciones por el Congreso Nacional para el 25 de octubre. El Alto Comando de las Fuerzas Armadas eligió para presidente al general Emilio Garrastazu Médici y para vicepresidente al ministro de Marina, Augusto Rademaker.

Médici era un militar *gaúcho* al igual que Costa e Silva. Descendía de italianos por línea paterna y su madre era de origen vasco. En la década de 1950, había sido Jefe del Estado Mayor de Costa e Silva –por entonces comandante de la III Región Militar–, y se habían convertido en amigos íntimos. Apoyó el movimiento de 1964 y, luego de la caída de Goulart, fue nombrado agregado militar de Brasil en Washington. Cuando Costa e Silva asumió la Presidencia de la República, se transformó en el jefe del SNI.

Médici era un hombre desconocido para la gente. Además, no sentía atracción por el ejercicio del poder y había delegado el gobierno en sus ministros. De allí resultó la paradoja de un mando presidencial dividido, en uno de los períodos más represivos –si no el más represivo– de la historia brasileña.

Los grupos armados urbanos, que en un principio habían dado la impresión de poder desestabilizar el régimen con sus acciones espectaculares, declinaron y prácticamente desaparecieron. Ante todo, ese desenlace fue consecuencia de la eficacia de la represión, que incluyó a los activistas de la lucha armada y a sus simpatizantes, en su mayoría jóvenes profesionales. Otro factor fue el aislamiento de los grupos de la masa de la población, cuyo interés por esas acciones era mínimo, por no decir nulo. Al pensar que podía crear en Brasil un nuevo Vietnam, la izquierda radical se había equivocado por completo.

Quedó un foco de guerrilla rural que el PC do B comenzó a instalar en una región bañada por el río Araguaia, próxima a Marabá, y situada al este del Estado de Pará. Durante los años 1970-1971, los guerrilleros –aproximadamente setenta personas– establecieron vínculos con los campesinos, enseñándoles métodos de cultivo y cuidados de la salud. El Ejército descubrió el foco en 1972, pero no se reveló tan apto para reprimirlo como lo había sido con la guerrilla urbana. Fue recién en 1975 que las fuerzas del Ejército consiguieron liquidar o capturar al grupo del PC do B, luego de transformar a la región en una zona de seguridad nacional. No obstante, todo eso no llegó a ser conocido por el gran público, pues estaba prohibida la divulgación del tema. Lo que se sabía sobre la guerrilla del Araguaia eran, a lo sumo, rumores contradictorios.

Por otro lado, como resultado de las condiciones económicas favorables, de la represión y, en menor medida, de la campaña por el voto nulo, la oposición legal llegó a su nivel más bajo durante el gobierno de Médici. La Arena logró una amplia victoria en las elecciones legislativas de 1970, cuando se renovaron los dos tercios de las bancas del Senado.

El gobierno de Médici no se limitó a la represión. Supo distinguir claramente entre un sector significativo pero minoritario de la sociedad, que era adversario del régimen, y la mayoría de la población, que vivía una cotidianidad aceptable en esos años de prosperidad económica. La represión se dirigió al primer grupo, mientras que la propaganda estaba destinada, por lo menos, a neutralizar al segundo.

Luego de 1964, hubo un gran avance de las telecomunicaciones en el país. Las facilidades de crédito personal permitieron aumentar el número de residencias que tenían televisión. En 1960, apenas el 9,5% de las residencias urbanas tenían un aparato; en 1970, la proporción llegaba al 40%. Por esa época, beneficiada por el apoyo del gobierno –de quien era portavoz– la TV Globo se expandió hasta volverse una red nacional y lograr prácticamente el control del sector. De esta forma, la propaganda gubernamental tuvo un canal de expresión como nunca había existido antes en la historia de Brasil. La promoción de "Brasil gran potencia" impactó en el imaginario de la población. Fue la época en que muchos ancianos brasileños de clase media se lamentaban por no tener condiciones biológicas para vivir hasta el nuevo milenio, cuando Brasil igualaría al Japón.

* * *

El período del llamado "milagro" se extendió desde 1969 hasta 1973, y combinó un extraordinario crecimiento económico con tasas relativamente bajas de inflación. En ese período, el PIB creció a un promedio anual del 11,2% anual, y alcanzó su pico en 1973 con una variación del 13%. La inflación media anual no pasó del 18%.

El milagro tenía una explicación terrenal. Los técnicos que lo programaron, con Delfim Netto a la cabeza, ante todo se vieron beneficiados por una situación de la economía mundial caracterizada por la amplia disponibilidad de recursos. Los países en desarrollo más avanzados aprovecharon las nuevas oportunidades para tomar préstamos externos. El total de la deuda externa de esos países no productores de petróleo aumentó de menos de 40 mil millones de dólares en 1967 a 97 mil millones en 1972 y a 375 mil millones en 1980.

Junto con los préstamos, creció la inversión de capital extranjero en Brasil. En 1973, los ingresos de capital habían alcanzado el nivel anual de 4,3 mil millones de dólares, casi el doble del nivel de 1971 y más de tres veces el de 1970.

Uno de los sectores más importantes de la inversión extranjera fue el de la industria automotriz, que lideró el crecimiento industrial con tasas anuales por encima del 30%. La expansión del crédito al consumidor y la revisión de las normas de producción que autorizaban la fabricación de autos de tamaño mediano atrajeron fuertes inversiones de la GM, la Ford y la Chrysler.

También hubo una gran expansión del comercio exterior. La importación ampliada de determinados bienes era necesaria para sostener el crecimiento económico. Las exportaciones pudieron diversificarse gracias al incentivo para la exportación de productos industriales por medio de la concesión de créditos en condiciones favorables, la exención o reducción de impuestos y otras medidas de subsidio a las exportaciones. El esfuerzo de diversificación, que pretendía una menor dependencia de Brasil de un único producto, dio buenos resultados. Entre 1947 y 1964, el café representaba el 57% del valor de las exportaciones brasileñas. Pasó al 37% entre 1965 y 1971 y al 15% entre 1972 y 1975. A su vez, creció la capacidad de recaudar tributos por parte del gobierno, lo que contribuyó a la reducción del déficit público y de la inflación.

Pero el "milagro" también tenía puntos vulnerables y puntos negativos. El principal punto vulnerable se encontraba en la excesiva dependencia del sistema financiero y del comercio internacional, que eran los responsables por la facilidad de los préstamos externos, por la inversión de capitales extranjeros, por la expansión de las exportaciones, etcétera. El crecimiento económico implicó también una necesidad cada vez mayor de contar con determinados productos importados, el más importante de los cuales era el petróleo.

Los aspectos negativos del "milagro" fueron sobre todo de naturaleza social. La política económica de Delfim Netto privilegió la acumulación de capitales por medio de las facilidades ya citadas y por la creación de un índice previo de aumento de salarios a un nivel que subestimaba la inflación. Desde el punto de vista del consumo personal, la expansión de la industria favoreció a las clases de ingreso alto y medio —especialmente en el caso de los automóviles—, pero se redujeron los salarios de los trabajadores de baja calificación.

Esto produjo una acentuada concentración de renta que ya venía de años anteriores. Si tomamos la cifra 100 como índice del salario mínimo de enero de 1959, éste había caído a 39 en enero de 1973. Este dato resulta bastante significativo si tomamos en cuenta que, en 1972, el 52,5% de la población económicamente activa recibía menos de un salario mínimo y que el 22,8% recibía entre uno y dos salarios. Sin embargo, el impacto social de la concentración de renta fue atenuado. La expansión de las oportunidades de empleo permitió que aumentase bastante el número de personas que trabajaban por cada familia urbana.

Otro aspecto negativo del "milagro" –que se mantuvo vigente después– fue la desproporción entre el avance económico y el retraso o incluso el abandono de los programas sociales de parte del Estado. Brasil llegaría a singularizarse en el contexto internacional por tener una posición relativamente destacada debido a su potencial industrial y por indicadores muy bajos de salud, educación y vivienda, que son los que miden la calidad de vida de un pueblo.

El "capitalismo salvaje" caracterizó a aquellos años y a los siguientes con sus inmensos proyectos, que no tomaban en cuenta ni a la naturaleza ni a las poblaciones locales. La palabra "ecología" sólo aparecía en los diccionarios y la polución industrial y de los automóviles parecían una bendición. Un buen ejemplo de ese espíritu del gobierno de Médici lo constituyó el proyecto de la carretera Transamazónica que fue construida para asegurar el control brasileño de la región –un eterno fantasma en la visión de los militares– y para asentar a los trabajadores nordestinos en villas agrarias. Luego de provocar mucha destrucción y de beneficiar a las empresas de construcción, la obra resultó un fracaso.

* * *

Tal como había sucedido con Castelo Branco, Médici no consiguió designar a su sucesor. A mediados de 1973, las Fuerzas Armadas eligieron el nombre del general Ernesto Geisel.

Geisel nació en Río Grande do Sul, hijo de un alemán protestante luterano que emigró a Brasil en 1890. Paralelamente a su carrera en el Ejército, el general había ocupado puestos administrativos, el más importante de los cuales fue el de presidente de la Petrobrás. Pero también tenía los ojos puestos en la política. Colaboró con el gobierno de Dutra y ayudó a formular el compromiso que garantizó la asunción presidencial de João Goulart en 1961. Como miembro del cuerpo permanente de la ESG y jefe de la Casa Militar de Castelo Branco, sus vínculos con el grupo castelista eran notorios. En ese cargo, contribuyó a mantener a distancia a la "línea dura". En el ámbito de la corporación militar, Geisel no fue elegido por apoyar la liberalización del régimen, sino por la valorización de su capacidad de comando y sus cualidades administrativas. También pesó en la elección el hecho de que fuera hermano del ministro de Ejército Orlando Geisel. En oposición a Geisel, el MDB decidió lanzar la candidatura simbólica de su presidente Ulysses Guimarães, denunciando de esta forma las elecciones indirectas, la supresión de las libertades y la concentración de renta resultante del modelo económico.

Una enmienda a la Constitución de 1967 modificó la forma de elección del presidente de la república. Se previó la creación de un Colegio Electoral compuesto por miembros del Congreso y de delegados de las Asambleas Legislativas de los Estados. Geisel fue el primer presidente escogido por el colegiado. Electo en enero de 1974, tomó posesión del cargo el 15 de marzo de aquel año.

El proceso de apertura política

El gobierno de Geisel se asocia al comienzo de la apertura política, que el general Presidente definió como lenta, gradual y segura. En la práctica, la liberalización del régimen –llamada, en un principio, distensión– siguió un camino difícil, lleno de pequeños avances y retrocesos. Varios factores contribuyeron para ello. Por un lado, Geisel sufría presiones de la línea dura, que mantenía mucho de su fuerza. Por otro, él mismo deseaba controlar la apertura, abriendo camino a una indefinida democracia conservadora que evitase una llegada demasiado rápida de la oposición al poder. De esta forma, la apertura fue lenta, gradual e insegura, pues la línea dura se mantuvo como una continua amenaza de retroceso hasta el fin del gobierno de Figueiredo.

La estrategia de distención fue elaborada por el general Golbery do Couto e Silva, jefe del Gabinete Civil de la Presidencia. ¿Por qué Geisel y Golbery do Couto e Silva decidieron promover la liberalización del régimen? ¿Sería fruto de las presiones de la oposición? No hay duda de que en 1973 la oposición había comenzado a dar claras señales de vida independiente; además, el enfrentamiento entre la Iglesia y el Estado también era muy desgastante para el gobierno. El equipo de transición de Geisel trató de establecer lazos con la Iglesia a partir de un punto en común de entendimiento: la lucha contra la tortura.

Pero la oposición y la Iglesia no eran el termómetro más sensible para indicar la necesidad de distención. Ese termómetro se localizaba en la relación entre las Fuerzas Armadas y el poder. El poder había sido tomado por los órganos de represión, produciendo reflejos negativos en la jerarquía de las Fuerzas Armadas. De esta forma, se habían alterado las funciones y los principios básicos de la institución, lo que planteaba riesgos a su integridad. Para restaurar la jerarquía, se hacía necesario neutralizar a la línea dura, ablandar la represión y promover la "vuelta de los militares a los cuarteles" de forma ordenada.

El gobierno comenzó a enfrentarse a la línea dura entre bastidores. Al mismo tiempo, permitió que las elecciones legislativas de noviembre de 1974 se realizasen en un clima de relativa libertad, con acceso de los partidos a la radio y la televisión. Se esperaba un triunfo fácil de la Arena, pero los resultados electorales sorprendieron al gobierno al indicar un considerable avance del MDB, sobre todo en las grandes ciudades y en los Estados más desarrollados. Durante 1975, Geisel combinó medidas liberalizantes con medidas represivas. Suspendió la censura a los diarios y autorizó una fuerte represión al PCB, acusado de estar por detrás de la victoria del MDB.

Un importante enfrentamiento entre el gobierno y la línea dura se produjo finalmente en San Pablo. Aunque la guerrilla había sido eliminada, los militares de la línea dura continuaban viendo subversivos por todas partes. También persistía la práctica de la tortura, seguida de la "desaparición" de varias personas asesinadas por la represión.

En octubre de 1975, durante una ola represiva, el periodista Vladimir Herzog, director de periodismo de la TV Cultura de San Pablo, fue intimado a comparecer al DOI-CODI bajo sospecha de tener vínculos con el PCB. Herzog se presentó al DOI-CODI y no salió vivo de allí. Su muerte fue presentada como un suicidio por ahorcamiento, una forma grosera de encubrir la realidad: tortura seguida de muerte.

El hecho provocó gran indignación en San Pablo, sobre todo en el ámbito de la clase media profesional y la Iglesia Católica. La Iglesia y la Orden de los Abogados de Brasil (OAB) se movilizaron, denunciando el empleo sistemático de la tortura y los asesinatos encubiertos.

Pocos meses más tarde, en enero de 1976, el obrero metalúrgico Manoel Fiel Filho apareció muerto en circunstancias semejantes a las de Herzog. Una vez más, la versión oficial era la de suicidio por ahorcamiento. El presidente Geisel resolvió actuar. En San Pablo se había instalado un poder paralelo que contaba con la bendición –o por lo menos, la omisión– del comandante del II Ejército. Geisel lo sustituyó por un general de su entera confianza, quien comenzó a utilizar otro lenguaje y a establecer puntos de contacto con la sociedad. Si bien cesó la tortura en las dependencias del DOI-CODI, las violencias en San Pablo aún no habían terminado.

* * *

Luego del resultado de noviembre de 1974, las disputas electorales pasaron a ser una preocupación para el gobierno. En noviembre de 1976 habría elecciones municipales y la posibilidad de que la Arena fuera derrotada era real.

Meses antes, en junio de 1976, una ley que modificaba la legislación electoral terminó con el acceso de los candidatos a la radio y la televisión. La Ley Falcão, engendrada por el ministro de Justicia, alcanzaba en principio tanto a la Arena como al MDB; pero el gran perjudicado era el partido de la oposición, pues perdía una oportunidad única de divulgar sus ideas. Aun así, el MDB venció en las elecciones para intendente y conquistó la mayoría de las Cámaras Municipales en cincuenta y nueve de las cien mayores ciudades del país.

En abril de 1977, luego de dejar al Congreso en receso, Geisel apretó el cerco e introdujo una serie de medidas que fueron conocidas como "paquete de abril". Entre las medidas del paquete estaba la creación del senador "biónico", cuyo objetivo era impedir que el MDB llegase a ser mayoría en el Senado. Los senadores "biónicos" fueron elegidos –o mejor dicho, "fabricados"– por elección indirecta de un colegio electoral.

Al mismo tiempo, en 1978 el gobierno inició una ronda de encuentros con líderes de la oposición y de la Iglesia para comenzar a restablecer las libertades públicas. A partir de 1979 dejó de tener vigencia el AI-5, restaurándose así los derechos individuales y la independencia del Congreso.

El MDB alcanzó buenos resultados en las elecciones legislativas de 1978. El partido se había convertido en el canal de expresión política de todos los descontentos de la población, integraban sus cuadros desde liberales hasta socialistas. La campaña electoral de 1978 contó con el apoyo de militantes de diferentes grupos de la sociedad civil: estudiantes, sindicalistas, abogados y miembros de las organizaciones de base de la Iglesia Católica. Esos grupos tendieron un puente entre el MDB y la gran masa, reduciendo el grave inconveniente de la imposibilidad de tener libre acceso a la radio y la televisión.

El MDB obtuvo el 57% de los votos válidos para el Senado, pero no se quedó con la mayoría del cuerpo. Esto se explica porque en el Senado la representación no es proporcional sino por Estados. Además, estaba la presencia de los "biónicos". La Arena continuó siendo mayoritaria en la Cámara Federal, conquistando doscientas treinta y un bancas contra ciento ochenta y nueve del MDB. La concentración de votos del MDB se mantuvo en los Estados más desarrollados y en las ciudades. En la votación para el Senado, el partido recibió cerca del 83% de los votos en San Pablo, el 63% en el Estado de Río de Janeiro y el 62% en Río Grande do Sul. De cualquier forma, el gobierno continuaba siendo mayoría en el Congreso.

* * *

En octubre de 1973, todavía en el período Médici, ocurrió la primera crisis internacional del petróleo, que se desató como consecuencia de la llamada Guerra de Yom Kippur, emprendida por los Estados árabes contra Israel. La crisis afectó profundamente a Brasil, ya que importaba más del 80% del total de su consumo de petróleo.

Pero cuando asumió el mando el general Geisel, en octubre de 1974, todavía quedaba algo del clima de euforia de los años del "milagro". La conducción de la política económica pasó a manos del economista Mario Henrique Simonsen, quien sustituyó a Delfim Netto en el Ministerio de Hacienda, y de João Paulo dos Reis Veloso, ministro de Planeamiento. Reis Veloso venía del ministerio de Médici.

El nuevo gobierno lanzó el II Plan Nacional de Desarrollo (PND). El I PND había sido elaborado por Roberto Campos en 1967 para equilibrar las finanzas y combatir a la inflación. El II PND buscaba completar el proceso de sustitución de importaciones que se había instalado en el país hacía varias décadas, pero cambiando su contenido. Ya no se trataba de sustituir la importación de bienes de consumo, sino de avanzar en el camino de la autonomía en materia de insumos básicos (petróleo, acero, aluminio, fertilizantes, etcétera) y de la industria de bienes de capital.

La preocupación del II PND por el problema energético era evidente, pues proponía el avance de la búsqueda de petróleo, el programa nuclear, la sustitución parcial de la gasolina por el alcohol y la construcción de usinas hidroeléctricas; cuyo ejemplo más significativo fue la de Itaipú, construida sobre el río Paraná en la frontera Brasil-Paraguay, a partir de un convenio entre los dos gobiernos. La usina de Itaipú comenzó a funcionar en 1984, y se destacó como la mayor usina hidroeléctrica del mundo.

El II PND trató de fomentar las inversiones de la gran empresa privada en la producción de bienes de capital. En ese esfuerzo se puso en juego todo el sistema de incentivos y créditos del BNDE. Sin embargo, la nueva política ubicaba en el centro del palco de la industrialización brasileña a la gran empresa estatal. En rigor, la base del programa la constituían las gigantescas inversiones a cargo del sistema de la Electrobrás, la Petrobrás, la Embratel (telecomunicaciones) y de otras empresas públicas.

La opción por el crecimiento que se tomó en 1974 representó una decisión basada en evaluaciones de tipo económico y también político. La insistencia en el crecimiento mostró hasta qué punto era fuerte en los círculos dirigentes la creencia de que Brasil era un país predestinado a crecer. Esa creencia no provenía de los años del "milagro", sino de tiempos más lejanos, situados en los años cincuenta.

Por otro lado, la estrategia de distención no estimulaba al gobierno optar por una política recesiva, cuyo mayor peso recaería sobre la masa asalariada. Si la oposición crecía en condiciones económicas favorables, ¿qué sucedería en caso de que la economía entrase en recesión?

Muchos empresarios –sobre todo de San Pablo– tenían dudas sobre el rumbo que estaba tomando la política económica, lo que dio origen a una campaña contra el excesivo intervencionismo estatal. De esta forma, un sector social dominante trataba de participar de una escena política que hasta allí había estado dominada por militares y tecnócratas.

Hay una gran controversia entre los economistas sobre las consecuencias del II PND. En un extremo, están los que ven un intento inoportuno de crecimiento acelerado que sirvió para aplazar el ajuste de la economía y agravar el problema de la deuda externa. En el otro extremo, se ubican los que consideran que el II PND constituyó una verdadera mutación en el rumbo de la industrialización brasileña, gracias a la cual se avanzó cualitativamente en el proceso de sustitución de importaciones.

En un análisis retrospectivo, podemos ver con mayor claridad que el plan sufrió las consecuencias de la recesión internacional y de la elevación de la tasa de interés, aunque también tenía un problema de fondo. El plan se adecuaba a un esquema de industrialización que estaba en vías de ser superado en los países del Primer Mundo debido a sus consecuencias negativas. Industrias como la del acero, la del aluminio y la del cloruro de sodio consumen una alta cantidad de energía y son altamente contaminantes. A pesar de todas esas reservas, es importante señalar que, a partir del II PND, se alcanzaron algunos logros importantes en la sustitución de importaciones, especialmente en el caso del petróleo.

Un problema vigente desde la fase del "milagro" era que el crecimiento económico acelerado tenía como uno de sus ejes a la capacidad ociosa de las empresas. Dado que el ahorro interno era insuficiente, para continuar creciendo sería necesario ampliar la inversión y contar con nuevos y mayores recursos externos. Esos recursos no faltaron, ya que entraron al país principalmente bajo la forma de empréstitos. Sin embargo, esto produjo un aumento de la deuda externa, tanto pública como privada. A fines de 1978, la deuda era de 43,5 mil millones de dólares, más del doble que tres años atrás.

Además, el pago de intereses de la deuda comenzó a incidir más sobre la balanza de pagos, ya que la mayoría de los empréstitos había sido contraída a tasas de interés flexibles. Como el período se caracterizó por una elevación de la tasa de interés internacional, Brasil debía afrontar compromisos del servicio de la deuda cada vez más pesados. El aumento de la tasa de interés internacional fue consecuencia de la política de los Estados Unidos, que trató de cubrir el déficit de su balanza de pagos atrayendo inversiones de otros países.

No se puede decir que los recursos obtenidos a través de los empréstitos hayan sido arrojados por la ventana o servido sólo para beneficiar a los intermediarios. Esas cosas ocurrieron, pero el problema mayor derivó de la utilización de recursos en proyectos costosos, mal administrados y de largo o dudoso retorno.

En números brutos, el período Geisel presentó resultados satisfactorios. Entre 1974-1978 el PIB creció a un promedio anual del 6,7% y a un cálculo *per capita* del 4,2%. En el mismo período, la inflación subió un promedio del 37,9%. Sin embargo, los peligros eran demasiados. El control relativo de la inflación se venía haciendo a costa de artificios; entre ellos, la oferta de bienes producidos por las empresas estatales a un precio debajo del costo, lo cual volvía a esas empresas cada vez más deficitarias. La deuda externa continuaba creciendo y no era posible encontrar otra forma de pagar sus servicios que no fuera la de obtener nuevos empréstitos. Pero había otro problema en el horizonte: el mecanismo de corrección monetaria y el pago de elevados intereses aumentaban el peso de la deuda interna y comprometían el presupuesto de la Unión.

La indexación anual de salarios, esto es, su corrección solamente una vez al año, contribuía también a aumentar el descontento de los asalariados.

* * *

El régimen militar reprimió a los líderes sindicales vinculados al esquema populista, pero no desmanteló los sindicatos. En el campo, la Confederación Nacional de los Trabajadores Agrícolas (Contag) ya en 1968 comenzó a actuar independientemente del gobierno, fomentando la organización de sindicatos rurales en todo el país. En 1968, el número de sindicatos rurales alcanzaba a 625, pasando a 1.154 en 1972, a 1.745 en 1976 y a 2.144 en 1980. El gran aumento de los trabajadores rurales sindicalizados luego de 1973 –de poco más de 2,9 millones en 1973 a más de 5,1 millones en 1979– fue estimulado por la administración sindical de los programas de previsión social.

La Comisión Pastoral de la Tierra (CPT) fue el medio a través del cual surgieron líderes combativos bajo la influencia de la Iglesia. De esta forma, en el campo se creó una situación curiosa, donde la política asistencialista del gobierno favoreció la emergencia de un activo movimiento social.

La lucha por la posesión de la tierra y la extensión de los derechos laborales al campo eran alternativas que habían dividido a los líderes del movimiento rural desde antes de 1964, pero que ahora comenzaban a tomar un contenido más definido. Los sindicatos privilegiaron una u otra de esas alternativas según la región donde actuaban. La lucha por la posesión de la tierra se mantuvo y hasta se amplió; al mismo tiempo, huelgas como la que iniciaron en 1979 en Pernambuco los cortadores de caña llamaron la atención sobre las nuevas realidades del mundo rural.

Por otro lado, surgieron sindicatos de trabajadores de "cuello blanco" que incluían no sólo las áreas tradicionales de los bancarios y profesores, sino también a los médicos, trabajadores sanitarios y otras categorías. Su organización sindical fue acorde a los cambios en el carácter de las profesiones, en las que cada vez con mayor frecuencia el profesional autónomo dio lugar al asalariado con diploma.

En el gobierno de Geisel el movimiento obrero tomó nuevo ímpetu y nuevas formas. Resurgió el sindicalismo, pero ahora adoptando formas independientes del Estado, basadas en muchos casos en las experiencias dentro de las empresas, donde los trabajadores organizaron y ampliaron las comisiones de fábrica. El núcleo más combativo se desplazó de las empresas públicas a la industria automotriz. La gran concentración de trabajadores en un pequeño número de unidades y la concentración geográfica en el ABC paulista fueron importantes factores materiales para la organización del nuevo movimiento obrero. En 1978, por ejemplo, en la industria mecánico-metalúrgica de San Bernardo había alrededor de 125 mil obreros, con fuerte predominio de la industria automotriz; de ese total, 67,2% se concentraban en empresas con más de mil operarios. En 1976, en la capital de San Pablo había 421 mil obreros del mismo ramo industrial, pero sólo el 20,8% se concentraban en fábricas con más de mil operarios.

Pero esas condiciones necesarias no son suficientes para explicar el surgimiento del nuevo sindicalismo. Éste nació a partir del trabajo de los organizadores, en el que se destacaron líderes obreros vinculados a la Iglesia. También tuvieron un papel importante los abogados sindicales. Aunque la apertura política haya demorado bastante tiempo para extenderse a las manifestaciones colectivas de los trabajadores, la aparición del nuevo movimiento obrero también se relaciona con el clima creado por ella.

En agosto de 1977, el gobierno admitió que habían sido manipulados los índices oficiales de inflación referidos a 1973 y 1974. Como dichos índices regulaban el reajuste salarial, se comprobó que en aquellos años los asalariados habían perdido el

31,4% de su salario real. El Sindicato de los Metalúrgicos de San Bernardo inició una campaña para la corrección de los salarios, que dio paso a las grandes huelgas que en 1978 y 1979 reunieron a millones de trabajadores. El liderazgo de Luiz Inácio Lula da Silva –presidente del sindicato– se consolidó en el día a día y en las grandes asambleas realizadas en San Bernardo.

Los metalúrgicos estuvieron al frente de los movimientos que abarcaron también a otros sectores. En 1979, entraron en huelga cerca de 3,2 millones de trabajadores del país. Hubo entonces veintisiete paros de metalúrgicos que abarcaron a 958 mil obreros; al mismo tiempo, se realizaron veinte huelgas de profesores que reunieron a 766 mil asalariados. Las huelgas tenían como objetivo un amplio abanico de reivindicaciones: aumento de salarios, garantía de empleo, reconocimiento de las comisiones de fábrica y libertades democráticas.

La amplitud de las huelgas de 1979 mostró que la afirmación de los sectores conservadores –según la cual San Bernardo constituía un mundo aparte–, en gran medida, no era verdadera. Lo que pasaba en San Bernardo repercutía en el resto del país. Sin embargo, no hay duda de que el sindicalismo del ABC nació y creció con rasgos propios. Los más importantes son una mayor independencia con relación al Estado, el elevado índice de organización –hacia 1978 estaban sindicalizados el 43% de los obreros– y la afirmación de sus líderes por fuera de la izquierda tradicional, o sea, del PCB.

* * *

El general Geisel consiguió designar a su sucesor. Se trató del general João Batista Figueiredo, quien el 14 de octubre de 1978 derrotó al candidato del MDB en la reunión del Colegio Electoral. La designación del general Figueiredo había pasado por una dura prueba de fuerza, pues el ministro de Ejército Silvio Frota lanzó su propia candidatura en medios militares y a través de sondeos en el Congreso, presentándose como portavoz de la línea dura. Frota desencadenó una ofensiva contra el gobierno, acusándolo de ser complaciente con los subversivos. El Presidente lo despidió del ministerio y cortó su ascenso.

El general Figueiredo había sido jefe del Gabinete Militar en el período Médici y era jefe del SNI durante el gobierno de Geisel. Parecía bien preparado para continuar el lento proceso de apertura y al mismo tiempo tratar de neutralizar a la línea dura. De cualquier forma, constituía una de las paradojas de la apertura el hecho de que el hombre indicado para continuar promoviéndola fuese responsable de la jefatura de un órgano represivo.

El período Figueiredo combinó dos rasgos que muchos consideraban de imposible convivencia: la ampliación de la apertura política y la profundización de la crisis económica. El nuevo general presidente asumió en marzo de 1979 y mantuvo a Simonsen al comando de la economía como ministro de Planeamiento. Delfim Netto volvió al gabinete luego de una temporada como embajador en Francia, pero ahora había sido designado para ocupar la cartera de Agricultura, donde quedaba bastante desplazado.

El intento de Simonsen de imponer una política de restricciones sufrió la oposición de varios sectores. Entre ellos, se destacaban los empresarios nacionales –quienes se beneficiaban del crecimiento con inflación– y muchos sectores del propio gobierno interesados en poder realizar gastos y mostrar sus logros. En agosto de 1979, Simonsen dejó el Ministerio de Planeamiento. Delfim Netto asumió el cargo, contando con el prestigio de haber sido el hombre del "milagro". Sin embargo, la situación ahora era otra, tanto en el plano interno como en el internacional. El segundo impacto del petróleo produjo aumentos de precios y agravó el problema de la balanza de pagos. Las tasas de interés internacional continuaron subiendo, complicando todavía más la situación. Ahora no sólo era más difícil obtener nuevos empréstitos, sino que además se acortaban los plazos de pago.

La soñada experiencia de crecimiento con control de la inflación duró bastante poco. A fines de 1980, la presión de los acreedores externos llevó a que Delfim Netto optase por una política recesiva. Se limitó severamente la expansión monetaria, se cortaron las inversiones de las empresas estatales, subieron las tasas de interés internas y también declinó la inversión privada.

La recesión de 1981-1983 tuvo graves consecuencias. Por primera vez desde 1947 –ocasión en que comenzaron a establecerse los indicadores del PIB–, el resultado fue negativo, señalando una caída del 3,1% en 1981. En tres años, el PIB cayó a un promedio del 1,6%. Los sectores más afectados fueron las industrias de bienes de consumo durable y de capital, concentradas en las áreas más urbanizadas del país, lo que generó desempleo.

A pesar de esos sacrificios, la inflación no bajó significativamente. Luego de haber alcanzado un índice anual de 110,2% en 1980, cayó al 95,2% en 1981, para volver a subir en 1982 (99,7%). En esos años se fue conformando un cuadro de "estanflación", combinando estancamiento económico e inflación.

El Estado brasileño ya era técnicamente insolvente, pero el gobierno puso el grito en el cielo cuando México se declaró en moratoria y pidió ayuda al FMI en agosto de 1982. Los portavoces del gobierno afirmaban, con cierto aire de superioridad, que Brasil no era México. En realidad, la moratoria mexicana echó un balde de agua fría en las ya escasas posibilidades de conseguir empréstitos externos. Finalmente, agotadas sus reservas en dólares, Brasil tuvo que recurrir al FMI en febrero de 1983.

En un intento de restaurar su credibilidad internacional, el país aceptó el plan del FMI a cambio de una modesta ayuda financiera. Básicamente, el plan consistía en un esfuerzo para mejorar las cuentas externas, manteniendo el servicio de la deuda. Internamente se preveían recortes de gastos y una baja más pronunciada de los salarios.

A continuación siguió una serie de desacuerdos entre Brasil y el FMI. En el país existían presiones contra las medidas restrictivas y el pago de los intereses de la deuda; por su lado, el FMI se mostraba insatisfecho porque el acuerdo no se estaba cumpliendo. Con ese clima, los acreedores internacionales se negaron a conceder nuevos plazos para el pago de la deuda, así como a otorgar tasas de interés más favorables, tal como lo habían hecho con México.

A pesar de los disgustos, el esfuerzo para mejorar las cuentas externas dio resultado. La economía se reactivó a partir de 1984 estimulada por el crecimiento de las exportaciones, especialmente de los productos industrializados. La caída en los precios del petróleo hizo que éste no pesase tanto dentro del conjunto de las importaciones. Además, gracias a las inversiones realizadas a partir del II PND, hubo una reducción de la importación de petróleo y de otros productos, aunque la inflación continuaba subiendo.

Cuando Figueiredo dejó el gobierno, a comienzos de 1985, la situación financiera era de alivio temporario y el país volvía a crecer. Pero el balance de aquellos años resultó negativo. La inflación había aumentado del 40,8% en 1978 al 223,8% en 1984. En el mismo período, la deuda externa había subido de 43,5 mil millones de dólares a 91 mil millones.

* * *

Figueiredo continuó el camino de apertura iniciado por el gobierno de Geisel. El manejo de las iniciativas quedó en manos del general Golbery do Couto e Silva y del ministro de Justicia, Petrônio Portella. En agosto de 1979, Figueiredo arrancó de las manos de la oposición una de sus principales banderas: la lucha por la amnistía. Sin embargo, la ley de amnistía aprobada por el Congreso contenía serias restricciones y, al incluir a los responsables por la práctica de la tortura, hacía una importante concesión a la línea dura. De cualquier forma, permitió el regreso de los exiliados políticos y fue un paso importante en la ampliación de las libertades públicas.

La acción de la línea dura continuó perturbando el proceso de apertura. En abril de 1981, una serie de actos criminales culminó con el intento de hacer explotar bombas en un centro de convenciones de Río de Janeiro, donde se realizaba un festival de música que contaba con la presencia de miles de jóvenes. Una de las bombas no llegó a ser colocada. Explotó dentro de un auto ocupado por dos militares; uno de ellos murió y el otro quedó gravemente herido. El gobierno realizó una investigación que confirmó una absurda versión de los hechos y absolvió a los responsables. El pedido de renuncia de Golbery do Couto e Silva en agosto de 1981 tuvo que ver seguramente con la manipulación de la investigación.

* * *

La legislación electoral aprobada en 1965 se había convertido en una trampa para los que detentaban el poder. Las elecciones se transformaban cada vez más en plebiscitos donde se votaba a favor o en contra del gobierno. Para intentar quebrar la fuerza de la oposición, en diciembre de 1979 el gobierno obtuvo del Congreso la aprobación de una nueva ley de organización partidaria que terminó con el MDB y la Arena, obligando a que las nuevas organizaciones creadas agregaran a su nombre la palabra "partido". La Arena, que cargaba con un nombre impopular, trató de cambiar su cara transformándose en el Partido Democrático Social (PDS). Los dirigentes del MDB tuvieron la habilidad de agregar apenas la palabra "partido" a su sigla; de esta forma, el MDB se convirtió en el Partido del Movimiento Democrático Brasileño (PMDB).

Los tiempos de una oposición unida se habían acabado. Sus diferentes tendencias habían permanecido juntas mientras existía un enemigo común y todopoderoso. Las diferencias ideológicas y personales comenzaron a surgir a medida que el régimen se fue abriendo. A partir del sindicalismo urbano y rural, de sectores de la Iglesia y de la clase media profesional, surgió entonces el Partido de los Trabajadores (PT). El PT se proponía representar los intereses de los amplios sectores asalariados del país, basándose para ello en un programa de derechos mínimos y de transformaciones sociales que condujesen al socialismo. Al adoptar una postura contraria al PCB y al culto de la Unión Soviética, el PT evitó definir la naturaleza del socialismo. Ese hecho tenía mucho que ver con la convivencia de distintas corrientes en su seno. En una de las puntas se ubicaban los simpatizantes de la socialdemocracia; en la otra, los partidarios de la dictadura del proletariado. En el campo sindical se crearon estrechos lazos entre el partido y el sindicalismo del ABC. Ese movimiento fue uno de los pasos más importantes en la constitución del PT, en el que se comenzó a destacar la figura de Lula.

Brizola no se integró al PMDB; prefirió manejarse por su cuenta para intentar capitalizar el prestigio del laborismo de izquierda. Sin embargo, una decisión judicial le prohibió el uso de la sigla PTB y entonces fundó el Partido Democrático *Trabalhista* (PDT).

La diferenciación de las posiciones también surgió en el campo sindical. En agosto de 1981 se realizó la primera Conferencia Nacional de la Clase Trabajadora (Conclat), que reunió a representantes de las distintas tendencias del sindicalismo brasileño. Allí se definieron dos corrientes principales. Una de ellas, muy cercana al PT, proponía una línea reivindicatoria agresiva para la cual la movilización de los trabajadores era más importante que el sinuoso proceso de apertura. Su núcleo impulsor se encontraba en el sindicalismo del ABC.

La otra corriente sostenía la necesidad de limitar la acción sindical a las luchas que no pusiesen en riesgo el proceso de apertura. No asumía una clara definición ideológica, pero afirmaba la importancia de lograr beneficios concretos inmediatos para los trabajadores. Esa corriente incluía sindicatos importantes, como el Sindicato de los Metalúrgicos de San Pablo, controlados por sindicalistas menos definidos políticamente y por integrantes de los dos partidos comunistas.

En 1983, el sindicalismo identificado con el PT fundó la Central Única de Trabajadores (CUT) sin la participación de los llamados moderados. En marzo de 1986, estos últimos formaron la Central General de Trabajadores (CGT). De esta forma, se establecieron en el país dos centrales sindicales con perspectivas opuestas, que entrarían en confrontación con el paso de los años.

Figueiredo mantuvo el calendario electoral que preveía elecciones para 1982. La campaña electoral dio lugar a un amplio debate, que no se vio afectado por las restricciones vigentes, entre ellas, las de la Ley Falcão. En noviembre de 1982, más de 48 millones de brasileños concurrieron a las urnas para elegir concejales y gobernadores de los Estados. Por primera vez desde 1965, éstos serían elegidos por voto directo.

Los resultados de la elección para el Congreso señalaron la victoria del PDS, tanto en la Cámara de Diputados como en el Senado. Aunque el PDS también venció en la mayoría de los Estados, las oposiciones consiguieron victorias significativas en la elección para gobernador. Éste fue el caso de San Pablo, Minas Gerais y Río de Janeiro, donde Brizola consiguió hacerse elegir a pesar de un intento de fraude, mostrando la vigencia de un prestigio que se remontaba a los años sesenta.

* * *

Durante 1983, el PT asumió como una de sus prioridades promover una campaña por las elecciones directas para la Presidencia de la República. Por primera vez, su dirección aceptó integrar un frente con otros partidos para alcanzar aquel objetivo. En enero de 1984, y luego de varias manifestaciones, un gran acto multipartidario realizado en San Pablo reunió a más de 200 mil personas.

De allí en adelante, el movimiento por las elecciones directas fue más allá de las organizaciones partidarias, alcanzando la unanimidad nacional casi completa. Millones de personas llenaron las calles de San Pablo y de Río de Janeiro haciendo gala de un entusiasmo pocas veces visto en el país. La campaña de las "directas ya" expresaba, al mismo tiempo, la vitalidad de la manifestación popular y la dificultad de los partidos para expresar reivindicaciones. La población ponía todas sus esperanzas en las directas: la expectativa por una auténtica representación, pero también la resolución de muchos problemas que la elección de un presidente de la república no alcanzaba a solucionar (salario insuficiente, seguridad, inflación).

Sin embargo, había una gran distancia entre las manifestaciones de la calle y el Congreso, que tenía mayoría del PDS. La elección directa dependía de una reforma constitucional que debía ser aprobada por el voto de los dos tercios de los congresistas. La reforma fue votada bajo una gran expectativa de la población. Temiendo manifestaciones, Figueiredo impuso el estado de sitio en Brasilia. Sin embargo, la reforma fue aprobada pero no obtuvo los votos necesarios para modificar la Constitución.

El rechazo de la propuesta de elecciones directas para presidente provocó una gran frustración popular. La batalla por la sucesión se localizó entonces en el Colegio Electoral. Tres personajes aparecían como candidatos probables del PDS: el vicepresidente Aureliano Chaves, el ministro del Interior Mario Andreazza –que era coronel del Ejército– y Paulo Maluf. Este último había sido intendente y gobernador de San

Pablo por voto indirecto, y se había hecho elegir para integrar la Cámara de Diputados luego de una gran votación.

En 1984, la elección del candidato del gobierno ya no pasaba por la corporación militar, a pesar de que los militares todavía tenían un gran peso en la decisión. Maluf realizó un intenso trabajo proselitista sobre los convencionales del PDS y consiguió ser elegido candidato en agosto de 1984 al vencer a Mario Andreazza. Su victoria provocó la salida definitiva de aquellos sectores del PDS que apoyaban a otros candidatos. Ya en el mes de julio, Aureliano Chaves había retirado su candidatura pasando a trabajar en la organización de un nuevo partido: el Partido del Frente Liberal (PFL). El Frente Liberal se acercó al PMDB, que había propuesto el nombre de Tancredo Neves para la Presidencia de la República. Las dos fuerzas llegaron a un acuerdo y formaron la Alianza Democrática, en oposición a Paulo Maluf. Tancredo Neves fue designado para la Presidencia y José Sarney para la Vicepresidencia.

Sarney era un personaje a quien el PMDB veía con muchas reservas. Esto se explica porque hasta poco tiempo atrás había sido una de las principales figuras del PDS, partido por el cual fue electo senador y del que también fuera presidente. Su nombre poco o nada tenía que ver con la bandera de la democratización que levantaba el PMDB. Pero el Frente Liberal no admitió discusión en torno a Sarney y el PMDB terminó por ceder. En 1984, nadie podía imaginar el alcance posterior de esa decisión.

A pesar de ser candidato de una elección indirecta, Tancredo apareció en la televisión y en actos partidarios, reforzando su prestigio y la presión popular favorable a su candidatura. Por su lado, Maluf trató de utilizar viejas técnicas de seducción personal para obtener el favor de los miembros del Colegio Electoral, pero su estrategia fracasó.

El 15 de enero de 1985, Tancredo y Sarney obtuvieron una clara victoria en el Colegio Electoral. Atravesando complicados caminos y utilizando el sistema electoral impuesto por el régimen militar, la oposición llegaba finalmente al poder.

* * *

¿Cuáles son los principales rasgos del régimen que se instauró en el país luego del 31 de marzo de 1964?

Por primera vez, la cúpula de las Fuerzas Armadas asumió directamente el poder y muchas de las funciones de gobierno. Los militares raramente actuaban en bloque en la arena política, dividiéndose en diversas corrientes que, sin embargo, tenían puntos de contacto: los castelistas, la línea dura, los nacionalistas. El poder de cada uno de esos grupos fue variando, así como también varió la convocatoria a un apoyo más amplio de las Fuerzas Armadas —que abarcaba a la oficialidad media— para imponer candidaturas o dar legitimidad a determinadas orientaciones.

El régimen implantado en 1964 no fue una dictadura personal. Podríamos compararlo a un consorcio donde uno de los jefes militares —general de cuatro estrellas—, era escogido para gobernar al país por un plazo limitado.

La sucesión presidencial se resolvía, de hecho, dentro de la corporación militar, con una participación mayor o menor de la tropa –según el caso– y la decisión final del alto mando de las Fuerzas Armadas. En apariencia, y según la legislación, era el Congreso quien elegía al Presidente de la República propuesto por la Arena. Pero, exceptuando a los votos de la oposición, el Congreso solamente convalidaba la orden venida de arriba.

* * *

Los militares no gobernaron solos y muchas veces no controlaron de cerca a los civiles que compartieron con ellos el poder. El régimen que se instaló en 1964 les dio bastante libertad de acción y puso en primer plano a aquellos que formularon la política económica, hombres como Delfim Netto y Mario Henrique Simonsen. También privilegió a determinados sectores de la burocracia del Estado, en especial a los dirigentes de las empresas estatales, al punto de que es posible hablar de una especie de consorcio de poder entre los militares –como grupo de decisión más importante– y la burocracia técnica del Estado.

El régimen tuvo características autoritarias, pero, sin embargo, se distinguió del fascismo. No se llevaron a cabo esfuerzos para organizar a las masas en apoyo al gobierno; no se intentó construir un partido único por encima del Estado, ni una ideología capaz de ganar a los sectores letrados. Por el contrario, la ideología de izquierda continuó siendo dominante en las universidades y en los medios culturales en general.

Resultan claras las diferencias entre el régimen representativo vigente entre 1945 y 1964 y el régimen militar. En este último no son los políticos profesionales los que mandan y el Congreso tampoco es una instancia decisoria importante. Los que tienen el mando son la alta cúpula militar, los órganos de información y represión y la burocracia técnica del Estado.

El populismo dejó de ser utilizado como un recurso de poder. Así, perdieron fuerza los grupos que habían tenido voz en el período anterior: la clase obrera organizada, los estudiantes y los campesinos. Pero a pesar de la represión de muchos de sus dirigentes, los sindicatos no llegaron a ser destruidos. Permaneció vigente el impuesto sindical, garantizando de esta forma la sobrevivencia y la posterior expansión de los organismos sindicales.

El régimen no fue un simple instrumento de la clase dominante. Si bien ésta se benefició con la política del gobierno, lo hizo con ventajas desiguales para sus diferentes sectores. No obstante, por muchos años no participó de la conducción de la política económica, que quedó en manos de los poderosos ministros de Hacienda y de Planeamiento.

En el campo de la política económica, no todo cambió a partir de 1964. Se mantuvo el principio de la fuerte presencia del Estado en la actividad económica y en la regulación de la economía. Ese rasgo no fue siempre igual y varió con los gobiernos; fue, por ejemplo, más típico del gobierno de Geisel que del de Castelo Branco. Pero si todo no cambió, muchas cosas sí lo hicieron. El modelo que se había esbozado en el período de Kubitschek ganó amplia dimensión. Los empréstitos externos y el estímulo al ingreso del capital extranjero se volvieron elementos esenciales para financiar y promover el desarrollo económico, privilegiando a las grandes empresas, multinacionales o nacionales, públicas o privadas. De ese modo, el régimen militar rompió claramente con la práctica del gobierno de Goulart basada en el modelo populista, que incluía la fracasada tentativa de promover el desarrollo autónomo a partir de la burguesía nacional.

* * *

Con la elección de Tancredo Neves no terminó la transición al régimen democrático, ya que dicho proceso estaría sujeto a varios imprevistos. La asunción del nuevo presidente, que estaba prevista para el 15 de marzo de 1985, no pudo llevarse a cabo. Luego de un viaje al exterior, Tancredo Neves fue internado de urgencia en el hospital de Brasilia. Allí fue sometido a una primera y discutida operación, que contó con la presencia en la sala de cirugía de políticos y amigos. En ese ínterin, Sarney subió la rampa del Planalto y tomó posesión del cargo en lugar del presidente electo, lo que dio lugar a una situación que se creía transitoria.

A esto le siguió la agonía de Tancredo Neves, con su traslado a San Pablo y una serie de operaciones a las que fue sometido. El país quedó pendiente de los partes médicos, algunos de los cuales alimentaban un falso optimismo. Neves murió el 21 de abril, en la simbólica fecha de la muerte de Tiradentes. Su cuerpo fue seguido por multitudes que salieron a las calles para acompañarlo en la salida de San Pablo, así como en su posterior paso por Brasilia y Belo Horizonte, para finalizar con el entierro en su ciudad natal. Una parte de las manifestaciones era producto de la conmoción provocada por la muerte de un presidente, sobre todo en condiciones tan dolorosas. Pero también existía la sensación de que el país había perdido a una figura política importante en un momento delicado. Esa sensación no carecía de fundamento. Neves reunía en su persona algunas cualidades bastante escasas dentro del mundo político: honestidad, equilibrio y coherencia de posiciones. Esas virtudes conseguían ir más allá de las preferencias ideológicas de derecha o de izquierda.

* * *

La desaparición de Neves se vio agravada por el hecho de que su sustituto era un oposicionista de última hora que carecía de autoridad en la Alianza Democrática. Sarney comenzó a gobernar todavía bajo una fuerte presencia de la figura de Tancredo Neves, nombrando al mismo gabinete que había escogido éste. Desde el punto de vista político, la atención estaba centrada en dos cuestiones: en la revocación de las leyes que venían del régimen militar y que todavía limitaban las libertades democráticas —el llamado "residuo autoritario"—; y en la elección de una Asamblea Constituyente cuya tarea sería la de elaborar una nueva Constitución. Si bien Sarney respetó las libertades públicas, no cortó todos los lazos con el pasado. Así, por ejemplo, no sólo se mantuvo el SIN, sino que además continuó recibiendo recursos sustanciales.

En mayo de 1985, la legislación restableció las elecciones directas para la Presidencia de la República y aprobó el derecho al voto de los analfabetos, así como la legalización de todos los partidos políticos. El PCB y el PC do B volvieron a ser legales. No obstante, frente a la crisis del stalinismo y al creciente prestigio del PT en los medios de izquierda, los dos partidos se convirtieron en organizaciones minoritarias.

Las elecciones para la Asamblea General Constituyente se fijaron para noviembre de 1986. En esa fecha habría elecciones para el Congreso y para el gobierno de los Estados. Los diputados y senadores serían los encargados de elaborar la nueva Constitución.

* * *

Cuando Sarney asumió el gobierno, en 1985, el panorama económico no era tan grave como lo había sido en años anteriores. El gran impulso proveniente de las exportaciones había permitido retomar el crecimiento. La caída de las importaciones y el avance de las exportaciones tuvieron como resultado un saldo favorable de la balanza comercial de 13,1 mil millones de dólares. Ese saldo permitiría pagar los intereses de la deuda. Además, a fines de 1984, Brasil había acumulado reservas que llegaban a 9 mil millones de dólares. De esta forma, existía un cierto desahogo para negociar con los acreedores externos y el gobierno podía darse el lujo de olvidarse del malestar causado por los pedidos al FMI, concentrándose en el acuerdo directo con los bancos acreedores privados. Pero el problema de la deuda externa e interna se mantendría a largo plazo, al igual que el de la inflación, que llegó a los dramáticos niveles del 223,8% en 1984 y del 235,5% en 1985.

El ministro de Hacienda, Francisco Dornelles —sobrino de Tancredo Neves— adoptó una política ortodoxa para combatir a la inflación. Sin embargo, las presiones contra la política de austeridad en el gasto público y la disputa por cargos estratégicos en el gobierno condujeron a su dimisión a fines de agosto de 1985. Su sustituto fue el presidente del BNDES, Dílson Funaro. Empresario paulista y ex secretario de Hacienda del gobierno de San Pablo, Funaro tenía contactos con economistas vinculados a las universidades y poca simpatía por las recetas recesivas para acabar con la inflación. Cuando Funaro y el ministro de Planeamiento João Sayad asumieron la dirección de la economía, la situación del gobierno de Sarney era de las más difíciles. Crecían las disputas partidarias; las acusaciones de favoritismo a amigos y a grupos económicos eran cada vez mayores; se había instalado en la población la imagen de un presidente pasivo, a no ser para favorecer a intereses particulares.

Un grupo de economistas de la Pontificia Universidad Católica (PUC) de Río de Janeiro venía criticando la tesis de que la contención de las actividades económicas y la reducción del déficit del Estado llevaría indefectiblemente a la caída de la inflación. Ponían como ejemplo la recesión de 1981-1983, cuando el país había retrocedido con un gran costo social y la inflación no había disminuido en forma significativa. Ese ejemplo contrastaba con el de los países del mundo desarrollado, donde la recesión constituía un arma eficaz en el combate a la inflación a pesar de sus inconvenientes.

¿Por qué no ocurría eso en Brasil? El argumento central consistía en afirmar que, en una economía indexada como la brasileña, la inflación pasada queda embutida en la futura como "inflación inercial". De esta manera se formaba un círculo vicioso del cual sólo sería posible salir quebrando el mecanismo de indexación. Dicho quiebre sólo llegaría a ser eficaz por medio de una terapia de choque, que acabaría con la corrección monetaria y establecería una nueva moneda fuerte que sustituyera al devaluado cruzeiro. La forma de implementación de la propuesta –una terapia de choque lanzada con gran resonancia– servía a los intereses políticos del gobierno en su intento de recomponer su prestigio.

* * *

El 28 de febrero de 1986, Sarney le anunció al país el Plan Cruzado a través de la red nacional de radio y televisión. El cruzeiro fue sustituido por una nueva moneda fuerte, el cruzado, en una proporción de 1.000 a 1; se abolió la indexación; los precios y la tasa de cambio fueron congelados por un plazo indeterminado y los alquileres, por un año. Hubo intención de no agravar, y hasta de mejorar, la situación de los trabajadores. Se reajustó el salario mínimo por el valor promedio de los últimos seis meses, más un abono del 8%. En caso de que la inflación llegase al 20%, los reajustes posteriores –el así llamado gatillo– serían automáticos.

Sarney convocó al pueblo para colaborar en la ejecución del plan y para trabar una guerra a muerte contra la inflación. El Presidente ganó un enorme prestigio de la noche a la mañana. El congelamiento de precios halló gran eco en la población, que no podía entender los complicados pasos de la economía y prefería creer en los actos de voluntad de un dirigente. Las medidas que se tomaron en el ámbito salarial proporcionaron un cierto respiro a los sectores más pobres. Se instaló entonces en el país un clima de optimismo ilimitado. El tránsito se volvió insoportable y mucha gente comenzó a tomar cerveza con holgura por primera vez en su vida.

Una vez que pasó el entusiasmo del primer impacto, el Plan Cruzado comenzó a hacer agua. Como había sido lanzado en un momento de expansión de las actividades económicas, en muchos casos condujo a un aumento real del salario. Dado que los precios estaban congelados, se desató una verdadera carrera hacia el consumo, desde carne y leche hasta automóviles y viajes al exterior. En consecuencia, el congelamiento comenzó a ser violado. Otro problema serio era el del desequilibrio de las cuentas externas, que había sido provocado por un impulso a las importaciones derivado del fortalecimiento artificial de la moneda brasileña.

Cuando se realizaron las elecciones de noviembre, el Plan Cruzado ya había fracasado, pero eso todavía no era percibido por el gran público. Los candidatos del PMDB podían echarle la culpa de los problemas del plan a este o aquel sector. Una vez que pasaron las elecciones, los paralelos aumentos de las tarifas públicas y de los impuestos contribuyeron para que estallase la inflación. En febrero de 1987, la crisis de las cuentas externas llevó a que Brasil declarase una moratoria, que fue recibida con indiferencia tanto en el país como en el exterior. La euforia del Plan Cruzado daba lugar ahora a un clima de decepción y desconfianza por parte de la población en cuanto al rumbo de la economía.

Las elecciones de noviembre de 1986 mostraron que el PMDB y el gobierno gozaban todavía de un gran prestigio. El PMDB consiguió elegir gobernadores para todos los Estados menos para Sergipe, conquistando también la mayoría absoluta de las bancas de la Cámara de Diputados y del Senado. En ese momento, se llegó a decir que Brasil corría el riesgo de una "mexicanización". El PMDB podría llegar a convertirse en una especie de PRI, el Partido Revolucionario Institucional que por largos años logró el monopolio del poder en México.

* * *

La Asamblea Nacional Constituyente comenzó a reunirse el 1° de febrero de 1987. La elaboración de la nueva Constitución atrajo sobre sí la atención y las esperanzas del país. Se deseaba que ésta no sólo fijase los derechos de los ciudadanos y las instituciones básicas, sino que también resolviese muchos problemas que estaban fuera de su alcance.

Los trabajos de la Constituyente fueron bastante dilatados y se clausuraron formalmente el 5 de octubre de 1988, cuando se promulgó la nueva Constitución. El texto obtenido reflejó las presiones de los diferentes grupos de la sociedad, y fue muy criticado desde el comienzo por abordar temas que técnicamente no eran de naturaleza constitucional. En un país donde las leyes valen muy poco, los distintos grupos tratarán de fijar el máximo de reglas en el texto constitucional para garantizar mejor su cumplimiento.

La Constitución de 1988 reflejó el avance que se produjo en el país en materia de extensión de los derechos sociales y políticos a los ciudadanos en general y a las llamadas minorías, incluyendo entre ellas a los indios. También trajo medidas innovadoras, como la creación del *habeas data* —que le asegura a las personas el derecho de obtener datos de su interés que consten en los archivos de entidades del gobierno— y la previsión de un código de defensa del consumidor.

Al mismo tiempo, convalidó una situación que ya venía siendo superada en función de las nuevas realidades de un mundo globalizado, especialmente en el campo económico. El otorgamiento al Estado del monopolio de los sectores del petróleo, telecomunicaciones, energía eléctrica, puertos y rutas pronto se reveló como un serio obstáculo para la provisión de bienes y servicios y como una carga que un Estado en crisis no podría soportar. Una clara muestra de ello lo constituyen las diversas reformas constitucionales que se tuvieron que realizar a lo largo de los años.

A pesar de todas esas reservas, la Constitución de 1988 puede ser considerada como el marco que puso fin a los últimos vestigios formales del régimen autoritario. La apertura que había comenzado el general Geisel en 1974 llevó más de trece años para desembocar en un régimen democrático.

* * *

La transición del régimen militar a la democracia se inscribe en un contexto más amplio que abarca a casi todos los países de América del Sur. La dictadura argentina cayó bruscamente en 1983 como consecuencia de la desastrosa Guerra de las Malvinas. El fin del régimen de Pinochet llegaría en 1987-1988. Debido a la posibilidad de que en estos países surgieran agudos conflictos sociales, parecían constituirse en ejemplos que era mejor evitar. Tanto los promotores de la apertura dentro del gobierno como las figuras de la oposición buscaban un modelo de transición concertada que no se encontraba en América Latina, sino en España.

Sin embargo, existían más diferencias que semejanzas entre el panorama brasileño y el español. El grado de articulación de los grupos sociales es mucho mayor en España que en Brasil. Donde a quienes asumen la dirección de esos grupos se les confiere una gran representatividad, lo que facilitó mucho el gran acuerdo alcanzado por el Pacto de la Moncloa. Algo semejante se intentó sin éxito en Brasil. En el plano de los personajes políticos, a Brasil le faltó una figura como la del rey Juan Carlos, quien, además de ser monarca, había hecho carrera en el Ejército y tenía el prestigio suficiente como para acercar a las diferentes fuerzas políticas y encaminar la transición.

¿Por qué fue tan larga la transición brasileña y cuáles fueron las consecuencias de la forma en que se realizó? La estrategia de la transición "lenta, gradual y segura" partió del propio gobierno. Ésta sólo podría ser modificada en su ritmo y en su amplitud si la oposición tuviese la fuerza suficiente para ello, o si el desgaste del propio régimen autoritario generase su colapso. Ninguna de las dos cosas sucedió.

La transición brasileña tuvo la ventaja de no provocar grandes conflictos sociales. Pero también tuvo la desventaja de no abordar problemas que iban mucho más allá de la garantía de los derechos políticos a la población. No sería correcto afirmar que esos problemas nacieron con el régimen autoritario. La desigualdad de oportunidades, la falta de instituciones del Estado que sean confiables y abiertas a los ciudadanos y el clientelismo son males arraigados en Brasil. Obviamente, esos males no podían ser subsanados de la noche a la mañana, pero hubieran podido comenzar a ser enfrentados en el momento crucial de la transición.

El hecho de que haya habido un aparente acuerdo general por la democracia de parte de casi todos los actores políticos facilitó la continuidad de prácticas contrarias a una verdadera democracia. De ese modo, el fin del autoritarismo condujo al país más a una "situación democrática" que a un régimen democrático consolidado. La consolidación fue una de las tareas centrales del gobierno y de la sociedad en los años posteriores a 1988.

En 1989 se realizaron las primeras elecciones directas para la Presidencia de la República desde 1960. La nueva Constitución había establecido que sería elegido en el primer turno el candidato que obtuviese más del 50% de los votos válidos. En caso de que ningún candidato alcanzase la mayoría absoluta de los votos, los dos más votados disputarían una segunda vuelta.

Se dio la segunda hipótesis y se enfrentaron Fernando Collor de Mello y Luiz Inácio Lula da Silva. Lula puso el énfasis en el tema de la desigualdad social y convocó a los sectores populares organizados. Collor insistió en la necesidad de combatir la corrupción, modernizar el país y reducir el gasto público, concentrándose en la crítica a los salarios muy elevados de algunos funcionarios públicos cuyo sobrenombre popular era el de "marajás".*

Compitiendo prácticamente sin el apoyo de los partidos políticos, pero contando con el respaldo de los medios y especialmente de la poderosa TV Globo, Collor derrotó a Lula al obtener alrededor de 36 millones de votos contra 31 millones de su adversario.

Las elecciones mostraron dos cosas importantes. La primera de ellas fue que Brasil se estaba convirtiendo en una democracia de masas. Comparecieron a las urnas casi 100 millones de electores en un porcentaje cercano al 85% del total, lo que se repitió en elecciones posteriores. Esa elevada concurrencia no sólo se debía al hecho de que el voto es obligatorio entre los dieciocho y los setenta años, sino también al fuerte valor simbólico que le atribuyen los ciudadanos brasileños. El otro dato significativo de las elecciones de 1989 fue la importante votación que obtuvo Lula, quien se afirmó como un líder popular.

A pesar de haber sido apoyado por la elite como una alternativa a la victoria de un candidato de izquierda, el candidato vencedor era una figura vista con reservas. Gobernador del pequeño Estado de Alagoas, donde era propietario de una empresa de comunicaciones, tenía pocos vínculos con los círculos financieros y la gran industria del centro-sur del país.

Cuando Collor asumió el mando, en marzo de 1990, la inflación había llegado al 80% y amenazaba con seguir subiendo. Collor anunció un plan económico radical que bloqueó todos los depósitos bancarios existentes por dieciocho meses, permitiendo extracciones hasta un límite de 50 mil cruzeiros. El plan también establecía el congelamiento de precios, el corte del gasto público y la suba de algunos impuestos.

---

* De esta forma se aludía a sus fortunas y poder por analogía con los potentados hindúes. [N. de T.]

Al mismo tiempo, Collor empezó a tomar medidas destinadas a modernizar el país, como el comienzo de la privatización de las empresas estatales, una mayor apertura al comercio exterior y la reducción del número de funcionarios públicos, aunque este último aspecto se realizó sin nigún criterio cualitativo.

Las acusaciones de una fenomenal corrupción gubernamental, a partir de las denuncias formuladas por el propio hermano del Presidente –Pedro Collor– llevaron en poco tiempo a que la Cámara de Diputados votara en septiembre de 1992 la separación del cargo de Collor hasta que el Senado juzgase un pedido de *impeachment*.* El desarrollo de las investigaciones, seguido por la TV en todo el país, así como la movilización de los jóvenes de la clase media que salieron a las calles para exigir el *impeachment*, preanunciaron que Collor nunca más volvería a la Presidencia. Seguro de la derrota, renunció al cargo en diciembre de 1992. A pesar de ello, el Senado lo juzgó responsable de violación de sus deberes presidenciales y sus derechos políticos fueron suspendidos por el plazo de ocho años.

La caída de un presidente de la República por el delito de corrupción en un país que no se caracteriza precisamente por la transparencia de sus negocios públicos y privados se explica por algunas razones básicas. Por un lado, Collor se comportó de forma desastrosa durante el curso de las investigaciones, minimizando los riesgos que corría. Eso contribuyó a que perdiera apoyos en el Congreso, donde no tenía la mayoría. Al mismo tiempo, la elite económica, con quien nunca había tenido buenas relaciones, se fue alejando de él. Por otro lado, el inesperado ímpetu que adquirió la movilización de la juventud de clase media –indicador del rechazo al grado de co-rrupción a que se había llegado en los círculos del poder– sensibilizó al Congreso y fue un elemento importante en la caída del Presidente.

Asumió entonces la primera magistratura el vicepresidente Itamar Franco, un antiguo opositor moderado del régimen militar y ex senador por el Estado de Minas Gerais. El principal problema que tuvo que enfrentar fue la vuelta de la inflación luego del fracaso de las medidas tomadas por Collor. En enero de 1993, durante el primer mes del nuevo gobierno, la inflación ya rondaba el 29%, llegando al 36% en diciembre del mismo año.

En los primeros meses de 1994, el ministro de Hacienda, Fernando Henrique Cardoso, comenzó a tomar medidas preliminares para otro plan de estabilización económica. Cuando las primeras iniciativas ya habían sido implementadas, dejó su cargo para disputar la Presidencia de la República. Cuando Cardoso decidió candidatearse por la alianza formada por el PSDB y el PFL, todavía era un personaje relativamente desconocido para el gran público. Intelectual ampliamente respetado, había conseguido transitar exitosamente de la vida académica a la vida política. En julio de 1994 se lanzó el Plan Real, que presentaba nítidas diferencias con relación a

---

* Acusación formulada contra un alto cargo por delitos cometidos en el desempeño de sus funciones. [N. de T.]

los modelos anteriores. Esta vez la población no fue tomada por sorpresa, como había sucedido en años recientes. El plan creó una nueva moneda, denominada real, que estaba sobrevaluada con respecto al dólar. Esa iniciativa fue factible por la mejora de la deuda externa y por el hecho de que Brasil había acumulado reservas por cerca de 40 mil millones de dólares. No se estableció una relación fija entre el real y el dólar, previéndose la oscilación de la moneda dentro de ciertos límites. El ejemplo de la Argentina, donde la paridad provocó graves problemas de liquidez, sirvió para que Brasil no repitiese la misma fórmula.

El plan de estabilización no congeló los precios y se propuso desindexar gradualmente la economía. La operación de cambio de moneda −cruzeiros reales por reales− no fue solamente simbólica. En pocos meses toda la moneda del país fue cambiada por el real, en una operación que resultó significativa tanto por el grado de organización alcanzado como por la receptividad de la población.

Fernando Henrique Cardoso fue elegido presidente en la primera vuelta de las elecciones de octubre de 1994, obteniendo el 54% de los votos válidos. Lula, nuevamente postulado, quedó en segundo lugar. Si bien ese resultado fue producto de varios factores, el Plan Real desempeñó un papel decisivo. La oposición, especialmente el PT, cometió un grave error de evaluación al afirmar que el Plan Real era sólo "un engaño electoralista" que provocaría una grave recesión a corto plazo. Lanzado en un momento estratégico y facilitando la victoria de Cardoso en las elecciones presidenciales, el plan no se reducía a eso. En realidad no hubo recesión, y por varios años la mayoría de la población vio aumentar su poder adquisitivo gracias a la sensible caída de la inflación.

El panorama estructural de 1950 en adelante

En números globales, la población brasileña pasó de 51,9 millones de habitantes en 1950 a cerca de 164 millones en 1999. De esta forma, aumentó más de dos veces en cuarenta años. Según datos del censo de 1980, la distribución poblacional de acuerdo al sexo era casi paritaria: 59,8 millones de mujeres y 59,1 millones de hombres. De ese total, la mayoría estaba constituida por blancos (54,2%), seguida por los mestizos, sobre todo mulatos (38,8%), los negros (6,0%), los amarillos (0,6%) y los que no declaraban color (0,4%). Es posible que el número de blancos haya sido exagerado debido al prejuicio de parte de personas que prefirieron declararse "blancas" en vez de mestizas.

Se trataba básicamente de una población joven, ya que casi la mitad de ella tenía menos de veinte años (el 49,6%). Pero, al igual que venía ocurriendo desde 1960, había crecido el índice de envejecimiento, esto es, el número de viejos (sesenta y cinco años y más) por cada 100 jóvenes (quince años y menos). En 1960 ese índice era del 6,4%, pasó al 7,5% en 1970 y al 10,5% en 1980.

El fenómeno demográfico más significativo fue la reducción de la tasa de fecundidad, sobre todo a partir de los años setenta. Durante la década de 1940, las mujeres brasileñas presentaban una tasa de fecundidad de 6,3 hijos. A partir de los años sesenta esa tasa cayó fuertemente, llegando al 2% en el año 2000, según lo muestran los datos del gráfico 1.

Aparentemente, la caída de la tasa de fecundidad fue resultado de las campañas para el uso de preservativos y de esterilización de las mujeres. Como el aborto es considerado un crimen –salvo en casos excepcionales– no es posible afirmar si también hubo un aumento de esa práctica. Sea como fuere, la utilización de métodos anticonceptivos no sólo refleja una práctica gubernamental, muy criticada por la Iglesia Católica, sino también un deseo de las mujeres y de las parejas de tener un número menor de hijos. Entre los motivos de ese deseo, se destaca la conciencia de la imposibilidad de sustentar y educar mínimamente a un gran número de hijos.

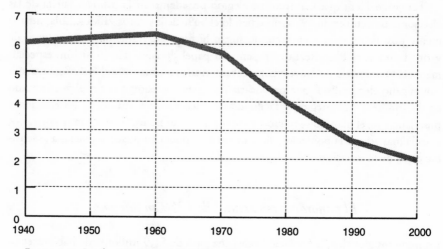

Fuente: *IBGE, Brasil en Números*, vol. 7, 1999, p. 78.

GRÁFICO 1. *Tasa de fecundidad total (1940-2000)*

A pesar de la reducción de la tasa de fecundidad, la tasa de crecimiento de la población se mantuvo alta debido a la sensible caída que experimentó la tasa de mortalidad. A comienzos de la década de 1980, la tasa anual de crecimiento de la población (2,3%) correspondía aproximadamente al promedio de los países menos desarrollados (2,4%) y superaba en casi cuatro veces el promedio de los países desarrollados (0,6%). Pero como no es probable que la tasa de mortalidad vuelva a disminuir mucho, las futuras reducciones de la tasa de fecundidad deberán conducir a una mayor caída del crecimiento poblacional. Los datos de 1996 revelan que ese crecimiento había caído al 1,2%.

* * *

En lo que respecta a la distribución regional de la población, tuvieron especial significado los grandes desplazamientos del nordeste y de Minas Gerais rumbo al centro-sur, así como también la ocupación de la frontera agrícola. En un principio, la frontera se situó en Paraná y luego se mudó al centro-oeste (Goiás y Mato Grosso) y al noroeste del país (Rondonia). La gran migración de nordestinos hacia el centro-sur fue consecuencia del vigor de la industrialización y de las dramáticas sequías que afectaron al nordeste, especialmente en los años cincuenta.

Con el paso del tiempo, el segundo gran fenómeno migratorio se produjo por el desplazamiento de población hacia el centro-oeste y el noroeste del país. El impulso inicial estuvo vinculado a las oportunidades abiertas directa o indirectamente por el gobierno federal. La construcción de Brasilia puede ser vista como un hito de la llamada "marcha hacia el oeste", una antigua aspiración que ya había sido proclamada en el *Estado Novo* por el gobierno de Vargas. El movimiento migratorio sobrepasó las fronteras del país en dirección al Paraguay, adonde se establecieron un gran número de trabajadores independientes dedicados mayoritariamente a la producción de soja y de café, los llamados "brasiguayos".

Es importante recordar que la migración poblacional rumbo a los espacios vacíos tuvo un importante efecto sociopolítico. Al crear nuevas oportunidades, la frontera contribuyó a aliviar la presión sobre la tierra en las regiones de ocupación más antigua. Sin su existencia, los conflictos por la posesión de la tierra habrían llegado a tener proporciones todavía mayores a las que tuvieron.

* * *

La población urbana creció considerablemente. Tomando una definición limitada de ciudad, al considerar como tal a las aglomeraciones de 20 mil habitantes o más, constatamos que en 1980 la mayoría de la población (51,1%) había pasado a ser urbana, contrastando con el 16% de habitantes que vivían en ciudades en 1940. Esa tasa alcanzó el 76% en 1996.

A partir de los años cincuenta, la transición fue extremadamente rápida. Para poder tener un marco comparativo, señalemos que en los Estados Unidos la población urbana pasó del 25% a 64% en el lapso de ochenta años (de 1870 a 1950). Hacia 1980, el porcentaje de norteamericanos que vivían en las ciudades era del 61%, no siendo muy superior al de los brasileños ya en aquel año. Pero la comparación termina ahí. La distribución del ingreso y la calidad de vida en las ciudades de los Estados Unidos y de Brasil marcan profundas diferencias cualitativas que los meros datos cuantitativos tenderían a ocultar.

El incremento de la urbanización fue consecuencia de varios factores. Por un lado, a partir de los años cincuenta se ampliaron las oportunidades de empleo en el sector industrial y especialmente en el heterogéneo sector de los servicios. Por otro lado, y a pesar de la existencia de la frontera agrícola, la expulsión de poseedores, la tendencia a la mecanización y el cambio hacia actividades rurales con menor absorción de mano de obra empujaron a la población del campo hacia las ciudades.

En 1980, nueve capitales de Estados ya tenían más de un millón de habitantes; ese número subió a once en 1990, con San Pablo a la cabeza, seguida de Río de Janeiro, Belo Horizonte, Porto Alegre y luego el resto.

* * *

A pesar del avance de la industrialización a lo largo de varias décadas, en 1950 Brasil todavía podía ser considerado un país predominantemente agrícola. Ese panorama cambió mucho en treinta años, hasta el punto de que esa definición dejó de ser verdadera. Mientras que en 1950 el 59,9% de la Población Económicamente Activa (PEA) se concentraba en las actividades primarias, en 1980 ese porcentaje había caído al 29,2%. En 1950, la contribución del sector primario al PIB era del 24,2%, mientras que en 1980 había caído al 9,8%. Los indicadores sobre la distribución sectorial del PIB para 1998 revelan que los servicios generaban el 59,7% del producto, la industria el 32,3% y la agricultura el 8%.

Otro dato que es indicativo del cambio producido es la estructura de las exportaciones brasileñas. A excepción de la soja, los productos primarios –como el café y el mineral de hierro– tendieron a perder importancia en comparación con los productos industrializados. A partir de 1978, estos últimos sobrepasaron en valor a los productos primarios exportados. Sin embargo, entre los productos industrializados se encuentran muchos cuyo grado de procesamiento industrial es bastante reducido, como el jugo de naranja.

El hecho de que la industria se haya expandido en proporción mayor a la agricultura no implica un estancamiento de parte de esta última. Por el contrario, la estructura de la producción agrícola sufrió una serie de modificaciones que afectaron profundamente las relaciones de trabajo.

Luego de tener un último momento de expansión durante los primeros años de la década de 1950, el café fue perdiendo importancia entre los productos de exportación. Su auge se dio precisamente en 1950, cuando representó el 63% del valor de las exportaciones. La competencia internacional y la tendencia a la caída de los precios hicieron que, a partir de allí, el café comenzara a declinar, hasta el punto de que en 1980 representaba apenas el 12,3% del valor de las exportaciones. Datos de 1996-1998 muestran que en esos años la soja ya superaba al café como principal producto agrícola de exportación.

Las grandes plantaciones de café fueron erradicadas y en su lugar surgieron cultivos como la soja en Paraná y la naranja en el interior de San Pablo. El cultivo de caña de azúcar también se expandió mucho por San Pablo y el nordeste, sobre todo a partir de la creación del Proalcohol.

Aunque tanto en el caso de la producción de caña como en el de la naranja continuaron existiendo los productores independientes, hubo una tendencia a la instalación de agroindustrias en ambos sectores (que son productoras y procesadoras al mismo tiempo). Dado el volumen del capital necesario para la instalación de la agroindustria, se produjo una fuerte tendencia a la formación de oligopolios.

Una de las principales consecuencias de la sustitución del café por otros cultivos y del avance de las tierras de pastoreo fue el descenso del número de trabajadores necesarios para la producción. Además, la racionalización de las actividades agrícolas ligada a la búsqueda de mayor productividad y mayor ganancia provocó la crisis del viejo sistema de colonato del centro-sur o del morador del nordeste. Colonos o moradores, ambos desaparecieron, surgiendo en su lugar los *bóias-frias*,* trabajadores asalariados contratados para realizar servicios en las *fazendas* en épocas específicas, como, por ejemplo, en el momento del corte de caña o de la cosecha de la naranja. Al contrario de los colonos, su integración a la vida rural es sólo parcial. Viven en ciudades próximas a las grandes *fazendas*, donde son reclutados para el trabajo directamente por la agroindustria o por los intermediarios, llamados "gatos" en el centro-sur. Aunque no llega a tener la misma magnitud que en la capital, el surgimiento de *favelas* en las ciudades del interior paulista se debe en gran medida a la formación de ese contingente de trabajadores pobres.

No obstante, sería apresurado afirmar que el *bóia-fria* es una variante rural del obrero urbano, que corresponde a la introducción de relaciones capitalistas en el campo. La forma típica de modernización en las grandes propiedades consiste en la incorporación de máquinas y en la consecuente sustitución de un gran número de trabajadores descalificados por un reducido número de trabajadores semicalificados. El tiempo dirá si ese proceso reducirá la importancia o incluso hará desaparecer la figura del *bóia-fria*.

Una de las consecuencias del avance de la relación de trabajo asalariado en el campo es el aumento de las reivindicaciones relacionadas con la naturaleza de ese trabajo. Para los *bóias-frias*, la posesión de la tierra pasó a ser, cuanto mucho, un sueño. Ellos tratan de obtener ventajas y los derechos básicos del trabajador asalariado por medio de huelgas y negociaciones.

En un período más reciente, la cuestión social de los *bóias-frias* permitió la entrada en escena del Movimiento de los Sin Tierra (MST). Dirigido por personas que tienen como horizonte una especie de socialismo agrario, y contando con el apoyo de los llamados sectores progresistas de la Iglesia Católica, el MST alcanzó un innegable éxito en la organización de los desheredados de la tierra. Especialmente en sus primeros tiempos, fue un poderoso instrumento de presión para que el gobierno de Fernando Henrique Cardoso acelerase su programa de reforma agraria.

* Originalmente, la expresión *bóia-fria* tiene que ver con el vocabulario relativo a la comida, por lo que designa a las personas que comen comida fría, indicando pobreza. [N. de T.]

Sin embargo, a lo largo de los años, el MST acentuó sus acciones radicales –ocupación de tierras, de predios públicos y destrucción de peajes–, revelando su inclinación a la violencia en el camino de una pretendida revolución social. De esta forma, se convirtió en un factor de permanente inestabilidad, lo que si bien justifica la implementación de medidas defensivas de parte del Estado, no convalida las violencias cometidas por las policías militares estaduales.

Es preciso tener en cuenta que la modernización del campo y la concentración de la propiedad son factores importantes de las movilizaciones agrarias. Los minifundios –definidos como aquellos establecimientos agrícolas con menos de 10 hectáreas– representaban el 50,4% de los establecimientos en 1980, pero sólo ocupaban el 2,5% de la superficie total de tierras. En el otro extremo, los latifundios –unidades con más de 10 mil hectáreas– constituían apenas el 0,1% de los establecimientos, pero detentaban el 16,4% del área total de tierras.

De esta forma, la consigna de la reforma agraria no desapareció sino que cambió de sentido. Hasta mediados de los años sesenta se combinaron los objetivos sociales y económicos. Sus defensores insistían en el derecho de propiedad por parte de los trabajadores del campo, así como también en la importancia que tendría la reforma para incentivar la oferta de alimentos e integrar al mercado a las masas marginadas. La ampliación del mercado consumidor era considerada indispensable para que se pudiera avanzar en el proceso de industrialización.

Luego de la implantación del régimen militar, aumentó considerablemente la industrialización, prescindiendo de la reforma agraria. Ese hecho no fue ocasional, sino la consecuencia de una elección. Los gobiernos militares abandonaron la perspectiva de ampliar la demanda a través de una mayor capacidad de consumo de la población pobre. En vez de eso, prefirieron fomentar la producción de bienes de consumo durable –el caso típico de los automóviles–, que se destinaban a las clases de renta media y alta.

Esa opción, junto con las transformaciones ocurridas en el campo, hicieron que el aspecto económico de la reforma agraria fuera relativamente secundario hasta el día de hoy. También se ha insistido en el hecho de que la productividad de los nuevos asentamientos rurales depende de las inversiones y la asistencia de un Estado en crisis. De ese modo, la reforma agraria se ha convertido más que nada en una cuestión de justicia social para con la masa de los desheredados.

La masa de productores pobres o miserables continúa siendo enorme. En 1975, cerca de 3,64 millones de establecimientos agrícolas (o el 73% del total) cultivaban la tierra sin el uso del arado, fuese mecánico o de tracción animal. En 1980, la misma proporción de familias rurales (73%) tenía una renta *per capita* de la mitad del salario mínimo o menos. Contrastan con ese cuadro los cultivos familiares rentables, dedicados principalmente a la producción de trigo y de soja en el sur y sudeste del país y, en menor escala, la producción de frutas en el nordeste.

* * *

A lo largo de los años 1950-1980 Brasil se convirtió en un país semindustrializado, con el producto industrial más alto de todos los países del llamado Tercer Mundo. También aumentó considerablemente el grado de autonomía de la industria. Según datos de 1985, cuatro quintos de las necesidades de bienes de capital (máquinas y equipamientos) eran atendidos localmente, sin tener que recurrir a las importaciones. A partir de 1981, se conformó una fase fuertemente recesiva, que se viene prolongando tendencialmente con el correr de los años a pesar de haber existido un período de recuperación entre 1984 y 1987.

En el período 1950-1980, también se acentuó la decadencia de los ramos tradicionales de la industria, y se produjo una caída del valor de la producción industrial de los bienes de consumo no durables, como, por ejemplo, los alimentos y las bebidas. Por otro lado, crecieron los demás, especialmente los bienes de consumo durable y los de capital. El sector de punta de los bienes de consumo durable fue la industria automotriz, que pasó a representar alrededor del 10% del PIB. El cambio de la estructura industrial se produjo en todas las regiones del país, incluso en el nordeste. El par clásico de la industria nordestina –productos alimentarios e industria textil– fue sustituido por el par industria química/productos alimenticios, ubicándose en primer lugar la industria química. En el complejo agroindustrial formado por las usinas, no sólo se destacó la producción de azúcar sino también la de alcohol, insumo ligado a la industria automotriz. A pesar de su reducido número, las empresas extranjeras son muy importantes cualitativamente. Tomando como criterio las ventas, de las quince mayores empresas privadas del año 1991 apenas dos eran brasileñas.

A lo largo de los años, hubo una diversificación del origen de las inversiones extranjeras. Aunque en menor proporción, se mantuvo el predominio tradicional de los capitales norteamericanos, y hubo un gran aumento de las inversiones provenientes de España.

* * *

En el sector educativo, al considerarse la población de quince años o más de edad, las tasas de analfabetismo vienen cayendo constantemente desde los años cincuenta, como lo muestra el gráfico 2. No obstante, tomando en cuenta el peso regional de ciertas áreas –como el nordeste–, Brasil todavía tiene mucho para hacer en ese campo, tal cual lo indican los datos comparativos por países seleccionados en el gráfico 3.

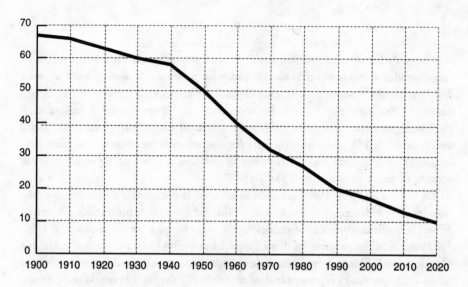

Fuente: *IBGE, Brasil en Números*, vol. 7, 1999, p. 127. Las tasas de 1910 y 1930 están interpoladas. Los datos entre 1992 y 2020 son estimaciones proyectadas.

GRÁFICO 2. *Tasas de analfabetismo de la población de 15 o más años de edad (1900-2020)*

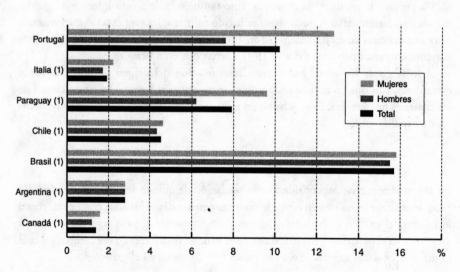

Fuente: *IBGE, Brasil en Números*, vol. 7, 1999, p. 133.
(1) Datos estimados por la División de Estadísticas de la Unesco en 1994.

GRÁFICO 3. *Tasas de analfabetismo de la población de 15 o más años de edad*
por países seleccionados (1995)

TABLA 1. *Tasa de escolarización de las personas de 7 a 14 años por situación de domicilio (1997)*

Grandes regiones y unidades de la Federación	Total	Urbano	Rural
BRASIL	93,0	94,5	88,0
NORTE	91,9	91,9	-
Tocantins	92,6	93,9	90,7
NORDESTE	89,4	91,7	85,8
Marañón	89,1	93,1	86,2
Piauí	90,6	94,6	85,3
Ceará	92,0	93,0	90,2
Río Grande do Norte	89,6	91,1	87,6
Paraíba	91,1	92,0	89,7
Pernambuco	87,4	90,0	80,0
Alagoas	80,9	86,0	72,8
Sergipe	91,7	92,2	90,4
Bahía	90,0	92,4	86,4
SUDESTE	95,5	96,2	91,2
Minas Gerais	94,5	96,1	90,0
Espíritu Santo	93,6	95,2	88,7
Río de Janeiro	95,0	95,2	92,5
San Pablo	96,3	96,6	94,9
SUR	94,9	95,5	92,7
Paraná	93,7	94,7	90,4
Santa Catarina	94,1	95,9	93,2
Río Grande do Sul	95,9	96,1	94,9
CENTRO-OESTE	93,2	95,2	84,5
Mato Grosso do Sul	91,1	93,4	79,1
Mato Grosso	91,1	93,5	84,3
Goiás	93,4	95,8	84,7
Distrito Federal	97,8	97,8	98,1

Fuente: *IBGE, Brasil en Números*, vol. 7, 1999, p. 131. No incluye la población rural de Rondonia, Acre, Amazonas, Roraima, Pará y Amapá.

En lo que respecta al porcentaje de personas de siete a catorce años matriculadas en las escuelas, gracias a un esfuerzo realizado en los últimos años, los datos son bastante positivos. Ese avance es muy importante porque proyecta una mejora de los índices de escolaridad de los jóvenes. Los datos de la Tabla 1 revelan también que, si bien existe un desfasaje entre ciudad y campo, resulta menor de lo que se podría suponer.

Es preciso considerar que en los últimos años Brasil se ubicó al frente de varios países de Europa y de América Latina en lo que respecta a los gastos totales en educación como porcentaje del PIB, tratando de superar así un atraso secular (gráfico 4).

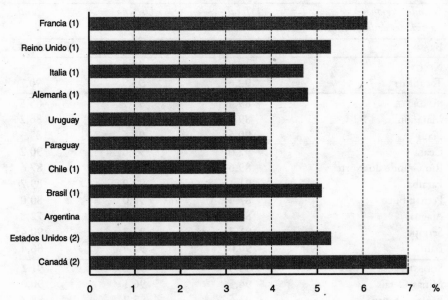

Fuente: *IBGE, Brasil en Números*, vol. 7, 1999, p. 131.
(1) Datos de 1995. (2) Datos de 1994.

GRÁFICO 4. *Gastos totales con educación como porcentaje del producto nacional bruto,*
por países seleccionados (1996)

Esto no significa que no haya problemas, entre los que se destacan la repetición y la calidad de la enseñanza. En la enseñanza básica, algunas escuelas privadas se destacan por la calidad, contrastando con las deficiencias de la enseñanza pública. La situación se invierte en las universidades públicas, donde la enseñanza es gratuita.

La mayor posibilidad de ingreso en esas universidades está condicionada por la currícula formada en las escuelas de enseñanza media y fundamental de buen nivel y por el conocimiento adquirido en casa y en la red de relaciones sociales –la llamada currícula oculta–. De esa forma, se vuelve bastante difícil el acceso de los sectores pobres y de la baja clase media a los cursos más prestigiosos de las universidades públicas. Esos sectores sociales constituyen la clientela preferencial de las escuelas privadas de nivel superior. Exceptuando algunos casos, la enseñanza allí es de una calidad comparativamente inferior.

El crecimiento de la enseñanza privada superior puede apreciarse cuando se considera que en 1960 el 44% de alumnos de ese nivel estaban matriculados en instituciones privadas. Ese número aumentó al 50% en 1970 y llegó al 65% en 1980.

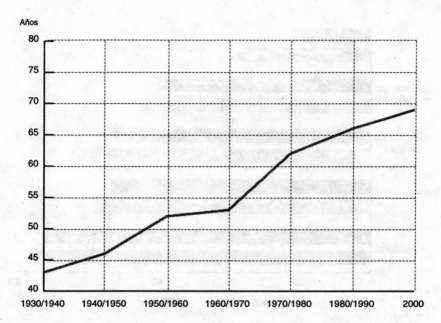

Años

Fuente: *IBGE, Brasil en Números*, vol. 7, 1999, p. 77. Nota: Indicadores implícitos en la proyección preliminar de la población brasileña para el período 1980-2000, por el método de los componentes.

GRÁFICO 5. *Esperanza de vida al nacer (1930-2000)*

Al mismo tiempo, otros indicadores señalan progresos y carencias. Entre 1950 y 1980, aumentó significativamente el promedio de esperanza de vida —que expresa condiciones generales de salud y de atención médica—, que pasó de cuarenta y seis a sesenta años. Dicho aumento se produjo en todas las regiones. Si se toma la región sur en el extremo positivo y la región nordeste en el extremo negativo, se verifica lo siguiente. En el sur, la esperanza media de vida era de cincuenta y tres años en 1950 y de sesenta y siete años en 1980. En el nordeste, en 1950 el índice correspondía a treinta y ocho años y en 1980 a cincuenta y un años. Los índices continuaron avanzando en los años recientes. Datos estimativos de 1999 indican que el promedio general de esperanza de vida al nacer llega a los sesenta y cuatro años (gráfico 5).

También cayó la tasa de mortalidad infantil, que se mide por el porcentaje de cada mil niños muertos hasta el primer año de vida. En Brasil como un todo, esta tasa declinó de 130 en 1950 a 86 en 1980 y llegó a 35,6 en 1999.

Los principales indicadores que miden la calidad de vida demuestran avances y carencias. El Gráfico 6 discrimina esos indicadores, varios de los cuales inciden en la mejora de las tasas de mortalidad infantil y de salubridad.

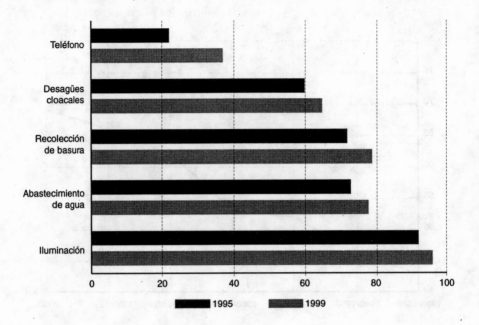

GRÁFICO 6. *Calidad de vida. Infraestructura.*
Porcentaje de domicilios brasileños atendidos por algunos servicios

Algunos de los problemas más serios del país son la distribución del ingreso y la pobreza absoluta. En lo que respecta a la primera, Brasil se encuentra en una de las peores posiciones de todo el mundo. Ese hecho resulta más significativo cuando se considera que, por su PIB tomado en conjunto, Brasil se define como un país de renta media superior. El gráfico 7 da una idea clara de la gravedad del problema.

En la década de 1990, disminuyó considerablemente el número de personas que son consideradas pobres o miserables según los criterios nacionales. Gracias al fin de la devastadora inflación y a la estabilización de los precios, dicho número cayó de 59,4 millones (41,7%) a 50,1 millones (32,7%) en el período 1993-1998. El hecho en sí mismo es muy positivo, pero es preciso notar que la desigualdad sobre la renta permaneció casi inalterada, como viene ocurriendo desde 1980.

También existen fuertes disparidades en función de variables como sexo y color. A partir de 1970, las mujeres comenzaron a ingresar en número creciente al mercado de trabajo, como resultado de varios factores. Entre ellos se destaca el gran crecimiento económico –que origina una mayor oferta de empleos–, acompañado del incentivo al consumo. Asimismo, muchas mujeres salieron a buscar trabajo fuera de su casa, tratando de reforzar el presupuesto familiar. En el plano de las relaciones sociales, gradualmente la sociedad fue considerando como algo normal el trabajo femenino en cualquier profesión.

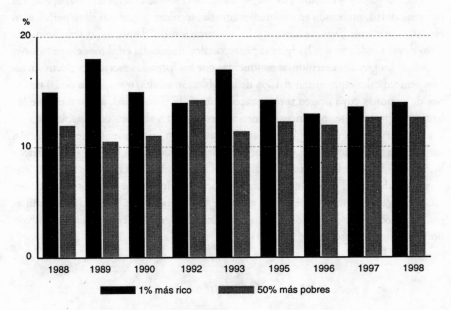

Fuente: *Folha de S. Paulo*, 29 de abril de 2000, p. 1-3.

GRÁFICO 7. *Concentración de renta en Brasil.*
Rendimientos sobre el total de la renta del país, en porcentaje

Sin embargo, no desapareció la discriminación sexual en el mercado del trabajo. Por lo general, las mujeres quedaron confinadas a los llamados empleos femeninos, que absorbían al 70% de las trabajadoras en 1980. Para aquellas mujeres menos instruidas, esos empleos son los de empleadas domésticas, lavanderas y obreras; las que poseen un nivel medio de instrucción suelen ocuparse como secretarias, vendedoras y enfermeras.

Las profesiones que son consideradas femeninas tienden a ser desvalorizadas como "trabajo de mujer". Pero aun cuando comparamos hombres y mujeres ejerciendo idénticas funciones, es posible constatar la desvalorización del salario de la mujer. Curiosamente, las diferencias salariales entre los sexos tienden a acentuarse en las ·ocupaciones de nivel superior y de dirección, en las que los rendimientos son más elevados.

En las últimas décadas, se dio un cambio significativo en el ámbito de las preferencias religiosas. Brasil siempre fue un país de población fuertemente católica.

Según datos de 1994, los católicos continúan siendo mayoría, alcanzando alrededor de dos tercios de la población adulta. Pero a la vez es muy evidente el avance de otras religiones.

Tales religiones –o sectores de religiones en ascenso– se caracterizan por apelar a la emocionalidad, utilizando en sus rituales aquellas técnicas que, según ellos, permitirían efectuar curas colectivas milagrosas y la "exorcización del demonio". El ejemplo más claro de esa tendencia son las Iglesias pentecostales, inspiradas en el modelo norteamericano de las grandes ceremonias conducidas por los llamados sacerdotes electrónicos. Los pentecostales representan el 10% de la población adulta, o sea, cerca de 10 millones de personas cuyo origen son las capas pobres de la sociedad, al contrario de los llamados "protestantes históricos", quienes corresponden al 3,3% de la población.

Incluso dentro de la Iglesia Católica surgió un movimiento de renovación carismática inspirado en el modelo norteamericano análogo. En 1994, los carismáticos llegaban al 3,8% de la población adulta. Ellos representan una reacción a las tendencias que enfatizan el papel de la Iglesia Católica en la lucha por las reformas sociales; así, la nueva tendencia se vuelca a la esfera de la intimidad, de las relaciones familiares, de la lectura de los textos religiosos realizada en grandes ceremonias, todo bajo un fuerte sesgo conservador.

Conclusión

Ante todo, es preciso explicar el subtítulo: "Conclusión". Una historia general de un país nunca puede pensarse como concluida. Esto no sólo por la obvia razón de que nadie conoce de antemano los desarrollos futuros de hechos y procesos que todavía están en curso y, mucho menos, la naturaleza de otros fenómenos que todavía están por suceder. También es necesario tener en cuenta que los análisis del pasado, por más objetivos que traten de ser, siempre están sujetos a revisiones y a distintas formas de interpretar ese pasado. Una vez planteadas esas reservas, un cierre siempre es necesario y pienso que hasta útil para un libro como el que el lector tiene entre sus manos.

A lo largo de los últimos treinta años, el mundo sufrió una serie de transformaciones radicales cuyos desarrollos todavía están en curso.

En el plano de la economía, la división del trabajo entre países dominantes industrializados y países dependientes, productores de materias primas y géneros agrícolas, en gran parte dejó de existir. Las grandes empresas transfirieron parte de su parque productivo a los países en desarrollo, entre ellos a Brasil. Si bien en un primer momento esto estuvo relacionado con la búsqueda de mano de obra barata, también configuró una respuesta a las medidas proteccionistas que habían implementado aquellos países. De esta forma, hubo una internacionalización del proceso productivo. En consecuencia, en algunas regiones se abrieron oportunidades para nuevas corrientes industrializadoras. La más importante de ellas dio origen en Asia a los "tigres asiáticos".

Como parte de ese proceso, el mundo atravesó, y todavía atraviesa, una revolución tecnológica que dejó atrás a la Revolución Industrial. La información se volvió cada vez más vital; se fueron abandonando los viejos procesos productivos y el progreso se concentró en la capacidad científica, en el conocimiento y en la creación de nuevas técnicas y nuevos productos.

Las transformaciones pusieron fin al antiguo tipo de dependencia de los países periféricos en relación con el centro dominante. Los lazos de subordinación en el plano internacional no desaparecieron, pero cambiaron de carácter. Con la revolución tecnológica, algunos países poseedores de materias primas entraron en franca decadencia, pasando de "víctimas del imperialismo" a huérfanos abandonados al margen del nuevo orden económico.

En los últimos veinte años, para bien o para mal, el papel hegemónico de los Estados Unidos se volvió avasallador tanto en el plano de la economía como en el de las opciones ideológicas. Al mismo tiempo, los demás países del Primer Mundo buscaron una integración sin precedentes que se materializó en el importante bloque constituido por la Unión Europea.

Asimismo, en los últimos años de la década de 1980 y en los primeros de 1990, se produjo la impresionante caída del Este europeo, que terminó con el mundo de la Guerra Fría y demostró el fracaso de la economía estatal bajo control totalitario. Las concepciones derivadas de la división del mundo entre dos bloques ideológicamente opuestos perdieron su base de sustento. El ideario liberal ganó una enorme proyección, tanto en el plano de la economía como en el de la política. En algunos casos, se llegó a vender la idea de que la mano invisible del mercado sería capaz de superar los desajustes económicos e incluso sociales con un mínimo de intervención estatal.

Ése es el marco en el que enfrentan los nuevos desafíos los llamados países emergentes, entre los cuales se encuentra Brasil. La constitución de un bloque de países de América Latina se convirtió en una imperiosa necesidad. Con todos sus *impasses* y dificultades, el Mercosur –pacto formado por la Argentina, Brasil, Uruguay y Paraguay– representó un importante paso en el sentido de profundizar los vínculos económicos y culturales entre esos países. Podemos medir la importancia del camino que se ha recorrido hasta aquí cuando recordamos la historia de rivalidades que llevaron a rupturas en las relaciones entre Brasil y la Argentina.

En el plano interno de Brasil, una buena pregunta para un libro de Historia consiste en indagar hasta qué punto el pasado histórico hace imposible, o casi imposible, la superación de muchos de los males actuales. Una respuesta sintética consiste en decir que, a pesar de todos los factores negativos del pasado que todavía se reflejan en el presente –la esclavitud, el clientelismo, la exclusión social de los sectores más pobres–, los obstáculos, aunque difíciles, no son imposibles de superar.

Una rápida mirada sobre los últimos años permite encarar el futuro con un cauteloso optimismo. La cautela deriva del hecho de que nadie puede garantizar la continuidad del rumbo, así como también de la constatación de que los tiempos que están por venir siempre reservan buenas o malas sorpresas. Si esa constatación siempre fue verdadera, lo es más en los tiempos actuales, ya que en un mundo globalizado la bonanza y las tempestades muchas veces son traídas por vientos que soplan de afuera hacia adentro del país.

En el plano económico, Brasil ha tratado de actuar en sintonía con las nuevas realidades, abriéndose al comercio internacional y a las inversiones extranjeras por la vía de las privatizaciones, aunque no sólo por ellas. Pasada una fase inicial de ajustes, las privatizaciones proporcionaron una mejora en el acceso de la población a muchos servicios, como es el caso de la telefonía, cuya utilización se volvió plenamente viable.

Al mismo tiempo, el país comenzó a plantearse con seriedad ciertas cuestiones, reviendo aquel presupuesto del pasado según el cual era posible ampliar hasta el infinito el gasto público recurriendo al "milagro" de la inflación. De ese modo, la denominada responsabilidad fiscal estuvo a la orden del día y dio origen a muchas medidas que alcanzaron al gobierno federal, los Estados y los municipios.

Sería un error pensar, como se oye frecuentemente, que la política gubernamental adoptó la forma neoliberal; lo que entre otras cosas tiende a reducir, al menos teóricamente, el papel del Estado. En realidad, el Estado abandonó aquel papel de agente productivo que había tenido sentido en el pasado y comenzó a actuar, con mayor o menor éxito, como centro de políticas de desarrollo social, regulando la actuación de empresas privadas en las áreas sensibles de la energía eléctrica, las comunicaciones, etcétera.

La drástica caída de la inflación, alcanzada luego de años y años de un perverso "festival" inflacionario, tuvo efectos saludables no sólo en el plano financiero. La estabilidad de precios permitió que los sectores más pobres de la población se libraran de un verdadero impuesto que iba comiendo sus salarios a lo largo del mes y volvía imposible cualquier previsión de futuro. Aunque persisten las desigualdades regionales y de clase social, también son reales los índices de un mayor acceso a los servicios básicos, a la educación, a la salud, etcétera. Todo eso debe ser valorado, lo que no significa que se pueda pintar un panorama color de rosa sobre el país. La desigualdad social y, más que ella, la exclusión de millones de brasileños de un mínimo indispensable para poder llevar una existencia digna, constituyen graves problemas que sólo pueden ser resueltos a mediano plazo.

Como nadie lo ignora, en los últimos años aumentó de forma alarmante la inseguridad, sobre todo en las grandes ciudades. Lo más grave es que este panorama no podrá ser alterado significativamente sólo con la reducción de la pobreza y del desempleo, aunque este factor tenga un peso importante. La asociación entre el consumo de drogas y el crimen —vinculada a una crisis general de valores— dio origen a un fenómeno nuevo, esto es, al aumento del número de jóvenes de clase media que se transforman en delincuentes.

También es necesario recordar el problema del desempleo, que tiene varias causas. El desempleo está asociado a la introducción de nuevas tecnologías que ahorran trabajo y al avance de la informática, que exige niveles más altos de escolaridad de parte de los trabajadores. También tiene que ver con la reducción del crecimiento económico como un subproducto del control de los gastos y con la necesidad de reducir drásticamente la inflación.

Si se lo compara con los países europeos, el problema del desempleo se vuelve más grave en Brasil. Esto se debe a que en el caso brasileño las medidas protectoras –como el seguro de desempleo– no llegan a representar, ni remotamente, el colchón de beneficios sociales que proporcionan en esos países. Además, sigue vigente el problema de la previsión social, que combina nichos de privilegio junto a una masa de trabajadores que se jubilan con asignaciones claramente insuficientes, lo que los obliga a la difícil búsqueda de un nuevo empleo.

Un objetivo primordial para el futuro consiste en la afirmación de la democracia y en el mejoramiento de las condiciones de vida. Expresado en pocas palabras, ese objetivo no es tan fácil de ser alcanzado, ya que depende de coyunturas favorables y de una acción conjunta del Estado y la sociedad civil.

Sin negar la importancia de la transformación de Brasil en una democracia de masas, por democracia no debemos entender tan sólo la periódica participación en elecciones. De lo que se trata es de abrir espacios para la participación democrática en diferentes niveles de actividad, que van desde la resolución de los problemas específicos en los barrios hasta los presupuestos participativos. También se trata de tener actitudes cotidianas que reduzcan el individualismo egoísta en favor de los esfuerzos comunes, así como de promover la tolerancia basada en el respeto a las diferencias y a las distintas opiniones.

Al fomentar la toma de conciencia sobre los problemas y encontrar formas organizadas de enfrentarlos, la sociedad civil ha dado pasos significativos en ese camino, aunque lo ha hecho con resultados desiguales. Los movimientos en favor de la igualdad de los géneros, de los derechos indígenas, contra la discriminación racial, por la preservación de la naturaleza, etcétera, hablan por sí mismos. Todo indica que esos movimientos tienden a crecer y que no se trata de un fenómeno pasajero.

Las cuestiones de la afirmación y la ampliación de la democracia y del acceso de los excluidos a la plena ciudadanía están interrelacionadas. En Brasil, el régimen democrático sólo podrá transformarse en un "valor universal" cuando esté asociado a un mayor bienestar de los ciudadanos y a la perspectiva de un futuro mejor.

Ese objetivo no está al alcance de la mano ni de pases de magia providenciales. Depende de muchos factores en los que se combinan los límites estructurales y las posibilidades de la acción humana. Sería iluso de nuestra parte tener una "visión del paraíso" sobre el futuro. Pero, en contrapartida, nada indica que Brasil esté condenado al fracaso.

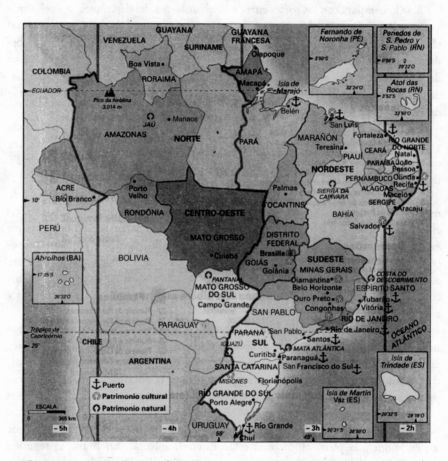

Fuente: *IBGE, Anuário Estatístico do Brasil,*1998 e *IBGE, Brasil en números,* 1999

Referencias bibliográficas

1. El Brasil colonial (1500-1822)

La descripción de las transformaciones ocurridas en Europa antes de la era de la expansión marítima portuguesa se basa en Immanuel Wallerstein, *The Modern World-System* (Londres, Academic Press, 1974) y en Fernand Braudel, *Civilisation matérielle, économie et capitalisme* (París, Armand Colin, 1979) [trad cast.: *Civilización material, economía y capitalismo*, Madrid, Alianza, 1984]. Para la descripción y análisis de la expansión marítima portuguesa, véase la síntesis de José Hermano Saraiva, *História Concisa de Portugal* (9ª ed., Lisboa, Publicaciones Europa-América, 1984) [trad cast.: *Historia de Portugal*, Madrid, Alianza, 1989].

El subtítulo referente a los indios se basa en Carlos Fausto, "Fragmentos de História e Cultura Tupinambá: Da etnologia como Instrumento Crítico de Conhecimento Etno-histórico", en *História dos Índios do Brasil* (San Pablo, Companhia das Letras, 1992).

Varias partes del capítulo reproducen observaciones constantes de los siguientes ensayos que integran *The Cambridge History of Latin America*, editada por Leslie Bethell (Cambridge University Press, CHLA). Ensayos del vol. 1: Frédéric Mauro, "Portugal and Brazil: Political and Economic Structures of Empire, 1580-1750"; Andrée Mansuy y Diniz Silva, "Portugal and Brazil: Imperial Re-organization, 1750-1808". Ensayos del vol. 2: Stuart B. Schwartz, "Colonial Brazil, 1580-1750: Plantations and Peripheries"; A. J. R. Russell-Wood, "Colonial Brazil: The Gold Cycle, 1690-1750"; Dauril Alden, "Late Colonial Brazil, 1750-1808".

Para la discusión sobre el funcionamiento y la crisis del sistema colonial, ver Caio Prado Jr., *Formação do Brasil contemporâneo-Colonia* (3ª ed., San Pablo, 1948), y Fernando A. Novais, *Portugal e Brasil na Crise do Antigo Sistema Colonial, 1777-1808* (San Pablo, Hucitec, 1979).

Una obra clásica de interpretación de Brasil que no sólo abarca el período colonial es la de Sergio Buarque de Holanda, *Raízes do Brasil* (5ª ed., Río de Janeiro, José Olympio, 1969).

La descripción y análisis de la economía del azúcar se basa esencialmente en Stuart B. Schwartz, *Segredos Internos, Engenhos e Escravos na Sociedade Colonial* (San Pablo, Companhia das Letras, 1988).

Las referencias a la economía paulista en el siglo XVII se encuentran en la tesis de doctorado de John M. Monteiro, *São Paulo in the Seventeenth Century: Economy and Society* (University of Chicago, 1985).

Las guerras holandesas y el sentimiento nativista pernambucano tienen como fuentes, respectivamente, Evaldo Cabral de Mello, *Olinda Restaurada, Guerra e Açúcar no nordeste, 1630-1654* (San Pablo, Forense/Edusp, 1975); y del mismo autor, *Rubro Veio: O Imaginário da Restauração Pernambucana* (Río de Janeiro, Nova Fronteira, 1976).

Para la sociedad de Minas Gerais en la época del oro, véase Laura de Mello e Souza, *Desclassificados do Ouro* (Río de Janeiro, Graal,1982). Para el texto sobre la Inconfidencia Minera se extrajeron muchos datos y observaciones de Kenneth Maxwell, *A Devassa da Devassa* (Río de Janeiro, Paz e Terra, 1978). Para los aspectos simbólicos del episodio, véase José Murilo de Carvalho, *A Formação das Almas. O Imaginário da República no Brasil* (San Pablo, Companhia das Letras, 1990). La referencia a la economía de Minas Gerais, posterior al apogeo de la explotación del oro, se basa en Roberto Borges Martins, "Minas Gerais, Século XIX: Tráfico e Apego à Escravidão numa Economia Não-exportadora", en *Estudos Econômicos*, FEA-USP, vol.13, núm. 1, 1983.

El énfasis en los vínculos triangulares entre Brasil, Portugal y la costa de África en el tráfico de esclavos es de Luiz Felipe de Alencastro, *Le Commerce des vivants: traite d'esclaves et "pax lusitana" dans l'Atlantic sud* (tesis de doctorado, Universidad de París, 1985-1986, mimeo.). Otros datos y observaciones sobre la esclavitud en Brasil derivan de Herbert S. Klein, *A Escravidão Africana. América Latina e Caribe* (San Pablo, Brasiliense, 1987); Katia M. de Queirós Mattoso, *Ser Escravo no Brasil* (San Pablo, Brasiliense, 1982); Manuela Carneiro da Cunha, *Negros, Estrangeiros* (San Pablo, Brasiliense, 1985); Pedro Carvalho de Mello, "Estimativa de Longevidade de Escravos no Brasil na Segunda Metade do Século XIX", en *Estudos Econômicos*, ob. cit.

Para la controversia sobre la forma básica de la colonización portuguesa se unen, por un lado, Caio Prado Jr. y Fernando A. Novais, resaltando como elemento básico la producción de productos primarios destinados a la exportación; y, por el otro, a partir de Capistrano de Abreu, *Capítulos de História Colonial: 1500-1800* (5ª ed., Río de Janeiro, Livraria Briguet, 1969) recuérdese Ciro Flamarion Santana Cardoso, destacando la pequeña producción campesina volcada hacia el mercado interno. Una síntesis de ese punto de vista se encuentra en el capítulo "El trabajo en la Colonia", escrito por el autor para María Yedda Linhares (org.), *Historia Geral do Brasil* (Río de Janeiro, Campus, 1988). La tesis que resalta la importancia del mercado interno fue desarrollada por Jorge Caldeira en *A Nação Mercantilista* (San Pablo, Editora 34, 1999).

El análisis del significado económico y social del comercio de esclavos como fuente de acumulación se encuentra principalmente en Manolo Florentino, *Em Costas Negras* (San Pablo, Companhia das Letras, 1997) y João Fragoso y Manolo Florentino, *O Arcaísmo como projeto: Mercado Atlântico, Sociedade Agrária e Elite Mercantil no Río de Janeiro, 1790-1840* (Río de Janeiro, Diadorim, 1993). Para el caso de Bahía, véase Kátia Mattoso, *Bahía, Século XIX: Uma Província do Império* (Río de Janeiro, Nova Fronteira, 1992).

En lo referente a las interpretaciones divergentes de las relaciones entre Estado y sociedad, véase Raymundo Faoro, *Os Donos do Poder. Formação do Patronato Político Brasileiro*, 2 vols. (2ª ed., Globo/Edusp, 1975); Oliveira Viana, *Instituições Políticas Brasileiras*, 2 vols. (2° ed., Río de Janeiro, José Olympio, 1949); Nestor Duarte, *A Ordem Privada e a Organização Política Nacional* (San Pablo, Cía. ed. Nacional, 1930).

Para el proceso político que comprende desde la apertura de los puertos a la Independencia, véase Leslie Bethell, "The Independence of Brazil", vol. 3, *The Cambridge History...* ob. cit., y Emilia Viotti da Costa, "Introdução ao Estudo da Emancipação Política", en *Brasil em Perspectiva* (San Pablo, Difel, 1968).

Cabe mencionar como obras generales utilizadas, Antonio Mendes Jr. y otros, *Brasil História, Colonia* (San Pablo, Brasiliense, 1976) y María Yedda Linhares (org.), *Historia Geral do Brasil*, ob. cit.

2. El Brasil monárquico (1822-1889)

Véanse inicialmente los diversos ensayos que integran la *História Geral da Civilização Brasileira* (HGCB), editada hasta el Imperio por Sergio Buarque de Holanda (San Pablo, Difel). Especialmente en el tomo II, vol. 3, Amaro Quintas, "Agitação Republicana no nordeste"; en el vol. 4, Amaro Quintas, "O nordeste"; en el vol. 5, Teresa Shorer Petrone, "Imigração Assalariada"; en el vol.6, Odilon Nogueira de Matos, "Vias de Comunicação"; Alice P. Canabrava, "A Grande Lavoura"; John Schulz, "O Exército e o Império".

En *The Cambridge History of Latin America*, véase en el volumen 4, Leslie Bethell y José Murilo de Carvalho, "Brazil from Independence to the Middle of the Nineteenth Century", y Richard Graham, "Brazil from the Middle of the Nineteenth Century to the Paraguayan War"; en el vol. 5, Emilia Viotti da Costa, "Brazil: The Age of Reform, 1870-1889".

La descripción y el análisis del proceso político en el Imperio le deben mucho a José Murilo de Carvalho, *A Construção da Ordem* (Río de Janeiro, Campus, 1980). Los datos electorales fueron obtenidos de Walter Costa Porto, *O Voto no Brasil*, vol. 1 (Brasilia, Gráfica do Senado Federal, 1989).

Para la guerra de los *Farrapos* véase Spencer Leitman, *Raízes Sócio-econômicas da Guerra dos Farrapos* (Río de Janeiro, Graal, 1979). Para la historia del levantamiento de los *malês* en Bahía, véase João José Reis, *Rebelião Escrava no Brasil* (San Pablo, Brasiliense, 1986). La interpretación de la guerra de Paraguay utiliza el libro de Ricardo Salles, *Guerra do Paraguai: Escravidão e Cidadania na Formação do Exército* (Río de Janeiro, Paz e Terra, 1990) y sobre todo el trabajo de Francisco Doratioto, *A Guerra do Paraguai* (San Pablo, Brasiliense, 1991). Observaciones sobre la Guardia Nacional y el Ejército derivan de la tesis de doctorado de Wilma Peres Costa, *A Espada de Damocles: O Exército e a Crise do Império* (San Pablo, Unicamp, 1990).

Para los años finales de la esclavitud, véase Robert Conrad, *Os Últimos Anos da Escravatura no Brasil* (2ª ed., Río de Janeiro, Civilização Brasileira, 1978). Otras informaciones sobre la esclavitud fueron obtenidas en *Estatísticas Históricas do Brasil*, vol. 3 (Río de Janeiro, IBGE, 1987).

Los datos de población del período 1822-1890 fueron obtenidos del libro de Maria Luiza Marcilio y otros, "Crescimento Populacional e Componentes do Crescimento" (en *Cadernos Cebrap*, núm. 16, San Pablo, 1973). Referencias al café, azúcar y caucho del fin del Capítulo 5 se basan, respectivamente, en Antonio Delfim Netto, *O Problema do Café no Brasil* (Río de Janeiro, FGV, 1979); Peter L. Eisenberg, *Modernização sem mudança. A Indústria Açucareira em Pernambuco. 1840-1910* (Río de Janeiro, Paz e Terra, 1977); Barbara Weinstein, *The Amazon Rubber Boom. 1850-1920* (Stanford University Press, 1983). Sobre las ferrovías, véase Flávio A. M. de Saes, *A Grande Empresa de Servicos Públicos na Economía Cafeeira* (San Pablo, Hucitec, 1986).

Las interpretaciones divergentes sobre las razones de la no fragmentación de Brasil luego de la Independencia son de José Murilo de Carvalho en *A Construção da Ordem*, ob. cit. y Luiz Felipe de Alencastro en "La Traite négriére et l'unité nationale brésilienne" (en *Revue Française d'histoire d'Outre-Mer*, t. LXVI ; 1979, núm. 244-245).

Posiciones opuestas en la cuestión de la esclavitud y de la "brecha campesina" colocan por un lado, aunque con diferencias entre sí, a Luiz Felipe de Alencastro, ya citado, y Jacob Gorender, *A Escravidão Reabilitada* (San Pablo, Ática, 1990); y por el otro, a Ciro Flamarion S. Cardoso, *Escravo ou Camponês: O Protocampesinato Negro nas Américas* (San Pablo, Brasiliense, 1987).

Para una interpretación general del Imperio brasileño, véase Ilmar Rohloff de Matos, *O Tempo Saquarema* (San Pablo, Hucitec, 1987).

Una síntesis de la política externa, que toma desde el período imperial hasta los años recientes, se encuentra en Amado Luiz Cervo y Clodoaldo Bueno, *História da Política Exterior do Brasil* (San Pablo, Ática, 1982).

3. La Primera República (1889-1930)

Los principales datos económicos para el período 1889-1945 son de Annibal Villanova Villela y Wilson Suzigan, *Política do Governo e Crescimento da Economia Brasileira: 1889-1945* (Río de Janeiro, IPEA/Inpes, 1973). La discusión de la política económica y de las alianzas oligárquicas incorpora el análisis de la tesis de doctorado de Eduardo Kugelmas, *Difícil Hegemonia. Um Estudo sobre São Paulo na Primeira República* (FFLCH, USP, 1986). Los datos comparativos sobre elecciones en el Imperio y en la República son de Joseph L. Love, "Political Participation in Brazil, 1881-1969)", en *Luso Brazilian Review*, 9 (2)pp. 3-24, 1970. Son también del mismo autor las observaciones sobre la presencia de Río Grande do Sul en la política federal en *O Regionalismo Gaúcho e as Origens da Revolução de 1930* (San Pablo, Perspectiva, 1975).

Para un análisis general del período, se reproducen partes de Boris Fausto, "Pequenos Ensaios de História da República" (en *Cadernos Cebrap*, núm. 10, 1972).

La parte referida a la inmigración le debe mucho a Thomas H. Holloway, *Imigrantes para o Café* (Río de Janeiro, Paz e Terra, 1984); Maria Stella Ferreira Levy, "O Papel da Migração Internacional na Evolução da População Brasileira (1872-1972)", en *Revista de Saúde Pública*, 8, pp. 49-90, 1974; Herbert S. Klein, "A Integração Social e Econômica dos Imigrantes Espanhóis no Brasil", en *Estudos Econômicos*, 19 (3), pp. 443-456, 1989, y del mismo autor "The Social and Economic Integration of Portuguese Immigrants in Brazil in the Late Nineteenth and Twentieth Centuries", en *Journal of Latin American Studies*, núm. 23, 1989; Maria Tereza Schorer Petrone, "Imigração", en Boris Fausto (comp.), *História Geral da Civilização Brasileira. O Brasil Republicano*, tomo III, vol. 9, pp. 95-133 (San Pablo, Difel, 1977).

Sobre la industrialización, Wilson Suzigan, *Indústria Brasileira. Origem e Desenvolvimento* (San Pablo, Brasiliense, 1986); Paulo Singer, *Desenvolvimento Econômico e Evolução Urbana* (San Pablo, Cia. Ed. Nacional, 1968). Observaciones sobre la burguesía industrial, que van más allá de la Primera República, se basan entre otros, en el libro de Maria Antonieta P. Leopoldi, *Política e Interesses na Industrialização Brasileira* (Río de Janeiro, Paz e Terra, 2000).

Datos sobre economía *gaúcha* son de Pedro Cezar Dutra Fonseca, "A Transição Capitalista no Rio Grande do Sul: A Economia *Gaúcha* na Primeira República", en *Estudos Econômicos*, FEA, USP, vol. 15, núm. 2, 1985. Sobre las migraciones internas, véase Douglas H. Graham y Sergio Buarque de Holanda Filho, *Migration, Regional and Urban Growth and Development in Brazil: A Selective Analysis of the Historical Record, 1872-1970* (San Pablo, IPE-USP, 1971).

Las observaciones acerca del avance de las actividades agrícolas ligadas al mercado interno en San Pablo tienen como fundamento a Mauricio A. Font, *Coffee, Contention and Change* (Basil Blackwell, 1990).

Para los temas de las inversiones extranjeras y de la deuda externa, véase Flavio A. M. de Saes y Tamás Szmrecsányi, "O Capital Estrangeiro no Brasil, 1880-1930", en *Estudos Econômicos*, vol. 15, núm. 2, 1985; Warren Dean, "The Brazilian Economy, 1870-1930" en CHLA, vol. 5, pp. 685-725, y Steven Topik, *The Political Economy of the Brazilian State, 1889-1930* (University of Texas Press, 1987).

4. El Estado getulista (1930-1945)

La descripción de los movimientos revolucionarios utiliza a Edgard Carone, *Revoluções do Brasil Contemporâneo* (San Pablo, Buriti, 1965). Para la descripción del proceso político utilicé más directamente el ya citado *Pequenos Ensaios de História da República* y Robert M. Levine, *O Regime Vargas: Os Anos Críticos, 1934-1938* (Río de Janeiro, Nova Fronteira, 1970). Muchas informaciones sobre el período 1930-1983 fueron obtenidas en Israel Beloch y Alzira Alves de Abreu (comps.), *Dicionário Histórico-bio-gráfico Brasileiro, 1930-1983*, 4 vols. (Río de Janeiro, FGV-CPDOC-Forense Un., 1984).

El análisis del integralismo se basa en Hélgio Trindade, *Integralismo. O Fascismo Brasileiro na Década de 30* (San Pablo, Difel, 1974). Sobre el papel de los industriales, véase Ely Diniz, *Empresário, Estado e Capitalismo no Brasil: 1930-1945* (Río de Janeiro, Paz e Terra, 1978).

El análisis de la política externa tiene como fuente principal a Gerson Moura, "A Revolução de 1930 e a Política Externa Brasileira: Ruptura ou Continuidade", en *A Revolução de 30. Seminário Internacional* (Brasilia, Universidade de Brasilia, 1982). Sobre las Fuerzas Armadas, véase José Murilo de Carvalho, "Forças Armadas e Política, 1930-1945", en *A Revolução de 30. Seminário Internacional*, ob. cit. Las referencias a la formación de la opinión pública en el gobierno Vargas se basan en Ángela de Castro Gomes, *A Invenção do Trabalhismo* (Vértice-Iuperj, 1988). Para la cuestión de la educación y de la fundación de la USP véase respectivamente Otaiza de Oliveira Romanelli, *História da Educação no Brasil* (4° ed., Petrópolis, Vozes, 1978), y Fernando Limongi, "Mentores e Clientelas da Universidade de São Paulo", en Sergio Miceli (comp.), *História das Ciências Sociais no Brasil*, vol. 1 (San Pablo, Vértice/Idesp, 1989). Sobre la política financiera en el plano externo, véase Marcelo de Paiva Abreu, "O Brasil e a Economia Mundial, 1929-1945", en Boris Fausto (comp.), *História Geral da Civilizaçao Brasileira*, tomo III, vol. 2 (San Pablo, Difel, 1984).

5. La experiencia democrática (1945-1964)

El análisis general del proceso político se basa en Thomas E. Skidmore, *Brasil: De Getúlio Vargas a Castelo Branco, 1930-1964* (Río de Janeiro, Saga, 1969). Para el gobierno de Kubitschek, véase Maria Victória de Mesquita Benevides, *O Governo Kubitschek. Desenvolvimento Econômico e Estabilidade Política, 1956-1961* (3ª ed., Río de Janeiro, Paz e Terra, 1979). Las referencias a la UDN se basan principalmente en el libro de la autora arriba citada, *A UDN e o Udenismo, Ambigüidade do Liberalismo Brasileiro, 1945-1965* (Río de Janeiro, Paz e Terra, 1981). La fuente principal para el análisis del Ejército es Alfred Stepan, *Os Militares na Política* (Río de Janeiro, Artenova, 1971).

El análisis del movimiento obrero se basa en Leôncio Martins Rodrigues, "Sindicalismo e Classe Operária, 1930-1964", en Boris Fausto (comp.), *História Geral da Civilização Brasileira*, tomo III, vol. 10 (San Pablo, Difel, 1983), y Francisco C. Weffort, *Sindicatos e Política*, tesis de libre docencia, (San Pablo, FFLCH, USP, s.d.).

Para las relaciones económicas internacionales, véase Pedro Sampaio Malan, "Relações Econômicas Internacionais do Brasil, 1945-1964", en Boris Fausto (comp.), *História Geral da Civilização Brasileira*, tomo III, vol. 2 (San Pablo, Difel, 1984). Los datos sobre la industria automovilística fueron obtenidos en Benedicto Heloiz Nascimento, *Formação da Indústria Automobilística Brasileira* (San Pablo, Instituto de Geografia da USP, 1976).

6. El régimen militar y la transición a la democracia (1964-1984)

La descripción del proceso político se basa en Maria Helena Moreira Alves, *Estado e Oposição no Brasil, 1964-1984* (Petrópolis, Vozes, 1984), y principalmente en Thomas Skidmore, *Brasil: De Castelo a Tancredo* (Río de Janeiro, Paz e Terra, 1988). Para el análisis del modelo político, véase Fernando Henrique Cardoso, *O Modelo Político Brasileiro* (San Pablo, Difel, 1979). Del mismo autor, véase un análisis de las relaciones entre economía y política con el título "Desenvolvimento Associado-dependente e Teoria Democrática", en Alfred Stepan (comp.), *Democratizando o Brasil* (Río de Janeiro, Paz e Terra, 1988). Sobre los militares, Alfred Stepan, *Os Militares: Da Abertura à Nova República* (Río de Janeiro, Paz e Terra, 1986). Resultados electorales y un análisis del MDB se encuentran en Maria D'Alva Gil Kinzo, *Oposição e Autoritarismo. Gênese e Trajetória do MDB, 1966-1979* (San Pablo, Idesp/Vértice, 1988).

Los datos sobre trabajadores del sector automotriz del ABC paulista son de John Humprey, *Fazendo o "Milagre": Controle Capitalista e Luta Operária na Indústria Automobilística Brasileira* (Petrópolis, Vozes, 1982).

Fueron utilizados varios ensayos de Edmar Bacha y Herbert S. Klein (orgs.), *A Transição Incompleta*, 2 vols. (Río de Janeiro, Paz e Terra, 1986). Véase especialmente en el vol. 1, para la población, Thomas W. Merrick, "A População Brasileira a partir de 1945". Para la cuestión agraria, David Goodman, "Economia e Sociedade Rurais a partir de 1945". Para la educación, en el vol. 2, Cláudio de Moura Castro, "O que Está Acontecendo com a Educação no Brasil?".

El análisis de las migraciones se basa en el texto ya citado de Douglas Graham y Sérgio Buarque de Holanda Filho.

La controversia sobre el significado del II PND del gobierno de Geisel ubica de un lado, con una interpretación negativa, a Albert Fishlow, "Uma História de Dois Presidentes: A Economía Política da Gestão da Crise", en *Democratizando o Brasil*, ob. cit., y Alkimar R. Moura, "Rumo à Entropia: A Política Econômica de Geisel a Collor", en Bolivar Lamounier (comp.), *De Geisel a Collor: O Balanço da Transição* (San Pablo, Idesp, 1990); y por el otro lado, el trabajo más significativo que contiene una interpretación positiva es el de Antonio Barros de Castro y Francisco Eduardo Pires de Souza, *A Economia Brasileira em Marcha Forçada* (Río de Janeiro, Paz e Terra, 1985).

Para las observaciones sobre la estructura del campo y la cuestión de la reforma agraria, véase Francisco Graziano, *A Tragédia da Terra. O Fracasso da Reforma Agrária no Brasil* (San Pablo, Iglu-Funep-Unesp, 1991).

Los datos estadísticos fueron obtenidos, entre otros, en Wanderley Guilherme dos Santos (comp.), *Que Brasil é Este?* (Río de Janeiro, Iuperj/Vértice, 1990) y *Brasil em Números - IBGE*, vol. 7, 1999.

Índice de nombres

Índice general

Se terminó de imprimir en el mes de junio de 2003
en Grafinor, Lamadrid 1576, Villa Ballester,
Buenos Aires, Argentina.